JN239126

日B 301

書きこみ教科書
詳説 日本史 日本史B

塩田一元　猪尾和広　宇津木大平　高橋哲 編

　本書は，『詳説日本史』の自学自習用テキストである。教科書の叙述に沿って歴史の流れをつかみながら，同時に重要な歴史用語を正しく書けることを目ざして編集した。目で覚え，手で確かめながら，歴史を総合的に理解してほしい。
　学習する諸君が，ふだんの授業の予習・復習に，また大学受験に備えて自らの理解度の確認に，本書を十分に活用することを期待している。

2014年3月　　　　　　　　　　　　　　編　者

●使用上の注意………
1．本文は原則として教科書どおりとし，必要に応じて注の一部を本文にくりこんだ。また書きこみの必要上，説明文を補ったり，本文の一部を削除した。
2．教科書でゴシック体の用語を書きこみ用語とした場合は解答番号を❶のように反転した。
3．教科書所載の史料は省いたが，地図・系図・写真・職制表などは必要に応じてとりいれた。また，著作物や文学作品の表はその内容を示し，著名な美術作品については演習の意味をこめて写真で示し，整理欄としてまとめてあつかった。
4．各ページの下段には，書きこみ用語の解答を示すとともに，関連する事項について解説した。

山川出版社

目次

第1部　原始・古代
第1章　日本文化のあけぼの……2
1. 文化の始まり……2
2. 農耕社会の成立……6
3. 古墳とヤマト政権……11

第2章　律令国家の形成……20
1. 飛鳥の朝廷……20
2. 律令国家への道……24
3. 平城京の時代……29
4. 天平文化……37
5. 平安王朝の形成……42

第3章　貴族政治と国風文化……51
1. 摂関政治……51
2. 国風文化……55
3. 地方政治の展開と武士……59

第2部　中世
第4章　中世社会の成立……66
1. 院政と平氏の台頭……66
2. 鎌倉幕府の成立……73
3. 武士の社会……76
4. 蒙古襲来と幕府の衰退……81
5. 鎌倉文化……85

第5章　武家社会の成長……93
1. 室町幕府の成立……93
2. 幕府の衰退と庶民の台頭……100
3. 室町文化……105
4. 戦国大名の登場……112

第3部　近世
第6章　幕藩体制の確立……118
1. 織豊政権……118
2. 桃山文化……124
3. 幕藩体制の成立……127
4. 幕藩社会の構造……136

第7章　幕藩体制の展開……145
1. 幕政の安定……145
2. 経済の発展……148
3. 元禄文化……154

第8章　幕藩体制の動揺……160
1. 幕政の改革……160
2. 宝暦・天明期の文化……164
3. 幕府の衰退と近代への道……169
4. 化政文化……178

第4部　近代・現代
第9章　近代国家の成立……184
1. 開国と幕末の動乱……184
2. 明治維新と富国強兵……192
3. 立憲国家の成立と日清戦争……203
4. 日露戦争と国際関係……215
5. 近代産業の発展……221
6. 近代文化の発達……228

第10章　二つの世界大戦とアジア……238
1. 第一次世界大戦と日本……238
2. ワシントン体制……245
3. 市民生活の変容と大衆文化……252
4. 恐慌の時代……256
5. 軍部の台頭……262
6. 第二次世界大戦……269

第11章　占領下の日本……284
1. 占領と改革……284
2. 冷戦の開始と講和……292

第12章　高度成長の時代……300
1. 55年体制……300
2. 経済復興から高度成長へ……305

第13章　激動する世界と日本……314
1. 経済大国への道……314
2. 冷戦の終結と日本社会の動揺……320

第1部 原始・古代

第1章

日本文化のあけぼの

1　文化の始まり

日本列島と日本人

　地球上に人類が誕生したのは，今からおよそ650万年前の地質学でいう新第三紀の中新世後期である。人類は新第三紀の終わり近くから第四紀を通じて発展したが，この第四紀は，およそ1万年余り前を境に❶_____と完新世とに区分される。更新世は❷_____時代とも呼ばれ，寒冷な氷期と比較的温暖な間氷期が交互に繰り返して訪れ，氷期には海面が現在に比べると著しく下降した。

　この間少なくとも2回，日本列島はアジア大陸北東部と陸続きになり，トウヨウゾウや❸_____ゾウなどがやってきたと想定されている。こうした大型動物を追って，人類も日本列島に渡来した可能性はあるが，その確実な証拠はまだ発見されていない。最後の氷期が過ぎて完新世になると海面が上昇し，およそ1万年余り前にはほぼ現在に近い日本列島が成立する。

　人類は化石人類の研究により，猿人・❹_____・❺_____・❻_____の順に出現したことが知られるが，現在までに日本列島で発見された更新世の化石人骨は，静岡県の❼_____人や沖縄県の❽_____人・山下町洞人など，いずれも❻_____段階のものである。1931(昭和6)年に兵庫県明石で発見された明石人を原人とする説があったが，最近の研究では新人であることが判明し，さらに完新世のものとする意見が強い。

　このうち港川人は，小柄で顔が四角く立体的であるなど，縄文人と似ている

解答　日本列島と日本人　❶更新世　❷氷河　❸ナウマン　❹原人　❺旧人　❻新人　❼浜北　❽港川

■**柳江人**　中国広西壮族自治区柳江県の洞穴から発見された化石人骨。完全な頭骨といくつかの四肢骨などからなり，中国で発見された最古の新人の化石である。

ところもあるが，オーストラリア先住民と似ているところもあることから，南方からの渡来が考えられる。日本人の原型は古くからアジア大陸南部に住んでいた人びとの子孫の縄文人であり，その後，もともとは北アジアに住んでいて弥生時代以降に渡来した人びととの混血を繰り返し，現在の日本人が形成されたとされる。また，現在の日本人でも北海道に住むアイヌの人びとや沖縄など南西諸島の人びとは，より強く縄文人の特徴を受け継いでいると考えられる。なお，日本語も，語法は朝鮮語やモンゴル語などと同じアジア大陸北方のアルタイ語系に属する。ただし，語彙などには南方系の要素も多く，その成立についてはまだ明らかではない。

《旧石器時代人の生活》　遺跡や遺物から人間の歴史を研究する考古学では，使用された道具の材質(利器)により，人類の文化を①＿＿＿＿時代・②＿＿＿＿時代・鉄器時代に区分している。人類がまだ金属器を知らなかった石器時代は，主として地質学でいう更新世に当たる。基本的には打ち欠いただけの❸＿＿＿＿石器のみを用いた④＿＿＿＿時代から，完新世になり，石器を磨いて仕上げた⑤＿＿＿＿石器が出現する⑥＿＿＿＿時代へと移っていった。

　かつて，日本列島には旧石器時代の遺跡は存在しないと考えられていたが，1949(昭和24)年，群馬県の❼＿＿＿＿遺跡の調査により，更新世にたい積した⑧＿＿＿＿＿＿＿＿＿＿層から打製石器が確認された。以後，日本列島の各地で更新世の地層から石器の発見があいつぎ，④＿＿＿＿＿＿＿時代の文化の存在が明らかになった。日本列島の場合は，縄文時代までは石器時代であるが，それに続く弥生時代は，少なくとも中期以降は青銅器とともにすでに鉄器があるので鉄器時代であり，本格的な青銅器時代を欠いている。

　この時代の人びとは，狩猟と植物性食料の採取の生活を送っていた。狩猟にはナイフ形石器や❾＿＿＿＿などの石器を棒の先端につけた石槍を用い，ナウマンゾウ・オオツノジカ・ヘラジカなどの大型動物を捕えた。人びとは獲物や植物性の食料を求めて，絶えず小河川の流域など一定の範囲内を移動していた。

解答 旧石器時代人の生活　①石器　②青銅器　❸打製　④旧石器　⑤磨製　⑥新石器　❼岩宿　⑧関東ローム　❾尖頭器

■新モンゴロイド■　中国東北部からシベリア東部にひろがったモンゴロイド。厚目の一重まぶた，表面積の小さい短い手足など，寒冷な気候風土に適応した体を持つとされる。

このため，住まいも簡単なテント式の小屋で，一時的に洞穴を利用することもあった。

生活をともにする集団は，10人前後の小規模なものであったらしい。こうした小集団がいくつか集まり，遠隔地から石器の原材料を手に入れて分配する部族的な集団も形成されていたと考えられる。

また，旧石器時代の終わり頃には，❿＿＿＿＿＿と呼ばれる小型の石器も出現している。細石器は，長さ3〜4cmの小石器（細石刃）を，木や骨などでつくった軸の側縁の溝に何本か並べて埋めこんで用いる，組合せ式の石器である。この❿＿＿＿＿＿文化は，中国東北部からシベリアにかけて著しく発達したもので，北方から日本列島におよんだものである。

縄文文化の成立

今からおよそ1万年余り前の①＿＿＿＿世になると，地球の気候も温暖になり，現在に近い自然環境となった。植物は亜寒帯性の針葉樹林にかわり，東日本にはブナやナラなどの落葉広葉樹林が，西日本にはシイなどの照葉樹林が広がった。動物も，大型動物は絶滅し，動きの速いニホンシカとイノシシなどが多くなった。

こうした自然環境の変化に対応して，人びとの生活も大きくかわり，❷＿＿＿＿文化が成立する。この文化は約1万3000年前から，水稲農耕をともなう弥生時代が始まる約2500年前頃までの期間にわたった（縄文時代）。縄文文化を特徴づけるのは，増加する中・小型動物を射とめる狩猟具の③＿＿＿＿，主として植物性食物を煮るための土器，さらに④＿＿＿＿石器の出現などである。

この時代に用いられた土器は，表面に器面を平らにするため縄（撚糸）を転がしてつけた❷＿＿＿＿と呼ばれる文様をもつものが多いので❷＿＿＿＿土器といわれ，低温で焼かれた厚手で黒褐色のものが多い。また，この縄文土器の変化から，縄文時代は草創期・早期・前期・中期・後期・晩期の6期に区分される。このうち草創期の土器は，現在のところ世界でもっとも古い土器の一つである。アジア大陸などで，これと同じような古い土器が発見されつつあるが，日本列島に住んだ人びとも更新世から①＿＿＿＿世への自然環境の変化に対応する新し

解答 ❿細石器
縄文文化の成立 ①完新 ❷縄文 ③弓矢 ④磨製

い文化を，早い段階に生み出していたことは確かである。

縄文人の生活と信仰

　縄文時代の人びとは，大きく変化した新しい環境に対応していった。とくに気候の温暖化にともなって植物性食料の重要性が高まり，前期以降にはクリ・クルミ・トチ・ドングリなどの木の実やヤマイモなどを採取するばかりでなく，クリ林の管理・増殖，ヤマイモなどの保護・増殖，さらにマメ類・エゴマ・ヒョウタンなどの栽培もおこなわれたらしい。また一部にコメ・ムギ・アワ・ヒエなどの栽培も始まっていた可能性が指摘されているが，本格的な農耕の段階には達していなかった。土掘り用の打製の石鍬，木の実をすりつぶす①＿＿＿＿やすり石なども数多く出土している。

　狩猟には②＿＿＿＿が使用され，落し穴などもさかんに利用され，狩猟のおもな対象はニホンシカとイノシシであった。また，海面が上昇する海進の結果，日本列島は入江の多い島国になり，漁労の発達をうながした。このことは，今も各地に数多く残る縄文時代の❸＿＿＿＿からわかる。貝塚には，釣針・銛・やすなどの❹＿＿＿＿とともに石錘・土錘がみられることから，網を使用した漁法もさかんにおこなわれていたことがわかる。また，丸木舟が各地で発見されており，伊豆大島や南の八丈島にまで縄文時代の遺跡がみられることは，縄文人が外洋航海術をもっていたことを物語っている。なお，日本の近代科学としての考古学は，1877（明治10）年にアメリカ人の⑤＿＿＿＿が東京にある❻＿＿＿＿貝塚を発掘調査したことに始まる。

　食料の獲得法が多様化したことによって，人びとの生活は安定し，定住的な生活が始まった。彼らは地面を掘りくぼめ，その上に屋根をかけた❼＿＿＿＿住居を営んだ。住居の中央に炉を設け，炊事をともにし，同じ屋根の下に住む小家族の住まいであったらしい。集落は，日当たりがよく，飲料水の確保にも便利な水辺に近い台地上に営まれた。それは，広場をかこんで数軒の⑦＿＿＿＿住居が環状に並ぶものが多く，住居だけではなく，食料を保存するための貯蔵穴群や墓地，さらに青森県❽＿＿＿＿遺跡のように，集合住居と考えられる大型の竪穴住居がともなう場合もある。これらのことから，縄文時代の社会

解答　縄文人の生活と信仰　①石皿　②弓矢　❸貝塚　❹骨角器　⑤モース　❻大森　❼竪穴　❽三内丸山

■モース・コレクション■　モースは日本滞在中，日常生活用具など約3万点に及ぶ資料を収集した。現在，全米最古の博物館といわれるボストン郊外のピーボディ＝エセックス博物館に保存されている。

第1章　日本文化のあけぼの

を構成する基本的な単位は，竪穴住居4～6軒程度の世帯からなる20～30人ほどの集団であったと考えられている。

　こうした集団は近隣の集団と通婚し，さまざまな情報を交換しあった。また❾＿＿＿＿＿など石器の原材料や❿＿＿＿＿＿（硬玉）などの分布状況から，かなり遠方の集団との交易もおこなわれていたことが知られている。人びとは集団で力をあわせて働き，彼らの生活を守った。男性は狩猟や石器づくり，女性は木の実とりや土器づくりにはげみ，集団には統率者はいても，身分の上下関係や貧富の差はなかったと考えられている。

　縄文人たちは，あらゆる自然物や自然現象に霊威が存在すると考えたらしい。これを⓫＿＿＿＿＿＿＿＿＿というが，呪術によってその災いを避けようとし，また豊かな収穫を祈った。こうした呪術的風習を示す遺物に，女性をかたどった⓬＿＿＿＿や男性の生殖器を表現したと思われる⓭＿＿＿＿などがある。縄文時代の中頃からさかんになった⓮＿＿＿＿の風習は，通過儀礼の一つとして成人式の際などにおこなわれたものと考えられており，集団の統制のきびしさをうかがわせる。死者の多くが⓯＿＿＿＿されているのは，死者の霊が生者に災いをおよぼすことを恐れたためであろう。

2 農耕社会の成立

弥生文化の成立

　日本列島で1万年余りも縄文文化が続いているあいだに，中国大陸では紀元前6500～5500年頃，北の黄河中流域でアワやキビなどの農耕がおこり，南の長江(揚子江)下流域でも稲作が始まり，農耕社会が成立した。さらに紀元前6世紀頃から鉄器の使用が始まり，春秋・戦国時代には農業生産も著しく進み，こうした生産力の発展にともなって，やがて紀元前3世紀には①＿＿＿・②＿＿＿（前漢）という強力な統一国家が形成された。こうした動きは，周辺地域に強い影響をおよぼし，朝鮮半島を経て日本列島にも波及したのである。

解答 ❾黒曜石　❿ひすい　⓫アニミズム　⓬土偶　⓭石棒　⓮抜歯　⓯屈葬

解答 弥生文化の成立　①秦　②漢

■アニミズム■　自然界のあらゆる事物に霊魂の存在を認める観念。折れた針を豆腐に刺してその霊をなぐさめる針供養など，物に魂を認める風習も現代にいきるアニミズムの例である。

およそ2500年前と想定される縄文時代の終わり頃、朝鮮半島に近い九州北部で水田による米づくりが開始された。佐賀県の❸_____遺跡、福岡県の❹_____遺跡など西日本各地で縄文時代晩期の水田が発見され、この時期に水稲農耕が始まっていたことが知られる。短期間の試行段階を経て、紀元前4世紀頃には、西日本に水稲農耕を基礎とする❺_____文化が成立し、やがて東日本にも広まった。こうして北海道と南西諸島を除く日本列島の大部分の地域は、食料採取の段階から食料生産の段階へと入った。縄文文化が今日の日本列島全域におよんだのに対して、❺_____文化は北海道や南西諸島にはおよばず、北海道では「❻_____文化」、南西諸島では「❼_____文化」と呼ばれる食料採取文化が続いた。この紀元前4世紀頃から紀元後3世紀の中頃までの時期を弥生時代と呼んでいる。弥生時代は、土器の編年をもとにさらに前期・中期・後期に区分されている。

弥生文化は、水稲農耕を基礎とし、銅と錫の合金である青銅、中期以降は鉄などを用いた金属器、木材を伐採し加工するための❽_____類、稲の穂摘み用具である❾_____など朝鮮半島系の磨製石器、機織り技術などをともなう新しい文化である。また土器も、煮炊き用の❿_____、貯蔵用の⓫_____、食物を盛る鉢や⓬_____など赤焼きの弥生土器に変化した。弥生土器の名称は、1884(明治17)年、この様式の土器が東京の本郷弥生町(現在の文京区弥生2丁目)の向ヶ岡貝塚で発見され、この地名にちなんでつけられたものである。

こうした水稲農耕や金属器生産などの新しい技術は、中国や朝鮮半島から伝えられたものである。弥生時代の水稲農耕の技術が朝鮮半島南部から伝えられたことは、それと共存する各種の遺物が共通することからも確実といえる。九州北部や中国・近畿地方などで発見されている弥生人骨の中には、縄文人骨に比べて背が高く、顔は面長で起伏の少ないものがみられる。しかし弥生文化には、土器づくりの基本的な技術や打製石器・竪穴住居など、明らかに縄文文化の伝統を受け継いでいる面もある。

これらのことから弥生文化は、金属器をともなう農耕社会をすでに形成してい

解答 ❸菜畑 ❹板付 ❺弥生 ❻続縄文 ❼貝塚 ❽石斧 ❾石包丁 ❿甕 ⓫壺 ⓬高杯

擦文文化 北海道で7世紀以降に成立した文化。刷毛目のような擦り文様を持つ土器を使用する。同じころ、オホーツク沿岸地方には、シベリア東部と関係深いオホーツク文化が成立した。

第1章 日本文化のあけぼの

た朝鮮半島から，必ずしも多くない人びとがその新しい技術をたずさえて日本列島にやってきて，在来の縄文人とともに生み出したものと考えられる。

弥生人の生活

弥生時代になって食料生産が始まるとともに，人びとの生活も大きく変化した。この時代の水田は，一辺数m程度の小区画のものが多いが，灌漑・排水用の水路を備えた本格的なものであり，また田植えもすでに始まっていたことが知られている。

耕作用の農具は刃先まで木製の鋤や鍬が用いられ，収穫は石包丁による①_____がおこなわれた。穀を穂からとり，もみがらを穀粒から取り去る脱穀には木臼と竪杵が用いられ，収穫物は②_____や貯蔵穴におさめられた。木製農具の製作には，初めは大陸系の磨製石器が用いられたが，しだいに斧・鉇・刀子などの鉄製工具が使用されるようになった。後期には石器の多くが姿を消し，かわって鉄器が普及した。鉄製の刃先をもつ農具の普及とともに，前期の地下水位が高く，排水施設を必要とする③_____だけでなく中・後期には地下水位が低く，灌漑施設を必要とするが生産性の高い④_____の開発も進められた。地域によっては陸稲やさまざまな雑穀の栽培がおこなわれ，また農耕と併行して狩猟や漁労もさかんで，ブタの飼育がおこなわれたことも知られている。

人びとの住居は縄文時代と同じく竪穴住居が一般的であったが，集落には掘立柱の高床倉庫や平地式建物もしだいに多くなった。集落を構成する住居の数も多くなり，大規模な集落も各地に現われた。それらの中には，まわりに深い濠や土塁をめぐらした⑤_____も少なくない。

死者は，集落の近くの共同墓地に葬られた。土壙墓・木棺墓・箱式石棺墓などに⑥_____したものが多い。九州北部などでは，地上に大石を配した⑦_____を営んだり，特製の大型の甕棺に死者を葬ったりしたものがみられる。また東日本では，初期には死者の骨を土器に詰めた再葬墓がみられる。

盛り土を盛った墓が広範囲に出現するのも，弥生時代の特色である。方形の低い墳丘のまわりに溝をめぐらした⑧_____が各地にみられる

解答 弥生人の生活 ①穂首刈り ②高床倉庫 ③湿田 ④乾田 ⑤環濠集落 ⑥伸展葬 ⑦支石墓 ⑧方形周溝墓

ほか，後期になると各地にかなり大規模な墳丘をもつ墓が出現した。直径40m余りの円形の墳丘の両側に突出部をもつ岡山県の❾____墳丘墓，山陰地方の❿____墳丘墓はその代表例である。また，九州北部の弥生時代中期の⓫____の中には，三十数面もの中国鏡や青銅製の武器などを副葬したものがみられる。こうした大型の墳丘墓や多量の副葬品をもつ墓の出現は，集団の中に身分差が現われ，各地に強力な支配者が出現したことを示している。

集落では，豊かな収穫を祈願し，また収穫を感謝する祭がとりおこなわれ，これらの祭には，銅鐸や銅剣・銅矛・銅戈などの青銅製祭器が用いられた。このうち，⓬____は近畿地方，平形⓭____は瀬戸内海中部，⓮____・銅戈は九州北部を中心にそれぞれ分布しており，共通の祭器を用いる地域圏がいくつか出現していたことを示している。島根県⓯____遺跡では，銅鐸6点と銅矛16本が一つの穴に埋葬され，さらに別の穴には358本の銅剣が埋められていた。また同県の⓰____遺跡では39点の銅鐸が一括埋納されていた。これらの青銅製祭器は，個人の墓に埋められることはほとんどなく，集落の人びとの共同の祭に用いられる祭器であった。それらは，日常は土の中に埋納し，祭の時だけ掘り出して使用したものと考える説もある。

《小国の分立》

弥生時代には環濠集落が現われ，縄文時代にはみられなかった石製や金属製の武器が出現する。環濠集落の例としては，福岡県板付遺跡や奈良県唐古・鍵遺跡，望楼かと思われる掘立柱建物が発見された佐賀県①____遺跡が知られている。また，瀬戸内海沿岸を中心とする西日本の多くに分布する集落として，山上に②____が出現した。高地性集落の例としては，香川県の③____遺跡が知られている。世界の各地でも農耕社会が成立するとともに，戦いのための武器や防御的施設を備えた集落が出現し，蓄積された余剰生産物をめぐって戦いが始まったことが知られている。

日本列島もこうして戦いの時代に入り，強力な集落は周辺のいくつかの集落を

解答 ❾楯築 ❿四隅突出型 ⓫甕棺墓 ⓬銅鐸 ⓭銅剣 ⓮銅矛 ⓯荒神谷 ⓰加茂岩倉
小国の分立 ①吉野ヶ里 ②高地性集落 ③紫雲出山

■**首長の誕生**■ 吉野ヶ里遺跡の弥生中期の墳丘墓に埋葬された甕棺の多くには銅剣が副葬されていた。周囲の多数の甕棺には副葬品はなく，墳丘墓が特定の有力集団のための施設であることがわかる。

統合し、各地に「クニ」と呼ばれる政治的なまとまりが分立していった。弥生時代中期の多量の副葬品をもつ甕棺や、あるいは後期の大きな墳丘をもつ墓の被葬者は、こうした小国の王であろう。

　この小国分立の状況は、中国の歴史書にも記載されている。1世紀につくられ、前漢の歴史を述べた『❹　　　』地理志によると、「倭人」の社会は百余国にわかれ、❺　　　　　に定期的に使者を送っていたという。楽浪郡は、前漢の武帝が紀元前108年、朝鮮半島においた4郡の一つであり、現在のピョンヤン(平壤)付近を中心とした地域と想定される。

　また『❻　　　　』東夷伝には、紀元57年に倭の❼　　　　の王の使者が後漢の都❽　　　におもむいて❾　　　　から印綬を受け、107年には倭国王❿　　等が生口160人を安帝に献じたことが記されている。奴国は今の福岡市付近にあった小国で、同市の⓫　　　　からはその王が光武帝から授かったものと考えられる金印が発見されている。

　これら小国の王たちは、中国や朝鮮半島の先進的な文物を手に入れるうえで有利な位置にあり、他の小国より倭国内での立場を高めようとして、中国にまで使いを送ったのであろう。

邪馬台国連合

中国大陸では220年に後漢が滅び、かわって魏・呉・蜀が並び立つ三国時代を迎えた。その三国時代の歴史書『三国志』の「❶　　　　」倭人伝によると、倭国では2世紀の終わり頃に大きな争乱がおこり、なかなかおさまらなかった。そこで諸国は共同して❷　　　　　　　の女王❸　　　　　を立てたところ、ようやく争乱はおさまり、ここに邪馬台国を中心とする29国ばかりの小国の連合が生まれた。卑弥呼は239年、魏の皇帝に使いを送り、「❹　　　　　　　」の称号と金印、さらに多数の銅鏡などをおくられた。卑弥呼は巫女として神の意志を聞くことにたけていたらしく、その呪術的権威を背景に政治をおこなったという。

　邪馬台国では❺　　　　と下戸などの身分差があり、ある程度の統治組織や租税・刑罰の制度も整い、市も開かれていた。卑弥呼は晩年、狗奴国と争った

解答　❹漢書　❺楽浪郡　❻後漢書　❼奴国　❽洛陽　❾光武帝　❿帥升　⓫志賀島
邪馬台国連合　❶魏志　❷邪馬台国　❸卑弥呼　❹親魏倭王　❺大人

倭のよび名　中国人は自らを中華とし、四周の国々を東夷・西戎・南蛮・北狄として蔑視した。倭も矮小とか穢(けがれ)の語からきたらしい。

第1部　原始・古代

が，247年かその直後に亡くなった。そののち男の王が立ったが国内がおさまらず，卑弥呼の宗女(同族の女性)である❻_____(台与か)が王となってようやくおさまったという。しかし，266年，魏にかわった晋の都❼_____に倭の女王(壱与のことか)が使いを送ったのを最後に，以降約150年間，倭国に関する記載は中国の歴史書から姿を消している。

　この邪馬台国の所在地については，これを近畿地方の大和に求める説と，九州北部に求める説とがある。❽_____説をとれば，すでに3世紀前半には近畿中央部から九州北部におよぶ広域の政治連合が成立していたことになり，のちに成立するヤマト政権につながることになる。一方，❾_____説をとれば，邪馬台国連合は九州北部を中心とする比較的小範囲のもので，ヤマト政権はそれとは別に東方で形成され，九州の邪馬台国連合を統合したか，逆に邪馬台国の勢力が東遷してヤマト政権を形成したということになる。なお，奈良県の纒向遺跡では，2009(平成21)年に3世紀前半頃の整然と配置された大型建物跡が発見され，邪馬台国との関係で注目されている。

3　古墳とヤマト政権

古墳の出現とヤマト政権

弥生時代の後期には，すでに大きな墳丘をもつ墓が各地で営まれていたが，3世紀中頃から後半になると，より大規模な❶_____をはじめとする古墳が西日本を中心に出現する。西日本では前方後円墳が多かったのに対し，東日本では❷_____が多い。これら出現期の古墳は，多くは長い木棺を❸_____におさめた埋葬施設や，多数の銅鏡をはじめとする呪術的な副葬品をもつなど，画一的な特徴をもっていた。

　それは古墳が各地の首長たちの共通の意識のもとにつくり出された墓制で，その背景には古墳の出現に先だって広域の政治連合が形成されていたことが考えられる。出現期の古墳の中でもっとも規模が大きいものは奈良県の❹

[解答] ❻壱与　❼洛陽　❽近畿　❾九州
古墳の出現とヤマト政権　❶前方後円墳
❷前方後方墳　❸竪穴式石室　❹箸墓

■**前方後円墳の呼称**　江戸時代後期の学者蒲生君平が歴代天皇陵を調査した『山陵志』のなかで初めて用いた。君平は林子平・高山彦九郎と並ぶ寛政の三奇人の一人で，のちの尊王論に影響をあたえた。

第1章　日本文化のあけぼの　　11

古墳である。墳丘長280mの前方後円墳で，やはり出現期のものである岡山県浦間茶臼山古墳や福岡県の石塚山古墳をはるかにしのぐ規模をもつ。この時期大和地方を中心とする近畿中央部の勢力によって政治連合が形成されていた。この大和地方を中心とする政治連合を❺_____という。古墳は遅くとも4世紀の中頃までに東北地方中部にまで波及したが，これも東日本の広大な地域がヤマト政権に組み込まれたことを示している。

　古墳が営まれた3世紀中頃から7世紀を古墳時代と呼び，これを古墳がもっとも大型化する中期を中心に，前期（3世紀中頃〜4世紀後半）・中期（4世紀後半〜5世紀末）・後期（6〜7世紀）に区分している。古墳時代後期のうち，前方後円墳がつくられなくなる7世紀を終末期と呼ぶこともある。政治の面では飛鳥時代に当たる。

前期・中期の古墳

古墳には，前方後円墳・前方後方墳・円墳・方墳などさまざまな墳形がみられる。数が多いのは円墳や方墳であるが，大規模な古墳はいずれも前方後円墳であり，各地の有力な首長たちが採用した墳形であった。古墳の墳丘上には❶_____が並べられ，斜面は葺石がふかれ，墳丘のまわりには，濠をめぐらしたものも少なくない。埴輪は，前期には❷_____埴輪や家形埴輪，盾・靫・蓋などの器財埴輪が用いられた。円筒埴輪に対して，前期後半に現われる家形・器財埴輪，さらに中期中頃に現われる人物・動物埴輪などを❸_____埴輪と呼ぶ。

　埋葬施設には，前期・中期は木棺や石棺を❹_____におさめたものや棺を粘土でおおった粘土槨など竪穴形態のものが営まれ，後期になると❺_____が多くなる。横穴式石室は，死者をおさめる墓室である玄室と，それと墳丘外部とを結ぶ通路（羨道）をもち，追葬が可能なことが竪穴系の埋葬施設と異なる。中期の初め頃に朝鮮半島の影響を受けて九州北部に出現し，後期には日本の古墳の一般的な埋葬施設となった。

　副葬品も，前期には，❻_____をはじめとする多量の銅鏡や腕輪形石製品，鉄製の武器や農工具など呪術的・宗教的色彩の強いものが

解答 ❺ヤマト政権
前期・中期の古墳 ❶埴輪　❷円筒　❸形象　❹竪穴式石室　❺横穴式石室　❻三角縁神獣鏡

■**古墳の学術発掘第一号**■　徳川（水戸）光圀は1692年，家臣の佐々宗淳に侍塚古墳（栃木県）を発掘させ，出土品は記録の後に箱に入れて埋め戻した。宗淳は通称介三郎，ドラマの「助さん」のモデル。

多く，この時期の古墳の被葬者である各地の首長たちは司祭者的な性格をもっていたことをうかがわせる。中期になって，副葬品の中に鉄製武器・武具の占める割合が高くなるのは，馬具なども加わって被葬者の武人的性格が強まったことを示している。

　最大の規模をもつ古墳は，中期に造営された大阪府の❼＿＿＿＿古墳（仁徳天皇陵古墳）で，前方後円形の墳丘の長さが486mあり，2〜3重の周濠をめぐらしている。さらにそのまわりの従属的な小型の古墳である陪冢が営まれた区域をも含めると，その墓域は80haにもおよぶ。第2位の規模をもつ大阪府の❽＿＿＿＿＿＿＿古墳（応神天皇陵古墳）などとともに，5世紀のヤマト政権の❾＿＿＿の墓と考えられる。

　中期の巨大な前方後円墳は近畿中央部だけでなく，群馬県（上毛野）・京都府北部（丹後）・岡山県（吉備）・宮崎県（日向）などにもみられる。とくに岡山県の⑩＿＿＿古墳は墳丘の長さが360mもあり，日本列島の古墳の中で第4位の規模をもつ。このことは，ヤマト政権と呼ばれる政治的な連合体において，これらの地域の豪族が重要な位置を占めていたことを示している。

《 東アジア諸国との交渉 》　中国では三国時代のあと晋が国内を統一したが，4世紀初めには北方の匈奴をはじめとする諸民族（五胡）の侵入を受けて南に移り，南北分裂の南北朝時代を迎えた。このため，周辺諸民族に対する中国の支配力は弱まり，東アジアの諸地域はつぎつぎと国家形成へと進んだ。

　中国東北部からおこった❶＿＿＿＿＿は，朝鮮半島北部に領土を広げ，313年には楽浪郡を滅ぼした。一方，朝鮮半島南部では馬韓・❷＿＿＿・辰韓というそれぞれ小国の連合が形成されていたが，4世紀には馬韓から❸＿＿＿が，辰韓から❹＿＿＿がおこり，国家を形成した。弁韓と呼ばれた朝鮮半島南部の地域では4〜6世紀になっても小国連合的な状態が続いた。

　朝鮮半島南部の鉄資源を確保するために，早くからかつての弁韓の地の❺＿＿＿（加羅）諸国と密接な関係をもっていた倭国（ヤマト政権）は，4世紀後

■解答　❼大仙陵　❽誉田御廟山　❾大王　⑩造山
東アジア諸国との交渉　❶高句麗　❷弁韓　❸百済　❹新羅　❺加耶

■高句麗　玄菟郡高句麗県として登場。2世紀以降発展し，7世紀後半に滅亡。6世紀後期以降，恵慈（聖徳太子の仏法の師）や曇徴など，渡来した人も多い。

第1章　日本文化のあけぼの　13

半に高句麗が南下策を進めると、百済や加耶とともに高句麗と争うことになった。高句麗の❻_____の碑文には、倭国が高句麗と交戦したことが記されている。この石碑は、高句麗の都であった丸都(中国吉林省集安市)にある好太王(広開土王)一代の事績を記しており、碑文は当時の朝鮮半島情勢を知るための貴重な史料である。高句麗の騎馬軍団との戦いなどから、乗馬の風習がなかった倭人たちも、騎馬技術を学ぶようになり、5世紀になると日本列島の古墳にも馬具が副葬されるようになった。この間、倭国は百済や加耶からさまざまな技術を学び、また多くの**渡来人**が海をわたって、多様な技術や文化を日本に伝えた。

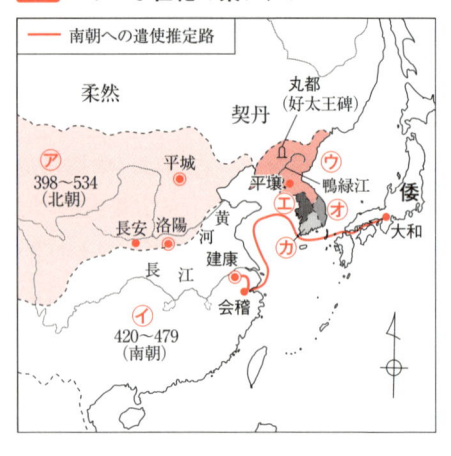

整理 4〜5世紀の東アジア

さらに、朝鮮半島南部をめぐる外交・軍事上の立場を有利にするため、5世紀初めから約1世紀近くのあいだ、『❼_____』倭国伝に讃・珍・済・興・❽_____と記された❾_____があいついで中国の南朝に朝貢している。倭の五王のうち、済とその子である興と武については「記紀」(『古事記』『日本書紀』のこと)にみられる允恭とその子の安康・⓾_____の各天皇にあてることにほとんど異論はないが、讃には応神・仁徳・履中天皇をあてる諸説があり、珍についても仁徳・反正天皇をあてる2説がある。

《 大陸文化の受容 》このような朝鮮半島や中国とのさかんな交渉の中で、より進んだ鉄器・須恵器の生産、機織り・金属工芸・土木などの諸技術が、主として朝鮮半島からやってきた渡来人たちによって伝えられた。8世紀初めにできた歴史書である『古事記』『日本書紀』(記紀)には西文氏・①_____氏・秦氏らの祖先とされる②_____・阿知使主・③_____

解答 ❻好太王碑 ❼宋書 ❽武 ❾倭の五王 ⓾雄略
整理 4〜5世紀の東アジア ㋐北魏 ㋑宋 ㋒高句麗 ㋓百済 ㋔新羅 ㋕加耶

大陸文化の受容 ①東漢 ②王仁 ③弓月君

14 第1部 原始・古代

らの渡来の説話が伝えられている。

ヤマト政権は彼らを④_____（鉄器の生産）・⑤_____（須恵器の生産）・錦織部・鞍作部などと呼ばれる技術者集団に組織し，各地に居住させた。また，漢字の使用も始まり，埼玉県の⑥_____古墳出土の稲荷山鉄剣の銘文などからも明らかなように，漢字の音を借りて日本人の名や地名などを書き表わすことができるようになった。漢字を用いてヤマト政権のさまざまな記録や出納・外交文書などの作成に当たったのも，⑦_____などと呼ばれる渡来人たちであった。

6世紀には百済から渡来した五経博士により⑧_____が伝えられたほか，医・易・暦などの学術も支配者層に受け入れられ，仏教も朝鮮半島から伝えられた。百済の⑨（　　）が⑩_____天皇の時に仏像・経論などを伝えたとされるが，その年代については538年（『⑪_____』『元興寺縁起』）とする説と552年（『日本書紀』）とする説があり，前者の説が有力である。また，『古事記』『日本書紀』のもとになった「⑫_____」（大王の系譜を中心とする伝承）や「⑬_____」（朝廷の伝承・説話）も，この頃まとめられ始めたと考えられている。

古墳文化の変化

6世紀の古墳時代後期になると，古墳自体にも大きな変化が現われた。従来の竪穴式の埋葬施設にかわって朝鮮半島と共通の❶_____が一般化し，新しい葬送儀礼にともなう多量の土器の副葬が始まった。また，墓室を丘陵や山の斜面に掘り込んだ横穴が各地に出現した。埴輪も人物・動物埴輪などの❷_____埴輪がさかんに用いられるようになる。古墳のまわりや墳丘上に並べられた人物・動物埴輪の群像は，葬送儀礼ないしは生前の首長が儀礼をとりおこなう様子を後世に残そうとしたものであろう。

さらに九州北部の古墳には石の埴輪である石人・石馬が立てられ，九州各地や茨城県・福島県などの古墳や横穴の墓室には彩色あるいは線刻による壁画をもつ❸_____がつくられるなど，古墳の地域的特色が強くなった。

解答 ④韓鍛冶部 ⑤陶作部 ⑥稲荷山 ⑦史部 ⑧儒教 ⑨聖(明)王 ⑩欽明 ⑪上宮聖徳法王帝説 ⑫帝紀 ⑬旧辞
古墳文化の変化 ❶横穴式石室 ❷形象 ❸装飾古墳

■秦氏 始皇帝の末裔と称し，書紀は百済から渡来としるすが，実際の系譜は不詳。畿内とその周辺に勢力を持つ。

一方，5世紀後半から6世紀には古墳のあり方にも変化がみられる。近畿中央部では大規模な前方後円墳が依然として営まれるのに対し，それまで近畿についで巨大な前方後円墳を営んだ吉備地方などで，大きな古墳がみられなくなった。これは各地の豪族が連合して政権をつくる形から，大王を中心とした近畿地方の勢力に各地の豪族が服属するという形へと，ヤマト政権の性格が大きく変化したことを示している。

　ヤマト政権の変化と関連して，小型古墳の爆発的な増加があり，山間や小島にまで広く❹_____と呼ばれる小古墳が数多く営まれるようになった。これは，古墳の造営など考えられなかった有力農民層までが，古墳をつくるようになったことの現われである。そして本来は首長層だけで構成されていたヤマト政権の身分制度に，新たに台頭してきた有力農民層を組み入れて，ヤマト政権が直接支配下におこうとしたものと考えられる。

《 古墳時代の人びとの生活 》　古墳時代は支配者である豪族（在地首長）と被支配者である民衆の生活がはっきり分離した時代でもあった。豪族は民衆の住む集落から離れた場所に，周囲に環濠や柵列をめぐらした居館を営んだ。この居館は，豪族がまつりごとをとりおこなう所で，また生活の場でもあった。さらに余剰生産物を蓄える倉庫群もおかれたらしい。

　民衆の住む集落には環濠などはみられず，複数の竪穴住居と平地住居，さらに高床倉庫などからなる基本単位がいくつか集まって構成された。5世紀になると朝鮮半島の影響を受け，竪穴住居にはつくりつけのカマドがともなうようになった。

　土器は，古墳時代前期から中期の初めまでは弥生土器の系譜を引く赤焼きの❶_____が用いられたが，5世紀になると朝鮮半島から硬質で灰色の❷_____の製作技術が伝えられ，土師器とともに用いられるようになった。衣服は，男性が衣と乗馬ズボン風の袴，女性が衣とスカート風の裳という上下にわかれたものが多かったようで，古墳の人物埴輪に表現されている。

　農耕に関する祭祀は，古墳時代の人びとにとってももっとも大切なものであり，

■解答■　❹**群集墳**
古墳時代の人びとの生活　❶**土師器**　❷**須恵器**

■渡来人の仏教信仰■　『扶桑略記』には，継体朝に渡来した司馬達等（鞍作部の祖）が飛鳥の坂田原の私邸で仏像を拝したとの記述があり，公伝以前に渡来人により仏教が伝わった可能性も大きい。

なかでも豊作を祈る春の❸_____の祭や収穫を感謝する秋の❹_____の祭は重要なものであった。弥生時代の青銅製祭器にかわって，古墳の副葬品にもみられる銅鏡や鉄製の武器と農工具が重要な祭器になり，5世紀になると，それらの品々の模造品を石などで大量につくって祭に用いるようになった。

　人びとは，円錐形の整った形の山や高い樹木，巨大な岩，絶海の孤島，川の淵などを神のやどる所と考え，祭祀の対象とした。それらの中には，現在も残る神社につながるものも少なくない。また，氏の祖先神(氏神)をまつることもおこなわれるようになったらしい。三輪山を神体とし拝殿のみで本殿のない奈良県❺_____神社の周辺や，玄界灘の孤島❻_____を神としてまつる福岡県宗像大社の沖津宮などでは，いずれも古墳時代の祭祀遺跡・祭祀遺物が発見されており，古墳時代以来の祭祀が続いていることが知られる。

　汚れをはらい，災いを免れるための禊や祓，鹿の骨を焼いて吉凶を占う❼_____の法，さらに裁判に際して，熱湯に手を入れさせ，手がただれるかどうかで真偽を判断する神判の❽_____などの呪術的な風習もおこなわれた。

≪ 古墳の終末 ≫
　6世紀末から7世紀初めになると，各地の有力な首長たちが営んでいた前方後円墳の造営が終わる。各地でその時期がほぼそろっているのは，ヤマト政権による強力な規制の結果であろう。この時期，中国では①_____が南北統一を果たし，朝鮮半島にも進出する姿勢を示していた。こうした東アジアの国際情勢の大きな変化から，倭国も大王を中心とする中央集権的な国家形成をめざすようになり，古い首長連合体制やその象徴である前方後円墳の造営と決別したものであろう。

　前方後円墳の造営が停止されても，なお古墳の造営は100年間ほど続く。この時期を考古学では古墳時代終末期，この時期の古墳を終末期古墳と呼んでいる。かつて前方後円墳を造営していた首長層は大型の方墳や②_____を営むようになるが，地方では③_____に任じられた一部の有力な首長だけが大型の方墳や円墳を営んだらしい。終末期古墳としては最大の千葉県龍角寺岩屋古墳(方

解答 ❸祈年 ❹新嘗 ❺大神 ❻沖ノ島 ❼太占 ❽盟神探湯
古墳の終末 ①隋 ②円墳 ③国造

■**社の成立**■　神霊のやどる石が磐座，石囲いしたものが磐境，木を立てて区画したのが神籬であり，やがて神霊を祀る建物としての社が成立した。沖ノ島の祭祀も岩上→岩陰→平地へと移っている。

第1章　日本文化のあけぼの　17

墳, 一辺80m)や栃木県壬生車塚古墳(円墳, 径80m)なども, 国造に任じられた東国豪族が営んだものと考えられている。

　さらに7世紀中頃になると, 近畿の大王の墓が❹＿＿＿＿＿になる。これはそれまで, 規模は大きいが各地の首長層と同じ前方後円墳を営んでいた大王が, 大王にのみ固有の八角墳を営んで, 一般の豪族層を超越した存在であることを墳墓のうえでも示そうとしたものであろう。その後も有力な首長層はしばらく古墳の造営を続けるが, 7世紀も終わり近くになると, 彼らも顕著な古墳を営まなくなり, 大王とその一族, さらにその支配を助けたごく一部の有力支配者層だけが, 伝統的な墳丘をもつ古墳を営んだらしい。こうした前方後円墳の造営停止, 大王墓の八角墳化, さらに有力首長層の古墳造営の停止などは, まさに統一国家の形成から律令国家への動きに対応するものといえよう。

ヤマト政権と政治制度

　5世紀後半から6世紀にかけて, 大王を中心としたヤマト政権は, 関東地方から九州中部におよぶ地方豪族を含み込んだ支配体制を形成していった。『①＿＿＿＿』倭国伝には, 倭の五王が中国の南朝に朝貢して倭王と認められたことや, 478年の倭王②＿＿の上表文に, 倭の王権が勢力を拡大して東・西・海北の地方豪族たちを服属させたという記事がみえる。そのことは, この時代の大規模な前方後円墳が近畿を中心として展開したことにもうかがえる。また, 埼玉県の③＿＿＿＿古墳出土の鉄剣銘と熊本県の④＿＿＿＿＿＿古墳出土の鉄刀銘には, ともに「獲加多支鹵大王」という大王名が記され, その統治を助けた豪族名がそれぞれみられる。この大王は, 倭王②＿＿であり, ⑤＿＿＿＿天皇にあたる。

　ヤマト政権は, 5世紀から6世紀にかけて❻＿＿＿＿＿＿と呼ばれる支配の仕組みをつくり上げていった。豪族たちは血縁やその他の政治的関係をもとに構成された⑦＿＿と呼ばれる組織に編成され, 氏単位にヤマト政権の職務を分担し, 大王は彼らに⑧＿＿を与えた。姓としては, 地名を氏の名とした近畿の葛城・平群・蘇我などの有力豪族に⑨＿＿, 職掌を氏の名とした大伴・物部などの有力豪族に⑩＿＿, 有力地方豪族に君, 地方豪族に直の姓を与え

解答 ❹八角墳
ヤマト政権と政治制度 ①宋書 ②武 ③稲荷山 ④江田船山 ⑤雄略 ❻氏姓制度 ⑦氏 ⑧姓 ⑨臣 ⑩連

■剣と刀 両刃のものを剣, 片刃のものを刀という。弥生時代に銅剣がもたらされたように, 剣の方が古い。剣は突く, 刀は切る用途を持つが, 古墳時代中期以降は実戦的武器として鉄刀が発達した。

た。
　中央の政治は臣姓・連姓の豪族から⑪＿＿＿＿・⑫＿＿＿＿が任じられてその中枢を担い，その下の⑬＿＿＿＿が，職務に奉仕する伴やそれを支える部と呼ばれる集団を率いて軍事・財政・祭祀・外交や文書行政などの職掌を分担した。また新しい知識・技術を伝えた渡来人たちも，⑬＿＿＿＿や伴に編成され，⑭＿＿＿＿の集団がそれを支えた。奈良盆地南部には，大王の住む大王宮を中心に有力王族の皇子宮やヤマト政権を構成する中央有力豪族の邸宅が集中し，それぞれに中央の中小豪族，地方豪族や伴などが奉仕していた。有力な豪族は，それぞれ私有地である⑮＿＿＿＿や私有民である⑯＿＿＿＿を領有して，それらを経済的な基盤とした。また氏や氏を構成する家々には奴隷として所有されるヤツコ（奴婢）がいた。
　大王権力の拡大に対しては，地方豪族の抵抗もあった。とくに6世紀初めには，新羅と結んで筑紫国造⑰＿＿＿＿が大規模な戦乱をおこした。大王軍はこの⑰＿＿＿＿の乱を2年がかりで制圧し，九州北部に⑱＿＿＿＿を設けた。ヤマト政権はこうした地方豪族の抵抗を排しながら彼らを従属させ，直轄領としての⑱＿＿＿＿や，直轄民としての⑲＿＿＿＿・＿＿＿＿の部を各地に設けていった。6世紀には地方豪族は⑳＿＿＿＿に任じられ，その地方の支配権をヤマト政権から保証される一方，大王のもとにその子女を舎人・采女として出仕させ，地方の特産物を貢進し，屯倉や名代・子代の部の管理をおこない，軍事行動にも参加するなどして，ヤマト政権に奉仕するようになった。

解答 ⑪大臣 ⑫大連 ⑬伴造 ⑭品部 ⑮田荘 ⑯部曲 ⑰磐井 ⑱屯倉 ⑲名代・子代 ⑳国造

■**人名の読み方**■ 蘇我馬子・源頼朝はソガノウマコ・ミナモトノヨリトモと，氏と名のあいだに「の」をいれて読むが，徳川家康のように苗字と名の場合は「の」をいれない。現代の氏名は苗字と名のこと。

第2章 律令国家の形成

1 飛鳥の朝廷

東アジアの動向とヤマト政権の発展

6世紀の朝鮮半島では，①_____の圧迫を受けた百済や新羅が勢力を南に広げ，加耶の諸小国をあわせたため，加耶諸国は562年までにつぎつぎに百済・新羅の支配下に入った。そして，加耶と結びつきのあったヤマト政権の朝鮮半島での影響力は後退した。6世紀初めの政治を主導した大伴氏は，加耶西部の地域に対する百済の支配権が確立したことが失政とされて勢力を失い，②_____は失脚したという。6世紀中頃には，物部氏と新興の蘇我氏とが対立するようになった。権勢を確立した蘇我氏は渡来人と結んで朝廷の財政権を握り，斎蔵・内蔵・大蔵の三蔵を管理し，屯倉の経営にも関与したと伝えられる。また政治機構の整備や仏教の受容を積極的に進めた。

589年に中国で③_____が南北朝を統一し，高句麗などの周辺地域に進出し始めると，東アジアは激動の時代を迎えた。国内では，仏教の受容に積極的な大臣④_____が587年に受容に反対する大連の⑤_____を滅ぼし，592年には⑥_____天皇を暗殺して政治権力を握った。そして，敏達天皇の后であった⑦_____天皇が新たに即位し，国際的緊張のもとで蘇我馬子や推古天皇の甥の⑧_____（聖徳太子）らが協力して国家組織の形成を進めた。603年には⑨_____，翌604年には⑩_____が定められた。冠位十二階は氏族でなく個人の才能・功績に対

解答　東アジアの動向とヤマト政権の発展　①高句麗　②大伴金村　③隋　④蘇我馬子　⑤物部守屋　⑥崇峻　⑦推古　⑧厩戸王　⑨冠位十二階　⑩憲法十七条

■**屯倉の経営**　吉備の白猪屯倉では，渡来系氏族の白猪史らを管理者として田部に耕作をさせた。白猪屯倉の創設には蘇我稲目が関与している。渡来人と蘇我氏と屯倉経営との関連性に注意したい。

し冠位を与えることにより，氏族単位の王権組織を再編成しようとしたものであり，憲法十七条も豪族たちに国家の官僚としての自覚を求めるとともに，仏教を新しい政治理念として重んじるものであった。こうして王権のもとに中央行政機構・地方組織の編成が進められた。中国との外交も⓫遣隋使　　　の派遣により再開され，『⓬隋書　　　』にみえる600年の派遣に続けて607年には⓭小野妹子　が遣隋使として中国に渡った。この時の隋への国書は倭の五王時代とは異なり，中国皇帝に臣属しない形式をとり，⓮煬帝　　　から無礼とされた。

618年に隋が滅んで⓯唐　がおこり，強大な帝国を築くと，倭は630年の⓰犬上御田鍬　　　をはじめとして引き続き⓱遣唐使　　　を派遣し，東アジアの新しい動向に応じて中央集権体制の確立をめざした。遣隋使に同行した高向玄理・⓲南淵請安　　・⓳旻　らの留学生・学問僧は，長期の滞在ののち中国の制度・思想・文化についての新知識を伝えて7世紀半ば以降の政治に大きな影響を与えた。

飛鳥の朝廷と文化

6世紀末から，奈良盆地南部の❶飛鳥　　　の地に大王の王宮がつぎつぎに営まれた。有力な王族や中央豪族は大王宮とは別にそれぞれ邸宅をかまえていたが，大王宮が集中し，その近辺に王権の諸施設が整えられると，飛鳥の地はしだいに都としての姿を示すようになり，本格的宮都が営まれる段階へと進んだ。

7世紀前半に，蘇我氏や王族により広められた仏教中心の文化を①　　　文化という。飛鳥文化は，渡来人の活躍もあって百済や高句麗，そして中国の南北朝時代の文化の影響を多く受け，当時の西アジア・インド・ギリシアともつながる特徴をもった。百済の僧②観勒　　が暦法を，高句麗の僧③曇徴　　が

整理　6世紀の朝鮮半島
- ----- 532年頃の国界
- 512・513年百済が支配
- 551年百済の回復地
- 552年頃の新羅領域

平壌／漢城／漢江／⑦?〜668／④4C半〜660／熊津／扶余／白村江／大加耶／南加羅／安羅／⑦4C半〜935／金城(斯盧)／対馬

解答　⓫遣隋使　⓬隋書　⓭小野妹子　⓮煬帝　⓯唐　⓰犬上御田鍬　⓱遣唐使　⓲南淵請安　⓳旻

整理　6世紀の朝鮮半島　⑦高句麗　④百済　⑦新羅　④加耶

飛鳥の朝廷と文化　❶飛鳥　②観勒　③曇徴

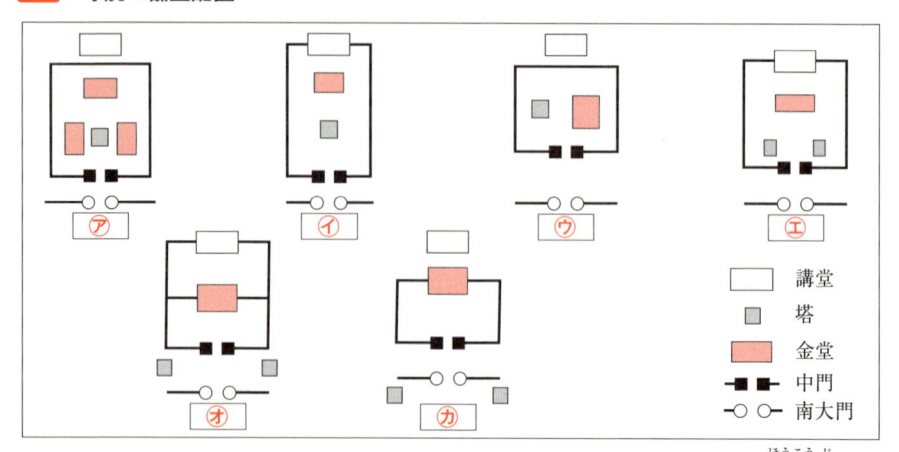

整理　寺院の伽藍配置

[図：⑦　⑦　⑨　⑨　⑦　⑦]
凡例：□ 講堂　■ 塔　■ 金堂　■─■ 中門　○─○ 南大門

彩色・紙・墨の技法を伝えたという。蘇我氏による④_____（法興寺）や、舒明天皇創建と伝える百済大寺、厩戸王（聖徳太子）創建といわれる⑤_____・⑥_____（斑鳩寺）などが建立され、寺院の建立は古墳にかわって豪族の権威を示すものとなった。蘇我馬子は、はじめて塔・金堂などの本格的伽藍をもつ④_____（法興寺）を596年に完成させた。伽藍建築は、礎石・瓦を用いた新技法による大陸風建物であった。法隆寺については、『日本書紀』に670年焼失の記事があり、建物の再建・非再建をめぐって明治以降論争があったが、法隆寺の当初の建物である⑦_____跡の発掘成果などから、現在の金堂・五重塔などは焼失後に再建されたものとされる。仏像彫刻では、⑧_____の作といわれる金銅像の法隆寺金堂⑨_____のように、整ったきびしい表情の中国南北朝の北魏様式を受容しているもののほか、やわらかい表情の中宮寺⑩_____・法隆寺⑪_____などの木像がある。

解答　④飛鳥寺　⑤四天王寺　⑥法隆寺　㋕大安寺
⑦若草伽藍　⑧鞍作鳥　⑨釈迦三尊像
⑩半跏思惟像　⑪百済観音像
整理　寺院の伽藍配置　㋐飛鳥寺　㋑四天王寺　㋒法隆寺　㋓薬師寺　㋔東大寺

整理 おもな建築・美術作品（飛鳥）

㋐

㋑

㋒　　　　　　法隆寺夢殿救世観音像　　　　㋓

㋔　　　　　　㋕　　　　　　中宮寺天寿国繡帳（部分）

整理 おもな建築・美術作品（飛鳥）　㋐法隆寺　㋑法隆寺金堂釈迦三尊像　㋒法隆寺百済観音像　㋓中宮寺半跏思惟像　㋔広隆寺半跏思惟像　㋕法隆寺玉虫厨子

■**玉虫厨子**■　厨子を構成する柱や横材に施した透し彫りの金具の下に玉虫の羽を敷くところから玉虫厨子という。壁画や扉には捨身飼虎図などの仏教絵画を描いている。

第2章　律令国家の形成　23

2 律令国家への道

大化改新

7世紀半ばに充実した国家体制を整えた唐が①_____への侵攻を始めると、国際的緊張の中で周辺諸国は中央集権の確立と国内統一の必要にせまられた。倭では、②_____が厩戸王(聖徳太子)の子の③_____を滅ぼして権力集中をはかったが、④_____は、蘇我倉山田石川麻呂や中臣鎌足の協力を得て、王族中心の中央集権をめざし、645(大化元)年に⑤_____・入鹿を滅ぼした(⑥_____)。そして⑦_____天皇の譲位を受けて、王族の軽皇子が即位して⑧_____天皇となり、④_____を皇太子、また阿倍内麻呂・蘇我倉山田石川麻呂を左・右大臣、⑨_____を内臣、旻と⑩_____を国博士とする新政権が成立し、大王宮を飛鳥から難波に移して政治改革を進めた。

646(大化2)年正月には、「⑪_____」が出され、豪族の田荘・部曲を廃止して⑫_____制への移行をめざす政策方針が示されたという。『⑬_____』が伝える詔の文章にはのちの大宝令などによる潤色が多くみられ、この段階でどのような改革がめざされたかについては慎重な検討が求められる。その後、全国的な人民・田地の調査、統一的税制の施行がめざされ、地方行政組織の「⑭_____」が各地に設置されるとともに、中央の官制も整備されて大規模な⑮_____が営まれた。藤原宮木簡などの7世紀代の木簡や金石文に各地の「評」の記載がみられ、地方豪族の申請により「評」(郡)を設けた経緯が、『常陸国風土記』などに記されている。さらに、中大兄皇子の主導のもとに、蘇我氏系の大王候補であった古人大兄王、ついで蘇我倉山田石川麻呂、その後、孝徳天皇の皇子⑯_____が滅ぼされて、王権や中大兄皇子の権力が急速に拡大する中で、中央集権化が進められた。こうした孝徳天皇時代の諸改革は、⑰_____といわれる。

解答 大化改新 ①高句麗 ②蘇我入鹿 ③山背大兄王 ④中大兄皇子 ⑤蘇我蝦夷 ⑥乙巳の変 ⑦皇極 ⑧孝徳 ⑨中臣鎌足 ⑩高向玄理 ⑪改新の詔 ⑫公地公民 ⑬日本書紀 ⑭評 ⑮難波宮 ⑯有間皇子 ⑰大化改新

律令国家への道

朝鮮半島では，唐と①＿＿＿＿が結んで660年に②＿＿＿＿を，668年には高句麗を滅ぼした。孝徳天皇の没後飛鳥で即位した③＿＿＿＿天皇（皇極天皇の重祚）のもとで，倭は唐・新羅に対し根強い抵抗を示す旧百済勢力による百済復興を支援するため大軍を派遣したが，663年に④＿＿＿＿＿＿で唐・新羅連合軍に大敗した。この後，新羅が朝鮮半島の支配権を確立し，676年に半島を統一した。白村江の敗戦を受けて防衛政策が進められ，664年には対馬・壱岐・筑紫に防人と烽がおかれた。また，百済からの亡命貴族の指導下に，九州の要地を守る⑤＿＿＿＿や大野城・基肄城が築かれ，対馬から大和にかけて古代⑥＿＿＿＿が築かれた。国内政策でも，664年には氏上を定め，豪族領有民を確認するなど豪族層の編成が進められた。中大兄皇子は667年に都を近江⑦＿＿＿＿に移し，翌年即位して⑧＿＿＿＿天皇となり，670年には最初の戸籍である⑨＿＿＿＿を作成した。天智天皇は，はじめての法典⑩＿＿＿＿を定めたともいわれるが，その完成を疑う説もある。

天智天皇が亡くなると，翌672年に，天智天皇の子で近江朝廷を率いる⑪＿＿＿＿と天智天皇の弟⑫＿＿＿＿＿＿とのあいだで皇位継承をめぐる戦い（⑬＿＿＿＿）がおきた。大海人皇子は東国の美濃に移り，東国豪族たちの軍事動員に成功して大友皇子を倒し，翌年⑭＿＿＿＿＿＿で即位した（⑮＿＿＿＿天皇）。乱の結果，近江朝廷側についた有力中央豪族が没落し，強大な権力を手にした天武天皇を中心に中央集権的国家体制の形成が進んだ。それまでの大王にかわって「天皇」という称号が用いられるのも，この頃のこととされる。

天武天皇は，675年に豪族領有民をやめ，官人の位階や昇進の制度を定めて官僚制の形成を進めた。684年には⑯＿＿＿＿を定めて豪族たちを天皇を中心とした新しい身分秩序に編成した。また国家体制の充実をはかり，銭貨（富本銭）の鋳造をおこない，さらに律令・国史の編纂や中国の都城制にならった藤原京の造営を始めたが，それらの完成前に亡くなった。

解答 律令国家への道 ①新羅 ②百済 ③斉明 ④白村江の戦い ⑤水城 ⑥朝鮮式山城 ⑦大津宮 ⑧天智 ⑨庚午年籍 ⑩近江令 ⑪大友皇子 ⑫大海人皇子 ⑬壬申の乱 ⑭飛鳥浄御原宮 ⑮天武 ⑯八色の姓

▍宮と京 中国の都城は宮と京からなり「宮」は帝王の住居，「京」は都市計画をした王城の地を意味する。宮と京をともに持つ藤原京は，日本初の都城になる。

第2章 律令国家の形成

天武天皇のあとを継いだ皇后の⑰_____天皇は諸政策を引き継ぎ，689年には⑱_____を施行し，翌690年には戸籍(⑲_____)を作成して民衆の把握を進めた。そして694年には，飛鳥から本格的な宮都⑳_____に遷都した。藤原京は，それまでの一代ごとの大王宮とは違って，三代の天皇の都となり，宮の周囲には条坊制をもつ京が設けられて，有力な王族や中央豪族がそこに集住させられた。そして国家の重要な政務・儀式の場として，中国にならった瓦葺で礎石建ちの大極殿・朝堂院がつくられるなど，新しい中央集権国家を象徴する首都となった。

白鳳文化

飛鳥文化に続く，7世紀後半から8世紀初頭にかけての文化を❶_____文化という。❷_____・_____天皇の時代を中心とする，律令国家が形成される時期の生気ある若々しい文化で，7世紀には新羅を経由し，8世紀には遣唐使によって伝えられた唐初期の文化の影響を受け，仏教文化を基調にしている。

天武天皇によって❸_____・薬師寺がつくり始められるなど仏教興隆は国家的に推進され，地方豪族も競って寺院を建立したので，この時期に仏教は急速に展開した。彫刻では❹_____などがおおらかな表情を伝え，絵画では❺_____壁画にインドや西域の影響が，また❻_____壁画に中国や朝鮮半島の影響が認められている。

豪族たちは中国的教養を受容して漢詩文をつくるようになり，一方で和歌もこの時期に形式を整えた。またこの時代には，中央集権的な国家組織の形成に応じて，中央の官吏だけでなく地方豪族にも漢字文化と儒教思想の受容が進んだ。

大宝律令と官僚制

701(大宝元)年に❶_____や藤原不比等らによって❷_____が完成し，律令制度による政治の仕組みもほぼ整った。❸__は今日の刑法に当たり，❹__は行政組織・官吏の勤務規定や人民の租税・労役などの規定である。律と令がともに日本で編纂されたのは大宝律令がはじめてで，「日本」が国号として正式に用いられるようになったのもこの頃のことである。日本の律令は，唐の律令にならい

解答 ⑰持統 ⑱飛鳥浄御原令 ⑲庚寅年籍 ⑳藤原京
白鳳文化 ❶白鳳 ❷天武・持統 ❸大官大寺 ❹興福寺仏頭 ❺法隆寺金堂 ❻高松塚古墳

大宝律令と官僚制 ❶刑部親王 ❷大宝律令 ❸律 ❹令

■条坊制 東西大路を条，南北大路を坊といい，位置は条と坊の組み合わせで表示される。坊内は，16の町に区分された。

整理 おもな建築・美術作品（白鳳）

⑦.................. ⑦.................. ⑨..................

⑩.................. 法隆寺金堂壁画（部分） ⑦..................

ながら、独自の実情にあわせて改めたところもある。718（養老2）年に藤原不比等らによりまとめられた❺.................. は、大宝律令を大きくかえたものではなく、757（天平宝字元）年に施行された。

　中央行政組織には、神々の祭祀をつかさどる❻.................. と行政全般を管轄する❼.................. の二官があり、太政官のもとで❽.................. が政務を分担した。行政の運営は、有力諸氏から任命された❾.................. ・左大臣・右大臣・大納言などの太政官の公卿による合議によって進められた。

　地方組織としては、全国が❿..................・..................に行政区分され、国・郡・

解答 ❺養老律令　❻神祇官　❼太政官
❽八省　❾太政大臣　❿畿内・七道
整理 おもな建築・美術作品（白鳳）　⑦薬師寺東院堂聖観音像　⑦興福寺仏頭
⑨薬師寺東塔　⑩薬師寺金堂薬師三尊像

⑦高松塚古墳壁画

■**薬師信仰**■　薬師如来は現世での諸願を充足させる仏であるが、とくに病気平癒、延命の仏として信仰された。薬師寺は天武天皇が皇后の癒病のため発願したもの。

第2章　律令国家の形成　27

里(のち郷と改められる)がおかれて，⑪　　　・⑫　　　・⑬　　　が任じられた。国司には中央から貴族が派遣され，役所である⑭　　　（国衙）を拠点に国内を統治した。一方，郡司にはかつての国造など伝統的な地方豪族が任じられ，郡の役所である⑮　　　（郡衙）を拠点として郡内を支配した。そのほか，京には左・右⑯　　　，難波には⑰　　　，外交・軍事上の要地である九州北部には西海道を統轄する⑱　　　がおかれた。これらの諸官庁には，多数の官吏が勤務したが，官吏となるためには漢字の文筆能力と儒教の教養とが求められた。

　官吏は位階を与えられて位階に対応する官職に任じられ(⑲　　　)，位階・官職に応じて封戸・田地・禄などの給与が与えられたほか，調・庸・雑徭などの負担は免除された。官吏の給与には，その戸からの税収が封主に与えられる位封・職封などの封戸，位田・職田などの田地，年2回与えられる現物給与の季禄などがあった。とくに五位以上の貴族は手厚く優遇され，五位以上の子(三位以上の子・孫)は父(祖父)の位階に応じた位階を与えられる⑳　　　により貴族層の維持がはかられた。

　司法制度では，刑罰に笞・杖・徒・流・死の㉑　　　があり，地方では郡司が笞罪までの裁判権をもった。貴族や役人には，刑罰に際しても重罪でない限り実刑を受けず，免職や代償をおさめることで刑罰が免除される特権があった。国家的・社会的秩序を守るため，国家・天皇・尊属に対する罪はとくに重罪とされた。天皇に対する謀反や，尊属に対する不孝などを㉒　　　といい，有位者でも減免しない重い罪とされた。

民衆の負担

律令国家では，民衆は戸主を代表者とする戸に所属する形で❶　　　・❷　　　に登録され，50戸で1里が構成されるように里が編成された。8世紀前半には，国・郡・里の「里」は「郷」とされて，そのもとにいくつかの「里」がおかれる郷里制が施行された。戸は実際の家族そのままではなく，編成されたもので，平均的な戸の成員は25人程度であった。この戸を単位として❸　　　が班給され，租税が課せられた。

解答　⑪国司　⑫郡司　⑬里長　⑭国府
⑮郡家　⑯京職　⑰摂津職　⑱大宰府
⑲官位相当制　⑳蔭位の制　㉑五刑　㉒八虐

民衆の負担　❶戸籍　❷計帳　❸口分田

①_____は6年ごとに作成され，それにもとづいて6歳以上の男女に一定額の口分田が与えられた。男性は④_____（1段=360歩=約11.9 a），女性はその3分の2，私有の奴婢は良民男女のそれぞれ3分の1が班給された。家屋やその周囲の土地は私有が認められたが，口分田は売買できず，死者の口分田は6年ごとの班年に収公された(⑤_____)。

民衆には租・調・庸・雑徭などの負担が課せられた。⑥_____は口分田などの収穫から3％程度の稲をおさめるもので，おもに諸国において貯蔵された。⑦_____・_____は，絹・布・糸や各地の特産品を中央政府におさめるもので，おもに⑧_____（成人男性）に課せられ，それらを都まで運ぶ⑨_____の義務があった。⑩_____は，国司の命令によって水利工事や国府の雑用に年間60日を限度に奉仕する労役であった。このほか，国家が春に稲を貸し付け，秋の収穫時に高い利息とともに徴収する⑪_____（公出挙）もあった。

兵役は，成人男性3〜4人に1人の割で兵士が徴発され，兵士は諸国の⑫_____で訓練を受けた。一部は宮城の警備に当たる⑬_____となったり，九州の沿岸を守る⑭_____となった。防人には東国の兵士があてられ，3年間大宰府に属した。兵士の武器や食料は自弁が原則であり，家族内の有力な労働力をとられることから，民衆には大きな負担であった。

身分制度は，良民と⑮_____にわけられ，賤民には官有の⑯_____・官戸・公奴婢（官奴婢）と，私有の家人・私奴婢の五種類(⑰_____)があった。賤民の割合は人口の数％程度と低かったが，大寺院や豪族の中には，数百人をこえる奴婢を所有したものもあった。

3 平城京の時代

《遣唐使》 618年，隋にかわって中国を統一した唐は，アジアに大帝国を築き，広大な領域を支配して周辺諸地域に大きな影響を与えた。西アジアとの交流もさかんになり，都の①_____（西安）

[解答] ④2段 ⑤班田収授法 ⑥租 ⑦調・庸 ⑧正丁 ⑨運脚 ⑩雑徭 ⑪出挙 ⑫軍団 ⑬衛士 ⑭防人 ⑮賤民 ⑯陵戸 ⑰五色の賤
遣唐使 ①長安

■戸 律令制下の戸は徴兵や課税の都合から，1戸当たり成人男性が4名程度存在するように編成された。したがって，戸籍に記載された戸と実際に生活を営む家族とは別のものと考えた方がよい。

は世界的な都市として国際的な文化が花開いた。

東アジアの諸国も唐と通交するようになり、日本からの❷_____は8世紀にはほぼ20年に1度の割合で派遣され、894（寛平6）年の③_____の建議で停止に至るまで、十数回にわたり渡海した。大使をはじめとする遣唐使には、留学生・学問僧なども加わり、多い時は約500人もの人びとが、4隻の船に乗って渡海した。しかし、造船や航海の技術は未熟であったため、政治的緊張から④_____の沿岸を避けて東シナ海を横切る航路をとるようになると、海上での遭難も多かった。遣唐使たちは、唐から先進的な政治制度や国際的な文化をもたらし、日本に大きな影響を与えた。とくに帰国した❺_____や❻_____は、のち聖武天皇に重用されて政界でも活躍した。遣唐留学生だった⑦_____は帰国の船の遭難で唐にとどまり、唐の玄宗皇帝に重用されて高官にのぼり、詩人王維・李白らとも交流して、その地で客死した。

朝鮮半島を統一した④_____とも多くの使節が往来したが、日本は国力を充実させた新羅を従属国として扱おうとしたため、ときには緊張が生じた。8世紀末になると⑧_____の派遣はまばらとなるが、外交とは別に民間商人たちの往来はますますさかんになった。一方、北方の中国東北部などに住む靺鞨族や旧高句麗人を中心に建国された❾_____と日本とのあいだでは、親密な使節の往来がおこなわれた。渤海は、唐・新羅との対抗関係から727（神亀4）年に日本に使節を派遣して国交を求め、日本も新羅との対抗関係から、渤海と友好的に通交した。渤海の都城跡からは和同開珎が発見され、日本でも日本海沿岸で渤海系の遺物が出土するなど、交流の痕跡が知られている。唐で安禄

整理　8世紀中頃の東アジアと日唐交通路

解答　❷遣唐使　③菅原道真　④新羅　❺吉備真備　❻玄昉　⑦阿倍仲麻呂　⑧遣新羅使　❾渤海
整理　8世紀中頃の東アジアと日唐交通路　㋐唐　㋑新羅　㋒渤海

■藤原清河　房前の子。752年に遣唐大使として渡唐したが、帰国船が安南（ベトナム）に漂着。長安に戻って唐朝に仕えたまま客死した。鑑真に日本への密航を依頼したのは清河であった。

30　第1部　原始・古代

山・史思明の乱（⑩_____，755〜763）がおこり混乱が広がると，渤海が唐・新羅に進出する動きに応じて藤原仲麻呂は新羅攻撃を計画したが，実現しなかった。

整理　平城京図

奈良の都平城京

710（和銅3）年，①_____天皇は藤原京から奈良盆地北部の❷_____へと遷都した。こののち，山背国の長岡京・平安京に遷都するまでを❸_____時代という。

平城京は唐の都④_____にならい，碁盤の目状に東西・南北に走る道路で区画される⑤_____をもつ都市であった。都は中央を南北に走る⑥_____で東の左京と西の右京とにわけられ，北部中央には⑦_____が位置した。平城宮には天皇の生活の場である⑧_____，政務・儀礼の場である⑨_____・朝堂院，そして二官・八省などの官庁がおかれていた。京には貴族・官人・庶民が住み，はじめ⑩_____（もとの大官大寺）・薬師・⑪_____（もとの飛鳥寺）・興福寺，のちには東大寺・西大寺などの大寺院が立派な伽藍建築を誇った。人口は約10万人といわれる。

平城宮跡は，保存されて計画的に発掘調査がおこなわれ，宮殿・官庁・庭園などの遺構や木簡などの遺物が発見されて，古代の宮廷生活やそれを支えた財政構造などが明らかになっている。

平城京跡の発掘調査では，長屋王らの貴族の邸宅から下級官人の屋敷に至る各階層の人びとの生活の様相が明らかになり，五条以北の平城宮近くには貴族たちの大邸宅が建ち並び，八条・九条などの宮から遠い地区には下級官人たちの小

解答　⑩安史の乱
奈良の都平城京　①元明　❷平城京　❸奈良　④長安　⑤条坊制　⑥朱雀大路　⑦平城宮　⑧内裏　⑨大極殿　⑩大安寺　⑪元興寺

整理　平城京図　㋐平城宮　㋑朱雀　㋒不比等　㋓長屋王　㋔仲麻呂　㋕大安寺　㋖薬師寺　㋗唐招提寺　㋘元興寺　㋙興福寺

第2章　律令国家の形成

規模な住宅が分布していたことがわかった。

　左京・右京には官営の❶⓬＿＿＿が設けられ，市司（いちのつかさ）がこれを監督した。市では，地方から運ばれた産物，官吏たちに現物給与として支給された布や糸などが交換された。708(和銅元)年，⓭＿＿＿国から銅が献上されると，政府は年号を和銅と改め，7世紀の天武天皇時代の⓮＿＿＿＿＿に続けて，唐にならい⓯＿＿＿＿＿を鋳造した。銭貨は都の造営に雇われた人びとへの支給など宮都造営費用の支払いに利用され，政府はさらにその流通をめざして⓰＿＿＿＿＿を発したものの，京・畿内を中心とした地域の外では，稲や布などの物品による交易が広くおこなわれていた。奈良時代初めの和同開珎のあと，国家による銅銭の鋳造は10世紀半ばの乾元大宝まで12回にわたり続けられて「⓱＿＿＿(皇朝)＿＿＿」と呼ばれたが，富本銭がみつかったことにより日本古代の銭貨は13種類となった。

地方官衙と「辺境」

　中央と地方とを結ぶ交通制度としては，都をかこむ畿内を中心に東海道など七道の諸国府へのびる官道(❶＿＿＿)が整備され，約16kmごとに❷＿＿＿＿＿を設ける駅制が敷かれ，官吏が公用に利用した。地方では，駅路と離れて郡家などを結ぶ道(❸＿＿＿)が交通体系の網目を構成した。東海・東山・北陸・山陰・山陽・南海・❹＿＿の七道の駅路が推定される各地では，一定規格の道幅で，側溝をもって平地部を直線的にのびる古代の官道の遺跡が発見されている。

　都から派遣された国司が地方を統治する拠点である❺＿＿＿(国衙)には，政務・儀礼をおこなう❻＿＿＿(政庁)，各種の実務をおこなう役所群，国司の居館，倉庫群などが設けられて，一国内の政治・経済の中心地となった。国府の近くにはのちに国分寺も建立され，文化的な中心でもあった。また，各郡の郡司の統治拠点である❼＿＿＿(郡衙)も，国府と同様に郡庁・役所群・郡司の居館・倉庫群などの施設をもち，近くに郡司の氏寺も営まれるなど郡内における中心となった。任期のある国司と違って伝統的な地方豪族が終身制で任命された郡司により，実際の民衆支配が展開したと思われる。郡家の遺跡からも❽＿＿＿

解答 ⓬市　⓭武蔵　⓮富本銭　⓯和同開珎　⓰蓄銭叙位令　⓱本朝(皇朝)十二銭　　❽木簡

地方官衙と「辺境」　❶駅路　❷駅家　❸伝路　❹西海　❺国府　❻国庁　❼郡家

32　第1部　原始・古代

＿＿＿＿（木の札に文字を墨書）・⑨＿＿＿＿＿＿＿＿（土器に文字や人面などを墨書）などの文字資料が出土し，律令制の文書主義にもとづき漢字文化が地方にも展開した様子が知られる。

　政府は，鉄製の農具や進んだ灌漑技術を用いて耕地の拡大にもつとめ，長門の銅，陸奥の⑩＿＿＿＿＿などの鉱物資源の採掘も国家主導でおこなわれた。また養蚕や高級織物の技術者を地方に派遣して生産をうながし，各地で税のための特産品も生まれた。

　律令にもとづく国家体制が実現し，充実した力をもった中央政府は，支配領域の拡大にもつとめた。政府が⑪＿＿＿＿＿と呼んだ東北地方に住む人びとに対しては，唐の高句麗攻撃により対外的緊張が高まった7世紀半ばに，日本海側に⑫＿＿＿＿＿・磐舟柵が設けられた。斉明天皇の時代には⑬＿＿＿＿＿＿＿＿＿が遣わされ，秋田地方などさらに北方の蝦夷と関係を結んだ。しかし，政府の支配領域はまだ日本海沿いの拠点にとどまっていた。8世紀になると，蝦夷に対する軍事的な制圧政策も進められた。蝦夷に対する政策は，帰順する蝦夷は優遇する一方，反抗する蝦夷は武力でおさえつけるという二面をもち，さらに「夷を以て夷を制する」政策がとられた。日本海側には712（和銅5）年に⑭＿＿＿＿＿＿＿＿がおかれ，ついで⑮＿＿＿＿＿＿が築かれ，太平洋側にも7世紀後期の城柵に続いて陸奥国府となる⑯＿＿＿＿＿が築かれて，それぞれ出羽・陸奥の政治や蝦夷対策の拠点となった。

　一方，南九州の⑰＿＿＿＿と呼ばれた人びとの地域には，抵抗を制圧して8世紀初めに薩摩国ついで⑱＿＿＿＿＿がおかれ，種子島・屋久島も行政区画化されるなど南西諸島の島々も政府に赤木などの産物を貢進する関係に入った。

藤原氏の進出と政界の動揺

　8世紀の初めは，皇族や中央の有力貴族間で勢力が比較的均衡に保たれる中，❶＿＿＿＿＿＿＿＿＿を中心に律令制度の確立がはかられた。しかし，やがて藤原氏が政界に進出すると，大伴氏や佐伯氏などの旧来の有力諸氏の勢力は後退していった。藤原不比等は，娘の❷＿＿＿を文武天皇に嫁がせ，その子の皇太子（のち

解答 ⑨墨書土器 ⑩金 ⑪蝦夷 ⑫渟足柵 ⑬阿倍比羅夫 ⑭出羽国 ⑮秋田城 ⑯多賀城 ⑰隼人 ⑱大隅国
藤原氏の進出と政界の動揺 ❶藤原不比等 ❷宮子

■**蝦夷**■ 夷は東の野蛮人（東夷）の意で，華夷思想にもとづき，天皇の徳化の及ばない東北地域の人びとをさした語。平安時代からは「えぞ」とよばれた。

第2章 律令国家の形成

❸　　　　天皇)にも娘の❹　　　　　　　　を嫁がせて天皇家と密接な関係を築いた。

　不比等が死去すると，皇族の❺　　　　　　　が右大臣となり政権を握った。長屋王は壬申の乱で活躍した高市皇子(天武天皇の子)の子で，文武天皇の妹吉備内親王を妻とした。不比等は長屋王にも娘を嫁がせていた。藤原氏の外戚としての地位が危うくなると，不比等の子の❻　　　　　　　・房前・❼　　　　　・麻呂の4兄弟は，729(天平元)年，策謀によって左大臣であった長屋王を自殺させ(❺　　　　の変)，❹　　　　　　を皇后に立てることに成功した。皇后は律令では皇族であることが条件とされ，天皇亡きあと臨時に政務をみたり，また皇位継承への発言権をもてる立場であった。しかし737(天平9)年に流行した天然痘によって4兄弟はあいついで病死し，藤原氏の勢力は一時後退した。かわって皇族出身の❽　　　　　　が政権を握り，唐から帰国した❾　　　　　　　や玄昉が聖武天皇に信任されて活躍した。

　740(天平12)年には，❿　　　　　　　　が吉備真備・玄昉らの排除を求めて九州で大規模な反乱をおこしたが鎮圧された(藤原広嗣の乱)。この乱がおきてから数年のあいだ，聖武天皇は⓫　　　　　　・難波宮・⓬　　　　　　などに都を転々と移した。

　こうした政治情勢や飢饉・疫病などの社会的不安のもと，仏教を厚く信仰した聖武天皇は，仏教のもつ鎮護国家の思想によって国家の安定をはかろうとし，741(天平13)年に⓭　　　　　　　　　　　を出して，諸国に国分寺・国分尼寺をつくらせることにした。ついで743(天平15)年には近江の紫香楽宮で⓮　　　　　　　　を出した。745(天平17)年に平城京に戻ると，大仏造立は奈良で続けられ，752(天平勝宝4)年，聖武天皇の娘である⓯　　　　　天皇の時に，大仏の開眼供養の儀式が盛大におこなわれた。この儀式は，聖武太上天皇・光明皇太后・孝謙天皇，文武百官や渡来したインド僧・中国僧のほか，1万人の僧が参列する盛儀であった。

　孝謙天皇の時代には，⓰　　　　　　　　　　　が光明皇太后と結んで政界

解答　❸聖武　❹光明子　❺長屋王　❻武智麻呂　❼宇合　❽橘諸兄　❾吉備真備　❿藤原広嗣　⓫恭仁京　⓬紫香楽宮　⓭国分寺建立の詔　⓮大仏造立の詔　⓯孝謙　⓰藤原仲麻呂

■**親王と王**　大宝令は天皇の兄弟姉妹・子女の呼称を親王・内親王，それ以外の皇族の呼称を王と規定した。刑部・舎人両親王や長屋王の称はこれに基づく。

で勢力をのばした。橘諸兄の子の⑰＿＿＿＿＿は仲麻呂を倒そうとするが、逆に滅ぼされた（橘⑰＿＿＿＿＿の変）。仲麻呂は淳仁天皇を擁立して即位させると⑱＿＿＿＿＿の名を賜り、破格の経済的特権を得るとともに権力を独占し、大師（太政大臣）にまでのぼった。

恵美押勝は後ろ盾であった光明皇太后が死去すると孤立を深め、孝謙太上天皇が自分の看病に当たった僧⑲＿＿＿＿＿を寵愛して淳仁天皇と対立すると、危機感をつのらせて764（天平宝字8）年に挙兵したが、太上天皇側に先制され滅ぼされた（⑱＿＿＿＿＿の乱）。淳仁天皇は廃されて淡路に流され、孝謙太上天皇が重祚して⑳＿＿＿＿＿天皇となった。

道鏡は称徳天皇の支持を得て太政大臣禅師、さらに㉑＿＿＿＿＿となって権力を握り、仏教政治をおこなった。769（神護景雲3）年には、称徳天皇が宇佐神宮の神託によって道鏡に皇位をゆずろうとする事件がおこったが、この動きは和気清麻呂らの行動で挫折した。九州の宇佐八幡神が道鏡の即位をうながすお告げをしたが、その神意を聞く使いとなった㉒＿＿＿＿＿は、逆の神意報告をして道鏡の即位を挫折させた。清麻呂の行動の背景には、彼を支えた藤原百川ら道鏡に反対する貴族たちが存在したとみられる。称徳天皇が亡くなると、後ろ盾を失った道鏡は下野薬師寺の別当として追放され、そこで死去した。つぎの皇位には、藤原式家の㉓＿＿＿＿＿らがはかって、長く続いた天武天皇系の皇統にかわって天智天皇の孫である光仁天皇が迎えられた。光仁天皇の時代には、道鏡時代の仏教政治で混乱した律令政治と国家財政の再建がめざされた。

民衆と土地政策

律令政治が展開した8世紀には、農業にも進歩がみられ、鉄製の農具がいっそう普及した。生活では、竪穴住居にかわって平地式の❶＿＿＿＿＿が西日本からしだいに普及した。家族のあり方は今日と違い、結婚は初め男性が女性の家に通う❷＿＿＿＿＿に始まり、夫婦としていずれかの父母のもとで生活し、やがてみずからの家をもった。夫婦は結婚しても別姓のままで、また自分の財産をもっていた。

【解答】⑰奈良麻呂　⑱恵美押勝　⑲道鏡　⑳称徳　㉑法王　㉒和気清麻呂　㉓藤原百川
民衆と土地政策　❶掘立柱住居　❷妻問婚

■藤原四家■　不比等の長子武智麻呂、次子房前は邸宅の位置から南家・北家、三子宇合は式部だったので式家、四子麻呂は京職大夫だったので京家とよばれた。

律令では中国の家父長制的な家族制度にならって父系の相続を重んじたが，一般民衆の家族では，生業の分担や子どもの養育などの面で女性の発言力が強かったとみられる。

　農民は，班給された口分田を耕作したほか，口分田以外の公の田(③_____)や寺社・貴族の土地を原則として1年のあいだ借り，収穫の5分の1を地子として政府や持ち主におさめた(④_____)。農民には兵役のほか，雑徭などの労役や運脚などの負担があったため，生活に余裕はなかった。さらに，天候不順や虫害などに影響されて飢饉もおこりやすく，国司・郡司らによる勧農政策があっても不安定な生活が続いた。農民たちの窮乏生活をうたった『万葉集』にみえる⑤_____の貧窮問答歌は，そうした農民への共感からつくられた作品といえる。

　政府は，人口増加による口分田の不足を補い税の増収をはかるため，722(養老6)年には⑥_____を立て，723(養老7)年には❼_____を施行した。この法は，新たに灌漑施設を設けて未開地を開墾した場合は三世にわたり，旧来の灌漑施設を利用して開墾した場合は本人一代のあいだ田地の保有を認めるというもので，民間の開墾による耕地の拡大をはかるものであった。743(天平15)年には政府は❽_____を発し，開墾した田地の私有を永年にわたって保障した。墾田の面積は身分に応じて制限され，一品の親王や一位の貴族の500町から初位以下庶民の場合の10町まで差が設けられていた。また墾田は，租をおさめるべき輸租田であった。

　この法は，政府の掌握する田地を増加させることにより土地支配の強化をはかる積極的な政策であったが，その一方で貴族・寺院や地方豪族たちの私有地拡大を進めることになった。のち，765(天平神護元)年に寺院などを除いて開墾は一時禁止されたが，道鏡が退いたあとの772(宝亀3)年には，ふたたび開墾と墾田の永年私有が認められた。とくに東大寺などの大寺院は，広大な原野を独占し，国司や郡司の協力のもとに，付近の農民や浮浪人らを使用して灌漑施設をつくり，

解答　③乗田　④賃租　⑤山上憶良　⑥百万町歩の開墾計画　❼三世一身法　❽墾田永年私財法

■浮浪と逃亡■　浮浪は正当な理由なくして他国に流浪する者で，さらに調・庸を出さない場合は逃亡として扱われた。

36　第1部　原始・古代

大規模な原野の開墾をおこなった。これを❾_____という。初期荘園は，経営拠点の荘所を中心に，国司・郡司の地方統治に依存して営まれたが，独自の荘民をもたず，郡司の弱体化にともない衰退していった。

　農民には，富裕になるものと貧困化するものとが現われた。困窮した農民の中には，口分田を捨てて戸籍に登録された地を離れて他国に❿_____したり，都の造営工事現場などから⓫_____して，地方豪族などのもとに身を寄せるものも増えた。一方，有力農民の中にも，経営を拡大するために浮浪人となったり，勝手に僧侶となったり(⓬_____)，貴族の従者となって，税負担を逃れるものがあった。8世紀の末には，調・庸の品質の悪化や滞納が多くなり，また兵士の弱体化が進んで，国家の財政や軍制にも大きな影響が出るようになった。

4　天平文化

天平文化と大陸

奈良時代には，中央集権的な国家体制が整って富が中央に集められ，平城京を中心として高度な貴族文化が花開いた。この時代の文化を，①_____天皇の時代の年号をとって❷_____文化という。当時の貴族は，遣唐使などによってもたらされる唐の進んだ文化を重んじたから，天平文化は，唐の文化の影響を強く受けた国際色豊かな文化となった。

国史編纂と『万葉集』

律令国家の確立にともなって国家意識が高まったことを反映して，政府の立場から統治の由来や国家の形成・発展の経過を示すために，中国にならって国史の編纂がおこなわれた。

　天武天皇の時代に始められた国史編纂事業は，奈良時代に『❶_____』『❷_____』として完成した。712(和銅5)年にできた『古事記』は，宮廷に伝わる「帝紀」「旧辞」をもとに天武天皇が③_____によみならわせた内容を，④_____(安万侶)が筆録したもので，神話・伝

解答 ❾初期荘園　❿浮浪　⓫逃亡　⓬私度僧
天平文化と大陸　①聖武　❷天平
国史編纂と『万葉集』　❶古事記　❷日本書紀　③稗田阿礼　④太安万侶

■万葉がなの戯訓■　万葉がなには，判じ物のようなものもある。「八十一」は「くく」，「恋水」は「なみだ」，「山上復有山」は山の字を2つ重ねて「出る」。

承から推古天皇に至るまでの物語であり，日本語を漢字の音・訓を用いて表記している。720(養老4)年にできた『日本書紀』は，⑤_____が中心となって編纂したもので，中国の歴史書の体裁にならい漢文の編年体で書かれている。神話・伝承や「帝紀」「旧辞」などを含めて，神代から持統天皇に至るまでの歴史を天皇中心に記している。本文中には中国の古典や編纂時点の法令によって文章を作成した部分もあることから十分な検討が必要であるが，古代史の貴重な史料である。この『日本書紀』をはじめとして朝廷による歴史編纂は平安時代に引き継がれ，『⑥_____』『日本後紀』『続日本後紀』『日本文徳天皇実録』『⑦_____』と六つの漢文正史が編纂された。これらを「⑧_____」と総称する。

歴史書とともに，713(和銅6)年には諸国に郷土の産物，山川原野の名の由来，古老の伝承などの筆録が命じられ，地誌である⑨_____が編纂された。常陸・出雲・播磨・豊後・肥前の5カ国の風土記が伝えられている。このうちほぼ完全に残っているのは，『⑩_____国風土記』である。

また，貴族や官人には漢詩文の教養が必要とされ，751(天平勝宝3)年には現存最古の漢詩集『⑪_____』が編まれ，大友皇子・大津皇子・長屋王らの7世紀後半以来の漢詩をおさめている。8世紀半ばからの漢詩文の文人としては，⑫_____や石上宅嗣らが知られている。石上宅嗣は自分の邸宅を寺とし，仏典以外の書物をも所蔵する今日の図書館のような施設をおいて⑬_____と名づけ，学問する人びとに開放したという。日本古来の和歌も，天皇から民衆に至るまで多くの人びとによってよまれた。『⑭_____』は759(天平宝字3)年までの歌約4500首を収録した歌集で，宮廷の歌人や貴族だけでなく東国の民衆たちがよんだ東歌や防人歌などもある。心情を率直に表わしており，心に強く訴える歌が多くみられる。天智天皇時代までの第1期の歌人としては有間皇子・⑮_____，つづく平城遷都までの第2期の歌人としては⑯_____，天平年間の初め頃までの第3期の歌人としては山上憶良・山部赤人・大伴旅人，淳仁天皇時代に至る第4期の歌人としては

解答 ⑤舎人親王 ⑥続日本紀 ⑦日本三代実録 ⑧六国史 ⑨風土記 ⑩出雲 ⑪懐風藻 ⑫淡海三船 ⑬芸亭 ⑭万葉集 ⑮額田王 ⑯柿本人麻呂

⑰_____・大伴坂上郎女らが名高い。編者は大伴家持ともいわれるが，未詳である。

教育機関としては，官吏養成のために中央に⑱_____，地方に⑲_____がおかれた。入学者は，大学の場合は貴族の子弟や朝廷に文筆で仕えてきた人びとの子弟，国学の場合は郡司の子弟らを優先した。学生は大学を修了し，さらに試験に合格してようやく官人となることができた。大学の教科は，五経などの儒教の経典を学ぶ⑳_____，律令などの法律を学ぶ明法道や，音・書・算などの諸道があり，のち9世紀には漢文・歴史を含む㉑_____が生まれ，重視された。これらのほかに，陰陽・暦・天文・医などの諸学が各官司で教授された。

国家仏教の展開

奈良時代には，仏教は国家の保護を受けてさらに発展した。とくに仏教によって国家の安定をはかるという❶_____の思想は，この時代の仏教の性格をよく示している。

奈良の大寺院では，インドや中国で生まれたさまざまな仏教理論の研究が進められ，三論・成実・法相・倶舎・華厳・律の❷_____と呼ばれる学系が形成された。❸_____の義淵は玄昉・❹_____ら多くの門下を育て，❺_____の良弁は唐・新羅の僧から華厳を学び，東大寺建立に活躍した。また，入唐して三論宗を伝えた道慈も大安寺建立などの事業に活躍した。

当時の僧侶は宗教者であるばかりでなく，最新の文明を身につけた一流の知識人でもあったから，玄昉のように聖武天皇に信任されて政界で活躍した僧もあった。日本への渡航にたびたび失敗しながら，ついに日本に戒律を伝えた唐の❻_____らの活動も，日本の仏教の発展に寄与した。当時，正式な僧侶となるには，得度して修行し，さらに戒を受けること（受戒）が必要とされたが，受戒の際の正式な戒律のあり方を鑑真が伝えた。聖武太上天皇・光明皇太后・孝謙天皇は，鑑真から戒を受けた。鑑真はのちに❼_____をつくり，そこで死去した。受戒の場として，東大寺の戒壇に加え，761（天平宝字5）年には

【解答】 ⑰**大伴家持** ⑱**大学** ⑲**国学** ⑳**明経道** ㉑**紀伝道**
国家仏教の展開 ❶**鎮護国家** ❷**南都六宗** ❸**法相宗** ❹**行基** ❺**華厳宗** ❻**鑑真** ❼**唐招提寺**

■**行基と国家**■ 天平年間には行基への弾圧は緩和され，大仏造立に際しては行基は弟子や民衆を率いて大仏造立に協力し，743年には大僧正になった。国家は行基の影響力を大仏造立に利用したのである。

第2章 律令国家の形成

遠方の受戒者のために，九州の筑紫⑧＿＿＿＿＿，東国の下野⑨＿＿＿＿＿にも戒壇が設けられて「本朝三戒壇」と称された。

一方で，仏教は政府からきびしく統制を受け，一般に僧侶の活動も寺院内に限られていた。④＿＿＿＿のように，民衆への布教とともに用水施設や救済施設をつくる社会事業をおこない，国家から取締りを受けながらも多くの民衆に支持された僧もあった。のち行基は大僧正に任ぜられて大仏の造営に協力した。社会事業は善行を積むことにより福徳を生むという仏教思想にもとづいており，光明皇后が平城京に⑩＿＿＿＿を設けて孤児・病人を収容し，⑪＿＿＿＿を設けて医療に当たらせたことも仏教信仰と関係している。

仏教の鎮護国家の思想を受けて，聖武天皇による国分寺建立や大仏造立などの大事業が進められたが，仏教保護政策下における大寺院の壮大な伽藍や広大な寺領は，国家財政への大きな負担ともなった。仏教が日本の社会に根づく過程では，⑫＿＿＿＿＿＿を求める手段とされたり，在来の祖先信仰と結びついて，祖先の霊をとむらうための仏像の造立や経典の書写などもおこなわれた。また，仏と神は本来同一であるとする⑬＿＿＿＿＿＿思想がおこった。さらに仏教の政治化をきらい，大寺院を離れて山林にこもって修行する僧たちが出て，やがて新しい平安仏教の母体となっていった。

天平の美術

奈良時代には，宮廷・貴族や寺院の豊かな生活と仏教の発展とに支えられ，多くのすぐれた美術作品がつくられた。

建築では，寺院や宮殿に礎石・瓦を用いた壮大な建物が建てられた。もと貴族の邸宅であった法隆寺伝法堂，もと平城宮の宮殿建築であった①＿＿＿＿講堂のほか，②＿＿＿＿法華堂・唐招提寺金堂・正倉院宝庫などが代表的で，いずれも均整がとれて堂々としている。

彫刻では，表情豊かで調和のとれた仏像が多く，以前からの金銅像や木像のほかに，木を芯として粘土を塗り固めた❸＿＿＿＿や，原型の上に麻布を幾重にも漆で塗り固め，あとで原型を抜きとる❹＿＿＿＿の技法が発達し

解答 ⑧観世音寺 ⑨薬師寺 ⑩悲田院 ⑪施薬院 ⑫現世利益 ⑬神仏習合
天平の美術 ①唐招提寺 ②東大寺 ❸塑像 ❹乾漆像

唐招提寺 鑑真が東大寺を去って創立した私寺。金堂は天平期唯一の金堂遺例で，屋根の大棟西端の鴟尾も天平の甍の唯一の遺例。「招提」は衆僧の住房。

整理 おもな建築・美術作品（天平）

㋐
㋑
㋒
㋓   
㋔
㋕
㋖   
㋗
㋘

整理 おもな建築・美術作品（天平） ㋐東大寺法華堂(三月堂) ㋑正倉院宝庫 ㋒唐招提寺金堂 ㋓興福寺阿修羅像 ㋔東大寺法華堂不空羂索観音像(中央) ㋕東大寺戒壇院四天王像(広目天像) ㋖唐招提寺鑑真像 ㋗正倉院鳥毛立女屏風 ㋘薬師寺吉祥天像

第2章 律令国家の形成

た。東大寺法華堂には，乾漆像の⑤＿＿＿＿＿＿＿＿＿＿を中心に，塑像の日光・月光菩薩像・執金剛神像など天平仏がまとまって伝わってきた。また興福寺では，乾漆像の釈迦十大弟子像や⑥＿＿＿＿＿＿（阿修羅像を含む）などが知られる。

　絵画の作例は少ないが，正倉院に伝わる⑦＿＿＿＿＿＿の樹下美人図や，薬師寺に伝わる⑧＿＿＿＿＿＿などが代表的で，唐の影響を受けた豊満で華麗な表現である。釈迦の一生を描いた過去現在絵因果経にみられる絵画は，のちの絵巻物の源流といわれる。

　工芸品としては，⑨＿＿＿＿＿＿宝物が有名である。聖武太上天皇の死後，光明皇太后が遺愛の品々を東大寺に寄進したものを中心に，服飾・調度品・楽器・武具など多様な品々が含まれる。螺鈿紫檀五絃琵琶・漆胡瓶・白瑠璃碗など，きわめてよく保存された優品が多く，唐ばかりでなく西アジアや南アジアとの交流を示すものがみられ，当時の宮廷生活の文化的水準の高さと国際性がうかがえる。また，称徳天皇が恵美押勝の乱後につくらせた木造小塔の百万塔と，その中におさめられた⑩＿＿＿＿＿＿＿＿＿＿も，この時代のすぐれた工芸技術を示している。百万塔陀羅尼は，木版か銅版か説がわかれるが，年代の確かな現存最古の印刷物といわれている。

5 平安王朝の形成

《平安遷都と蝦夷との戦い》

　❶＿＿＿＿天皇は，行財政の簡素化や公民の負担軽減などの政治再建政策につとめた。やがて781（天応元）年に亡くなる直前，天皇と渡来系氏族の血を引く高野新笠とのあいだに生まれた❷＿＿＿＿天皇が即位した。

　桓武天皇は光仁天皇の政策を受け継ぎ，仏教政治の弊害を改め，天皇権力を強化するために，784（延暦3）年に平城京から山背国の❸＿＿＿＿に遷都した。しかし，桓武天皇の腹心で長岡京造営を主導した❹＿＿＿＿

解答 ⑤不空羂索観音像　⑥八部衆像　⑦鳥毛立女屛風　⑧吉祥天像　⑨正倉院　⑩百万塔陀羅尼
平安遷都と蝦夷との戦い ❶光仁　❷桓武　❸長岡京　❹藤原種継

陀羅尼　無垢浄光大陀羅尼経。これを小塔に安置すれば護国の功徳があると説く。称徳天皇の発願でつくられ，法隆寺に残る百万塔の陀羅尼は，年紀のわかる現存最古の印刷物といわれる。

が暗殺される事件がおこり，首謀者とされた皇太子の⑤＿＿＿＿（桓武天皇の弟）や大伴氏・佐伯氏らの旧豪族が退けられた。早良親王はみずから食を絶って死に，その後，桓武天皇の母や皇后があいついで死去するなどの不幸が早良親王の怨霊によるものとされた。長岡京がなかなか完成しなかったこともあり，794（延暦13）年，❻＿＿＿＿に再遷都して，山背国を⑦＿＿＿＿国と改めた。都が平安京に移って以後，源頼朝が鎌倉に幕府を開くまでの約400年間を❽＿＿＿＿時代という。

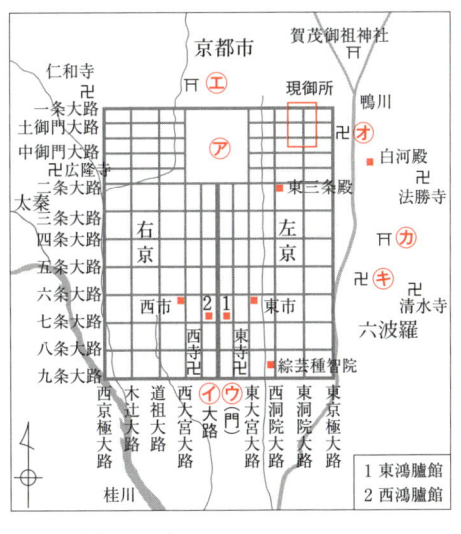

整理 平安京図

東北地方では，奈良時代にも陸奥側では⑨＿＿＿＿を基点として北上川沿いに北上して城柵を設け，出羽側では秋田城を拠点に日本海沿いに勢力を北上させていった。城柵は，政庁を中心として外郭の中に実務をおこなう役所群・倉庫群が配置され，行政的な役所としての性格をもち，そのまわりに関東地方などから農民（柵戸）を移住させて開拓が進められた。一方，帰順した蝦夷を関東以西の各地に⑩＿＿＿＿として移住させた。こうして城柵を拠点に，蝦夷地域への支配の浸透が進められた。しかし，光仁天皇の780（宝亀11）年には帰順した蝦夷の豪族⑪＿＿＿＿が乱をおこし，一時は多賀城をおとしいれて焼くという大規模な反乱に発展した。こののち，東北地方では三十数年にわたって戦争があいついだ。

桓武天皇の789（延暦8）年には紀古佐美を征東大使として大軍を進め，北上川中流の胆沢地方の蝦夷を制圧しようとしたが，蝦夷の族長阿弖流為の活躍により政府軍が大敗する事件もおこった。その後，征夷大将軍となった⑫

解答 ⑤早良親王 ❻平安京 ⑦山城 ❽平安 ⑨多賀城 ⑩俘囚 ⑪伊治呰麻呂 ⑫坂上田村麻呂
整理 平安京図 ㋐平安宮 ㋑朱雀 ㋒羅城門 ㋓北野神社（天満宮） ㋔法成寺 ㋕八坂神社（祇園社） ㋖六波羅蜜寺

徳政論争 桓武天皇は藤原緒嗣の主張を採用して，蝦夷征討と平安京造営を中止した。ただし『日本後紀』では「当年の費と雖も後世の頼たり」と記す。

第2章 律令国家の形成

は，802（延暦21）年胆沢の地に❸_____を築き，阿弖流為を帰順させて鎮守府を多賀城からここに移した。翌年にはさらに北上川上流に❹_____を築造し，東北経営の前進拠点とした。のち，嵯峨天皇の時に将軍❺_____が派遣され，最後の城柵徳丹城を築いた。日本海側でも，米代川流域まで律令国家の支配権がおよぶことになった。

しかし，東北地方での戦いと平安京の造営という二大政策は，国家財政や民衆にとって大きな負担となり，805（延暦24）年，桓武天皇は❻_____と呼ばれる議論を裁定した。❼_____は「天下の民が苦しむところは軍事と造作である」と批判して，二大政策の継続を主張する❽_____と論争した。桓武天皇は緒嗣の議を採用し，蝦夷との戦争と平安京造営の二大事業を停止した。

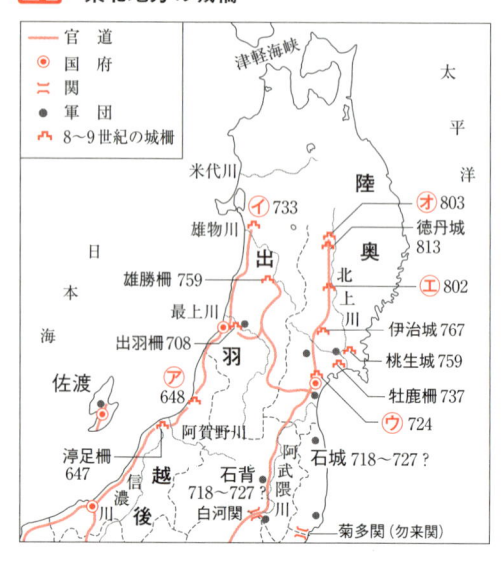

整理　東北地方の城柵

── 官道
◎ 国府
⤨ 関
● 軍団
⚔ 8〜9世紀の城柵

平安時代初期の政治改革

桓武天皇は，長い在位期間のうちに天皇の権威を確立し，積極的に政治改革を進めた。

国家財政悪化の原因となった地方政治を改革することに力を入れ，増えていた定員外の国司や郡司を廃止し，また❶_____を設けて，国司の交替に際する事務の引継ぎをきびしく監督させた。勘解由使は，令に定められていない新しい官職である❷_____の一つで，国司在任中の租税徴収や官有物の管理などに問題がない時に，新任国司から前任国司に対して与えられる文書である解由状の授受の審査に当たった。

解答　❸胆沢城　❹志波城　❺文室綿麻呂　❻徳政論争　❼藤原緒嗣　❽菅野真道

整理　東北地方の城柵　㋐磐舟柵　㋑秋田城　㋒多賀城　㋓胆沢城　㋔志波城

平安時代初期の政治改革　❶勘解由使　❷令外官

一般民衆から徴発する兵士の質が低下したことを受けて，792(延暦11)年には東北や九州などの地域を除いて③_____と兵士とを廃止し，かわりに郡司の子弟や有力農民の志願による少数精鋭の④_____を採用した。しかしこれらの改革は，十分な成果を上げるところまではいかなかった。

　桓武天皇の改革は⑤_____天皇・⑥_____天皇にも引き継がれた。⑥_____天皇は，即位ののち810(弘仁元)年に，平城京に再遷都しようとする兄の⑤_____太上天皇と対立し，「⑦_____」と呼ばれる政治的混乱が生じた。結局，嵯峨天皇側が迅速に兵を展開して勝利し，太上天皇はみずから出家し，その寵愛を受けた⑧_____は自殺，薬子の兄⑨_____は射殺された(平城太上天皇の変，薬子の変ともいう)。この対立の際に，天皇の命令をすみやかに太政官組織に伝えるために，秘書官長としての⑩_____が設けられ，藤原冬嗣らが任命された。その役所が⑪_____で，所属する蔵人は，やがて天皇の側近として宮廷で重要な役割を果たすことになった。また嵯峨天皇は，平安京内の警察に当たる⑫_____を設けた。検非違使は，のちには裁判もおこなうようになり，京の統治を担う重要な職となっていった。

　嵯峨天皇のもとでは，法制の整備も進められた。律令制定後，社会の変化に応じて出された法令を，律令の規定を補足・修正する⑬__と施行細則の⑭__とに分類・編集し，弘仁格式が編纂された。これは，官庁の実態にあわせて政治実務の便をはかったもので，こののち，さらに貞観格式，延喜格式が編纂された。これらをあわせて⑮_____という。格は三代の格を集めた『⑯_____』が，式は『延喜式』が伝わっている。その他，国司交替についての規定として延暦・貞観・延喜の三代の交替式もつくられた。833(天長10)年には，令の解釈を公式に統一した『⑰_____』が清原夏野らによって編まれ，9世紀後半には，惟宗直本によって令の注釈を集めた『⑱_____』が編まれた。

解答　③軍団　④健児　⑤平城　⑥嵯峨　⑦二所朝廷　⑧藤原薬子　⑨藤原仲成　⑩蔵人頭　⑪蔵人所　⑫検非違使　⑬格　⑭式　⑮三代格式　⑯類聚三代格　⑰令義解　⑱令集解

健児の数　最少は和泉の20名，最多は常陸・近江の200名で，30〜50名程度の国が多い。この人数からみて，国府の主要施設などの守衛が役割であった。

地方と貴族社会の変貌

8世紀後半から9世紀になると，農民間に貧富の差が拡大したが，有力農民も貧窮農民もさまざまな手段で負担を逃れようとした。そして戸籍には，兵役・労役・租税を負担する成人男性ではなく女性の登録を増やす偽りの記載(❶　　　　)が増え，律令の制度は実態とあわなくなった。こうして，手続きの煩雑さもあって班田収授は実施が困難になっていった。

桓武天皇は班田収授を励行させるため，6年ごとの戸籍作成にあわせて6年1班であった班田の期間を12年(❷　　　　)1班に改めた。また，公出挙の利息を利率5割から3割に減らし，❸　　　　の期間を年間60日から30日に半減するなど，負担を軽減して公民たちの維持をめざした。しかし効果はなく，9世紀には班田が30年，50年とおこなわれない地域が増えていった。

調・庸などの未進によって中央の国家財政の維持が困難になると，政府は国司・郡司たちの租税徴収に関わる不正・怠慢を取り締まるとともに，823(弘仁14)年には大宰府において❹　　　　を，879(元慶3)年には畿内に❺　　　　(元慶官田)を設けて，有力農民を利用した直営方式を採用して収入をはかるなど，財源の確保につとめた。しかし，やがて中央の各官庁はそれぞれ財源となる諸司田をもち，官人たちも墾田を集めて国家財政に対する依存を弱めた。天皇も❻　　　　と呼ぶ田をもち，皇族にも天皇から賜田が与えられた。天皇と親近な関係にある少数の皇族や貴族は❼　　　　　　　と呼ばれて，私的に多くの土地を集積し，国家財政を圧迫しつつ勢いをふるうようになった。

唐風文化と平安仏教

平安遷都から9世紀末頃までの文化を，嵯峨・清和天皇の時の年号から❶　　　　・　　　　文化と呼ぶ。この時代には，平安京において貴族を中心とした文化が発展した。文芸を中心として国家の隆盛をめざす❷　　　　　　の思想が広まり，宮廷では漢文学が発展し，仏教では新たに伝えられた天台宗・真言宗が広まり密教がさかんになった。814(弘仁5)年に『❸　　　　　　』，818(弘仁9)年に『文華秀麗

解答　地方と貴族社会の変貌　❶偽籍　❷一紀　❸雑徭　❹公営田　❺官田　❻勅旨田　❼院宮王臣家
唐風文化と平安仏教　❶弘仁・貞観　❷文章経国　❸凌雲集

院宮王臣家　天皇及びその近親に関わる院・宮と，一定の財産を所有する皇族(王)や臣下の諸勢力家の総称。

集』、827(天長4)年に『④_____』といった三つの勅撰漢詩集があいついで編まれた。

嵯峨天皇は、唐風を重んじ、平安宮の殿舎に唐風の名称をつけたほか、唐風の儀礼を受け入れて宮廷の儀式を整えた。また、文学・学問に長じた文人貴族を政治に登用して国家の経営に参加させる方針をとった。

貴族は、教養として漢詩文をつくることが重視され、漢文学がさかんになり、漢字文化に習熟して漢文をみずからのものとして使いこなすようになった。このことは、のちの国風文化の前提となった。著名な文人としては嵯峨天皇・空海・小野篁・菅原道真らが知られている。空海は、漢詩文作成についての評論『⑤_____』や詩文集『⑥_____』(『遍照発揮性霊集』)などにすぐれた文才を示し、菅原道真も『菅家文草』を著した。

大学での学問も重んじられ、とくに儒教を学ぶ明経道や、中国の歴史・文学を学ぶ⑦_____(文章道)がさかんになり、貴族は一族子弟の教育のために、寄宿舎に当たる❽_____を設けた。大学別曹は大学に付属する寄宿施設的なもので、学生たちは学費の支給を受け、書籍を利用しながら大学で学んだ。和気氏の弘文院、藤原氏の⑨_____、在原氏や皇族の奨学院、橘氏の学館院などが知られる。また空海が創設した⑩_____は、庶民に対しても教育の門戸を開いたことで名高い。

奈良時代後半には、仏教が政治に深く介入して弊害もあったことから、桓武天皇の長岡京・平安京への遷都では南都奈良の大寺院が新京に移転することはなく、桓武天皇や嵯峨天皇は最澄・空海らの新しい仏教を支持した。

⓫_____は、近江出身で近江国分寺や比叡山で修学し、804(延暦23)年遣唐使に従って入唐、天台の教えを受けて帰国して、天台宗を開いた。彼はそれまでの東大寺戒壇における受戒制度に対して、新しく独自の大乗戒壇の創設をめざした。これは南都の諸宗から激しい反対を受けることとなり、最澄は『⓬_____』を著して反論した。その死後、大乗戒壇の設立が公認され、最澄の開いた草庵に始まる比叡山⓭_____は、やがて仏教教学の中心とな

【解答】 ④経国集 ⑤文鏡秘府論 ⑥性霊集 ⑦紀伝道 ❽大学別曹 ⑨勧学院 ⑩綜芸種智院 ⓫最澄 ⓬顕戒論 ⓭延暦寺

■**大乗戒壇**■ 梵網経に説く戒を大乗戒といい、その授戒の場が大乗戒壇。僧になる正式の授戒の場は東大寺・筑紫観世音寺・下野薬師寺の戒壇のみである。

第2章 律令国家の形成

っていくとともに、平安京の王城鎮護の寺院とされた。浄土教の源信や鎌倉新仏教の開祖たちは、多くここで学んでいる。

❶❹＿＿＿＿＿は、讃岐出身で上京して大学などに学び、儒教・仏教・道教の中で仏教の優位を論じた『三教指帰』を著して仏教に身を投じた。のち804(延暦23)年に入唐し、長安で密教を学んで2年後に帰国、紀伊の高野山に❶❺＿＿＿＿＿を建てて真言宗を開いた。真言は大日如来の真実の言葉の意で、釈迦の教えを経典から学び修行して悟りを開こうとする顕教に対して、秘密の呪法の伝授・習得により悟りを開こうとする密教と呼ばれた。また、空海が嵯峨天皇から賜った平安京の❶❻＿＿＿＿＿(東寺)も、都にあって密教の根本道場となった。

天台宗も最澄ののち、入唐した弟子の❶❼＿＿＿＿＿・❶❽＿＿＿＿＿によって本格的に密教が取り入れられた。真言宗の密教を東密と呼び、天台宗の密教を台密と呼んでいる。❶❼＿＿＿＿＿が838(承和5)年に渡唐し、密教を学び847(承和14)年に帰国するまでの苦労の記録が『入唐求法巡礼行記』である。10世紀末以降、円仁の門流は延暦寺に拠って❶❾＿＿＿＿＿と呼ばれ、円珍の門流は園城寺(三井寺)に拠って❷⓿＿＿＿＿と呼ばれ、両者は対立した。天台・真言の両宗はともに国家・社会の安泰を祈ったが、加持祈禱によって災いを避け、幸福を追求するという現世利益の面から皇族や貴族たちの支持を集めた。

8世紀頃から、神社の境内に神宮寺を建てたり、寺院の境内に守護神を鎮守としてまつり、神前で読経する神仏習合の風潮がみられたが、平安時代に入るとこの傾向はさらに広まっていった。天台宗・真言宗では、奈良時代の仏教とは違って山岳の地に伽藍を営み、山中を修行の場としたから、在来の山岳信仰とも結びついて修験道の源流となった。修験道は、山伏にみられるように山岳修行により呪力を体得するという実践的な信仰であり、山岳信仰の対象であった奈良県吉野の大峰山や北陸の白山などの山々がその舞台となった。

《《 密教芸術 》》 天台・真言両宗がさかんになると、神秘的な**密教芸術**が新たに発展した。建築では、寺院の堂塔が山間の地

[解答] ❶❹空海 ❶❺金剛峰寺 ❶❻教王護国寺 ❶❼円仁 ❶❽円珍 ❶❾山門派 ❷⓿寺門派

■**寺の山号**■ 奈良時代以前の寺には山号はないが、平安初期の山岳寺院は寺の所在を示す山号をつけた。鎌倉時代には平地の寺も山号をつけるようになった。

整理 おもな建築・美術作品（弘仁・貞観）

⑦_____　①_____　⑨_____

①_____　⑦_____　⑨_____

において、以前のような形式にとらわれない伽藍配置でつくられた。①_____の金堂などは、その代表である。

彫刻では、密教と関わりのある如意輪観音や不動明王などの仏像が多くつくられた。これらの仏像は、❷_____で神秘的な表現をもつものが多い。また神仏習合を反映してさかんになった神像彫刻としては、薬師寺の③_____・神功皇后像などがある。

絵画では、園城寺の④_____（黄不動）など神秘的な仏画が描かれ、その他神護寺や教王護国寺の⑤_____など、密教の

解答　密教芸術　①室生寺　❷一木造　③僧形八幡神像　④不動明王像　⑤両界曼荼羅
整理　おもな建築・美術作品（弘仁・貞観）　⑦室生寺金堂　①室生寺弥勒堂釈迦如来坐像　⑨観心寺如意輪観音像　①教王護国寺（東寺）両界曼荼羅（胎蔵界）　⑦薬師寺僧形八幡神像　⑨元興寺薬師如来像

第2章　律令国家の形成　49

世界観を表わした❻_____が発達した。曼荼羅は，密教で重んじる大日如来の智徳を表わす金剛界と，同じく慈悲を表わす胎蔵界の二つの仏教世界を整然とした構図で図化したものである。なお，この時代の絵師としては百済河成らの名が伝わっている。

　書道では，唐風の書が広まり，嵯峨天皇・空海・❼_____らの能書家が出て，のちに❽_____と称せられた。

解答 ❻曼荼羅　❼橘逸勢　❽三筆

■**曼荼羅**■ 梵語のmandalaの漢語訳。悟りの境地，道場を意味する語。仏の悟りの世界を図示したものをさし，金剛界曼荼羅と胎蔵界曼荼羅とがある。

第3章

貴族政治と国風文化

1 摂関政治

《藤原氏北家の発展》

9世紀の半ばまでは、桓武天皇や嵯峨天皇が貴族たちをおさえて強い権力を握り、国政を指導した。しかし、この間に藤原氏とくに❶_____が天皇家との結びつきを強めて、しだいに勢力をのばした。

北家の❷_____は嵯峨天皇の厚い信任を得て蔵人頭になり、天皇家と姻戚関係を結んだ。ついでその子の❸_____は、842(承和9)年の❹_____で藤原氏の中での北家の優位を確立する一方、伴(大伴)健岑・❺_____ら他氏族の勢力を退けた。

858(天安2)年に幼少の❻_____天皇を即位させた良房は、天皇の外祖父として臣下ではじめて❼_____になり、866(貞観8)年の❽_____では、伴・紀両氏を没落させた。応天門の変とは、大納言❾_____が朝堂院の正門である応天門に放火し、その罪を左大臣源信に負わせようとして発覚し、流罪に処せられた事件である。

良房の地位を継いだ❿_____は、陽成天皇を譲位させて光孝天皇を即位させ、天皇はこれに報いるために、884(元慶8)年に基経をはじめて⓫_____とした。さらに基経は、宇多天皇が即位に当たって出した勅書に抗議して、888(仁和4)年、これを撤回させ(⓬_____)、関白の政治的地位を確立した。こうして藤原氏北家の勢力は、急速に強大になった。

解答 藤原氏北家の発展 ❶北家 ❷藤原冬嗣 ❸藤原良房 ❹承和の変 ❺橘逸勢 ❻清和 ❼摂政 ❽応天門の変 ❾伴善男 ❿藤原基経 ⓫関白 ⓬阿衡の紛議

■**大伴と伴**■ 大伴氏は823年、即位した淳和天皇の諱(大伴親王)に触れることから、氏の名を伴と改めた。ほかにも古代には同様の改氏姓がいくつもある。

基経の死後，藤原氏を**外戚**(母方の親戚)としない宇多天皇は摂政・関白をおかず，学者❸_____を重く用いたが，続く⓮_____天皇の時，左大臣⓯_____は策謀を用いて右大臣の道真を政界から追放した。901(延喜元)年に道真は大宰権帥に左遷され，任地で死去した。死後，道真は怨霊として恐れられるようになり，これを鎮めるために，京都には北野天満宮(北野天神)が，道真の墓所には大宰府天満宮がつくられた。

　10世紀前半の醍醐天皇の時代には，班田を命じ，⓰_____の荘園整理令を出すなど，律令体制の復興がめざされ，また六国史の最後である『日本三代実録』のほか，『延喜格』『延喜式』という法典や『古今和歌集』の編纂がおこなわれた。その子の村上天皇は，「本朝(皇朝)十二銭」の最後となった⓱_____を発行し，『延喜式』を施行した。両天皇の時代には，摂政・関白がおかれずに親政がおこなわれ，のちに「⓲_____・_____の治」とたたえられるようになった。しかし親政の合間には，⓳_____が摂政・関白をつとめ，太政官の上に立って実権を握った。村上天皇の死後の969(安和2)年に，醍醐天皇の子で左大臣の⓴_____が左遷されると(㉑_____)，藤原氏北家の勢力は不動のものとなり，その後は，ほとんどつねに摂政または関白がおかれ，その地位には藤原忠平の子孫がつくのが例となった。

摂関政治

　①_____は天皇が幼少の期間にその政務を代行し，②_____は天皇の成人後に，その後見役として政治を補佐する地位である。摂政・関白が引き続いて任命され，政権の最高の座にあった10世紀後半から11世紀頃の政治を❸_____と呼び，摂政・関白を出す家柄を**摂関家**という。摂政・関白は藤原氏の中で最高の地位にあるものとして，藤原氏の「④_____」を兼ね，人事の全体を掌握し，絶大な権力を握った。藤原氏の「**氏長者**」は，氏寺の⑤_____や氏社の⑥_____社，大学別曹の勧学院などを管理し，任官や叙位の際には，氏に属する人びとの推薦権ももっていた。

　摂関家の内部では，摂政・関白の地位をめぐって争いが続いた。とくに藤原兼

解答 ⓭菅原道真　⓮醍醐　⓯藤原時平
⓰延喜　⓱乾元大宝　⓲延喜・天暦　⓳藤原忠平　⓴源高明　㉑安和の変
摂関政治 ①摂政　②関白　❸摂関政治
④氏長者　⑤興福寺　⑥春日

■**母后の権威**　道長と伊周との争いに際して道長を内覧(事実上の関白)に推したのは，一条天皇の生母，皇太后の詮子であった。天皇の母后には，摂関の任命などに大きな発言権があった。

通・兼家の兄弟の争い，❼＿＿＿＿＿＿・❽＿＿＿＿の叔父・甥の争いは有名である。しかし10世紀末に伊周が左遷されて道長が左大臣に進むと，摂関家内部の争いはいったんおさまった。道長は4人の娘を中宮（皇后）や皇太子妃とし，30年にわたって朝廷で権勢をふるった。❾＿＿＿＿＿・後朱雀・後冷泉3代の天皇は道長の外孫であり，道長のあとを継いだ❿＿＿＿＿は，3天皇の50年にわたって摂政・関白をつとめ，摂関家の勢力は安定していた。

　当時の貴族社会では，結婚した男女は妻側の両親と同居するか，新居を構えて住むのが一般的であった。夫は妻の父の庇護を受け，また子は母方の手で養育されるなど，母方の縁が非常に重く考えられていた。摂政・関白は，天皇のもっとも身近な⓫＿＿＿＿として，伝統的な天皇の高い権威を利用し，大きな権力を握ったのである。

　政治の運営は，摂関政治のもとでも天皇が太政官を通じて中央・地方の官吏を指揮し，全国を統一的に支配する形をとった。おもな政務は太政官で⓬＿＿＿＿によって審議され，多くの場合は天皇（もしくは摂政）の決裁を経て太政官符・宣旨などの文書で政策が命令・伝達された。外交や財政に関わる重要な問題については，内裏の近衛の陣でおこなわれる⓭＿＿＿＿という会議で，公卿各自の意見が求められ，天皇の決裁の参考にされた。

　摂政・関白は官吏の人事権を掌握していたため，中・下級の貴族たちは摂関家を頂点とする上級貴族に隷属するようになり，やがて昇進の順序や限度は，家柄や外戚関係によってほぼ決まってしまうようになった。その中で中・下級の貴族は，摂関家などに取り入ってその家の事務を扱う職員である家司となり，経済的に有利な地位となっていた国司（受領）になることを求めた。

国際関係の変化

　8世紀末に新羅からの使節の来日はなくなるが，9世紀前半には新羅の商人が貿易のために来航するようになった。やがて9世紀の後半には，唐の商人が頻繁に来航するようになり，朝廷では彼らとの貿易の仕組みを整えて，書籍や陶磁器などの工芸品の輸入につとめた。こうした背景があったので，894（寛平6）年に遣唐大使に任じられた①

解答　❼藤原道長　❽伊周　❾後一条　❿藤原頼通　⓫外戚　⓬公卿　⓭陣定

■渤海との交渉■　遣渤海使13回に対し，渤海使の来日は34回に及ぶ。貿易の外に唐情報の伝達や入唐・帰国者の援助などの役割も大きかった。渤海使と菅原道真ら文人との漢詩文の交流も有名。

は，唐はすで

整理 10〜11世紀の東アジア

に衰退しており，多くの危険をおかしてまで公的な交渉を続ける必要がないとして，派遣の中止を提案し，結局，この時の遣唐使は派遣されずに終わった。

　907（延喜7）年，東アジアの政治と文化の中心であった唐が滅んだ。中国では五代十国の諸王朝が興亡し，このうちの江南の杭州に都をおいた呉越国からは日本に商人が来航して，江南の文化を伝えた。やがて中国は，❷　　　（北宋）によって再統一されたが，日本は東アジアの動乱や中国中心の外交関係（朝貢関係）を避けるために，宋と正式な国交を開こうとはしなかった。

　しかし，九州の博多に頻繁に来航した宋の商人を通じて，書籍や陶磁器などの工芸品，薬品などが輸入され，かわりに③　　　や水銀・真珠，硫黄などが輸出された。金は奥州の特産であったことから，奥州への関心が高まった。11世紀に成立した『新猿楽記』には，「商人の主領」として描かれた人物が，東は「俘囚の地（奥州）」から西は「喜賀の島（九州の南）」にわたって活動し，唐物や日本の多くの品々を取り扱ったと記されている。

　日本人の渡航は律によって禁止されていたが，天台山や五台山への巡礼を目的とする僧には許されることがあったので，10世紀末の④　　　　，11世紀半ばの成尋らの僧のように，宋の商人の船を利用して大陸に渡り，宋の文物を日本にもたらすものもいた。奝然が持ち帰った釈迦如来像は，京都嵯峨の清凉寺に安置されて厚い信仰を獲得し，経典は摂関家にささげられた。

　中国東北部では，奈良時代以来日本と親交のあった渤海が，10世紀前半に，

解答　国際関係の変化　①菅原道真　❷宋　③金　④奝然
整理　10〜11世紀の東アジア　㋐宋（北宋）　㋑契丹（遼）　㋒高麗

54　第1部　原始・古代

❺_____（遼）に滅ぼされた。契丹の支配下にあった沿海州地方に住む❻_____と呼ばれる女真人は，のちに❼_____を建国した。朝鮮半島では，10世紀初めに❽_____がおこり，やがて新羅を滅ぼして半島を統一した。日本は遼や高麗とも国交を開かなかったが，高麗とのあいだには商人などの往来があった。

2 国風文化

国文学の発達

9世紀後半から10世紀になると，貴族社会を中心に，それまでに受け入れられた大陸文化を踏まえ，これに日本人の人情・嗜好を加味し，さらに日本の風土にあうように工夫した，優雅で洗練された文化が生まれてきた。このように10〜11世紀の文化は，国風化という点に特色があるので，❶_____と呼ばれる。

文化の国風化を象徴するのは，❷_____文字の発達である。すでに9世紀には，万葉がなの草書体を簡略化した❸_____や，漢字の一部分をとった❹_____が表音文字として用いられていたが，それらの字形は，11世紀の初めにはほぼ一定し，広く使用されるようになった。その結果，人びとの感情や感覚を，日本語で生き生きと伝えることが可能になり，多くの文学作品が生まれた。

まず，和歌がさかんになり，905（延喜5）年，❺_____らによって最初の勅撰和歌集である『❻_____』が編集された。以後，鎌倉時代初めの『❼_____』まで合計8回にわたって勅撰和歌集が編集されたので，これらを総称して❽_____という。その繊細で技巧的な歌風は，古今調と呼ばれて長く和歌の模範とされた。

貴族は公式の場では従来通り漢字だけで文章を記したが，その文章は純粋な漢文とはかなりへだたった和風のものになった。10世紀以降，朝廷での儀式・行事の比重が増大したこともあって，貴族はその様子を漢字を用いて日記に詳細に記

■解答 ❺契丹 ❻刀伊 ❼金 ❽高麗
国文学の発達 ❶国風文化 ❷かな ❸平がな ❹片かな ❺紀貫之 ❻古今和歌集 ❼新古今和歌集 ❽八代集

■御堂関白記■ 御堂は法成寺のこと。ただし道長は関白になってはおらず，御堂関白の名は鎌倉時代以降の呼称らしい。日記は998〜1021年に及ぶが，このうち14巻は彼の自筆本が残っている。

[整理] おもな建築・美術作品（国風）

⑦ _____　④ _____　⑨ _____

録した。藤原道長の日記『⑨_____』は，自筆のものが現存している。

　一方，かなは和歌を除いて公式には用いられなかったが，日常生活では広く用いられるようになり，それに応じてすぐれたかな文学の作品がつぎつぎに著された。かな物語では，伝説を題材にした『⑩_____』や歌物語の『⑪_____』などに続いて，中宮彰子（道長の娘）に仕えた⑫_____の『源氏物語』が生まれた。これは宮廷貴族の生活を題材にした大作で，皇后定子（道隆の娘）に仕えた⑬_____が宮廷生活の体験を随筆風に記した『枕草子』とともに，国文学で最高の傑作とされている。また，道長の栄華をたたえた歴史物語『⑭_____』も，女性の手によってかなで書かれた。かなの日記は，紀貫之の『⑮_____』を最初とするが，宮廷に仕える女性の手になるものが多く，細やかな感情が込められている。

　こういったかな文学の隆盛は，貴族たちが天皇の後宮に入れた娘たちにつきそわせた，すぐれた才能をもつ女性たちに負うところが大きい。

《浄土の信仰》　摂関時代の仏教は，天台・真言の2宗が圧倒的な勢力をもち，祈禱を通じて現世利益を求める貴族と強く結びついた。その一方で神仏習合も進み，仏と日本固有の神々とを結びつける❶

[解答]　⑨御堂関白記　⑩竹取物語　⑪伊勢物語　⑫紫式部　⑬清少納言　⑭栄華物語　⑮土佐日記
[整理]　おもな美術作品（国風）　⑦平等院鳳凰堂　④平等院鳳凰堂阿弥陀如来像　⑨高野山聖衆来迎図

■極楽浄土　西方十万億土にあるという阿弥陀如来の安楽世界。浄土に対して現世は穢土という。

56　第1部　原始・古代

　　　　　　　　　　も生まれた。これは，神は仏が仮に形を変えてこの世に現われたもの(権現)とする思想である。また怨霊や疫神をまつることで疫病や飢饉などの災厄から逃れようとする御霊信仰が広まり，❷　　　　　　　　がさかんにもよおされた。御霊会は，初め早良親王ら政治的敗者をなぐさめる行事として，9世紀半ばに始まったが，やがて疫病の流行を防ぐ祭礼となった。北野天満宮や祇園社(八坂神社)の祭などは，元来は御霊信仰から生まれたものである。

　現世利益を求めるさまざまな信仰と並んで，現世の不安から逃れようとする❸　　　　　　　も流行してきた。浄土教は，④　　　　　　　　を信仰し，来世において極楽浄土に往生し，そこで悟りを得て苦がなくなることを願う教えである。10世紀半ばに❺　　　　　が京の市でこれを説き，ついで❻　　　　(恵心僧都)が『⑦　　　　　　　』を著して念仏往生の教えを説くと，浄土教は貴族をはじめ庶民のあいだにも広まった。

　この信仰は，❽　　　　　　　　によっていっそう強められた。これは，釈迦の死後，正法・像法の世を経て末法の世がくるという説で，当時，1052(永承7)年から末法の世に入るといわれていた。盗賊や乱闘が多くなり，災厄がしきりにおこった世情が，仏教の説く末法の世の姿によくあてはまると考えられ，来世で救われたいという願望をいっそう高めたのである。そして，めでたく往生をとげたと信じられた人びとの伝記を集めた慶滋保胤の『⑨　　　　　　　　』をはじめ，多くの往生伝がつくられた。また，法華経などの経典を書写し，これを容器(経筒)におさめて地中に埋める❿　　　　　も，各地に営まれた。藤原道長が1007(寛弘4)年に法華経を金銅製の経筒におさめて埋納した金峯山経塚が有名である。

国風美術

　美術工芸の面でも，国風化の傾向は著しかった。貴族の住宅は，白木造・檜皮葺で開放的な❶　　　　と呼ばれる日本風のものになり，そこに畳や円座をおいて座る生活になった。建物内部は襖(障子)や屏風で仕切られ，これらには，中国の故事や風景

解答 浄土の信仰　❶本地垂迹説　❷御霊会　❸浄土教　④阿弥陀仏　❺空也　❻源信　⑦往生要集　❽末法思想　⑨日本往生極楽記　❿経塚
国風美術　❶寝殿造

を描いた唐絵とともに，日本の風物を題材とし，なだらかな線と上品な彩色とをもつ❷_____も描かれた。初期の大和絵の画家としては，巨勢金岡が知られている。

屋内の調度品にも，日本独自に発達をとげた，漆で文様を描きそれに金・銀などの金属粉を蒔きつけて模様とする❸_____や，貝殻の真珠光の部分を薄くみがき種々の形に切って漆器に埋め込む❹_____の手法が多く用いられた。これは華やかな中にも落ち着いた趣きをそえたもので，輸出品としても珍重されるようになった。書道も，前代の唐風の書に対し，優美な線を表わした❺_____が発達し，小野道風・藤原佐理・❻_____の❼_____（蹟）と呼ばれる名手が現われた。それらの書は美麗な草紙や大和絵屏風などにも書かれ，調度品や贈答品としても尊重された。

浄土教の流行にともない，これに関係した建築・美術作品が数多くつくられた。藤原道長が建立してその壮麗さをうたわれた❽_____は，阿弥陀堂を中心とした大寺であり，その子藤原頼通の建立した❾_____は，阿弥陀堂の代表的な遺構である。その本尊の阿弥陀如来像をつくった仏師❿_____は，従来の一木造にかわる⓫_____の手法を完成し，末法思想を背景とする仏像の大量需要にこたえた。また，往生しようとする人を迎えるために仏が来臨する場面を示した⓬_____もさかんに描かれた。

貴族の生活

貴族男性の正装は❶_____やそれを簡略にした❷_____，女性の正装は唐衣や裳をつけた❸_____（十二単）で，これらはおもに絹を用い，唐風の服装を大幅に日本人向きにつくりかえて文様や配色などにも日本風の意匠をこらした優美なものである。男性の通常服はこれらを簡略化した❹_____・狩衣で，女性の通常服は小袿に袴を着けた。庶民や武士は❺_____や直垂を用いた。

食生活は比較的簡素で，仏教の影響もあって獣肉は用いられず，調理に油を使うこともなく，食事は日に2回を基準とした。

10～15歳くらいで男性は❻_____，女性は❼_____の式をあげて，成人

解答　❷大和絵　❸蒔絵　❹螺鈿　❺和様　❻藤原行成　❼三跡　❽法成寺　❾平等院鳳凰堂　❿定朝　⓫寄木造　⓬来迎図

貴族の生活　❶束帯　❷衣冠　❸女房装束　❹直衣　❺水干　❻元服　❼裳着

正妻の地位　貴族は一夫多妻であったが，正妻は一般に夫と同居し，生まれた男子も昇進面で優遇された。兼家の子のうち，母が異なる道綱の昇進は遅かった。

として扱われ，男性は官職を得て朝廷に仕えた。彼らの多くは左京に住み，とくに摂関家などは京中に大邸宅をもっていたが，大和の長谷寺など近郊の寺社に参詣するほかは，京を離れて旅行することはまれであった。

　9世紀半ば以降，日本古来の風習や中国に起源をもつ行事などを**年中行事**として編成し，これが宮廷生活の中で洗練され，発展していった。年中行事には，大祓・賀茂祭のような神事や，灌仏のような仏事，七夕・相撲などの遊興のほか，叙位・⑧＿＿＿＿＿（官吏の任命）などの政務に関することまで含まれていた。

　貴族は，運命や吉凶を気にかけ，祈禱によって災厄を避け，福を招くことにつとめ，日常の行動にも吉凶にもとづく多くの制約が設けられていた。具体的には，中国から伝来した陰陽五行説にもとづく⑨＿＿＿＿＿の影響が大きく，天体現象や暦法もすべて吉凶に関連するものとして解釈され，日柄によって行動が制限された。また少しかわったことがあるとその吉凶を占い，⑩＿＿＿＿＿と称して引きこもってつつしんだり，⑪＿＿＿＿＿といって凶の方角を避けて行動したりした。こうしてのぞんだ現世の富貴栄達が得られなかった時の失望は大きく，これもまた，彼らが来世を頼みに浄土教を信仰する一因となった。

3　地方政治の展開と武士

受領と負名

　10世紀の初めは，律令体制のいきづまりがはっきりしてきた時代であった。政府は，902（延喜2）年に出した法令で，違法な土地所有を禁じたり（❶＿＿＿＿＿），班田を命じたりして，令制の再建をめざした。しかし，もはや戸籍・計帳の制度は崩れ，❷＿＿＿＿＿も実施できなくなっていたので，租や調・庸を取り立てて，諸国や国家の財政を維持することはできなくなっていた。902（延喜2）年の阿波国の戸籍では，班田は受けるが調・庸を負担しない女性の数を増やしたあとが明らかである。このような戸籍にもとづいて❷＿＿＿＿＿

[解答]　⑧除目　⑨陰陽道　⑩物忌　⑪方違

受領と負名　❶延喜の荘園整理令　❷班田収授

■**陰陽師**　陰陽道の呪術を駆使して吉凶の判断や除災などをおこなう術士。とくに平安中期の賀茂忠行・安倍晴明・吉平らは有名。荒唐無稽な伝承も多いが，当時の貴族の日記にも彼らの記事がある。

＿＿＿＿＿を実施することは困難であり，実際，902年を最後に班田励行を命じる史料はみられなくなった。また914(延喜14)年に③＿＿＿＿＿＿が醍醐天皇に提出した「④＿＿＿＿＿＿＿＿＿」にも，その頃の財政の窮乏と地方の混乱ぶりが指摘されている。

こうした事態に直面した政府は，9世紀末から10世紀前半にかけて国司の交替制度を整備し，任国に赴任する国司の最上席者(ふつうは守)に，大きな権限と責任とを負わせるようにした。この地位は，新たに任じられたものが，交替の際に一国の財産などを前任者から引き継ぐことから，やがて⑤＿＿＿と呼ばれるようになった。

受領は，有力農民(⑥＿＿＿)に田地の耕作を請け負わせ，租・調・庸や公出挙の利稲の系譜を引く税である⑦＿＿＿＿と，雑徭に由来し本来力役である⑧＿＿＿＿＿＿＿を課すようになった。課税の対象となる田地は，⑨＿＿＿という徴税単位にわけられ，それぞれの名には，⑩＿＿＿＿と呼ばれる請負人の名がつけられた。田堵の中には国司と結んで勢力をのばし，大規模な経営をおこなって⑪＿＿＿＿＿＿＿と呼ばれるものも現われた。こうして，戸籍に記載された成人男性を中心に課税する律令体制の原則は崩れ，土地を基礎に受領が負名から徴税する体制ができていった。

これまでは，税の徴収・運搬や文書の作成などの実務は郡司がおこなってきたが，受領は，郡司に加えてみずからが率いていった郎等たちを強力に指揮しながら徴税を実現し，みずからの収入を確保するとともに国家の財政を支えた。受領が勤務する国衙や居宅である館は，以前よりも重要な役割をもつようになり，その一方で，これまで地方支配を直接担ってきた郡家(郡衙)の役割は衰えていった。一方で，受領以外の国司は，実務から排除されるようになり，赴任せずに，国司としての収入のみを受け取ること(⑫＿＿＿＿)もさかんになった。

受領たちの中には，巨利を得ようとする強欲なものもおり，郡司や有力農民からしばしば暴政を訴えられた。信濃守⑬＿＿＿＿＿＿＿が，谷底に落ちてもそこに生えていた平茸をとることを忘れず，「受領は倒るるところに土をもつ

解答 ③三善清行 ④意見封事十二箇条 ⑤受領 ⑥田堵 ⑦官物 ⑧臨時雑役 ⑨名 ⑩負名 ⑪大名田堵 ⑫遙任 ⑬藤原陳忠

■国免荘 国司の税免除の証判を受けた荘園。国司の在任期間が荘園としての有効期間であったが，のちには数代の国司の判を得て，官省符を得ずに事実上公認されるものもあった。

かめ」といったという『今昔物語集』の話などは，当時の受領の強欲さをよく物語っている。また988（永延2）年の「⓮_____」によって訴えられた⓯_____は，暴政を訴えられた一例である。

この頃には私財を出して朝廷の儀式や寺社の造営などを請け負い，その代償として官職に任じてもらう⓰_____や，同様にして収入の多い官職に再任してもらう⓱_____がおこなわれるようになった。こうした中で，一種の利権とみなされるようになった受領には，成功や重任で任じられることが多くなった。

やがて11世紀後半になると，受領も交替の時以外は任国におもむかなくなり，かわりに⓲_____を留守所に派遣し，その国の有力者が世襲的に任じられる⓳_____たちを指揮して政治をおこなわせるようになった。

荘園の発達

10世紀後半には，有力農民や地方に土着した国司の子孫たちの中に，国衙から臨時雑役などを免除されて一定の領域を開発するものが現われ，11世紀に彼らは❶_____と呼ばれるようになった。

開発領主の中には，所領にかかる税の負担を逃れるために所領を中央の権力者に寄進し，権力者を領主と仰ぐ荘園として，みずからは預所や下司などの❷_____となるものも現われた。寄進を受けた荘園の領主は❸_____と呼ばれ，この荘園がさらに上級の貴族や有力な皇族に重ねて寄進された時，上級の領主は❹_____と呼ばれた。領家・本家のうち，実質的な支配権をもつものを❺_____といった。こうしてできた荘園を❻_____と呼ぶ。また畿内およびその近辺では，有力寺社が農民の寄進を受けて成立させた小さな規模の寺社領荘園がたくさん生まれた。

荘園の中には，貴族や有力寺社の権威を背景にして，政府から官物や臨時雑役の免除（❼_____）を承認してもらう荘園がしだいに増加し，のちには受領によってその任期中に限り不輸が認められた荘園も生まれた。政府の出した太政官符や民部省符によって税の免除が認められた荘園を❽_____と

──────────

[解答] ⓮尾張国郡司百姓等解 ⓯藤原元命 ⓰成功 ⓱重任 ⓲目代 ⓳在庁官人 ❼不輸 ❽官省符荘

荘園の発達 ❶開発領主 ❷荘官 ❸領家 ❹本家 ❺本所 ❻寄進地系荘園

第3章 貴族政治と国風文化

呼び，国司によって免除を認められた荘園を❾＿＿＿＿＿＿と呼んだ。やがて，荘園内での開発が進展するにともない，不輸の範囲や対象をめぐる荘園領主と国衙との対立が激しくなると，荘園領主の権威を利用して，官物や臨時雑役の負担量を定めるために派遣される⓾＿＿＿＿＿など国衙の使者の立入りを認めない⓫＿＿＿＿の特権を得る荘園も多くなっていった。その結果，11世紀後半になると，受領から中央に送られる税収が減少し，律令制で定められた封戸などの収入が不安定になった天皇家や摂関家・大寺社は，積極的に寄進を受け，さらに荘園の拡大をはかるようになった。

地方の反乱と武士の成長

9世紀末から10世紀にかけて地方政治が大きく変化していく中で，地方豪族や有力農民は，勢力を維持・拡大するために武装するようになり，各地で紛争が発生した。その鎮圧のために政府から①＿＿＿＿・追捕使に任じられた中・下級貴族の中には，そのまま在庁官人などになって現地に残り，有力な武士（❷＿＿＿＿）となるものが現われた。①＿＿＿＿・追捕使はともに盗賊の追捕や内乱の鎮圧のために派遣されるもので，いずれも初めは臨時に任命されていたが，しだいに諸国に常置されるようになった。

彼らは，③＿＿＿＿などの一族や④＿＿＿＿（郎等・郎従）などの従者を率いて，たがいに闘争を繰り返し，ときには国司にも反抗した。

やがてこれらの武士たちは，連合体をつくるようになり，とくに辺境の地方では，任期終了後もそのまま任地に残った国司の子孫などを中心に，大きな武士団が成長し始めた。なかでも東国（関東地方）では，良馬を産したため，機動力のある武士団の成長が著しかった。

東国に早くから根をおろした❺＿＿＿＿平氏のうち，❻＿＿＿＿＿＿は下総を根拠地にして一族と争いを繰り返すうちに，国司とも対立するようになり，939（天慶2）年に反乱をおこした（❻＿＿＿＿＿の乱）。将門は常陸・下野・上野の国府を攻め落とし，東国の大半を占領して⑦＿＿＿＿と自称したが，同じ東国の武士の⑧＿＿＿＿・⑨＿＿＿＿＿＿らによって討たれた。

解答 ❾国免荘 ⓾検田使 ⓫不入
地方の反乱と武士の成長 ①押領使 ❷兵 ③家子 ④郎党 ❺桓武 ❻平将門 ⑦新皇 ⑧平貞盛 ⑨藤原秀郷

侍と武士　「侍」は「さぶらい」の転訛で，貴人に侍る存在を示し，「武士」は「もののふ」と読み，「物＝兵器の夫」とか，物部氏の職掌に由来するといわれている。

同じ頃，もと伊予の国司であった❿_____も，瀬戸内海の海賊を率いて反乱をおこし(❿_____の乱)，伊予の国府や大宰府を攻め落としたが，やがて⓫_____源氏の祖である⓬_____らによって討たれた。こうして東西の反乱(あわせて⓭_____・_____と呼ばれる)はおさまったが，この乱を通じて朝廷の軍事力の低下が明らかになり，地方武士の組織はいっそう強化された。

　地方武士の実力を知った朝廷や貴族たちは，彼らを⓮_____として奉仕させ，9世紀末に設けられた⓯_____のように宮中の警備に用いたり，貴族の身辺や都の市中警護に当たらせたりした。なかでも摂津に土着していた清和源氏の⓰_____と，その子の頼光・頼信兄弟は，摂関家への奉仕の見返りとしてその保護を受け，勢威を高めた。また地方でも武士を館侍や国侍として国司のもとに組織するとともに，追捕使や押領使に任命して，治安維持を分担させることがさかんになった。館侍とは受領の家子・郎党からなる受領直属の武士たちで，国侍とは地方の武士を国衙の軍事力として組織したものである。

源氏の進出

　11世紀になると，開発領主たちは私領の拡大と保護を求めて，土着した貴族に従属してその郎党となったり，在庁官人になったりしてみずからの勢力をのばし，地方の武士団として成長していった。1019(寛仁3)年，九州北部を襲った刀伊の来襲の際には，大宰権帥の❶_____の指揮のもと，九州の武士たちがこれを撃退した。このことは，当時の九州にも武士団がつくられつつあったことを示している。地方武士団はやがて中央貴族の血筋を引く清和源氏や桓武平氏を❷_____と仰ぐようになり，その結果，源平両氏は地方武士団を広く組織した❸_____(軍事貴族)を形成して，大きな勢力を築くようになった。

　1028(長元元)年，上総で❹_____の乱がおこると，源❺_____は房総半島に広がった乱を鎮圧して，源氏の東国進出のきっかけをつくった。

　また，陸奥では豪族❻_____氏の勢力が強大で国司と争っていたが，源頼

解答　❿藤原純友　⓫清和　⓬源経基
⓭承平・天慶の乱　⓮侍　⓯滝口の武者
⓰源満仲
源氏の進出　❶藤原隆家　❷棟梁　❸武家　❹平忠常　❺頼信　❻安倍

第3章　貴族政治と国風文化

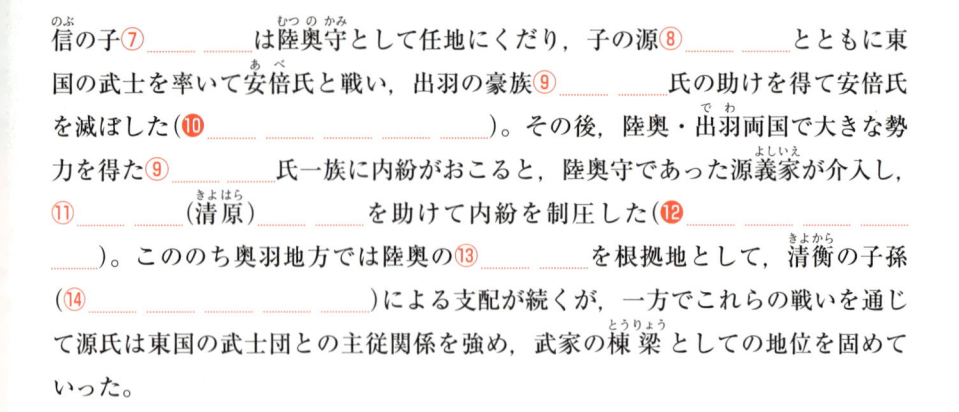

信の子⑦_____は陸奥守として任地にくだり，子の源⑧_____とともに東国の武士を率いて安倍氏と戦い，出羽の豪族⑨_____氏の助けを得て安倍氏を滅ぼした(⑩_____)。その後，陸奥・出羽両国で大きな勢力を得た⑨_____氏一族に内紛がおこると，陸奥守であった源義家が介入し，⑪_____(清原)_____を助けて内紛を制圧した(⑫_____)。こののち奥羽地方では陸奥の⑬_____を根拠地として，清衡の子孫(⑭_____)による支配が続くが，一方でこれらの戦いを通じて源氏は東国の武士団との主従関係を強め，武家の棟梁としての地位を固めていった。

解答 ⑦頼義 ⑧義家 ⑨清原 ⑩前九年合戦 ⑪藤原(清原)清衡 ⑫後三年合戦 ⑬平泉 ⑭奥州藤原氏

■**前九年と後三年**■ はじめ十二年合戦と称されていた安倍氏との戦いが誤解されて前後2回に分割されたらしく，すでに鎌倉時代にこの名称が成立している。

第2部

中世

第4章 中世社会の成立

1 院政と平氏の台頭

延久の荘園整理令と荘園公領制

関白の藤原頼通の娘には皇子が生まれなかったので、時の摂政・関白を外戚としない❶_____天皇が即位した。個性の強かった天皇は、大江匡房らの学識にすぐれた人材を登用し、強力に国政の改革に取り組んだ。

とくに天皇は荘園の増加が❷_____（国衙領）を圧迫しているとして、1069（延久元）年に❸_____を出した。中央に❹_____（記録所）を設けて、荘園の所有者から提出された証拠書類（券契）と国司の報告とをあわせて審査し、年代の新しい荘園や書類不備のものなど、基準にあわない荘園を停止した。摂関家の荘園も例外ではなく、整理令はかなりの成果を上げた。

この荘園整理によって、貴族や寺社の支配する❺_____と、国司の支配する❷_____（国衙領）とが明確になり、貴族や寺社は支配する荘園を整備していった。国司は支配下にある公領で力をのばしてきた豪族や開発領主に対し、国内を郡・❻___・保などの新たな単位に再編成し、彼らを郡司・❻___司・保司に任命して徴税を請け負わせた。また田所・税所などの国衙の行政機構を整備し、代官として派遣した目代の指揮のもとで❼_____に実務をとらせた。

❼_____や郡司らは、公領をみずからの領地のように管理したり、

解答 延久の荘園整理令と荘園公領制
❶後三条 ❷公領 ❸延久の荘園整理令
❹記録荘園券契所 ❺荘園 ❻郷 ❼在庁官人

荘園領主に寄進したりしたため，かつての律令制度のもとで国・郡・里(郷)の上下の区分で構成されていた一国の編成は，荘・郡・郷などが並立する荘園と公領で構成される体制(**荘園公領制**)に変化していった。

　この整備された荘園や公領では，耕地の大部分は⑧＿＿＿とされ，田堵などの有力な農民に割り当てられたが，田堵らは⑧＿＿＿の請負人としての立場から権利をしだいに強めて⑨＿＿＿と呼ばれた。⑨＿＿＿は，名の一部を下人などの隷属農民に，また他の一部を⑩＿＿＿と呼ばれる農民などに耕作させながら，⑪＿＿＿(米・絹布など)・⑫＿＿＿(手工業製品や特産物)・⑬＿＿＿(労役)などを領主におさめ，農民の中心となった。

院政の開始

❶＿＿＿天皇は父の後三条天皇にならって親政をおこなったが，1086(応徳3)年，にわかに幼少の堀河天皇に位をゆずると，みずから❷＿＿＿(院)として❸＿＿＿を開き，天皇を後見しながら政治の実権を握る❹＿＿＿の道を開いた。

　上皇は荘園整理の断行を歓迎する国司(受領)たちを支持勢力に取り込み，人事権を握って，院の御所に❺＿＿＿を組織し，源平の武士を側近にするなど，院の権力を強化していった。ついに堀河天皇の死後には本格的な院政を始めたが，この院政では，院庁からくだされる文書の❻＿＿＿や，院の命令を伝える❼＿＿＿が国政一般にしだいに効力をもつようになった。

　院政は，自分の子孫の系統に皇位を継承させようとするところから始まったが，法や慣例にこだわらずに院が政治の実権を専制的に行使するようになり，白河上皇・❽＿＿＿上皇・❾＿＿＿上皇と100年余りも続いた。そのため摂関家は，院と結びつくことで勢力の衰退を盛りかえそうとつとめた。

　上皇は仏教を厚く信仰し，出家して❿＿＿＿となり，法勝寺をはじめとするいわゆる⓫＿＿＿など多くの大寺院を造営し，堂塔・仏像をつくって盛大な法会をおこない，しばしば紀伊の⓬＿＿＿や高野詣を繰り返した。また，京都の郊外の白河や鳥羽に離宮を造営したが，これらの費用を調

解答 ⑧名　⑨名主　⑩作人　⑪年貢　　勝寺　⑫熊野詣
⑫公事　⑬夫役
院政の開始 ❶白河　❷上皇　❸院庁
❹院政　❺北面の武士　❻院庁下文　❼
院宣　❽鳥羽　❾後白河　❿法皇　⓫六

第4章　中世社会の成立

達するために成功（じょうごう）などの売位・売官の風がさかんになり、行政機構は変質していった。

院政期の社会

上皇の周囲には、富裕な受領や后妃・乳母の一族など❶_____と呼ばれる一団が形成され、上皇から荘園や収益の豊かな国を与えられた。とくに鳥羽上皇の時代になると、院の周辺に荘園の寄進が集中したばかりでなく、有力貴族や大寺院への荘園の寄進も増加した。たとえば、鳥羽上皇が皇女八条院に伝えた荘園群（❷_____という）は平安時代末に約100カ所、後白河上皇が長講堂に寄進した荘園群（❸_____という）は鎌倉時代初めに約90カ所という多数にのぼった。また、不輸・不入の権をもつ荘園が一般化し、不入の権の内容も警察権の排除にまで拡大されて、荘園の独立性が強まった。

またこの頃には上級貴族に一国の支配権を与えてその国からの収益を取得させる❹_____の制度や、上皇自身が国の収益を握る❺_____の制度が広まって、公領は上皇や知行国主・国司の私領のようになり、院政を支える経済的基盤となった。

大寺院も多くの荘園を所有し、下級僧侶を❻_____として組織し、国司と争い、神木や神輿を先頭に立てて朝廷に❼_____して要求を通そうとした。神仏の威を恐れた朝廷は、大寺院の圧力に抗することができず、武士を用いて警護や鎮圧に当たらせたため、武士の中央政界への進出をまねくことになった。

地方では各地の武士が拠点となる❽_____を築き、一族や地域の結びつきを強めるようになった。なかでも奥羽地方では、❾_____が奥六郡（岩手県）の支配権を握ると、陸奥❿_____を根拠地として支配を奥羽全域に広げていった。⓫_____は、清衡・⓬_____・⓭_____の3代100年にわたって、金や馬などの産物の富で京都文化を移入し、北方の地との交易によって独自の文化を育て、繁栄を誇った。

こうして院政期には、私的な土地所有が展開して、院や大寺社、武士が独自の権力を形成するなど、広く権力が分散していくことになり、社会を実力で動かそ

解答　院政期の社会　❶院近臣　❷八条院領　❸長講堂領　❹知行国　❺院分国　❻僧兵　❼強訴　❽館　❾藤原清衡　❿平泉　⓫奥州藤原氏　⓬基衡　⓭秀衡

■**保元の乱の参加者**■　源義朝軍には武蔵・相模・上野などの東国、平清盛軍には伊勢・伊賀と備前など瀬戸内沿岸の武士が多い。源平両氏の軍事基盤が反映している。

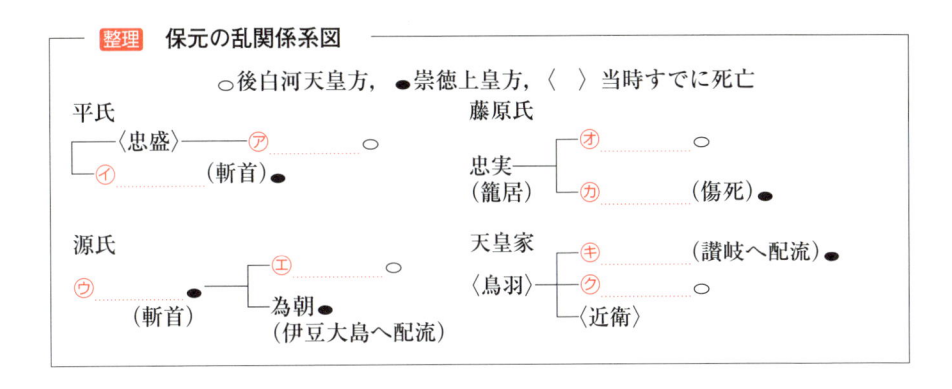

整理　保元の乱関係系図

○後白河天皇方，●崇徳上皇方，〈 〉当時すでに死亡

平氏
〈忠盛〉―㋐―○
　　　　㋑―（斬首）●

藤原氏
忠実―㋒―○
（籠居）㋓―（傷死）●

源氏
　―㋔―●
　　　㋕―為朝●
（斬首）　（伊豆大島へ配流）

天皇家
〈鳥羽〉―㋖―（讃岐へ配流）●
　　　　㋗
　　　〈近衛〉

うとする風潮が強まって，中世社会はここに始まった。

《 保元・平治の乱 》

武家の棟梁としての源氏が，東国に勢力を広げると，東国武士団の中には源義家に土地を寄進して保護を求めるものが増えたため，朝廷があわてて寄進を禁止したほどである。義家のあと，源氏が一族の内紛により勢力がやや衰える中，院と結んで発展したのが，桓武平氏のうちで伊勢・伊賀を地盤とする**伊勢平氏**である。

なかでも①＿＿＿＿は，出雲で反乱をおこした源義家の子義親を討ち，その子の②＿＿＿＿は，瀬戸内海の海賊平定などで鳥羽上皇の信任を得て，殿上人となって貴族の仲間入りをし，武士としても院近臣としても重く用いられるようになった。その平氏の勢力をさらに飛躍的にのばしたのが，忠盛の子の❸＿＿＿＿である。

1156（保元元）年，鳥羽上皇が死去するとまもなく，かねて皇位継承をめぐり鳥羽上皇と対立していた④＿＿＿＿は，摂関家の継承をめざして兄の関白藤原忠通と争っていた左大臣⑤＿＿＿＿と結んで，源為義・平忠正らの武士を集めた。これに対して，鳥羽上皇の立場を引き継いでいた**後白河天皇**は，忠通や近臣の❻＿＿＿＿（信西）の進言により，平清盛や為義の子源義朝らの武士を動員し，上皇方を攻撃して破った。その結果，崇徳上皇は讃岐に流され，為義らは処刑された（❼＿＿＿＿という）。

解答　保元・平治の乱　①平正盛　②忠盛　❸平清盛　④崇徳上皇　⑤藤原頼長　❻藤原通憲　❼保元の乱
整理　保元の乱関係系図　㋐清盛　㋑忠正　㋒為義　㋓義朝　㋔忠通　㋕頼長　㋖崇徳　㋗後白河

第4章　中世社会の成立　69

つづいて，院政を始めた後白河上皇の近臣間の対立から，1159(平治元)年には，清盛と結ぶ通憲に反感をいだいた近臣の一人⑧_____が，源義朝と結んで兵をあげ，通憲を自殺に追い込んだ。だが，武力にまさる清盛によって信頼や義朝は滅ぼされ，義朝の子の⑨_____は伊豆に流された(⑩_____という)。

この二つの乱に動員された兵士の数はわずかであったが，貴族社会内部の争いも武士の実力で解決されることが明らかとなり，武家の棟梁としての清盛の地位と権力は急速に高まった。

平氏政権

平治の乱後，清盛は後白河上皇を武力で支えて昇進をとげ，蓮華王院を造営するなどの奉仕をした結果，1167(仁安2)年には①_____となった。その子平重盛らの一族もみな高位高官にのぼり，勢威は並ぶものがなくなった。

平氏が全盛を迎えるようになった背景には，各地での**武士団**の成長がある。清盛は彼らの一部を荘園や公領の現地支配者である❷_____に任命し，畿内から瀬戸内海を経て九州までの西国一帯の武士を③_____(従者)とすることに成功した。

平氏の経済的基盤は，全盛期には日本全国の約半分の④_____や500にのぼる⑤_____であり，さらに平氏が忠盛以来，力を入れていた❻_____もある。11世紀後半以降，日本と高麗・宋とのあいだで商船の往来が活発となり，12世紀に宋が北方の女真人の建てた金に圧迫されて南宋となってからは，さかんに貿易がおこなわれた。これに応じて清盛は，摂津の⑦_____(神戸市)を修築して，瀬戸内海航路の安全をはかり，宋商人の畿内への招来にもつとめて貿易を推進した。この清盛の積極的な対外政策の結果，宋船のもたらした多くの珍宝や宋銭・書籍は，以後の日本の文化や経済に大きな影響を与え，貿易の利潤は平氏政権の重要な経済的基盤となった。

しかし一方で，清盛は娘⑧_____(建礼門院)を高倉天皇の中宮に入れ，その子⑨_____を即位させ**外戚**として威勢をふるうなど，平氏政

解答 ⑧藤原信頼 ⑨頼朝 ⑩平治の乱
平氏政権 ①太政大臣 ❷地頭 ③家人
④知行国 ⑤荘園 ❻日宋貿易 ⑦大輪田泊 ⑧徳子 ⑨安徳天皇

■六波羅 東山山麓の原の意とも，六波羅蜜寺に由来するともいわれる。鴨川東岸の五条末から七条末の範囲を占め，平氏政権以後は京に接した武家政治の拠点となった。

権は著しく摂関政治に似たもので、武士でありながら貴族的な性格が強かった。平氏はまた一門が官職について支配の拡大をはかったために、排除された旧勢力から強い反発を受けた。

とくに後白河法皇の近臣との対立の深まりとともに、1177(治承元)年には❿＿＿＿＿＿や僧の俊寛らが、京都郊外の鹿ヶ谷で平氏打倒をはかり、失敗する事件がおこった(⓫＿＿＿＿＿＿＿＿＿という)。そこで清盛は1179(治承3)年、後白河法皇を鳥羽殿に幽閉し、関白以下多数の貴族を処罰し、官職を奪うという強圧的手段で国家機構をほとんど手中におさめ、政界の主導権を握った。

ここに清盛の権力集中は頂点に達するかにみえたが、こうした権力の独占はかえって院や貴族、寺社、源氏などの反対勢力の結集をうながし、平氏の没落を早める結果となった。

院政期の文化

貴族文化は院政期に入ると、新たに台頭してきた武士や庶民とその背後にある地方文化を取り入れるようになって、新鮮で豊かなものを生み出した。

後白河上皇がみずから民間の流行歌謡である❶＿＿＿を学んで『❷＿＿＿＿＿』を編んだことは、この時代の貴族と庶民の文化との深い関わりをよく示している。今様は当時流行した歌謡であり、この他に古代の歌謡から発達した催馬楽や和漢の名句を吟じる朗詠も流行した。❸＿＿＿や猿楽などの芸能も、庶民のみならず、貴族のあいだにもおおいに流行し、祇園祭などの御霊会や大寺院の法会などで演じられた。

また、インド・中国・日本の1000余りの説話を集めた『❹＿＿＿＿』には、武士や庶民の活動・生活がみごとに描かれており、将門の乱を描いた『❺＿＿＿＿』に続いて、前九年合戦を描いた『❻＿＿＿＿＿』などの初期の軍記物語が書かれたことも、この時代の貴族が地方の動きや武士・庶民の姿に関心をもっていたことを示している。

これまでの物語文学とともに、『❼＿＿＿』や『今鏡』などの和文体のすぐれ

[解答] ❿藤原成親 ⓫鹿ヶ谷の陰謀 院政期の文化 ❶今様 ❷梁塵秘抄 ❸田楽 ❹今昔物語集 ❺将門記 ❻陸奥話記 ❼大鏡

■**厳島神社**■ 航海守護の市杵嶋姫神を祀る。清盛以降、平家の氏神のようになったが、これは平氏が瀬戸内・北九州の武士を組織化したことと関係している。

第4章 中世社会の成立

整理　おもな美術作品（院政期）

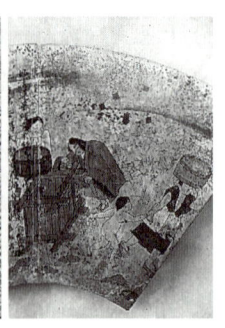

　㋐　　　　　㋑　　　　　㋒　　　　　㋓

整理　おもな文学作品（院政期）

㋔	：12C、後白河法皇撰の歌謡集。今様・催馬楽などの分類集成
㋕	：11C、藤原道長を中心とする物語風歴史
今　　　　鏡	：12C、㋕につづく歴史物語
栄花（華）物語	：11C、赤染衛門作？　道長中心の編年体の物語風歴史
㋖	：12C、源隆国編？　インド・中国・日本の仏教・世俗説話集
将　　門　　記	：10C、将門の乱の顛末をしるす。軍記物語の最初
㋗	：11C、和風漢文体の軍記。前九年合戦をしるす

た歴史物語が著されたのは，転換期に立って過去の歴史を振り返ろうとする，この時期の貴族の思想の表れである。

　貴族と武士や庶民を結んだのは，寺院に所属しない❽　　　や上人などと呼ばれた民間の布教者であって，その浄土教の思想は全国に広がった。奥州藤原氏が建てた平泉の❾　　　　　　　　や，陸奥の❿　　　　　　　，九州豊後の⓫　　　　　　　など，地方豪族のつくった阿弥陀堂や浄土教美術の秀作が各地に残されている。また，平氏に信仰された安芸の⓬　　　神社には，豪華な『⓭　　　　　　　』が寄せられており，平氏の栄華と貴族性を物語っている。

　絵と詞書を織りまぜて時間の進行を表現する⓮　　　　　　が，この時代

解答　❽聖　❾中尊寺金色堂　❿白水阿弥陀堂　⓫富貴寺大堂　⓬厳島　⓭平家納経　⓮絵巻物
整理　おもな文学作品（院政期）　㋐源氏物語絵巻　㋑鳥獣戯画　㋒信貴山縁起絵巻　㋓扇面古写経　㋔梁塵秘抄　㋕大鏡　㋖今昔物語集　㋗陸奥話記

には大和絵の手法が用いられて発展した。『源氏物語絵巻』は貴族の需要に応じて描かれ，『⑮_____』は応天門の変に取材し，同じく朝廷の年中行事を描いた『年中行事絵巻』とともに，院政の舞台となった京都の姿を描いている。また『信貴山縁起絵巻』は聖の生き方や風景・人物をたくみに描き，『⑯_____』は，動物を擬人化していきいきと描いている。この絵巻物や『扇面古写経』の下絵からは，地方の社会や庶民の生活が浮かび上がってくる。

2　鎌倉幕府の成立

源平の争乱　①_____が後白河法皇を幽閉し，1180（治承4）年に孫の安徳天皇を位につけると，地方の武士団や中央の貴族・大寺院の中には，平氏の専制政治に対する不満がうずまき始めた。

　この情勢をみた後白河法皇の皇子②_____と，畿内に基盤をもつ源氏の③_____は，平氏打倒の兵をあげ，挙兵を呼びかける②_____の命令（令旨）が諸国の武士に伝えられた。

　これに応じて，園城寺（三井寺）や興福寺などの僧兵が立ちあがり，つづいて伊豆に流されていた❹_____や信濃の木曽谷にいた❺_____をはじめ，各地の武士団が挙兵して，ついに内乱は全国的に広がり，5年にわたって争乱が続いた（❻_____・_____という）。

　平氏は当初，都を❼_____京（神戸市）に移した。福原は近くに良港大輪田泊があり，瀬戸内海支配のための平氏の拠点であったが，この遷都には大寺院や貴族たちが反対したため，約半年間でまた京都に戻し，平氏は畿内を中心とする支配を固めてこれらの動きに対応した。しかし，清盛の突然の死や，畿内・西国を中心とする飢饉などで平氏の基盤は弱体化し，1183（寿永2）年，北陸で義仲に敗北すると，平氏は安徳天皇を奉じて西国に都落ちした。その義仲を，院と結んだ源頼朝は弟の源範頼・義経らの軍を派遣して滅ぼすと，さらに平氏と戦

［解答］　⑮伴大納言絵巻　⑯鳥獣戯画
源平の争乱　①平清盛　②以仁王　③源頼政　❹源頼朝　❺源義仲　❻治承・寿永の乱　❼福原

■**養和の大飢饉**■　鴨長明は『方丈記』において，この時仁和寺の僧が，成仏させようとしたどくろの数を2カ月間数えたら4万2300余りあった，としるしている。

い，摂津の一の谷，讃岐の屋島の合戦を経て，ついに1185(文治元)年に長門の⑧_____で平氏を滅亡させた。

　この一連の争乱で大きな活躍をしたのは地方の武士団であり，彼らは国司や荘園領主に対抗して新たに所領の支配権を強化・拡大しようとつとめ，その政治体制を求めていた。

鎌倉幕府

　反平氏の諸勢力のうち，東国の武士団は武家の①_____(統率者)で源氏の嫡流である頼朝のもとに結集し，もっとも有力な勢力に成長した。頼朝は挙兵すると，相模の②_____を根拠地として広く主従関係の確立につとめ，関東の荘園・公領を支配して③_____(頼朝の家人となった武士)の所領支配を保障していった。1183(寿永2)年には，平氏の都落ちのあと，京都の後白河法皇と交渉して，東海・東山両道の東国の支配権の承認を得た(寿永二年十月宣旨)。

　ついで1185(文治元)年，平氏の滅亡後，頼朝の支配権の強大化を恐れた法皇が④_____に頼朝追討を命じると，頼朝は軍勢を京都に送って法皇にせまり，諸国に⑤_____を，荘園や公領には⑥_____を任命する権利や1段当たり5升の⑦_____を徴収する権利，さらに諸国の国衙の実権を握る⑧_____を支配する権利を獲得した。こうして東国を中心にした頼朝の支配権は，西国にもおよび，武家政権としての⑨_____が確立した。

　その後，頼朝は逃亡した義経をかくまったとして奥州藤原氏を滅ぼすと，1190(建久元)年には念願の上洛が実現して右近衛大将となり，1192(建久3)年，後白河法皇の死後には，⑩_____に任ぜられた。こうして鎌倉幕府が成立してから滅亡するまでの時代を**鎌倉時代**と呼んでいる。

　幕府の支配機構は，簡素で実務的なものであった。鎌倉には中央機関として，御家人を組織し統制する⑪_____，一般政務や財政事務をつかさどる⑫_____(初めは⑬_____)，裁判事務を担当する⑭_____などがおかれ，京都からまねいた下級貴族を主とする側近たちが将軍頼朝を補佐した。侍

解答 ⑧壇の浦
鎌倉幕府 ①棟梁 ②鎌倉 ③御家人 ④義経 ⑤守護 ⑥地頭 ⑦兵粮米 ⑧在庁官人 ⑨鎌倉幕府 ⑩征夷大将軍 ⑪侍所 ⑫政所 ⑬公文所 ⑭問注所

政所 最初は財政機関にすぎなかったが，関東知行国の管轄などをおこなうようになる。

所の長官(別当)には東国御家人の⑮_____が任じられたが，公文所(政所)の長官(別当)は⑯_____，問注所の長官(執事)は⑰_____で，ともに貴族出身であった。

地方には守護と地頭がおかれた。守護は原則として各国に一人ずつ，主として東国出身の有力御家人が任命されて，⑱_____(⑲_____の催促と，謀反人・殺害人の逮捕)などの職務を任とし，国内の御家人を指揮して平時には治安の維持と警察権の行使に当たり，戦時には国内の武士を統率した。また在庁官人を支配し，とくに東国では国衙の行政事務を引き継いで，地方行政官としての役割も果たした。

地頭は御家人の中から任命され，任務は⑳_____の徴収・納入と土地の管理および治安維持であった。それまでの下司などの荘官の多くは，新たに頼朝から任命を受けた地頭となり，広く御家人たちの権利が保障されたが，地頭の設置範囲は平家没官領を中心とする謀叛人の所領に限られていた。

幕府と朝廷

幕府支配の根本となったのは，将軍と❶_____との主従関係である。頼朝は主人として①_____に対し，おもに地頭に任命することによって先祖伝来の所領の支配を保障したり(❷_____という)，新たな所領を与えたりした(❸_____という)。この❹_____に対して御家人は，戦時には軍役を，平時には❺_____や幕府御所を警護する❻_____などをつとめて，従者として奉公した。

こうして院政期以来，各地に開発領主として勢力を拡大してきた武士団，とくに東国武士団は御家人として幕府のもとに組織され，地頭に任命されて，所領を支配することを将軍から保障された。東国は実質上幕府の支配地域であり，行政権や裁判権を幕府が握り，その他の地方でも国司の支配下にある国衙の任務は守護を通じて幕府に吸収されていった。たとえば一国内の荘園・公領ごとの田地の面積や，荘園領主・地頭の氏名を調査した大田文は，幕府が国衙の在庁官人に命じてつくらせている。

解答 ⑮和田義盛 ⑯大江広元 ⑰三善康信 ⑱大犯三カ条 ⑲京都大番役 ⑳年貢
幕府と朝廷 ❶御家人 ❷本領安堵 ❸新恩給与 ❹御恩 ❺京都大番役 ❻鎌倉番役

幕府 本来は出征中の将軍の陣営のこと。日本では近衛大将や征夷大将軍のよび方として用いられ，転じて武士の首長が樹立した政権をさす語となった。

第4章 中世社会の成立

このように土地の給与を通じて、主人と従者が御恩と奉公の関係によって結ばれる制度を⑦_____というが、鎌倉幕府は⑦_____にもとづいて成立した最初の政権であり、守護・地頭の設置によって、はじめて日本の⑦_____が国家的制度として成立した。

しかし、この時代には、京都の朝廷や貴族・大寺社を中心とする荘園領主の力もまだ強く残っており、政治の面でも経済の面でも、二元的な支配が特徴であった。朝廷は国司を任命して全国の一般行政を統轄し、貴族・大寺社は受領や荘園領主として、土地からの収益の多くを握っており、そのもとには幕府に属さない武士たちも多くいた。

将軍である頼朝自身も多くの知行国（⑧_____という）や平家没官領を含む大量の荘園（⑨_____という）を所有しており、これが幕府の経済的基盤となっていた。

幕府と朝廷の関係も、⑩_____と呼ばれる朝廷の法令や宣旨で定められており、朝廷と幕府とは支配者としての共通面をもっていた。幕府は守護・地頭を通じて全国の治安の維持に当たり、また年貢を納入しない地頭を罰するなど、一面では朝廷の支配や荘園・公領の維持を助けた。

しかし他面で、幕府は東国はもちろん、他の地方でも支配の実権を握ろうとしたために、守護・地頭と国司・荘園領主とのあいだでしだいに紛争が多くなっていった。やがて各地で荘官などが地頭へかわっていき、幕府による現地支配力が強まると、対立も深まっていった。

3 武士の社会

北条氏の台頭　幕府政治はすぐれた指導者である源頼朝が将軍独裁の体制で運営していたが、頼朝の死後、若い❶_____とその弟❷_____の時代になると、御家人中心の政治を求める動きが強まった。それとともに有力な御家人のあいだで政治の主導権をめぐる激しい争い

解答　⑦封建制度　⑧関東知行国　⑨関東御領　⑩新制
北条氏の台頭　❶頼家　❷実朝

関東知行国　将軍家の知行国であり、将軍家は知行国主として、一族や有力御家人を朝廷に推挙して国司とし、目代を派遣して国衙を支配した。

が続き，多くの御家人が滅んでいった。その中で勢力をのばしてきたのが，伊豆の在庁官人出身の❸＿＿＿＿氏である。

　1203(建仁3)年，頼朝の妻❹＿＿＿＿の父である❺＿＿＿＿は，将軍の頼家を廃し，弟の実朝を立てて幕府の実権を握った。この時政の地位は❻＿＿＿＿と呼ばれて，子の❼＿＿＿＿に継承されたが，さらに義時は，侍所の長官(別当)であった❽＿＿＿＿を滅ぼし(和田合戦)，政所と侍所の別当を兼ねてその地位を固めた。これ以後，執権は北条氏一族のあいだで世襲されるようになっていった。

《 **承久の乱** 》京都の朝廷では，幕府の成立と勢力の拡大に直面して，これまでの朝廷の政治の立直しがおこなわれた。その中心にあったのが❶＿＿＿＿上皇である。上皇は，分散していた広大な皇室領の荘園を手中におさめるとともに，新たに❷＿＿＿＿をおいて軍事力の増強をはかるなど院政を強化し，幕府と対決して朝廷の勢力を挽回する動きを強めた。

　その中で1219(承久元)年，上皇との連携をはかっていた将軍実朝が頼家の遺児❸＿＿＿＿に暗殺される事件がおきると，これをきっかけに，朝幕関係が不安定になった。北条義時は実朝の死後，皇族を将軍にまねく交渉をしたが，上皇が拒否して交渉は不調に終わった。そこで幕府は，頼朝の遠縁に当たる摂関家出身の幼い❹＿＿＿＿を後継者に迎えた。以後2代続いた摂関家出身の将軍を，藤原将軍または❺＿＿＿＿という。

　1221(承久3)年，上皇は，畿内・西国の武士や大寺院の僧兵，さらに北条氏の勢力増大に反発する東国武士の一部をも味方に引き入れて，ついに北条義時追討の兵をあげた。

　しかし，上皇側の期待に反して，東国武士の大多数は源頼朝の妻であった北条政子の呼びかけに応じて結集し，戦いにのぞんだ。幕府は，義時の子❻＿＿＿＿，弟の❼＿＿＿＿らの率いる軍を送り京都を攻めた結果，1カ月ののち，戦いは幕府の圧倒的な勝利に終わり，3上皇を配流した。これが❽＿＿＿＿

【解答】❸北条　❹北条政子　❺北条時政　❻執権　❼義時　❽和田義盛
承久の乱　❶後鳥羽　❷西面の武士　❸公暁　❹藤原頼経　❺摂家将軍　❻泰時　❼時房　❽承久の乱

■**新制**■　新制は10世紀半ばころまでに60回ほど出ていた。後白河天皇が宣旨なき荘園の停止などを定めた保元新制が有名である。

第4章　中世社会の成立　77

である。

　乱後，幕府は皇位の継承に介入するとともに，京都には新たに❾＿＿＿＿＿＿＿＿＿をおいて，朝廷を監視し，京都の内外の警備，および西国の統轄に当たらせた。また，上皇方についた貴族や武士の所領3000余カ所を没収し，戦功のあった御家人らをその地の地頭に任命した。その際に，これまで給与が少なかった土地では，新たに基準（❿＿＿＿＿＿＿＿＿＿＿という）を定めて新しい地頭すなわち⓫＿＿＿＿＿＿＿＿＿の給与を保障した。その基準とは，（1）田畑11町ごとに1町の土地，（2）田畑1段につき5升の米（加徴米），（3）山や川からの収益の半分，をそれぞれ地頭に与えるものであった。

　これによって畿内・西国の荘園・公領にも幕府の力が広くおよぶようになった。朝廷では以後も引き続き幕府の監視下で⓬＿＿＿＿＿という政治がおこなわれたが，この乱によって，朝廷と幕府との二元的支配の状況は大きくかわり，幕府が優位に立って，皇位の継承や朝廷の政治にも干渉するようになった。

執権政治

　承久の乱後の幕府は，3代執権①＿＿＿＿＿＿＿の指導のもとに発展の時期を迎えた。政子の死後，泰時は，執権を補佐する❷＿＿＿＿＿をおいて北条氏一族中の有力者をこれにあて，ついで有力な御家人や政務にすぐれた11名を❸＿＿＿＿＿＿に選んで，執権・連署とともに幕府の政務の処理や裁判に当たらせ，合議制にもとづいて政治をおこなった。

　1232（貞永元）年には，❹＿＿＿＿＿＿＿＿（❺＿＿＿＿＿ともいう）51カ条を制定して，広く御家人たちに示した。この式目は頼朝以来の先例や，❻＿＿＿＿＿と呼ばれた武士社会での慣習・道徳にもとづいて，守護や地頭の任務と権限を定め，御家人同士や御家人と荘園領主とのあいだの紛争を公平に裁く基準を明らかにしたもので，武家の最初の整った法典となった。

　幕府の勢力範囲を対象とする式目と並んで，朝廷の支配下にはなお律令の系統を引く公家法が，また荘園領主のもとでは❼＿＿＿＿＿法が，まだそれぞれの効力をもっていた。しかし，幕府勢力の発展につれて公平な裁判を重視する武家法

解答 ❾六波羅探題　❿新補率法　⓫新補地頭　⓬院政
執権政治 ①北条泰時　❷連署　❸評定衆　❹御成敗式目　❺貞永式目　❻道理　❼本所

の影響は広がっていき，公家法や⑦＿＿＿＿＿法のおよぶ土地にも武家法が影響を与えるようになり，その効力をもつ範囲が拡大していった。

　合議制の採用や式目の制定，京都の文化を積極的に取り入れるなどして，執権政治の隆盛をもたらした泰時の政策は，孫の執権❽＿＿＿＿＿に受け継がれた。時頼は1247(宝治元)年に，三浦泰村一族を滅ぼして(❾＿＿＿＿＿という)，北条氏の地位を不動のものとすると，朝廷には政治の刷新と制度の改革を求めた。これを受けて後嵯峨上皇の院政下で❿＿＿＿＿がおかれ，幕府は朝廷の内部に深く影響力をもつようになった。また時頼は，評定衆の会議である評定のもとに新たに⓫＿＿＿＿＿をおいて⓫＿＿＿＿＿衆を任命し，御家人たちの所領に関する訴訟を専門に担当させ，敏速で公正な裁判の確立につとめた。

　やがて幕府は藤原将軍にかわる皇族(親王)将軍として，後嵯峨上皇の皇子宗尊親王を将軍として迎えると(皇族将軍の初め)，皇族将軍は以後4代続いたが，いずれも実権はなく名目だけの将軍にすぎなかった。さらに大陸の文化を積極的に受け入れ，禅宗の本格的寺院である建長寺を造営し，鎌倉を武家の都として整えていった。こうして執権政治は時頼のもとでさらに強化されたが，同時に北条氏独裁の性格を強めていった。

武士の生活

　この頃までの武士は開発領主の系譜を引き，先祖以来の地に住み着いて，所領を拡大してきた。彼らは，河川の近くの微高地を選んで❶＿＿＿＿＿をかまえ，周囲には堀・溝や塀をめぐらして住んでいた。①＿＿＿＿＿の周辺部には，年貢や公事のかからない直営地を設け，下人や所領内の農民を使って耕作させた。そして荒野の開発を進めていき，みずからは地頭など現地の管理者として，農民から年貢を徴収して国衙や荘園領主におさめ，定められた収入として❷＿＿＿＿＿などを得ていた。

　彼らは一族の子弟・女子たちに所領をわけ与える❸＿＿＿＿＿相続を原則としていたが，それぞれは一族の血縁的統制のもとに，宗家(本家)を首長と仰ぎ，活動を広げていった。この宗家と分家との集団は，一門・一家と称され，宗家の

【解答】 ❽北条時頼　❾宝治合戦　❿評定衆　⓫引付
武士の生活　❶館　❷加徴米　❸分割

■武士の親権■　武士の家では，家督(惣領)や財産相続の決定など父祖の権限が強かった。一度子孫に譲与した所領をとり返す悔返し権も認められており，一方尊属を訴えることは禁止されていた。

第4章　中世社会の成立　79

首長を❹＿＿＿＿＿（家督(かとく)ともいう），他を❺＿＿＿＿＿と呼んだ。戦時には，一門は団結して戦い，惣領が指揮官となった。平時でも，先祖の祭や一門の氏神の祭祀は惣領の権利であり，義務でもあった。

　こうした体制を❻＿＿＿＿＿と呼ぶが，鎌倉幕府の政治・軍事体制はこの❻＿＿＿＿＿にもとづいており，幕府への軍事勤務(軍役(ぐんやく))も，荘園領主・国衙への年貢や公事の納入と同じく惣領が責任者となって一門の庶子たちにこれを割り当て，一括して奉仕した。庶子も御家人ではあったが，幕府とは惣領を通じて結ばれていた。

《 武士の土地支配 》　武士の生活は簡素で，みずからの地位を守るためにも武芸を身につけることが重視され，つねに流鏑馬(やぶさめ)(数間おきにおいた的を疾駆(しっく)する馬上から射る弓術)・笠懸(かさかけ)(笠の的を騎射(きしゃ)する弓術)・犬追物(いぬおうもの)(犬を騎射する競技)や巻狩(まきがり)などの訓練をおこなった。彼らの日常生活の中から生まれた「武家のならい」とか「①＿＿＿＿＿」「弓馬(きゅうば)の道」などと呼ばれる道徳は，武勇を重んじ，主人に対する献身(けんしん)や，一門・一家の誉(ほま)れを尊ぶ精神，恥(はじ)を知る態度などを特徴としており，後世の②＿＿＿＿＿の起源となった。

　みずからの支配権を拡大しようとする武士たちは，荘園・公領の領主や，近隣の武士とのあいだで年貢の徴収や境界の問題をめぐって紛争をおこすことが多かった。とくに承久(じょうきゅう)の乱後には，畿内・西国地方にも多くの③＿＿＿＿＿が任命され，東国出身の武士が各地に新たな所領をもつようになって，現地の支配権をめぐる紛争はますます拡大した。幕府が，公正な裁判制度の確立に努力したのは，こうした状況に対応するためであった。

　地頭の支配権拡大の動きに直面した荘園・公領の領主たちも，幕府に訴えて地頭の年貢未納(みのう)などの動きをおさえようとした。しかし，現地に根をおろした地頭の行動を阻止(そし)することはしだいにできなくなり，紛争解決のために領主たちは，やむを得ず地頭に荘園の管理いっさいを任せて，一定の年貢納入だけを請け負わせる❹＿＿＿＿＿の契約を結んだり，さらには現地の土地の相当部分を地頭にわけ与え，相互の支配権を認めあう❺＿＿＿＿＿の取決めを

解答　❹惣領　❺庶子　❻惣領制
武士の土地支配　①兵の道　②武士道
③地頭　❹地頭請所　❺下地中分

■**女性の相続**■　武家社会での女性は，財産相続もできた。しかし鎌倉後期に分割相続から単独相続へかわるにつれ，本人一代限りで死後は所領を惣領へ返す約束つきの一期分(いちごぶん)となった。

おこなったりすることもあった。

　幕府もまた，当事者間の取決めによる解決(和与)を勧めたので，荘園などの現地の支配権はしだいに地頭の手に移っていった。

4　蒙古襲来と幕府の衰退

《蒙古襲来》

　鎌倉幕府のもとでも，日宋間の正式な国交は開かれなかった。しかし平氏政権の積極的な海外通交後，引き続いての私的貿易や僧侶・商人の往来など，通交はさかんにおこなわれ，日本列島は宋を中心とする東アジア通商圏の中に組み入れられていった。

　この間13世紀初め，モンゴル(蒙古)高原に❶＿＿＿＿＝(成吉思汗)が現われ，モンゴル諸部族を統合して中央アジアから南ロシアまでを征服した。ついでその後継者はヨーロッパ遠征をおこない，また金を滅ぼして広大なユーラシア大陸の東西にまたがる大帝国を建設した。チンギス＝ハンの孫❷＿＿＿＿＝＿＿＿＿(忽必烈)は，中国を支配するため都を❸＿＿＿(北京)に移し，国号を❹＿＿と定めると，高麗を全面的に服属させ，日本に対してたびたび朝貢を強要してきた。

　しかし，時頼のあとを継承して幕府の執権となった❺＿＿＿＿＿＿＿がこれを拒否したので，元は高麗の軍勢もあわせた約3万の兵で，1274(文永11)年，対馬・壱岐を攻め，大挙して九州北部の博多湾に上陸した。幕府は，九州地方に所領をもつ御家人を動員して，これを迎え撃ったが，元軍の集団戦やすぐれた兵器に対し，一騎打ち戦を主とする日本軍は苦戦におちいった。しかし元軍も損害が大きく，内部の対立などもあって退いた(❻＿＿＿＿＿＿＿という)。

　その後，幕府は再度の襲来に備えて，博多湾岸など九州北部の要地を御家人に警備させる❼＿＿＿＿＿＿＿＿＿を強化するとともに，博多湾沿いに石造の防塁(❽＿＿＿＿という)を構築させた。そこに南宋を滅ぼした元が，ふたたび日本の征服をめざし，1281(弘安4)年，約14万の大軍をもって九州北部

解答 蒙古襲来　①チンギス＝ハン　②フビライ＝ハン　③大都　④元　❺北条時宗　❻文永の役　❼異国警固番役　⑧石築地

■てつはう■　『蒙古襲来絵巻』の絵でわかるように，火薬を包んだ鉄丸が空中で破裂して，音と煙と火炎とで相手にショックを与える兵器であった。のちの火縄銃とはまったく違うものである。

第4章　中世社会の成立　81

にせまった。ところが博多湾岸への上陸をはばまれているあいだに暴風雨がおこって大損害を受け，ふたたび敗退した（❾_____という）。この2回にわたる元軍の襲来を❿_____（元寇）という。

再度にわたる襲来の失敗は，元に征服された高麗や南宋の人びとの抵抗によるところもあったが，幕府の統制のもとに，おもに九州地方の武士がよく戦ったことが大きな理由であった。

《蒙古襲来後の政治》元はその後も日本征服を計画していたので，幕府も警戒態勢をゆるめず，九州地方の御家人を引き続き異国警固番役に動員した。また御家人以外に，全国の荘園・公領の武士をも動員する権利を朝廷から獲得するとともに，蒙古襲来を機会に西国一帯に幕府勢力を強めていった。とくに九州の博多には北条氏一門を❶_____として送り，九州地方の政務や裁判の判決，御家人の指揮に当たらせた。

幕府の支配権が全国的に強化されていく中で，北条氏の権力はさらに拡大し，なかでも家督をつぐ❷_____の勢力が強大となった。それとともに得宗の家臣である❸_____と本来の御家人との対立が激しくなり，時宗の子の❹_____の代になって，1285（弘安8）年に御内人の中心人物（❺_____という）の❻_____が有力御家人の❼_____を滅ぼすと（❽_____という），貞時はやがてその頼綱を滅ぼし，幕府の全権を握った。

こうして得宗の絶大な勢威のもとで，御内人や北条氏一門が幕政を主導するようになった。全国の守護の半分以上は北条氏一門が占めて，各地の地頭の職もまた多くは北条氏の手に帰した。これを❾_____政治と呼ぶ。

《琉球とアイヌの動き》モンゴルの動きが東アジアに大きな影響を与える中，日本列島の南の琉球では，各地の首長である❶_____がグスクを拠点として勢力を広げていき，やがて北山・中山・南山の三つの勢力に統合されていった。琉球では，12世紀頃からそれまでの「❷_____」を経て農耕生活が始まり，グスクが形成されてきていた。グスクは当

[解答] ❾弘安の役　❿蒙古襲来
蒙古襲来後の政治　❶鎮西探題　❷得宗
❸御内人　❹北条貞時　❺内管領　❻平頼綱　❼安達泰盛　❽霜月騒動　❾得宗専制

琉球とアイヌの動き　❶按司　❷貝塚文化

初は集落や聖地からなっていたが，その指導者である按司の成長とともに，しだいに立派な石垣による城がつくられるようになっていった。

一方，北の蝦夷ヶ島では，古代には「続縄文文化」を経て，独特の文様の土器を持つ❸_____文化やオホーツク文化が広がっていたが，それを経て13世紀には❹_____の文化が生まれるようになり，津軽の十三湊を根拠地として得宗の支配下にあった安藤(安東)氏との交易をおこなっていた。そのアイヌの人びとのうちサハリンに住んでいた人びとは，モンゴルと交戦しており，モンゴルの影響は広く日本列島におよんでいった。

社会の変動

蒙古襲来の前後から，農業の発展が広くみられ，畿内や西日本一帯では麦を裏作とする❶_____が普及していった。肥料には草を刈って田に敷き込む❷_____など山野の草や木が使われ，鉄製の農具や❸_____を利用した農耕も広がっていった。荏胡麻(灯油の原料)などが栽培され，絹布や麻布などが織られた。また鍛冶・鋳物師・紺屋などの手工業者は，農村内に住んで商品をつくり，各地を歩いて仕事をした。

荘園・公領の中心地や交通の要地，寺社の門前などには，生産された物資を売買する❹_____が開かれ，月に❺_____(三斎市)も珍しくなくなった。地方の市では，地元の特産品や米などが売買され，中央から織物や工芸品などを運んでくる❻_____も現われた。

京都・奈良・鎌倉などには高級品を扱う手工業者や商人が集まり，定期市のほかに常設の小売店(❼_____という)も出現した。京都や奈良の商工業者たちは，すでに平安時代の後期頃から，大寺社や天皇家に属して販売や製造についての特権を認められていたが，やがて同業者の団体である❽_____を結成するようになった。❽_____の構成員のうち，大寺社に属したものは神人，天皇家に属したものは供御人と呼ばれた。

遠隔地を結ぶ商業取引もさかんで，陸上交通の要地には宿が設けられ，各地の湊には，商品の中継と委託販売や運送を業とする❾_____(問丸)が発達した。

解答 ❸擦文 ❹アイヌ
社会の変動 ❶二毛作 ❷刈敷 ❸牛馬
❹定期市 ❺三度の市 ❻行商人 ❼見世棚 ❽座 ❾問

第4章 中世社会の成立

売買の手段としては、米などの現物にかわって貨幣が多く用いられるようになり、荘園の一部では年貢の銭納もおこってきたが、それにはもっぱら中国から輸入される❿_____が利用された。さらに遠隔地間の取引には、金銭の輸送を手形で代用する⓫_____が使われ、金融機関としては高利貸業者の⓬_____も多く現われた。

また、荘園領主や地頭の圧迫・非法に対する農民の動きが活発となり、団結して訴訟をおこしたり、集団で逃亡したりする例も多くなった。年貢を農民が定額で請け負うこともおこなわれた。

幕府の衰退

生産や流通経済のめざましい発達と社会の大きな変動の中で、幕府は多くの困難に直面していた。❶_____は御家人たちに多大な犠牲を払わせたが、幕府は十分な恩賞を与えることができず、御家人たちの信頼を失う結果になった。また御家人たちの多くは、❷_____相続の繰り返しによって所領が細分化されたうえ、貨幣経済の発展に巻き込まれて窮乏していった。この動きにともなって、女性の地位も低下の傾向をみせ始めた。女性に与えられる財産が少なくなり、また本人一代限りでその死後は惣領に返す約束つきの相続（一期分）が多くなった。

幕府は窮乏する御家人を救う対策をとり、1297（永仁5）年には❸_____を発布し、御家人の所領の質入れや売買を禁止して、それまでに質入れ、売却した御家人領を無償で取り戻させ、御家人が関係する金銭の訴訟を受けつけないなどの対策をとった。しかし効果は一時的であった。

中小御家人の多くが没落していく一方で、経済情勢の転換をうまくつかんで勢力を拡大する武士も生まれた。とくに畿内やその周辺では、荘園領主に対抗する地頭や非御家人の新興武士たちが、武力に訴えて年貢の納入を拒否し、荘園領主に抵抗するようになった。これらの武士は当時❹_____と呼ばれ、その動きはやがて各地に広がっていった。

このような動揺をしずめるために、北条氏得宗の専制政治は強化されたが、それはますます御家人の不満をつのらせる結果となった。こうして幕府の支配は危

解答 ❿宋銭 ⓫為替 ⓬借上
幕府の衰退 ❶蒙古襲来 ❷分割 ❸永仁の徳政令 ❹悪党

徳政 債務の破棄・売却地払戻し令のこと。その基本理念は、ものがあるべき状態に戻ることである。永仁の徳政令の御家人の土地無償取戻しは、「御家人の土地は御家人へ」という考えにもとづく。

機を深めていった。

5 鎌倉文化

鎌倉文化

鎌倉時代は、公家が文化の担い手となって伝統文化を受け継ぎながらも、一方では武士や庶民に支持された新しい文化が生み出され、しだいに成長していった時代である。その文化は、公家や武士などの家や集団に継承されていった。

新しい文化を生み出した背景の一つは、地方出身の武士の素朴で質実な気風が文学や美術の中に影響を与えるようになったことである。もう一つは日宋間を往来した僧侶・商人に加えて、モンゴルの中国侵入で亡命してきた僧侶らによって、南宋や元の文化がもたらされたことである。

鎌倉仏教

仏教では、それまでの祈禱や学問中心のものから、内面的な深まりをもちつつ、庶民など広い階層を対象とする新しいものへの変化が始まった。

その最初に登場したのが❶_____である。天台の教学を学んだ彼は、源平争乱の頃、もっぱら阿弥陀仏の誓いを信じ、❷_____（南無阿弥陀仏）をとなえれば、死後は平等に極楽浄土に往生できるという❸_____の教えを説いて、のちに❹_____の開祖と仰がれた。その教えは摂関家の九条兼実をはじめとする公家のほか、武士や庶民にまで広まったが、一方で旧仏教側からの非難が高まり、法然は土佐に流され、弟子たちも迫害を受けることになった。

❺_____もこの時、法然の弟子の一人として越後に流されたが、のちに関東の常陸に移って師の教えを一歩進めた。煩悩の深い人間（悪人）こそが、阿弥陀仏の救いの対象であるという❻_____を説いたが、その教えは農民や地方武士のあいだに広がり、やがて❼_____（一向宗）と呼ばれる教団が形成されていった。

解答 鎌倉仏教 ❶法然 ❷念仏 ❸専修念仏 ❹浄土宗 ❺親鸞 ❻悪人正機 ❼浄土真宗

■禅僧の名■ 僧は俗名を改めて法名をつけるが、禅僧はその前へ号をつけた（蘭渓道隆・無学祖元・明庵栄西ら）。

第4章 中世社会の成立

同じ浄土教の流れの中から，やや遅れて出たのが❽＿＿＿＿である。彼は，善人・悪人や信心の有無を問うことなく，すべての人が救われるという念仏の教えを説き，念仏札を配り，❾＿＿＿＿によって多くの民衆に教えを広めながら各地を布教して歩いた。その教えは❿＿＿＿と呼ばれ，地方の武士や庶民に受け入れられた。

　ほぼ同じ頃，古くからの法華信仰をもとに，新しい救いの道を開いたのが⓫＿＿＿＿である。初め天台宗を学び，やがて法華経を釈迦の正しい教えとして選んで，⓬＿＿＿＿（南無妙法蓮華経）をとなえることで救われると説いた。鎌倉を中心に，他宗を激しく攻撃しながら国難の到来を予言するなどして布教を進めたため，幕府の迫害を受けたが，⓭＿＿＿＿（法華宗ともいう）は関東の武士層や商工業者を中心に広まっていった。

　関東を中心に武士のあいだに大きな勢力をもつようになったのは，禅宗である。坐禅によってみずからを鍛練し，釈迦の境地に近づくことを主張する禅宗は，12世紀末頃，宋に渡った天台の僧⓮＿＿＿＿によって日本に伝えられた。彼は密教の祈禱にもすぐれ，公家や幕府有力者の帰依を受けて，のちに⓯＿＿＿＿の開祖と仰がれた。栄西の死後，幕府は南宋から来日した蘭溪道隆（のち建長寺を開山）・無学祖元（のち円覚寺を開山）ら多くの禅僧をまねいて，臨済宗を重んじ鎌倉に建長寺・円覚寺などの大寺をつぎつぎと建立していった。それは，禅宗のきびしい修行が武士の気風にあっていたためであり，海外の新しい文化を吸収し，仏教政策の中心にすえる目的もあった。

　禅宗の中で，ただひたすら坐禅に徹せよと説き，⓰＿＿＿＿を広めたのが⓱＿＿＿＿である。栄西の弟子に学んだ彼は，南宋に渡ってさらに禅を学び，坐禅そのものを重視する教えを説いて，越前に永平寺を開いた。その弟子たちは旧来の信仰も取り入れて北陸地方に布教を進めたので，⓰＿＿＿＿は広く地方に広がっていった。

　こうした鎌倉時代に広がった新仏教に共通する特色は，天台・真言をはじめ旧仏教の腐敗を批判し，ただ選びとられた一つの道（念仏・題目・禅）によってのみ

解答 ❽一遍　❾踊念仏　❿時宗　⓫日蓮　⓬題目　⓭日蓮宗　⓮栄西　⓯臨済宗　⓰曹洞宗　⓱道元

■上人号■ 禅僧以外では高僧に解脱上人・明恵上人のように上人号をつけ，さらに重視すると親鸞聖人のように「聖」を使う。伝教大師・弘法大師のように大師号を朝廷から賜わることもある。

整理　新仏教の宗派一覧

宗　派	開　祖	主　要　著　書	中　心　寺　院
(ア)	法　然	(イ)	知恩院（京都）
(ウ)（一向宗）	親　鸞	(エ)	(オ)（京都）
(カ)	一　遍	一遍上人語録 一遍は死の直前，著書・経典を焼きすてた	清浄光寺（神奈川）
(キ)	栄　西	(ク)	建仁寺（京都）
(ケ)	道　元	(コ)	(サ)（福井）
(シ)（法華宗）	日　蓮	(ス)	久遠寺（山梨）

救いにあずかることができると説き，広く武士や庶民にもその門戸を開いたところにあって，教団の形をとって後世に継承されていった。

このような新仏教に刺激され，旧仏教側も新たな動きをみせた。鎌倉時代の初め頃，法相宗の❶⓳＿＿＿（解脱）や華厳宗の❶⓴＿＿＿（高弁）は，戒律を尊重して南都仏教の復興に力を注いだ。やや遅れて律宗の⓴＿＿＿（思円）と㉑＿＿＿（良観）らは，戒律を重んじるとともに，貧しい人びとや病人の救済・治療などの社会事業にも力を尽くし，鎌倉幕府に受け入れられ，多くの人びとに影響を与えた。

なお，旧仏教各宗のもとでは古くからの山岳宗教と結びついた修験道が広くおこなわれた。また神仏習合の考えが広がるとともに，鎌倉時代末期になると，鎌倉仏教の影響を受けた独自の神道理論が，伊勢外宮の神官㉒＿＿＿によって形成され，㉓＿＿＿（度会神道）と呼ばれた。

《中世文学のおこり》　文学の世界でも，新しい動きが始まった。武士の家に生まれた①＿＿＿は，出家して平安時代末期の動乱する諸国を遍歴しつつ，すがすがしい秀歌をよんで歌集『山家集』を残した。

解答　⓲貞慶　⓳明恵　⓴叡尊　㉑忍性　㉒度会家行　㉓伊勢神道
中世文学のおこり　①西行
整理　新仏教の宗派一覧　(ア)浄土宗　(イ)選択本願念仏集　(ウ)浄土真宗　(エ)教行信証　(オ)本願寺　(カ)時宗　(キ)臨済宗　(ク)興禅護国論　(ケ)曹洞宗　(コ)正法眼蔵　(サ)永平寺　(シ)日蓮宗　(ス)立正安国論

第4章　中世社会の成立

また，歌人としても知られた②＿＿＿＿＿は，『方丈記』を著して人間も社会も転変してすべてはむなしいと説いた。承久の乱の直前に，『❸＿＿＿』で歴史を貫く原理を探り，道理による歴史の解釈を試みた慈円も含め，彼らの作品には，当時の浄土への往生を願う仏教思想が表われている。

後鳥羽上皇の命で『④＿＿＿＿＿＿＿』が編纂された影響は大きかった。編者の⑤＿＿＿＿＿＿・藤原家隆らが示した歌風は，平安時代の伝統に学んで，技巧的な表現をこらしながらも，観念的な美の境地を生み出した。こうした作風は後鳥羽上皇を中心とする貴族たちのあいだに広く受け入れられて，多くのすぐれた和歌がよまれ，定家らは和歌の家を形成した。なお，上皇のように歌をよむことは政治とも深く関わっていたから，その影響を受けて将軍⑥＿＿＿＿＿も歌に励み，万葉調の歌をよんで，『金槐和歌集』を残した。このように，作歌に励む武士も少なくなかった。

この時代の文学の中で，もっとも特色があるのは，戦いを題材に実在の武士の活躍ぶりをいきいきと描き出した⑦＿＿＿＿＿＿が著されたことである。なかでも平氏の興亡を主題とした『⑧＿＿＿＿＿＿＿』は最高の傑作で，❾＿＿＿＿＿＿によって平曲として語られたことにより，文字を読めない人びとにも広く親しまれた。

説話文学では，承久の乱後に『古今著聞集』など多くの作品が生まれ，その系譜を引く兼好法師の『⑩＿＿＿＿＿』は，著者の広い見聞と鋭い観察眼による随筆の名作で，鎌倉文化の特色がよく言い表わされている。

学問では，公家のあいだで，過ぎ去ったよき時代への懐古と尊重から，朝廷の儀式・先例を研究する⑪＿＿＿＿＿＿の学や古典の研究がさかんになった。その一方で，執権政治のもとでの合議制や成文の法典などをつくり出すようになった鎌倉武士たちも，内外の文化や学問への関心をもつようになり，幕府の歴史を編年体で記した史書『⑫＿＿＿＿＿』も編まれた。北条氏一門の⑬＿＿＿＿＿とその子孫は，鎌倉の外港として栄えた六浦の金沢に⑭＿＿＿＿＿を設け，和漢の書物を集めて学問に励んだ。

解答 ②鴨長明 ❸愚管抄 ④新古今和歌集 ⑤藤原定家 ⑥源実朝 ⑦軍記物語 ⑧平家物語 ❾琵琶法師 ⑩徒然草 ⑪有職故実 ⑫吾妻鏡 ⑬金沢実時 ⑭金沢文庫

■遁世 再出家もしくは正式の手続きを経ずに僧体となることをいい，西行や鴨長明が代表的人物。

整理　おもな著作物（鎌倉）

〔和歌集〕
- ㋐_____：13C，藤原定家らが撰した勅撰和歌集
- ㋑_____：12C，西行の歌集。自然と旅の詩集
- ㋒_____：13C，源実朝の歌集。万葉調の作品を含む

〔説話集〕
- 十 訓 抄：鎌倉中期の説話集。10項目に分け，年少者の教訓としたもの
- 宇治拾遺物語：13C，仏教色の濃い説話集。題名は『今昔物語集』の補遺の意
- ㋓_____：13C，橘成季の説話集。古今の説話を30項目に分類集録
- ㋔_____：13C，無住の仏教説話集。実話に取材し卑俗に仏の功徳を説く

〔随筆・日記・紀行〕
- ㋕_____：13C，鴨長明の随筆。無常観で転換期の世相をつづる
- ㋖_____：14C，兼好法師の随筆。深い洞察力で動乱期の社会をつづる
- 十六夜日記：14C，阿仏尼。所領問題の訴訟で鎌倉へ下ったときの紀行文
- 東 関 紀 行：13C，源親行？　都から鎌倉へ下るまでの紀行文

〔軍記物語〕
- 保 元 物 語：13C，源為朝を中心とした保元の乱の軍記物語
- 平 治 物 語：13C，平治の乱の顛末を記した軍記物語
- ㋗_____：13C，信濃前司行長？　平家一門の盛衰を描いた軍記物語
- 源平盛衰記：鎌倉中期の軍記物語。『平家物語』の異本的性格を持つ

〔歴史書〕
- ㋘_____：13C，慈円の歴史書。道理の考え方と末法思想が特色
- ㋙_____：13C，日記体裁の編年体でしるした鎌倉幕府の記録
- 水 鏡：12C，中山忠親？　の著した鎌倉初期の歴史物語
- 今 鏡：12C，大鏡のあとをうけ，11〜12世紀までの歴史を記したもの
- ㋚_____：14C，虎関師錬。日本最初の仏教史（鎌倉末まで）

〔注釈書・故実書〕
- 万葉集註釈：13C，仙覚の『万葉集』の注釈
- ㋛_____：13C，順徳天皇の有職故実の書。宮中の故実全般を記述
- 釈 日 本 紀：鎌倉中期，卜部兼方が著した『日本書紀』注釈書

この時代の末期には，宋の朱熹が打ちたてた儒学の一つである❶5_____（朱子学ともいう）が伝えられ，その❶6_____論の与えた影響は大きく，後醍醐天皇を中心とする討幕運動の理論的なよりどころともなった。

解答　❶5宋学　❶6大義名分　　　　亨釈書　㋛禁秘抄
整理　おもな著作物（鎌倉）　㋐新古今和歌集　㋑山家集　㋒金槐和歌集　㋓古今著聞集　㋔沙石集　㋕方丈記　㋖徒然草　㋗平家物語　㋘愚管抄　㋙吾妻鏡　㋚元

第4章　中世社会の成立

芸術の新傾向

芸術の諸分野でも新しい傾向がおこっていた。そのきっかけとなったのは，源平の争乱によって焼失した奈良の諸寺の復興である。❶_____ はその資金を広く寄付に仰いで各地をまわる勧進上人となって，宋人陳和卿の協力を得て東大寺再建にあたった。その時に採用されたのが❷_____ の建築様式で，大陸的な雄大さ，豪放な力強さを特色とし，東大寺❸_____ が代表的遺構である。

つづいて，❹_____（唐様）が伝えられた。これは細かな部材を組み合わせて，整然とした美しさを表わすのが特色で，円覚寺❺_____ などの禅寺の建築に用いられた。一方，大陸伝来の新様式の構築法を，平安時代以来の日本的なやわらかな美しさをもつ和様に取り入れた❻_____ もさかんになった。

彫刻の分野では奈良の諸寺の復興とともに，奈良仏師の❼_____・湛慶父子や❽_____ らが，仏像や肖像彫刻をつくり出した。奈良時代の彫刻の伝統を受け継ぎつつ，新しい時代の精神を生かした力強い写実性や，豊かな人間味の表れが，彼らの作風の特色である。鎌倉時代中期になると，大陸から新しい技術が伝えられて鎌倉の大仏がつくられたが，これは幕府の援助を得て，勧進上人が人びとの寄付を受けてなったものである。

絵画では，平安時代末期に始まった❾_____ が全盛期を迎えた。物語絵のみならず，この時代には武士の活躍を描いた『蒙古襲来絵巻』などの合戦絵が制作され，また『春日権現験記』などの寺社の縁起や『一遍上人絵伝』などの高僧の伝記などが，民衆に教えを広めるために制作された。

個人の肖像を描く写実的な❿_____ には，⓫_____・⓬_____ 父子の名手が出た。似絵は肖像彫刻の発達と並んで，この時代に個性に対する関心が高まってきたことをよく示している。禅宗の僧侶が師僧の肖像画(⓭_____ という)を崇拝する風習も鎌倉時代の中頃に中国から伝わって始まった。

書道では，法性寺流の優美な書に加えて，宋・元の書風が伝えられると，平安時代以来の和様をもとにして，伏見天皇の皇子⓮_____

解答 芸術の新傾向 ❶重源 ❷大仏様 ❸南大門 ❹禅宗様 ❺舎利殿 ❻折衷様 ❼運慶 ❽快慶 ❾絵巻物 ❿似絵 ⓫藤原隆信 ⓬信実 ⓭頂相 ⓮尊円入道親王

■慶派の仏師 藤原時代の仏師定朝の子，覚助一門は興福寺復興を機に奈良に住んだ。この一門は康慶・運慶・湛慶3代に全盛をきわめて慶派とよばれた。

整理 おもな建築・美術作品（鎌倉）

㋐ _____
㋑ _____
㋒ _____
㋓ _____   
㋔ _____
㋕ _____
㋖ _____   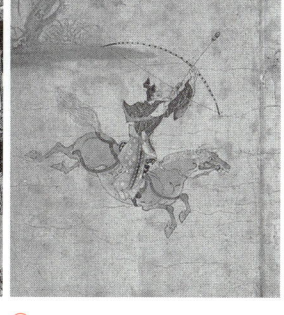
㋗ _____
㋘ _____

整理 おもな建築・美術作品（鎌倉） ㋐東大寺南大門 ㋑東大寺南大門金剛力士像 ㋒興福寺無著像 ㋓円覚寺舎利殿 ㋔六波羅蜜寺空也上人像 ㋕伝源頼朝像 ㋖蒙古襲来絵巻 ㋗一遍上人絵伝 ㋘男衾三郎絵巻

■**似絵**　古代の肖像画は崇拝・信仰の対象としての「像」「影」であった。似絵は実際の人物を写生し，世帯・風俗もおりこんで描く大和絵系肖像画である。

第4章　中世社会の成立　91

が，宋の書風を取り入れて❶⑤　　　　　　　　　を創始した。工芸では，武士の成長とともに武具の製作がおおいにさかんになり，刀剣では備前の長光，京都の藤四郎吉光，鎌倉の⑯　　　　らが現われ，名作を残した。
　また，宋・元の強い影響を受けながら，尾張の⑰　　　　焼や常滑焼，備前の備前焼など，各地で陶器の生産が発展をとげた。それらの陶器は日本列島に広く流通し，そのため京都・鎌倉をはじめとして，備後の尾道など各地の湊や宿といった町の遺跡の地下から発掘されている。こうした町には，有徳人と呼ばれる富裕な人びとが成長していた。

解答　⑮青蓮院流　⑯正宗　⑰瀬戸

第5章 武家社会の成長

1 室町幕府の成立

鎌倉幕府の滅亡　後嵯峨法皇が亡くなると、天皇家は後深草上皇の流れをくむ❶_____と亀山天皇の流れをくむ❷_____にわかれて、皇位の継承や院政をおこなう権利、天皇家領荘園の相続などをめぐって争い、ともに鎌倉幕府に働きかけて有利な地位を得ようとしていた。そこで幕府はたびたび調停をおこない、その結果、両統が交代で皇位につく方式(❸_____という)がとられるようになった。

このような中で大覚寺統から即位した❹_____は、まもなく親政を開始し、皇位の安定をはかるために、積極的に天皇の権限強化を推し進めた。一方、当時の幕府では執権❺_____のもとで内管領長崎高資が権勢をふるい、得宗専制政治に対する御家人の反発が高まっていた。両統迭立を支持する幕府に不満をいだいていた天皇は、この情勢をみて討幕の計画を進めたが、1324(正中元)年、幕府側にもれて失敗した(❻_____という)。さらに1331(元弘元)年にも挙兵を企てて失敗したために(元弘の変)、持明院統の光厳天皇が幕府に推されて即位し、後醍醐天皇は翌年隠岐に流された。

しかし、後醍醐天皇の皇子❼_____や河内の武士❽_____らは、悪党などの反幕勢力を結集して蜂起し、幕府軍と粘り強く戦った。やがて天皇が隠岐を脱出すると、天皇の呼びかけに応じて討幕に立ちあがるものがしだいに増え、幕府軍の指揮官として畿内に派遣された有力御家人❾

解答　鎌倉幕府の滅亡　❶持明院統　❷大覚寺統　❸両統迭立　❹後醍醐天皇　❺北条高時　❻正中の変　❼護良親王　❽楠木正成

後醍醐天皇　天皇の諡は没後に定まるが、後醍醐の諡は天皇の遺言による。延喜の治の醍醐天皇を理想としたからである。また「建武」の年号は、後漢の光武帝の年号にならった。

(のち尊氏)も幕府に背いて⑩＿＿＿＿＿＿＿を攻め落とした。関東で挙兵した⑪＿＿＿＿＿＿＿もまもなく鎌倉を攻めて得宗の⑤＿＿＿＿＿＿＿以下を滅ぼし，1333(元弘3)年，鎌倉幕府は滅亡した。

建武の新政

後醍醐天皇はただちに京都に帰り，光厳天皇を廃して新しい政治を始めた。翌1334(建武元)年，年号を建武と改めたので，天皇のこの政治を❶＿＿＿＿＿＿＿という。天皇は，幕府も院政も摂政・関白も否定して，天皇への権限集中をはかり，すべての土地所有権の確認は天皇の綸旨を必要とするという趣旨の法令を打ち出した。しかし現実には天皇の力だけではおさめきれず，中央には❷＿＿＿＿＿＿＿や幕府の引付を受け継いだ❸＿＿＿＿＿＿＿などを設置し，諸国には❹＿＿＿＿＿＿＿と守護を併置した。また東北・関東地方には，それぞれ❺＿＿＿＿＿＿＿・❻＿＿＿＿＿＿＿をおいて，皇子を派遣したが，それらの実体はむしろ鎌倉小幕府というにふさわしいほど旧幕府系の武士を重用したものであった。

天皇中心の新政策は，それまで武士の社会につくられていた慣習を無視していたため，多くの武士の不満と抵抗を引きおこした。また，にわかづくりの政治機構と内部の複雑な人間的対立は，政務の停滞や社会の混乱をまねいて，人びとの信頼を急速に失っていった。このような形勢をみて，ひそかに幕府の再建をめざしていた足利尊氏は，1335(建武2)年，北条高時の子❼＿＿＿＿＿＿＿が反乱をおこして鎌倉を占領した❽＿＿＿＿＿＿＿を機に，その討伐のため関東にくだり，新政権に反旗をひるがえした。

南北朝の動乱

1336(建武3)年，京都を制圧した足利尊氏は，持明院統の❶＿＿＿＿＿＿＿を立て，幕府を開く目的のもとに当面の政治方針を明らかにした❷＿＿＿＿＿＿＿を発表した。これに対し後醍醐天皇は京都を逃れ，吉野の山中にこもって，正統の皇位にあることを主張した。ここに吉野の❸＿＿＿＿＿＿＿(大覚寺統)と京都の❹＿＿＿＿＿＿＿(持明院統)が対立して，以後約60年にわたる全国的な**南北朝の動乱**が始まった。

[解答] ❾足利高氏 ⑩六波羅探題 ⑪新田義貞
建武の新政 ❶建武の新政 ❷記録所 ❸雑訴決断所 ❹国司 ❺陸奥将軍府 ❻鎌倉将軍府 ❼時行 ❽中先代の乱

南北朝の動乱 ❶光明天皇 ❷建武式目 ❸南朝 ❹北朝
|河原| 中世では河原は禊祓の場・葬地・市場・芸能の催場・刑場などの機能を持ち，往来も多かった。

南朝側では動乱の初期に楠木正成・新田義貞が戦死するなど形勢は不利であったが、❺_____らが中心となり、東北・関東・九州などに拠点を築いて抗戦を続けた。北朝側では1338(暦応元)年に尊氏が❻_____に任ぜられ、弟の❼_____と政務を分担して政治をとった。しかし鎌倉幕府以来の法秩序を重んじる直義を支持する勢力と、尊氏の執事❽_____を中心とする、武力による所領拡大を願う新興勢力との対立がやがて激しくなり、ここに相続問題もからんで、ついに1350(観応元)年に両派は武力対決に突入した(❾_____という)。抗争は足利直義が敗死したあとも続き、尊氏派(幕府)、旧直義派、南朝勢力の三者が、10年余りもそれぞれ離合集散を繰り返した。

このように、動乱が長引いて全国化した背景には、すでに鎌倉時代後期頃から始まっていた惣領制の解体があった。この頃、武家社会では本家と分家が独立し、それぞれの家の中では❿_____が全部の所領を相続して、庶子は嫡子に従属する⓫_____相続が一般的になった。こうした変化は各地の武士団の内部に分裂と対立を引きおこし、一方が北朝につけば反対派は南朝につくという形で、動乱を拡大させることになった。その中で、それまで血縁的結合を主としていた地方武士団も、地縁的結合を重視するものへと変質していった。

守護大名と国人一揆

動乱の中で地方武士の力が増大してくると、これらの武士を各国ごとに統轄する守護が、軍事上、大きな役割を担うようになった。

幕府は地方武士を動員するために、守護の権限を大幅に拡大した。鎌倉幕府の守護の職権であった大犯三カ条に加え、田地をめぐる紛争の際、自分の所有権を主張して稲を一方的に刈りとる実力行使(❶_____という)を取り締まる権限や、幕府の裁判の判決を強制執行する権限(❷_____という)などが新しく守護に与えられた。とくに❸_____令は、軍費調達のために守護に一国内の荘園や公領の年貢の半分を徴発する権限を認めたもので、その効果は大きかった。守護はこれらの権限を利用して国内の荘園や公領を侵略し、

[解答] ❺北畠親房 ❻征夷大将軍 ❼足利直義 ❽高師直 ❾観応の擾乱 ❿嫡子 ⓫単独
守護大名と国人一揆 ①刈田狼藉 ②使節遵行 ❸半済

■**中先代の乱** 武家政治の流れからみると、北条執権時代は先代、足利幕府時代は後代で、その間の時代は中先代(中前代)ということになる。

これを武士たちにわけ与えて、彼らを統制下に繰り入れていった。荘園や公領の領主が年貢徴収を守護に請け負わせる❹_____もさかんにおこなわれた。守護は、基本的には幕府から任命されるものであったが、守護の中にはそれぞれの国の⑤_____の機能をも吸収して、一国全体におよぶ地域的支配権を確立するものもおり、動乱が終息すると、しだいに任国も世襲されるようになった。鎌倉幕府体制下の守護と区別して、この時代の守護を❻_____と呼ぶこともある。

しかし地頭などの領主で当時国人と呼ばれた地方在住の武士には、なお自立の気質が強く、守護が彼らを家臣化していくには多くの困難があった。守護の力が弱い地域では、しばしば国人たちは自主的に相互間の紛争を解決したり、力をつけてきた農民を支配したりするために契約を結び、地域的な⑦_____（神仏に誓約して一致団結した状態）を結成した。これを❽_____という。このような国人たちは、一致団結することで自立的な地域権力をつくり上げ、守護の上からの支配にもしばしば抵抗した。

室町幕府

南北朝の動乱も、尊氏の孫❶_____が3代将軍になる頃にはしだいにおさまり、幕府はようやく安定の時を迎えた。義満は1392（明徳3）年、南朝側と交渉して❷_____を実現し、内乱に終止符を打つことに成功した。また義満は、全国の商工業の中心で政権の所在地でもあった京都の市政権や、諸国に課する③_____の徴収権など、それまで朝廷が保持していた権限を幕府の管轄下におき、全国的な統一政権としての幕府を確立した。義満は1378（永和4）年、京都の室町に壮麗な邸宅（室町殿・花の御所）をつくり、ここで政治をおこなったので、この幕府を❹_____と呼ぶようになった。

義満は、動乱の中で強大となった守護の統制をはかり、土岐氏・山名氏・大内氏などの外様の有力守護を攻め滅ぼして、その勢力の削減につとめた。1390（明徳元）年、美濃・尾張・伊勢の守護を兼ねる土岐氏を討伐し（土岐康行の乱）、翌1391（明徳2）年には西国11カ国の守護を兼ね、六分の一衆（日本60余カ国の6

解答　❹守護請　⑤国衙　❻守護大名　⑦一揆　❽国人一揆
室町幕府　❶足利義満　❷南北朝の合体　③段銭　❹室町幕府

■室町の花の御所　1378年、足利義満は京都の室町に壮麗な新邸をつくり、庭に四季の花を植えたので、花亭・花営・花の御所とよばれた。この室町殿の名称から室町幕府の名がおこった。

分の1をもつ一族の意)と呼ばれた山名氏一族の内紛に介入して，⑤_____らを滅ぼした(⑥_____という)。さらに1399(応永6)年にも有力守護⑦_____を討伐した(⑧_____という)。また義満は将軍を辞して太政大臣にのぼり，出家して京都の北山につくった山荘(北山殿)に移ったのちも，幕府や朝廷に対し実権をふるい続けた。

　幕府の機構も，この時代にはほぼ整った。❾_____は将軍を補佐する中心的な職で，侍所・政所などの中央諸機関を統轄するとともに，諸国の守護に対する将軍の命令を伝達した。管領には足利氏一門の細川・斯波・畠山の3氏(⓾_____という)が交代で任命された。京都内外の警備や刑事裁判をつかさどる侍所の長官(⑪_____という)も，赤松・一色・⑫_____・京極の4氏(⑬_____という)から任命されるのが慣例であった。これらの有力守護は在京して重要政務を決定し，幕政の運営に当たった。また一般の守護も領国は⑭_____に統治させ，自身は在京して幕府に出仕するのが原則であった。

　幕府は，将軍権力を支える軍事力の育成につとめ，古くからの足利氏の家臣，守護の一族，有力な地方武士などを集めて⑮_____と呼ばれる直轄軍を編成した。⑮_____はふだん京都で将軍の護衛に当たるとともに，諸国に散在する将軍の直轄領である⑯_____の管理をゆだねられ，守護の動向をけん制する役割を果たした。

　幕府の財政は，御料所からの収入，守護の分担金，地頭・御家人に対する賦課金などでまかなわれた。その他，京都で高利貸を営む土倉や酒屋に⑰_____・⑱_____を課し，交通の要所に関所を設けて⑲_____・津料を徴収した。また，幕府の保護下で広く金融活動をおこなっていた京都五山の僧侶にも課税した。さらに日明貿易による利益や，のちには分一銭なども幕府の財源となった。また内裏の造営など国家的行事の際には，守護を通して全国的に⓴_____(田畑の段別に徴税)や㉑_____(戸ごとに徴税)を賦課することもあった。

解答 ⑤山名氏清　⑥明徳の乱　⑦大内義弘　⑧応永の乱　❾管領　⓾三管領　⑪所司　⑫山名　⑬四職　⑭守護代　⑮奉公衆　⑯御料所　⑰土倉役　⑱酒屋役　⑲関銭　⓴段銭　㉑棟別銭

■**鎌倉府**■　幕府から関東の政治を任され，具体的には管轄内の治安維持・軍勢催促・訴訟の裁断などをおこなった。

第5章　武家社会の成長

幕府の地方機関としては，関東に㉒_____（関東府）や九州に㉓_____などがあった。足利尊氏は鎌倉幕府の基盤であった関東をとくに重視し，その子㉔_____を㉕_____（関東公方）として鎌倉府を開かせ，東国の支配を任せた。以後，㉕_____は基氏の子孫が受け継ぎ，これを補佐する㉖_____は㉗_____氏が世襲した。鎌倉府の組織は幕府とほぼ同じで，権限も大きかったため，やがて京都の幕府としばしば衝突するようになった。

東アジアとの交易

室町幕府がその権力を確立していく14世紀後半から15世紀にかけて，東アジア世界の情勢は大きくかわりつつあった。

南北朝の動乱の頃，対馬・壱岐・肥前松浦地方の住民を中心とする海賊集団が，朝鮮半島や中国大陸の沿岸を襲い，❶_____と呼ばれて恐れられていた。①_____は朝鮮半島沿岸の人びとを捕虜にしたり，米や大豆などの食料を奪うなどした。倭寇に悩まされた高麗は日本に使者を送って倭寇の禁止を求めたが，日本が内乱のさなかであったため成功しなかった。

中国では，1368年❷_____（太祖洪武帝）が元の支配を排して，漢民族の王朝である明を建国した。明は中国を中心とする伝統的な国際秩序の回復をめざして，近隣の諸国に通交を求めた。蒙古襲来ののちも元と日本とのあいだに正式な外交関係はなく，私的な商船の往来があるにすぎなかったが，明の呼びかけを知った**足利義満**は，1401（応永8）年，明に使者を派遣して国交を開いた。

明を中心とする国際秩序の中でおこなわれた**日明貿易**は，国王が明の皇帝へ朝貢し，その返礼として品物を受けとるという形式をとらなければならなかった（貿易を❸_____という）。また遣明船は，明から交付された❹_____と呼ばれる証票を持参することを義務づけられた。これにより，日明貿易を❹_____貿易ともいう。

日明貿易は，4代将軍❺_____が朝貢形式に反対して一時中断し，6代将軍❻_____の時に再開された。朝貢形式の貿易は，滞

解答 ㉒鎌倉府 ㉓九州探題 ㉔足利基氏 ㉕鎌倉公方 ㉖関東管領 ㉗上杉
東アジアとの交易 ❶倭寇 ❷朱元璋 ❸朝貢貿易 ❹勘合 ❺足利義持 ❻足利義教

■**上杉家**■ 上杉家は，扇谷・詫間・犬懸・山内家の四流に分かれていた。禅秀は犬懸家である。

在費・運搬費などすべて明側が負担したから，日本側の利益は大きく，とくに大量にもたらされた⑦_____は，日本の貨幣流通に大きな影響を与えた。

　15世紀後半，幕府の衰退とともに，貿易の実権はしだいに堺商人と結んだ⑧_____氏や博多商人と結んだ⑨_____氏の手に移った。⑧_____氏と⑨_____氏は激しく争って，1523（大永3）年には⑩_____で衝突を引きおこした（事件を⑪_____という）。そしてこの争いに勝った大内氏が貿易を独占したが，16世紀半ばに大内氏の滅亡とともに勘合貿易も断絶した。これとともに，ふたたび倭寇の活動が活発となり，豊臣秀吉が海賊取締令を出してこれを禁止するまで続いた。

　朝鮮半島では，1392年，倭寇を撃退して名声を上げた武将の⑫_____が高麗を倒し，⑬_____を建てた。⑬_____もまた通交と倭寇の禁止とを日本に求め，足利義満もこれに応じたので，両国のあいだに国交が開かれた。**日朝貿易**は，明との貿易と違って，幕府だけでなく初めから守護・国人・商人なども参加してさかんにおこなわれたので，朝鮮側は対馬の⑭_____氏を通して通交についての制度を定め，貿易を統制した。日朝貿易は朝鮮軍が倭寇の本拠地と考えていた対馬を襲撃した⑮_____により一時中断したが，16世紀まで活発におこなわれた。朝鮮は，日朝貿易のため富山浦（釜山）・乃而浦（薺浦）・塩浦（蔚山）の3港（三浦）を開き，これらの3港と首都の漢城（漢陽）に日本の使節の接待と貿易のための⑯_____をおいた。

　朝鮮からのおもな輸入品は織物類で，とくに⑰_____は大量に輸入され，衣料など人びとの生活様式に大きな影響を与えた。しかし，この日朝貿易も，1510（永正7）年に⑱_____がおこってから，しだいに衰えていった。

琉球と蝦夷ヶ島

琉球では，北山・①_____・南山の3地方勢力（三山）が成立して争っていたが，1429（永享元）年，①_____王の②_____が三山を統一し，③_____王国をつくり上げた。琉球は明や日本などと国交を結ぶとともに，海外貿易をさかんにおこなった。

解答　⑦銅銭　⑧細川　⑨大内　⑩寧波　琉球
⑪寧波の乱　⑫李成桂　⑬朝鮮　⑭宗
⑮応永の外寇　⑯倭館　⑰木綿　⑱三浦の乱
琉球と蝦夷ヶ島　①中山　②尚巴志　③

■**倭寇の終息**　南北朝合一・李氏朝鮮成立による日朝3国間の外交関係の成立，通商許可などの懐柔策が倭寇の鎮静化の要因であった。

琉球船は，南方のジャワ島・スマトラ島・インドシナ半島などにまでその行動範囲を広げ，明の海禁政策のもと，東アジア諸国間の中継貿易に活躍したので，王国の都④_____の外港である⑤_____は重要な国際港となり，琉球王国は繁栄した。

一方，すでに14世紀には畿内と津軽の⑥_____とを結ぶ日本海交易がさかんにおこなわれ，サケ・コンブなど北海の産物が京都にもたらされた。やがて人びとは本州から，⑦_____と呼ばれた北海道の南部に進出し，各地の海岸に港や館⑧_____という）を中心にした居住地をつくった。彼らは⑨_____といわれ，津軽の豪族安藤（安東）氏の支配下に属して勢力を拡大した。

古くから北海道に住み，漁労・狩猟や交易を生業としていた⑩_____は，和人と交易をおこなった。和人の進出はしだいに⑩_____を圧迫し，たえかねた⑩_____は1457（長禄元）年，大首長⑪_____を中心に蜂起し，一時は和人居住地のほとんどを攻め落としたが，まもなく上之国の領主⑫_____（武田）氏によって制圧された。それ以後，⑫_____氏は道南地域の和人居住地の支配者に成長し，江戸時代には松前氏と名乗る大名となった。

2 幕府の衰退と庶民の台頭

惣村の形成

鎌倉時代後期，近畿地方やその周辺部では，支配単位である荘園や郷（公領）の内部にいくつかの村が自然発生的に生まれ，南北朝の動乱の中でしだいに各地に広がっていった。農民たちがみずからつくり出したこの自立的・自治的な村を❶_____とか❷_____という。惣村は，古くからの有力農民であった名主層に加え，新しく成長してきた小農民も構成員とし，村の神社の祭礼や農業の共同作業，戦乱に対する自衛などを通して，しだいに村民の結合を強くしていった。このような惣村を構成する村民

解答 ④首里 ⑤那覇 ⑥十三湊 ⑦蝦夷ヶ島 ⑧道南十二館 ⑨和人 ⑩アイヌ ⑪コシャマイン ⑫蠣崎
惣村の形成 ❶惣 ❷惣村

おとな・沙汰人 おとな（乙名）は「かしら・宿老」の意で身分は百姓であるが，一般百姓とは区別されていた。沙汰人は政務執行者の意で，多くは有力名主である。

を❸_____ともいった。

　惣村は❹_____という村民の会議の決定に従って、❺_____(長・乙名)・❻_____などと呼ばれる村の指導者によって運営された。また、村民はみずからが守るべき規約である❼_____(村法・村掟)を定めたり、村内の秩序を維持するために村民自身が警察権を行使すること(❽_____・自検断という)もあった。惣村は、農業生産に必要な山や野原などの共同利用地(❾_____という)を確保するとともに、灌漑用水の管理もおこなうようになった。また、領主へおさめる年貢などを惣村がひとまとめにして請け負う❿_____(村請・百姓請)も、しだいに広がっていった。

　強い連帯意識で結ばれた惣村の農民は、不法を働く代官・荘官の免職や、水害・干害の際の年貢の減免を求めて⓫_____を結び、荘園領主のもとに大挙しておしかけたり(⓬_____という)、全員が耕作を放棄して他領や山林に逃げ込んだり(⓭_____という)する実力行使をしばしばおこなった。

　また惣村の有力者の中には、守護などと主従関係を結んで武士化する⓮_____などが多く現われたため、荘園領主や地頭などの領主支配はしだいに困難になっていった。

幕府の動揺と土一揆

　義満のあとを継いだ将軍①_____の時代は、将軍と有力守護の勢力均衡が保たれ、比較的安定していた。しかし、6代将軍②_____は、将軍権力の強化をねらって専制的な政治をおこなった。1438(永享10)年、彼は関東へ討伐軍を送り、翌年、幕府に反抗的な鎌倉公方③_____を討ち滅ぼした(事件を④_____という)。義教はその後も有力守護を弾圧したため、1441(嘉吉元)年、有力守護の一人⑤_____が義教を殺害した(事件を⑥_____という)。同年、赤松氏は幕府軍に討伐されたが、これ以降、将軍の権威は大きくゆらいでいった。

　この頃、近畿地方を中心にひんぱんに発生するようになったのが⑦_____(ほとんどが⑧_____を要求したので⑧_____一揆ともいう)である。

解答 ❸惣百姓 ❹寄合 ❺おとな ❻沙汰人 ❼惣掟 ❽地下検断 ❾入会地 ❿地下請 ⓫一揆 ⓬強訴 ⓭逃散 ⓮地侍

幕府の動揺と土一揆　①足利義持　②足利義教　③足利持氏　④永享の乱　⑤赤松満祐　⑥嘉吉の変　⑦土一揆　⑧徳政

⑦_____は，惣村の結合をもとにした農民勢力が，一部の都市民や困窮した武士とともに，徳政を求めて蜂起したもので，1428(正長元)年の❾_____は，京都の⑩_____・酒屋などを襲って，質物や売買・貸借証文を奪い，中央の政界に衝撃を与えた。この頃の社会には，都市・農村を問わず，土倉などの高利貸資本が深く浸透していたため，この一揆はたちまち近畿地方やその周辺に広がり，各地で実力による債務破棄・売却地の取戻し(私徳政)が展開された。

　1441(嘉吉元)年に数万人の土一揆が京都を占拠した⓫_____では，幕府はついに土一揆の要求を入れて⑫_____を発布した。この後も土一揆はしばしば徳政のスローガンを掲げて各地で蜂起し，幕府も⑫_____を乱発するようになった。そのなかには債権額・債務額の10分の1ないしは5分の1の手数料(⑬_____という)を幕府に納入することを条件に，債権の保護または債務の破棄を認めたものも多かった。

応仁の乱と国一揆

　嘉吉の変後，将軍権力の弱体化にともなって有力守護家や将軍家にあいついで内紛がおこった。まず①_____・斯波の両管領家に家督争いがおこり，ついで将軍家でも8代将軍❷_____の弟③_____と，子の④_____を推す義政の妻日野富子のあいだに家督争いがおこった。そして当時，幕府の実権を握ろうとして争っていた❺_____と❻_____(宗全)が，これらの家督争いに介入したために対立が激化し，1467(応仁元)年，ついに戦国時代の幕開けとなる❼_____が始まった。

　守護大名はそれぞれ細川方(東軍)と山名方(西軍)の両軍にわかれて戦い，主戦場となった京都は戦火に焼かれて荒廃した。応仁の乱は，1477(文明9)年，戦いに疲れた両軍のあいだに和議が結ばれて終戦を迎え，守護大名の多くも領国にくだったが，争乱はその後も地域的争いとして続けられ，全国に広がっていった。この争乱により，有力守護が在京して幕政に参加する幕府の体制は崩壊し，同時に荘園制の解体も進んだ。

解答 ❾正長の徳政一揆　⑩土倉　⓫嘉吉の徳政一揆　⑫徳政令　⑬分一銭
応仁の乱と国一揆 ①畠山　❷足利義政　③義視　④足利義尚　❺細川勝元　❻山名持豊　❼応仁の乱

■下剋上　下剋上という言葉は南北朝～戦国時代にかけて用いられたようである。興福寺大乗院門跡の尋尊という僧は，山城の国一揆をさして「下極(剋)上の至」と日記に書いている。

守護大名が京都で戦いを繰り返していた頃、守護大名の領国では、在国して戦った⑧_____や有力国人が力をのばし、領国支配の実権はしだいに彼らに移っていった。また近畿地方やその周辺の国人たちの中には、争乱から地域の秩序を守るために、地域住民を広く組織に組み込んだ⑨_____を結成するものもあった。1485(文明17)年、南山城地方で両派にわかれて争っていた畠山氏の軍を国外に退去させた⑩_____は、山城の住民の支持を得て、8年間にわたり一揆の自治的支配を実現した。このように、下のものの力が上のものの勢力をしのいでいく現象がこの時代の特徴であり、これを⑪_____といった。

　1488(長享2)年におこった⑫_____もその一つの現れであった。この一揆は、本願寺の⑬_____(兼寿)の布教によって近畿・東海・北陸に広まった浄土真宗本願寺派の勢力を背景とし、加賀の門徒が国人と手を結び、守護⑭_____を倒したもので、一揆が実質的に支配する本願寺領国が、以後、織田信長に制圧されるまで、1世紀にわたって続いた。

農業の発達

　室町時代の農業の特色は、民衆の生活と結びついて土地の生産性を向上させる集約化・多角化が進められたことにあった。水車などによる灌漑や排水施設の整備・改善により、畿内では二毛作に加え、❶_____もおこなわれた。また、水稲の品種改良も進み、❷_____・中稲・晩稲の作付けも普及した。

　肥料も刈敷・草木灰などとともに❸_____が広く使われるようになって、地味の向上と収穫の安定化が進んだ。また手工業の原料として、苧・桑・楮・漆・藍・茶などの栽培もさかんになり、年貢の銭納の普及と農村加工業の発達により、これらが商品として流通するようになった。このような生産性の向上は農民を豊かにし、物資の需要を高め、農村にも商品経済が深く浸透していった。

解答 ⑧守護代　⑨国一揆　⑩山城の国一揆　⑪下剋上　⑫加賀の一向一揆　⑬蓮如　⑭富樫政親
農業の発達 ❶三毛作　❷早稲　❸下肥

整理　室町時代の職人・商人

鍛冶屋　㋐　　鎧師　㋑　　㋒

商工業の発達

　この時期には，農民の需要にも支えられて地方の産業がさかんになり，各地の特色を生かしてさまざまな特産品が生産されるようになった。地方特産品としては，加賀・丹後などの絹織物，美濃の美濃紙，播磨の①_____，美濃・尾張の陶器，備前の刀，能登・筑前の釜，河内の鍋などが有名であった。

　製塩のための塩田も，ほとんど人の手を加えない自然浜(揚浜)のほか，堤でかこった砂浜に潮の干満を利用して海水を導入する古式入浜(のちの②_____)もつくられるようになった。

　特産品の売却や，年貢の銭納に必要な貨幣獲得のため，地方の市場もその数と市日の回数を増していき，月に3回開く③_____から，応仁の乱後は6回開く❹_____が一般化した。また，連雀商人や⑤_____と呼ばれた行商人の数も増加していった。これらの行商人には，京都の⑥_____・桂女をはじめ女性の活躍がめだった。京都などの大都市では見世棚(店棚)をかまえた常設の小売店が一般化し，京都の⑦_____・淀の魚市などのように，特定の商品だけを扱う市場も生まれた。

　手工業者や商人の座もその種類や数が著しく増えた。中には大寺社や天皇家から与えられた神人・供御人の称号を根拠に，関銭の免除や広範囲の独占的販売権を認められて，全国的な活動をみせた座もあった。たとえば大山崎の油商人(油座)は，石清水八幡宮を本所とし，畿内・美濃・尾張・阿波などの10カ国近い油の販売と，その原料の荏胡麻購入の独占権をもっていた。しかし15世紀以降にな

解answer　商工業の発達　①杉原紙　②入浜塩田　③三度の市　❹六斎市　⑤振売　⑥大原女　⑦米場
整理　室町時代の職人・商人　㋐番匠　㋑連雀商人　㋒桂女

■六斎市■　六斎市の名称は，仏教行事の斎日(忌日)に市が開かれたことによるらしい。仏教では1カ月に6日の特定の日を行為を慎しむ斎日としており，その信仰は民間に浸透していった。

ると，座に加わらない新興商人が出現し，また地方には本所をもたない，新しい性格の座（仲間）も増えていった。

　貨幣は，従来の宋銭とともに，新たに流入した❽_____などの明銭が使用されたが，需要の増大とともに粗悪な❾_____も流通するようになり，取引にあたって悪銭をきらい，良質の銭（精銭）を選ぶ❿_____がおこなわれて，円滑な流通が阻害された。そのため幕府・戦国大名などは悪銭と精銭の混入比率を決めたり，一定の悪銭の流通を禁止するかわりに，それ以外の銭の流通を強制する⓫_____をしばしば発布した。

　貨幣経済の発達は金融業者の活動をうながした。当時，酒屋などの富裕な商工業者は，⓬_____と呼ばれた高利貸業を兼ねるものが多く，幕府は，これらの⓬_____・酒屋を保護・統制するとともに，営業税を徴収した。

　地方産業がさかんになると遠隔地取引も活発になり，遠隔地商人のあいだでは為替手形の一種である⓭_____の利用もさかんにおこなわれた。海・川・陸の交通路が発達し，廻船の往来もひんぱんになった。京都・奈良などの大都市や，兵庫・大津などの交通の要地には⓮_____が成立し，多量の物資が運ばれる京都への輸送路では，⓯_____・⓰_____と呼ばれる運送業者も活躍した。

3　室町文化

室町文化

　室町時代には，まず南北朝の動乱期を背景とした**南北朝文化**が生まれ，ついで足利義満の時代に❶_____文化が，足利義政の時代に❷_____文化が形成された。

　この時代の文化の特徴は，幕府が京都におかれたことや東アジアとの活発な交流にともなって，武家文化と公家文化，大陸文化と伝統文化の融合が進み，また当時成長しつつあった惣村や都市の民衆とも交流して，広い基盤をもつ文化が生み出されたことである。

　中央文化と地方文化の融合も進み，それが洗練され，調和していく中から，し

【解答】　❽永楽通宝　❾私鋳銭　❿撰銭
⓫撰銭令　⓬土倉　⓭割符　⓮問屋　⓯馬借　⓰車借
室町文化　❶北山　❷東山

■**金閣**■　初層は法水院とよぶ阿弥陀堂で寝殿造風，中層は潮音洞とよぶ観音殿，上層は究竟頂とよぶ禅宗様の一室である。

第5章　武家社会の成長　　105

整理 おもな建築・美術作品（室町）

⑦ ／ ⑦ ／ ⑦
㊃ ／ ㊄ ／ ㊅

だいに日本固有の文化ともいうべきものが形成されていった。今日，日本の伝統文化の代表とされる能・狂言・茶の湯・生花などの多くは，この時代に中央・地方を問わず，武家・公家・庶民の別なく愛好され，洗練されながら，その基盤を確立していったのである。

南北朝文化

南北朝時代には，時代の転換期に高まった緊張感を背景に，歴史書や軍記物語などがつくられた。歴史書には，源平争乱以後の歴史を公家の立場から記した『❶　　　　』，伊勢神道の理論を背景に南朝の立場から皇位継承の道理を説いた北畠親房の『❷　　　　

解答 南北朝文化　❶増鏡　❷神皇正統記　㊄瓢鮎図（如拙）　㊅四季山水図（山水長巻，雪舟）

整理 おもな建築・美術作品（室町）　⑦鹿苑寺金閣　⑦慈照寺銀閣　⑦龍安寺庭園（石庭）　㊃大徳寺大仙院庭園（石庭）

106　第2部　中世

　　　　　　　　』，足利氏の政権獲得までの過程を武家の立場から記した『❸　　　　』などがあり，軍記物語では，南北朝の動乱の全体を描いた大作の『❹　　　　』がつくられた。『❹　　　　　　　』は広く普及し，後世まで語り継がれた。

　また，「二条河原落書」にみられるように，武家・公家を問わず広く連歌が流行し，❺　　　　も多くの人びとを集めて上演された。茶寄合も各地でおこなわれ，茶の異同を飲みわけて，かけ物を争う勝負ごとの❻　　　　が流行した。これらの流行を導いたのは，動乱の中で成長してきた新興武士たちであり，彼らの新しもの好きの気質は，派手・ぜいたくを意味する「❼　　　　　　」の名で呼ばれた。

北山文化

　3代将軍足利義満は京都の①　　　　に壮麗な山荘（北山殿）をつくったが，そこに建てられた❷　　　　の建築様式が，伝統的な寝殿造風と禅宗寺院の禅宗様を折衷したものであり，時代の特徴をよく表わしているので，この時代の文化を①　　　　文化と呼んでいる。

　鎌倉時代，武家社会の上層に広まった臨済宗は，❸　　　　　　が将軍足利尊氏の厚い帰依を受けて以来，幕府の保護のもとでおおいに栄えた。南宋の官寺の制にならった❹　　　　・❺　　　　の制も義満の時代にほぼ完成した。南禅寺を五山の上におき，京都五山は天龍・相国・建仁・東福・万寿の5寺，鎌倉五山は建長・円覚・寿福・浄智・浄妙の5寺であった。十刹は五山につぐ官寺をいい，さらに十刹についで諸山があった。五山の禅僧には中国からの渡来僧や中国帰りの留学僧が多く，彼らは禅だけでなく，禅の精神を具体化した絵画である❻　　　　や建築・庭園様式などを広く伝えた。彼らのあいだでは，宋学の研究や漢詩文の創作もさかんであり，義満の頃に相国寺の⑦　　　　　　・南禅寺の⑧　　　　　　らが出て，最盛期を迎えた（これらの文学を⑨　　　　　　という）。彼らは，幕府の政治・外交顧問として活躍したり，禅の経典・漢詩文集などを出版（⑩　　　　　　とい

解答 ❸梅松論　❹太平記　❺能楽　❻闘茶　❼バサラ

北山文化 ①北山　❷金閣　❸夢窓疎石　❹五山　❺十刹　❻水墨画　⑦絶海中津　⑧義堂周信　⑨五山文学　⑩五山版

う)するなど，中国文化の普及にも大きな役割を果たした。

能も北山文化を代表する芸能であった。古く神事芸能として出発した猿楽や田楽は，いろいろな芸能を含んでいたが，その中からしだいに歌舞・演劇の形をとる能が発達していった。この頃，寺社の保護を受けて能を演じる専門集団(座)が現われ，能は各地でさかんに興行されるようになった。なかでも興福寺を本所とした⑪_____・宝生・金春・金剛座の四座を大和猿楽四座といい，⑪_____座に出た⑫_____・⑬_____父子は，将軍義満の保護を受け，洗練された芸の美を追求して，芸術性の高い⑭_____を完成した。観阿弥・世阿弥父子は，能の脚本である謡曲を数多く著すとともに，世阿弥は，能の真髄を述べた『⑮_____』(花伝書)などの理論書も残した。

東山文化

北山文化で開花した室町時代の文化は，その芸術性が生活文化の中に取り込まれ，新しい独自の文化として根づいていった。

足利義政は，応仁の乱後，京都の①_____に山荘をつくり，そこに義満にならって銀閣を建てた。この時期の文化は，①_____山荘に象徴されるところから①_____文化と呼ばれる。この文化は，禅の精神にもとづく簡素さと，伝統文化の幽玄・侘を精神的な基調としていた。銀閣の下層および②_____同仁斎にみられる建築様式すなわち❸_____は，近代の和風住宅の原型となった。③_____の住宅や禅宗様の寺院には，禅の精神で統一された庭園がつくられた。その代表的なものが，岩石と砂利を組み合わせて象徴的な自然をつくり出した❹_____で，龍安寺・大徳寺⑤_____などの庭園が有名である。

新しい住宅様式の成立は，座敷の装飾をさかんにし，掛軸・襖絵などの絵画，床の間を飾る生花・工芸品をいっそう発展させた。

水墨画では，遣明船で明に渡り，作画技術を学んだ❻_____が，帰国後，禅画の制約を乗りこえた日本的な水墨画様式を創造した。大和絵では，応仁の

解答 ⑪観世 ⑫観阿弥 ⑬世阿弥 ⑭猿楽能 ⑮風姿花伝
東山文化 ①東山 ②東求堂 ③書院造 ❹枯山水 ⑤大仙院 ❻雪舟

阿弥号 念仏僧の法名で，鎌倉時代以降は浄土宗・時宗の徒に多い。室町時代，将軍に近侍し某阿弥と名乗った者たちは，すべて時宗の徒だったわけではない。

乱後，⑦_____が出て土佐派の基礎を固め，また⑧_____・⑨_____父子は，水墨画に伝統的な大和絵の手法を取り入れ，新しく狩野派をおこした。

彫刻では，能の隆盛につれて⑩_____の制作が発達し，工芸では金工の⑪_____が秀作を残したほか，蒔絵の技術も進んだ。

日本の伝統文化を代表する⑫_____(茶の湯)・花道(生花)の基礎も，この時代につくられた。茶の湯では，⑬_____が出て，茶と禅の精神の統一を主張し，茶室で心の静けさを求める⑭_____を創出した。生花も，座敷の床の間を飾る⑮_____様式が定まり，床の間を飾る花そのものを鑑賞する形がつくられていった。

一方，政治・経済面で力を失った公家は，おもに伝統的な文化の担い手となって有職故実の学問や古典の研究に力を入れ，『公事根源』を著した⑯_____らは多くの研究書や注釈書を残した。また神道思想による『日本書紀』などの研究も進み，⑰_____は反本地垂迹説にもとづき，神道を中心に儒学・仏教を統合しようとする⑱_____を完成した。

庶民文芸の流行

室町時代には，民衆の地位の向上により，武家や公家だけでなく，民衆が参加し楽しむ文化も生まれた。

当時，茶や連歌の寄合は民衆のあいだでも多くもよおされていたが，能も上流社会に愛好されたもののほか，より素朴で娯楽性の強い能が各地の祭礼などでさかんに演じられた。能のあいだに演じられるようになった風刺性の強い喜劇である❶_____は，その題材を民衆の生活などに求め，せりふも日常の会話が用いられたので，とくに民衆にもてはやされた。

庶民に愛好された芸能としては，この他に幸若舞・古浄瑠璃・❷_____などがあり，❷_____の歌集として『❸_____』が編集された。また，民衆に好まれた物語に『一寸法師』などをのせた❹_____があった。❹_____は，絵の余白に当時の話言葉で書かれている形式のものが多く，読物としてだけでなく絵をみて楽しむことができた。

[解答] ⑦土佐光信 ⑧狩野正信 ⑨元信 ⑩能面 ⑪後藤祐乗 ⑫茶道 ⑬村田珠光 ⑭侘茶 ⑮立花 ⑯一条兼良 ⑰吉田兼倶 ⑱唯一神道
庶民文芸の流行 ❶狂言 ❷小歌 ❸閑吟集 ❹御伽草子

■銀閣 銀閣の下層は心空殿とよばれる書院造風の坐禅道場，上層は潮音閣とよばれる仏間である。銀箔をおす計画があったことからその名がある。

整理　おもな著作物（室町）

〔学問・思想〕
- (ア)　　　　　：14C，鎌倉時代の編年体歴史書。公家側からの記述
- (イ)　　　　　：14C，足利尊氏を中心とした軍記物語。尊氏の家臣の作か
- (ウ)　　　　　：14C，鎌倉末〜南北朝内乱の軍記物語。南朝側に立つ
- (エ)　　　　　：14C，北畠親房の史書。南朝の正統性を主張
- (オ)　　　　　：14C，後醍醐天皇の有識書。朝儀復興を意図
- 職原抄：14C，北畠親房の有識書。官職の沿革を示す
- (カ)　　　　　：15C，今川了俊著。尊氏挙兵以来の今川氏の功績を示す
- (キ)　　　　　：15C，一条兼良の有識書。朝廷の年中行事の起源など
- 樵談治要（しょうだんちよう）：15C，一条兼良の政治意見書。足利義尚の諮問に答える
- (ク)　　　　　：15C，世阿弥の能楽論。能楽を芸術に高め，幽玄論を展開
- 申楽談儀：15C，観世元能筆録。能楽の具体的芸道論
- 医書大全：16C，阿佐井野宗瑞刊行。日本の医書刊行の最初

〔文学・その他〕
- 曽我物語：不詳，曽我兄弟の仇討中心の英雄物語
- (ケ)　　　　　：不詳，源義経の一代記。英雄伝説的色彩が濃い
- (コ)　　　　　：14C，二条良基撰。初の準勅撰連歌集
- (サ)　　　　　：14C，二条良基が制定。連歌の規則を集大成
- (シ)　　　　　：15C，宗祇・肖柏・宗長，3人の連歌百句
- (ス)　　　　　：15C，宗祇編の連歌集。正風連歌の集大成
- 犬筑波集：16C，（山崎）宗鑑編の俳諧連歌集
- (セ)　　　　　：16C，歌謡集。小歌が多く，宴曲・童謡などを含む
- 御伽草子：不詳，室町時代の庶民的短編物語
- (ソ)　　　　　：不詳，南北朝〜室町時代の書簡形式の庶民教科書
- 節用集：不詳，日常語句を類別した辞書

⑤　　　　　は和歌を上の句と下の句にわけ，一座の人びとがつぎつぎに句を継いでいく共同作品である。南北朝時代に出た二条良基（にじょうよしもと）は『⑥　　　　　』を撰し，連歌の規則書として『応安新式（おうあんしんしき）』を制定したが，『⑥　　　　　』が勅撰集と同格とみなされてからは，和歌と対等の地位を築いた。さらに応仁の頃に宗祇（そうぎ）が出て❼　　　　　を確立し，『新撰菟玖波集（しんせんつくばしゅう）』を撰し

解答　⑤連歌　⑥菟玖波集　❼正風連歌　応安新式　(シ)水無瀬三吟百韻　(ス)新菟玖波集
整理　おもな著作物（室町）　(ア)増鏡　(イ)梅松論　(ウ)太平記　(エ)神皇正統記　(オ)建武年中行事　(カ)難太平記　(キ)公事根源　(ク)風姿花伝　(ケ)義経記　(コ)菟玖波集　(サ)応安新式　(セ)閑吟集　(ソ)庭訓往来

て，弟子たちと『水無瀬三吟百韻』をよんだ。これに対し，宗鑑はより自由な気風をもつ⑧_____をつくり出し，『犬筑波集』を編集した。連歌は，これを職業とする⑨_____が各地を遍歴し，普及につとめたので，地方でも大名・武士・民衆のあいだに広く流行した。

今日なお各地でおこなわれている⑩_____（精霊を慰めるための踊り）も，この時代からさかんになった。祭礼や正月・盆などに，都市や農村で種々の意匠をこらした飾り物がつくられ，華やかな姿をした人びとが踊る⑪_____がおこなわれていたが，この⑪_____と念仏踊りが結びついて，しだいに⑩_____として定着した。これらの民衆芸能は，多くの人びとが共同でおこない，楽しむことが一つの特色であった。

文化の地方普及

応仁の乱により京都が荒廃すると，京都の公家たちが地方の戦国大名を頼り，続々と地方へくだった。地方の武士たちも中央の文化への強い憧れから，積極的にこれを迎えた。とくに日明貿易で繁栄していた大内氏の城下町①_____には，文化人が多く集まり，儒学や和歌などの古典の講義がおこなわれ，書籍の出版もなされた。肥後の菊池氏や薩摩の島津氏も②_____をまねいて儒学の講義を聞き，また万里集九のように中部・関東地方などの各地をめぐり，地方の人びとと交流してすぐれた漢詩文を残した禅僧もいた。

関東では，15世紀中頃，関東管領③_____が④_____を再興した。ここでは全国から集まった禅僧・武士に対して高度な教育がほどこされ，多数の書籍の収集もおこなわれた。

この頃すでに地方でも武士の子弟を寺院に預けて教育を受けさせる習慣ができており，『⑤_____』や『御成敗式目』などが教科書として用いられていた。都市の有力な商工業者たちも，読み・書き・計算を必要とし，奈良の商人の中には『⑥_____』という辞書を刊行するものもあった。さらに村落の指導者層のあいだにも村の運営のため，読み・書き・計算の必要が増して，農村にもしだいに文字の世界が浸透していった。

解答 ⑧俳諧連歌　⑨連歌師　⑩盆踊り
⑪風流
文化の地方普及　①山口　②桂庵玄樹
③上杉憲実　④足利学校　⑤庭訓往来
⑥節用集

第5章　武家社会の成長

新仏教の発展

　天台・真言などの旧仏教は，朝廷・幕府の没落や荘園の崩壊によって，しだいに勢力が衰えていった。これに対し鎌倉仏教の各宗派は，武士・農民・商工業者などの信仰を得て，都市や農村に広まっていった。

　禅宗の五山派は，その保護者であった幕府の衰退とともに衰えた。これに対し，より自由な活動を求めて地方布教を志した禅宗諸派(❶　　　　　　という)は，地方武士・民衆の支持を受けて各地に広がった。

　初め東国を基盤にして発展した日蓮宗(法華宗)は，やがて京都へ進出した。とくに6代将軍足利義教の頃に出た❷　　　　　の布教は戦闘的であり，他宗と激しい論戦をおこなったため，しばしば迫害を受けた。京都で財力を蓄えた商工業者には日蓮宗の信者が多く，彼らは1532(天文元)年，❸　　　　　　　　　を結んで，一向一揆と対決し，町政を自治的に運営した。しかし1536(天文5)年，❸　　　　　　は延暦寺と衝突し，焼打ちを受けて，一時京都を追われた。この戦いを❹　　　　　　　　　という。

　浄土真宗(一向宗)は，農民のほか，各地を移動して生活を営む商人や交通・手工業者などにも受け入れられて広まっていった。とくに応仁の乱の頃，本願寺の❺　　　　　は，阿弥陀仏の救いを信じれば，だれでも極楽往生ができることを平易な文章(❻　　　　という)で説き，❼　　　を組織して惣村に広めていった。蓮如を中心とする精力的な布教活動によって本願寺の勢力は，近畿・東海・北陸地方に広まり，各地域ごとに強く結束し，強大なものとなった。そのため，農村の支配を強めつつあった大名権力と門徒集団が衝突し，各地で❽　　　　　がおこった。その代表的なものが加賀の❽　　　　　　　　　である。

4　戦国大名の登場

戦国大名

　応仁の乱に始まった戦国の争乱の中から，それぞれの地域に根をおろした実力のある支配者が台頭してきた。

解答　新仏教の発展　❶林下　❷日親　❸法華一揆　❹天文法華の乱　❺蓮如　❻御文　❼講　❽一向一揆

■**一休宗純**　後小松天皇の子と伝えられ，在野的立場の大徳寺に属し，禅宗の形骸化をきびしく批判した。『狂雲集』は彼の思索を凝集した作品集。なお「一休頓智話」は江戸初期につくられた話である。

16世紀前半,近畿地方ではなお室町幕府における主導権をめぐって,細川氏を中心とする内部の権力争いが続いていたが,他の地方では,みずからの力で❶_____(分国ともいう)をつくり上げ,独自の支配をおこなう地方権力が誕生した。これが❷_____である。

関東では,享徳の乱を機に,鎌倉公方が足利持氏の子成氏の❸_____と将軍義政の兄弟政知の❹_____とに分裂し,関東管領上杉氏も山内・扇谷の両上杉家にわかれて争っていた。この混乱に乗じて15世紀末,京都からくだってきた❺_____(伊勢宗瑞)は堀越公方を滅ぼして伊豆を奪い,ついで相模に進出して小田原を本拠とし,子の北条氏綱・孫の❻_____の時には,北条氏は関東の大半を支配する大名となった。

中部地方では,16世紀半ばに越後の守護上杉氏の守護代であった長尾氏に景虎が出て,関東管領上杉氏を継いで❼_____と名乗り,甲斐から信濃に領国を拡張した❽_____(晴信)と,しばしば北信濃の川中島などで戦った。中国地方では,守護大名として権勢を誇った❾_____氏が,16世紀半ばに重臣の陶晴賢に国を奪われ,さらに安芸の国人からおこった❿_____がこれにかわり,山陰地方の尼子氏と激しい戦闘を繰り返した。

九州では,薩摩を中心に九州南部を広く支配していた⓫_____氏と,豊後を中心に九州北部に勢力をのばした⓬_____氏がとくに優勢であり,四国では,土佐を統一した⓭_____氏が四国北半へも進出しつつあった。東北地方は比較的小規模な国人がひしめきあう地域であったが,やがてその中から伊達氏が有力大名に成長していった。

戦国大名の中には,⓮_____や国人から身をおこしたものが少なくない。戦国時代には守護職のような古い権威だけでは通用しなくなり,戦国大名として権力を維持していくためには,激しい戦乱で領主支配が危機にさらされた家臣や,生活をおびやかされた領国民の支持が必要であった。戦国大名には,新しい軍事指導者・領国支配者としての実力が求められたのである。

解答 戦国大名 ❶領国 ❷戦国大名 ❸古河公方 ❹堀越公方 ❺北条早雲 ❻氏康 ❼上杉謙信 ❽武田信玄 ❾大内 ❿毛利元就 ⓫島津 ⓬大友 ⓭長宗我部 ⓮守護代

戦国大名は，新しく服属させた国人たちとともに，各地で成長の著しかった⑮＿＿＿＿を家臣に組み入れていった。そして，これらの国人や⑮＿＿＿＿らの収入額を，銭に換算した⑯＿＿＿＿という基準で統一的に把握し，その地位・収入を保障するかわりに，彼らに⑯＿＿＿＿にみあった一定の⑰＿＿＿＿を負担させた。これを⑯＿＿＿＿制といい，これによって戦国大名の軍事制度の基礎が確立した。大名は家臣団に組み入れた多数の地侍を有力家臣に預ける形で組織化し(⑱＿＿＿＿・＿＿＿＿制という)，これにより鉄砲や長槍などの新しい武器を使った集団戦も可能になった。

戦国大名の分国支配

戦国大名は，家臣団統制や領国支配のための政策をつぎつぎと打ち出した。中には領国支配の基本法である❶＿＿＿＿(家法ともいう)を制定するものもあったが，これらの法典には，幕府法・守護法を継承した法とともに，国人一揆の規約を吸収した法などがみられ，中世法の集大成的な性格をもっていた。また家臣相互の紛争を自分たちの実力による私闘(喧嘩)で解決することを禁止した❷＿＿＿＿など，戦国大名の新しい権力としての性格を示す法も多くみられた。

戦国大名は，新たに征服した土地などで❸＿＿＿＿をしばしばおこなった。この❸＿＿＿＿によって農民の耕作する土地面積と年貢量などが❹＿＿＿＿に登録され，大名の農民に対する直接支配の方向が強化された。

戦国大名には，武器など大量の物資の生産や調達が必要とされた。そのため大名は有力な商工業者を取り立てて，領国内の商工業者を統制させた。このように商工業者の力を結集した大名は，大きな城や❺＿＿＿＿(城を中心とした都市)の建設，鉱山の開発，大河川の治水・灌漑などの事業をおこなった。

また戦国大名は，城下町を中心に領国を一つのまとまりをもった経済圏とするため，領国内の宿駅や伝馬の交通制度を整え，関所の廃止や市場の開設など商業取引の円滑化にも努力した。城下には，家臣のおもなものが集められ，商工業者も集住して，しだいに領国の政治・経済・文化の中心としての城下町が形成されていった。

解答 ⑮地侍 ⑯貫高 ⑰軍役 ⑱寄親・寄子
戦国大名の分国支配 ❶分国法 ❷喧嘩両成敗法 ❸検地 ❹検地帳 ❺城下町

都市の発展と町衆

戦国時代には，領国経済の振興をめざす戦国大名の政策もあって，農村の市場や町が飛躍的に増加した。また大寺社だけでなく，地方の中小寺院の❶_____も繁栄した。例として，伊勢神宮の❷_____・❸_____，信濃の善光寺の長野などがある。とくに浄土真宗の勢力の強い地域では，その寺院や道場を中心に❹_____が各地に建設され，そこに門徒の商工業者が集住した。❹_____としては摂津の❺_____（大坂），加賀の金沢などがある。

これらの市場や町は，自由な商業取引を原則とし，販売座席（❻_____という）や市場税などを設けない❼_____として存在するものが多かった。戦国大名は❼_____令を出してこれらの❼_____を保護したり，商品流通をさかんにするために，みずから楽市を新設したりした。

戦乱の中でも遠隔地商業はあいかわらず活発であり，❽_____（交通の要地にある港湾都市）や宿場町が繁栄した。これらの都市の中には，富裕な商工業者たちが自治組織をつくって市政を運営し，平和で自由な都市をつくり上げるものもあった。日明貿易の根拠地として栄えた和泉の❾_____や筑前の❿_____，さらに摂津の平野，伊勢の⓫_____や大湊などが代表的であり，とくに堺は36人の⓬_____，博多は12人の⓭_____と呼ばれる豪商の合議によって市政が運営され，自治都市の性格を備えていた。

一方，京都のような古くから続く政治都市にも，富裕な商工業者である⓮_____を中心とした都市民の自治的団体である⓯_____が生まれた。惣村と同じように，町はそれぞれ独自の⓰_____を定め，住民の生活や営業活動を守った。さらに，町が集まって⓱_____という組織がつくられ，町や町組は町衆の中から選ばれた⓲_____の手によって自治的に運営された。応仁の乱で焼かれた京都は，これらの町衆によって復興され，⓳_____も町を母体とした町衆たちの祭として再興された。

解答　都市の発展と町衆　❶門前町　❷宇治　❸山田　❹寺内町　❺石山　❻市座　❼楽市　❽港町　❾堺　❿博多　⓫桑名　⓬会合衆　⓭年行司　⓮町衆　⓯町　⓰町法　⓱町組　⓲月行事　⓳祇園祭

■**宇治と山田**　ともに伊勢神宮の門前町であるが，宇治は天照大神を祀る内宮の，山田は豊受大神を祀る外宮の門前町であり，伊勢信仰の広まりにつれて発展した。

第5章　武家社会の成長

第3部 近世

第6章

幕藩体制の確立

1　織豊政権

《ヨーロッパ人の東アジア進出》　日本の戦国時代に当たる15世紀後半から16世紀にかけて、ルネサンスと宗教改革を経て近代社会へ移行しつつあったヨーロッパ諸国は、イスラーム世界に対抗するために、キリスト教の布教、海外貿易の拡大などをめざして世界に進出した。この結果、世界の諸地域がヨーロッパを中心に広く交流する❶＿＿＿＿＿と呼ばれる時代に入った。

　その先頭に立ったのが、イベリア半島の王国スペイン(イスパニア)とポルトガルであった。アメリカ大陸に植民地を広げたスペインは、16世紀半ばには太平洋を横断して東アジアに進出し、フィリピン諸島を占領して❷＿＿＿＿＿を拠点とした。ポルトガルは、インド西海岸の❸＿＿＿＿＿を根拠地にして東へ進出し、中国のマカオに拠点を築いた。

　当時の東アジア地域では、なお明(ミン)が❹＿＿＿＿＿政策をとって私貿易を禁止していたが、環シナ海の中国・日本・朝鮮・琉球・アンナン(ベトナム)などの人びとが、国の枠をこえて広く中継貿易をおこなっていた。ヨーロッパ人は世界貿易の一環として、この中継貿易に参入してきたのである。

《南蛮貿易とキリスト教》　1543(天文12)年にポルトガル人を乗せた中国人倭寇(わこう)の船が、九州南方の❶＿＿＿＿＿に漂着した。これが日本にきた最初のヨーロッパ人である。島主の❷＿＿＿＿＿

解答　ヨーロッパ人の東アジア進出　❶大航海時代　❷マニラ　❸ゴア　❹海禁
南蛮貿易とキリスト教　❶種子島　❷種子島時堯

■海禁　下海通蕃の禁の略。中国の明・清両朝の政策で、人民の海外渡航を禁止するとともに、貿易を、中国を宗主国とする国々との朝貢貿易に限った。

_____は，彼らのもっていた③_____を買い求め，家臣にその使用法と製造法を学ばせた。これ以後，ポルトガル人は毎年のように九州の諸港に来航し，日本との貿易をおこなった。またスペイン人も，1584(天正12)年肥前の④_____に来航し，日本との貿易を開始した。当時の日本では，ポルトガル人やスペイン人を⑤_____と呼んだので，この貿易を⑥_____という。

彼らは，中国の生糸や鉄砲・火薬などをもたらし，16世紀中頃から飛躍的に生産が増大した日本の⑦_____などと交易した。鉄砲は戦国大名のあいだに新鋭武器として急速に普及し，足軽鉄砲隊の登場は従来の騎馬戦を中心とする戦法をかえ，防御施設としての城の構造も変化させた。

南蛮貿易は，キリスト教宣教師の布教活動と一体化しておこなわれていた。1549(天文18)年，日本布教を志した⑧_____(耶蘇会)の宣教師⑨_____=_____が鹿児島に到着し，大内義隆・大友義鎮(宗麟)らの大名の保護を受けて布教を開始した。

その後，宣教師はあいついで来日し，⑩_____(教会堂)や⑪_____(宣教師の養成学校)・⑫_____(神学校)などをつくって布教につとめた。ポルトガル船は，布教を認めた大名領に入港したため，大名は貿易をのぞんで宣教師の布教活動を保護し，中には洗礼を受ける大名もあった。彼らを⑬_____と呼ぶが，そのうち，大友義鎮・肥前の⑭_____・大村純忠の3大名は，イエズス会宣教師⑮_____の勧めにより，1582(天正10)年，少年使節をローマ教皇のもとに派遣した(⑯_____という)。

《織田信長の統一事業》

戦国大名の中で全国統一の野望を最初にいだき，実行に移したのは尾張の❶_____であった。彼は1560(永禄3)年に駿河の❷_____を尾張の❸_____の戦いで破り，1567(永禄10)年に美濃の斎藤氏を滅ぼして岐阜城に移ると，「天下布武」の印判を使用して天下を武力によって治める意志を明らかにした。翌年信長は，畿内を追われていた❹_____を立てて入京し，❹_____

[解答] ③鉄砲　④平戸　⑤南蛮人　⑥南蛮貿易　⑦銀　⑧イエズス会　⑨フランシスコ=ザビエル　⑩南蛮寺　⑪コレジオ　⑫セミナリオ　⑬キリシタン大名　⑭有馬晴信　⑮ヴァリニャーニ　⑯天正遣欧使節

織田信長の統一事業　❶織田信長　❷今川義元　❸桶狭間　❹足利義昭

を将軍職につけて，全国統一の第一歩を踏み出した。

　1570(元亀元)年，信長は⑤_____の戦いで近江の⑥_____氏と越前の朝倉氏を破り，翌年には比叡山の⑦_____の焼打ちをおこなって，強大な宗教的権威を屈伏させた。1573(天正元)年には，将軍権力の回復をめざして信長に敵対した義昭を京都から追放して室町幕府を滅ぼし，1575(天正3)年の三河の⑧_____合戦では，鉄砲を大量に用いた戦法で，騎馬隊を中心とする強敵⑨_____の軍に大勝し，翌年近江に壮大な⑩_____を築き始めた。

　しかし，信長の最大の敵は石山(大坂)の⑪_____を頂点にし，全国各地の浄土真宗寺院や寺内町を拠点にして信長の支配に反抗した一向一揆であった。信長は，1574(天正2)年に伊勢長島の一向一揆を滅ぼしたのに続いて，翌年には越前の一向一揆を平定し，1580(天正8)年，ついに顕如を中心とした石山⑪_____を屈伏させた。

　信長は，家臣団の城下町への集住を徹底させるなどして，機動的で強大な軍事力をつくり上げ，すぐれた軍事的手腕でつぎつぎと戦国大名を倒しただけでなく，伝統的な政治や宗教の秩序・権威を克服することにも積極的であった。また経済面では，戦国大名がおこなっていた指出検地や関所の撤廃を征服地に広く実施したほか，自治的都市として繁栄を誇った⑫_____を武力で屈伏させて直轄領とするなどして，畿内の高い経済力を自分のものとし，また安土城下町に⑬_____令を出して，商工業者に自由な営業活動を認めるなど，都市や商工業を重視する政策を強く打ち出していった。

　このようにして信長は京都をおさえ，近畿・東海・北陸地方を支配下に入れて，統一事業を完成しつつあったが，独裁的な政治手法はさまざまな不満も生み，1582(天正10)年，毛利氏征討の途中，滞在した京都の本能寺で，配下の明智光秀に背かれて敗死した(⑭_____という)。

豊臣秀吉の全国統一

信長のあとを継いで，全国統一を完成したのは❶_____(羽柴)_____である。尾張の地侍

解答　⑤姉川　⑥浅井　⑦延暦寺　⑧長篠　⑨武田勝頼　⑩安土城　⑪本願寺　⑫堺　⑬楽市　⑭本能寺の変
豊臣秀吉の全国統一　❶豊臣秀吉

■印判状■　武家は文書に花押で署名したが，戦国大名たちは印を押した文書も発給した。印文には今川義元「如律令」・後北条氏「禄寿応穏」・上杉輝虎「地帝妙」・織田信長「天下布武」などがある。

の家に生まれた彼は，信長に仕えてしだいに才能を発揮し，信長の有力家臣に出世した。彼は，1582(天正10)年山城の❷＿＿＿＿の合戦で信長を倒した明智光秀を討ち，翌年には信長の重臣であった❸＿＿＿＿を❹＿＿＿＿の戦いに破って，信長の後継者の地位を確立した。同年秀吉は，水陸交通にめぐまれた石山の本願寺の跡に壮大な❺＿＿＿＿を築き始め，1584(天正12)年には，尾張の❻＿＿＿＿・＿＿＿＿の戦いで織田信雄(信長の次男)・❼＿＿＿＿軍と戦ったが，和睦に終わった。

これを機に秀吉は，軍事力だけでなく，伝統的権威も利用しながら全国統一をめざすようになった。秀吉は1585(天正13)年，朝廷から❽＿＿＿＿に任じられ，長宗我部元親をくだして四国を平定すると，翌年には太政大臣に任じられ，豊臣の姓を与えられた。❽＿＿＿＿になった秀吉は，天皇から日本全国の支配権をゆだねられたと称して，全国の戦国大名に停戦を命じ，その領国の確定を秀吉の裁定に任せることを強制した(この命令を❾＿＿＿＿と呼ぶこともある)。そしてこれに違反したことを理由に，1587(天正15)年には九州の❿＿＿＿＿＿＿＿を征討して降伏させ，1590(天正18)年には小田原の⓫＿＿＿＿＿＿＿＿を滅ぼし(小田原攻め)，また伊達政宗ら東北地方の諸大名をも服属させて，全国統一を完成した。

1588(天正16)年には，京都に新築した⓬＿＿＿＿に後陽成天皇を迎えて歓待し，その機会に，諸大名に天皇と秀吉への忠誠を誓わせるなど，秀吉は天皇の権威をたくみに利用しながら新しい統一国家をつくり上げていった。

豊臣政権の経済的な基盤はばく大な直轄領すなわち⓭＿＿＿＿にあり，佐渡・石見大森・但馬生野などの主要な鉱山も直轄にして，⓮＿＿＿＿などの貨幣を鋳造した。さらに京都・大坂・堺・伏見・長崎などの重要都市も直轄にして豪商を統制下におき，政治・軍事などにその経済力を活用した。

しかし，豊臣政権も織田政権と同様，秀吉の独裁が著しく，中央政府の組織の整備が十分おこなわれなかった。腹心の浅野長政・増田長盛・⓯＿＿＿＿・前田玄以・長束正家を五奉行として政務を分掌させ，徳川家康・前田利

解答 ❷山崎　❸柴田勝家　❹賤ヶ岳
❺大坂城　❻小牧・長久手　❼徳川家康
❽関白　❾惣無事令　❿島津義久　⓫北条氏政　⓬聚楽第　⓭蔵入地　⓮天正大判　⓯石田三成

第6章　幕藩体制の確立

家・毛利輝元・宇喜多秀家・上杉景勝らの有力大名を❶＿＿＿＿＿として重要政務を合議させる制度ができたのは，秀吉の晩年のことであった。

検地と刀狩

豊臣政権が打ち出した中心政策は，❶＿＿＿＿と❷＿＿＿＿であった。秀吉は新しく獲得した領地につぎつぎと①＿＿＿＿を施行したが，これら一連の①＿＿＿＿を秀吉の尊称にちなんで❸＿＿＿＿という。❸＿＿＿＿は，土地の面積表示を新しい基準のもとに定めた町・段・畝・歩に統一するとともに，それまでまちまちであった枡の容量も❹＿＿＿＿に統一し，村ごとに田畑・屋敷地の面積・等級を調査して1段当たりの生産力に面積を乗じたもの，すなわち❺＿＿＿＿（村高）を定めた。この結果，全国の生産力が米の量で換算された制度である❻＿＿＿＿が確立した。また太閤検地は，荘園制のもとで一つの土地に何人もの権利が重なりあっていた状態を整理し，検地帳には実際に耕作している農民の田畑と屋敷地を登録した（❼＿＿＿＿という）。この結果，農民は自分の田畑の所有権を法的に認められることになったが，それと同時に，自分の持ち分の石高に応じた年貢などの負担を義務づけられることにもなった。

秀吉は全国統一を終えた1591（天正19）年，天皇におさめるためと称して，全国の大名に対し，その領国の❽＿＿＿＿（御前帳ともいう）と❾＿＿＿＿の提出を命じた。これにより，すべての大名の石高が正式に定まり，大名は支配する領国の石高にみあった❿＿＿＿（主君への軍事上の義務役）を奉仕する体制ができあがった。

❷＿＿＿＿は，農民から武器を没収して農民の身分を明確にする目的でおこなわれた。荘園制下の農民は刀などの武器をもつものが多く，土一揆や一向一揆などでは，これらの武器が威力を発揮した。そこで秀吉は一揆を防止し，農民を農業に専念させるため，1588（天正16）年⓫＿＿＿＿とよばれる法令を出し，農民の武器を没収した。

ついで1591（天正19）年，秀吉は⓬＿＿＿＿という法令を出して，武家奉

解答 ⑯五大老
検地と刀狩 ❶検地 ❷刀狩 ❸太閤検地 ❹京枡 ❺石高 ❻石高制 ❼一地一作人 ❽検地帳 ❾国絵図 ❿軍役 ⓫刀狩令 ⓬人掃令

■秀次の人掃令■ 秀次の人掃令は，とくに15〜60歳の男子で夫役負担能力のあるものを書きあげるためのものである。

公人(兵)が町人・百姓になることや，百姓が商人・職人になることなどを禁じ，翌年には関白豊臣秀次が朝鮮出兵の人員確保のために前年の⑫＿＿＿＿を再令し，武家奉公人・町人・百姓の職業別にそれぞれの戸数・人数を調査・確定する全国的な戸口調査をおこなった。その結果，諸身分が確定することになったので，⑫＿＿＿＿のことを⑬＿＿＿＿ともいう。こうして，検地・刀狩・人掃令などの政策によって，兵・町人・百姓の職業にもとづく身分が定められ，いわゆる⑭＿＿＿＿が完成した。

秀吉の対外政策と朝鮮侵略

秀吉は，初めキリスト教の布教を認めていたが，1587(天正15)年，九州平定におもむき，キリシタン大名の大村純忠が長崎をイエズス会の教会に寄付していることを知って，まず大名らのキリスト教入信を許可制にし，その直後❶＿＿＿＿(宣教師)を出して宣教師の国外追放を命じた。だが秀吉は一方で，1588(天正16)年に❷＿＿＿＿を出して❸＿＿＿＿などの海賊行為を禁止し，海上支配を強化するとともに，京都・堺・長崎・博多の豪商らに南方との貿易を奨励したので，貿易活動と一体化して布教がおこなわれていたキリスト教の取締りは不徹底に終わった。

16世紀後半の東アジアの国際関係は，中国を中心とする伝統的な国際秩序が❹＿の国力の衰退により変化しつつあった。全国を統一した秀吉は，この情勢の中で，日本を東アジアの中心とする新しい国際秩序をつくることを志し，ゴアの❺＿＿＿＿政庁，マニラの❻＿＿＿＿政庁，❼＿＿＿＿(台湾)などに服属と入貢を求めた。

1587(天正15)年，秀吉は対馬の宗氏を通して，朝鮮に対し入貢と明へ出兵するための先導を求めた。朝鮮がこれを拒否すると，秀吉は肥前の❽＿＿＿＿に本陣を築き，1592(文禄元)年，15万余りの大軍を朝鮮に派兵した(❾＿＿＿＿という)。釜山に上陸した日本軍は，鉄砲の威力などによってまもなく漢城(ソウル)・平壌(ピョンヤン)を占領したが，❿＿＿＿の率いる朝鮮水軍の活躍や朝鮮義兵の抵抗，明の援軍などにより，しだいに戦局は不利にな

[解答] ⑬身分統制令 ⑭兵農分離
秀吉の対外政策と朝鮮侵略 ❶バテレン追放令 ❷海賊取締令 ❸倭寇 ❹明 ❺ポルトガル ❻スペイン ❼高山国 ❽名護屋 ❾文禄の役 ❿李舜臣

■**李舜臣** 秀吉の派遣した日本軍を，亀甲船とよばれる船を用いて破った朝鮮の海将。韓国釜山の竜頭山公園には，救国の英雄である彼の像が日本の方向をみすえて立っている。

った。そのため現地の日本軍は休戦し，秀吉に明との講和を求めたが，秀吉が強硬な姿勢を取り続けたため交渉は決裂した。

　1597（慶長2）年，秀吉はふたたび朝鮮に14万余りの兵を送ったが（⓫_____という），日本軍は最初から苦戦を強いられ，翌年秀吉が病死すると撤兵した。前後7年におよぶ日本軍の朝鮮侵略は，朝鮮の人びとを戦火に巻き込み，多くの被害を与えた。また国内的には，ぼう大な戦費と兵力を無駄に費やす結果となり，豊臣政権を衰退させる原因となった。

2　桃山文化

桃山文化　信長・秀吉の時期をその居城の地名にちなんで❶_____・_____時代とも呼び，この文化を❷_____文化という。この時代には，戦国の争乱をおさめ，富と権力を集中した統一政権のもとで，その開かれた時代感覚が新鮮味あふれる豪華・壮大な文化を生み出した。ここには，新しく支配者となった大名や，戦争・貿易などで大きな富を得た豪商の気質とその経済力とが反映されている。また，これまで多くの文化を担ってきた寺院勢力が信長や秀吉によって弱められたため，文化の面でも仏教色が薄れ，現実的で力感ある絵画や彫刻などが多く制作された。

　さらにポルトガル人の来航を機に，西欧文化との接触が始まったことにより，この時代の文化は多彩なものとなった。

桃山美術　桃山文化を象徴するのが❶_____建築である。この時代の①_____は平地につくられ，重層の❷_____をもつ本丸をはじめ，石垣で築かれ，土塁や濠でかこまれた複数の郭をもつようになった。安土城や大坂城・伏見城などは，全国統一の勢威を示す雄大・華麗なもので，城の内部には書院造を取り入れた居館が設けられた。内部の襖・壁・屏風には，金箔地に青・緑を彩色する❸_____の豪華な❹_____が描かれ，欄間には透し彫の彫刻がほどこされた。また都市や庶

解答　⓫慶長の役
桃山文化　❶安土・桃山　❷桃山
桃山美術　①城郭　②天守閣　❸濃絵
❹障壁画

桃山文化　文化の呼称には地名・年号などに由来するものが多い。織豊政権時代の文化は秀吉の伏見城（のちに城跡に桃を植えたので桃山とよぶ）の所在地にちなんでいる。

整理 おもな建築・美術作品（桃山）

⑦＿＿＿＿＿ ⑦＿＿＿＿＿ ⑦＿＿＿＿＿

㋑＿＿＿＿＿ ㋐＿＿＿＿＿ ㋕＿＿＿＿＿

民の生活・風俗などを題材に風俗画もさかんに描かれた。
障壁画の中心となった狩野派では、❺＿＿＿＿＿が室町時代にさかんになった水墨画と日本古来の大和絵とを融合させて、豊かな色彩と力強い線描、雄大な構図をもつ新しい装飾画を大成し、その門人❻＿＿＿＿＿とともに多くの障壁画を描いた。❼＿＿＿＿＿（『山水図屛風』の作者）や❽＿＿＿＿＿（『松林図屛風』の作者）らは、濃彩の装飾的作品とともに、水墨画にもすぐれた作品を残した。
彫刻では仏像彫刻が衰えて、**欄間彫刻**がさかんになり、蒔絵をほどこした家具

解答 ❺狩野永徳 ❻狩野山楽 ❼海北友松 ❽長谷川等伯　㋐唐獅子図屛風（狩野永徳）㋕南蛮屛風
整理 おもな建築・美術作品（桃山）⑦妙喜庵茶室（待庵）㋑西本願寺飛雲閣 ⑦姫路城 ㋐洛中洛外図屛風（狩野永徳）

第6章　幕藩体制の確立　125

調度品や建物の飾り金具などにも装飾性の強い作品がつくられた。また、朝鮮侵略の際に朝鮮から❾＿＿＿＿印刷術が伝えられて、数種類の書籍が出版された。

町衆の生活

京都・大坂・堺・博多などの都市で活動する富裕な❶＿＿＿＿も、この時代の文化の担い手となった。堺の❷＿＿＿＿は、茶の湯の儀礼を定め、茶道を確立した。利休の完成した❸＿＿＿＿は簡素・閑寂を精神とし、華やかな桃山文化の中に、異なった一面を生み出した。茶の湯は豊臣秀吉や諸大名の保護を受けておおいに流行し、とくに秀吉は1587（天正15）年、京都❹＿＿＿＿で茶会を開き、貧富・身分の別なく民衆を参加させた。茶室・茶器・庭園にすぐれたものがつくられ、花道や香道も発達した。

庶民の娯楽としては、室町時代からの能に加え、17世紀初めに❺＿＿＿＿が京都でかぶき踊りを始めて人びとにもてはやされ（創始者の名をとって❻＿＿＿＿という）、やがてこれをもとに女歌舞伎が生まれた。また、琉球から渡来した三味線を伴奏に、操り人形を動かす❼＿＿＿＿も流行した。堺の商人の高三隆達が小歌に節づけをした❽＿＿＿＿も民衆に人気があり、盆踊りも各地でさかんにおこなわれた。

衣服は❾＿＿＿＿が一般に用いられた。男性は袴を着けることが多く、簡単な礼服として肩衣・袴（裃）を用いたが、女性は小袖の着流しがふつうになり、男女ともに結髪するようになった。食事も朝夕2回が3回になり、公家や武士は日常の食事に米を用いたが、庶民の多くは雑穀を常食としていた。住居は、農村では萱葺屋根の平屋がふつうであったが、京都などの都市では二階建ての住居も建てられ、瓦屋根も多くなった。

南蛮文化

南蛮貿易がさかんになり、宣教師の布教が活発になるにつれて、庶民の中にも南蛮風の衣服を身につけるものが出てきた。宣教師たちは、天文学・医学・地理学など実用的な学問を伝えたほか、油絵や銅版画の技法をもたらし、日本人の手によって西洋画の影響を

解答 ❾活字
町衆の生活 ❶町衆 ❷千利休 ❸侘茶 ❹北野 ❺出雲阿国 ❻阿国歌舞伎 ❼人形浄瑠璃 ❽隆達節 ❾小袖

■**天守閣** 語源は、キリスト教の天主、主殿の転訛、城を守る殿守など、諸説がある。防衛などの軍事機能と、城主の居館という政治機能を持っていた。

受けた❶＿＿＿＿＿＿＿も描かれた。また金属製の活字による活字印刷術も宣教師ヴァリニャーニによって伝えられ，印刷機も輸入されて，ローマ字によるキリスト教文学・宗教書の翻訳，日本語辞書・日本古典の出版などもおこなわれた。これをキリシタン版・❷＿＿＿＿＿＿＿という。この文化は江戸幕府の鎖国政策のために短命に終わったが，今日なお衣服や食物の名には，その影響が残っているものがある。

3　幕藩体制の成立

江戸幕府の成立

織田信長と同盟し，東海地方に勢力をふるった❶＿＿＿＿＿＿＿は，豊臣政権下の1590（天正18）年，北条氏滅亡後の関東に移され，約250万石の領地を支配する大名となった。五大老の筆頭の地位にあった彼は，秀吉の死後に地位を高めた。

五奉行の一人で豊臣政権を存続させようとする❷＿＿＿＿＿＿＿と家康との対立が表面化し，1600（慶長5）年，❷＿＿＿＿＿＿＿は五大老の一人毛利輝元を盟主にして兵をあげた（西軍）。対するのは家康と彼に従う福島正則・黒田長政らの諸大名（東軍）で，両者は❸＿＿＿＿＿＿＿で激突した（③＿＿＿＿＿＿＿の戦いという）。

天下分け目といわれる戦いに勝利した家康は，西軍の諸大名を処分し，1603（慶長8）年，全大名に対する指揮権の正統性を得るため④＿＿＿＿＿＿＿の宣下を受け，江戸に幕府を開いた。**江戸時代**の幕開けである。家康は国内統治者として佐渡をはじめ全国の主要な鉱山を直轄にし，アンナン（ベトナム）・ルソン・カンボジアに修好を求める外交文書を国の代表者として送った。また全国の諸大名に江戸城と市街地造成の普請を，また国単位に国絵図と，一村ごとの石高郡単位で記載しこれを一国単位にまとめた帳簿である⑤＿＿＿＿＿＿＿の作成を命じて，全国の支配者であることを明示した。

しかし，摂津・河内・和泉60万石の一大名になったとはいえ❻＿＿＿＿＿＿＿

[解答] 南蛮文化　❶南蛮屏風　❷天草版
江戸幕府の成立　❶徳川家康　❷石田三成　❸関ヶ原　④征夷大将軍　⑤郷帳
❻豊臣秀頼

■**江戸城**　江戸の地名は「江（日比谷の入江）の門戸」に由来するらしい。江戸城は1457年に太田道灌が築城し，1590年8月朔日，家康が入城してから発展した。

がいぜん大坂城におり，名目的に父秀吉以来の地位を継承していた。1605(慶長10)年，家康は将軍職が徳川氏の世襲であることを諸大名に示すため，みずから将軍職を辞して子の❼＿＿＿＿＿に将軍宣下を受けさせた。家康は駿府に移ったが，❽＿＿＿＿＿(前将軍)として実権は握り続け，豊臣氏が建立した京都方広寺の鐘銘を口実に，1614〜15(慶長19〜元和元)年，❾＿＿＿＿＿(大坂冬の陣・夏の陣)で豊臣方に戦いをしかけ，攻め滅ぼした。

幕藩体制

　幕府は大坂の役直後の1615(元和元)年に，大名の居城を一つに限り(命令を❶＿＿＿＿＿という)，さらに家康が南禅寺金地院の崇伝に起草させた❷＿＿＿＿＿を制定して大名をきびしく統制した。家康の死後，2代将軍徳川秀忠は，1617(元和3)年に大名・公家・寺社に領知の確認文書を発給し，全国の土地領有者としての地位を明示した。また1619(元和5)年，福島正則を武家諸法度違反で改易するなど，法度を遵守させるとともに，長く功績のあった外様大名をも処分できる将軍の力量を示した。秀忠は1623(元和9)年には，将軍職を❸＿＿＿＿＿にゆずり，大御所として幕府権力の基礎固めをおこなった。

　1632(寛永9)年，秀忠の死後，3代将軍❸＿＿＿＿＿も肥後の外様大名加藤氏を処分し，九州も将軍権力が広くおよぶ地とした。さらに1634(寛永11)年，将軍の代がわりに当たり，30万余りの軍勢を率いて上洛した。これは，統一した❹＿＿＿＿＿を全大名に賦課し，軍事指揮権を示したものである。大名は石高に応じて一定数の兵馬を常備し，戦時には将軍の命令で出陣し，平時には江戸城などの修築や河川の工事などの普請役を負担した。

　徳川家光は1635(寛永12)年，新たな武家諸法度(❺＿＿＿＿＿という)を発布し，諸大名に法度の遵守を厳命した。その中で，大名には国元と江戸とを1年交代で往復する❻＿＿＿＿＿を義務づけ，大名の妻子は江戸に住むことを強制された。こうして，3代将軍徳川家光の頃までに，将軍と諸大名との主従関係は確立した。強力な領主権をもつ将軍と大名(**幕府と藩**)が土地と人民を統治する支配体制を❼＿＿＿＿＿という。

解答 ❼徳川秀忠 ❽大御所 ❾大坂の役
幕藩体制 ❶一国一城令 ❷武家諸法度 ❸徳川家光 ❹軍役 ❺寛永令 ❻参勤交代 ❼幕藩体制

軍役 大坂の役以降は参勤交代と手伝普請が軍役の中心となった。

幕府と藩の機構

幕府の財政収入は，400万石(17世紀末)にもおよぶ直轄領(①_____という)から上がる年貢のほか，佐渡・伊豆・但馬②_____・石見大森など主要鉱山からの収入であった。また，江戸・京都・大坂・長崎・堺などの重要都市を直轄にして，商工業や貿易を統制し，貨幣の鋳造権も握った。幕府の軍事力は，将軍直属の家臣団である③_____・④_____のほか，諸大名の負担する軍役で構成され，圧倒的な力を保持していた。

幕府の職制は，徳川家康・秀忠時代に側近たちが担っていたのを改め，3代将軍家光の頃までに整備された。初め⑤_____と呼ばれて幕政の中枢にあった重臣が，⑥_____と呼ばれ政務を統轄するようになった。臨時の最高職である⑦_____は将軍代がわりなど，重要事項の決定のみ合議に加わった。また老中を補佐し旗本を監督する⑧_____，大名を監察する⑨_____，旗本・御家人を監察する⑩_____のほかに，寺社領の行政などを行う⑪_____・江戸の行政などを行う⑫_____・幕領の財政などを行う⑬_____の三奉行がおかれ，それぞれの職掌も固まった。役職には原則として数名の譜代大名・旗本らがつき，⑭_____交代(一カ月交代の勤務)で政務を扱った。簡略な訴訟はその役所で専決したが，役職をまたがる事項などは⑮_____で老中・三奉行が合議して裁決した。

地方組織では，⑯_____が重要で，朝廷の統制や西国大名の監視などをおこなった。重要都市の京都・大坂・駿府には⑰_____と町奉行が，伏見・長崎・佐渡・日光などには奉行がおかれた(いわゆる⑱_____)。また幕府直轄領(幕領)では，関東・飛騨・美濃などには⑲_____が，その他には⑳_____が派遣され，勘定奉行が統轄した。

大名の領地とその支配機構を総称して㉑_____と呼ぶ。大名は，初期には領内の有力武士に領地を与え，その領民支配を認める㉒_____をとる場合もあったが，しだいに領内一円支配を進めて，有力武士も家臣団に編制して城下町に集住させ，家老や奉行などの役職につけて藩政を分担させた。17世

解答 幕府と藩の機構 ①幕領 ②生野 ③旗本 ④御家人 ⑤年寄 ⑥老中 ⑦大老 ⑧若年寄 ⑨大目付 ⑩目付 ⑪寺社奉行 ⑫町奉行 ⑬勘定奉行 ⑭月番 ⑮評定所 ⑯京都所司代 ⑰城代 ⑱遠国奉行 ⑲郡代 ⑳代官 ㉑藩 ㉒地方知行制

紀半ばになると，多くの藩では地方知行制はみられなくなり，郡奉行や代官などが支配する藩の直轄領(蔵入地)からの年貢を蔵米として支給する❷_____がとられるようになった。こうして大名の領地・領民を支配する力は強化され，藩の職制も整備されて藩権力は確立していった。

天皇と朝廷

徳川家康は1611(慶長16)年，後水尾天皇を擁立した際，天皇の譲位・即位まで武家の意向に従わせるほどの権力の強さを示した。さらに1613(慶長18)年，公家衆法度を出したのに続いて1615(元和元)年，❶_____を制定して，朝廷運営の基準を明示した。幕府は②_____らに朝廷を監視させたほか，摂家(関白・三公)に朝廷統制の主導権をもたせ，❸_____を通じて操作した。

幕府は天皇・朝廷がみずから権力をふるったり，他大名に利用されることのないよう，天皇や公家の生活・行動を規制する体制をとった。また1620(元和6)年には，徳川秀忠の娘和子(東福門院)を後水尾天皇に入内させたのを機に，朝廷に残されていた権能(官位制度・改元・改暦)も，幕府の承諾を必要とすることにして，幕府による全国支配に役立てた。

1629(寛永6)年，体調を崩していた後水尾天皇は，大徳寺の沢庵らを幕府が処罰した❹_____をきっかけに，幕府の同意を求めずに突然譲位した。幕府はつぎの天皇が，秀忠の孫である女性の明正天皇となることもあり譲位を追認したが，その際，幕府は摂家と武家伝奏に厳重な朝廷統制を命じた。こうして家康以来推し進めてきた朝廷統制の基本的な枠組みが確認され，幕末まで維持された。

禁教と寺社

幕府は，初めキリスト教を黙認していた。しかし，キリスト教の布教がスペイン・ポルトガルの侵略をまねく恐れを強く感じ，また信徒が信仰のために団結することも考えられたので，1612(慶長17)年，直轄領に❶_____を出し，翌年これを全国におよぼして信者に改宗を強制した。こののち幕府や諸藩は，宣教師やキリスト教信者に対

解答 ❷俸禄制度
天皇と朝廷 ❶禁中並公家諸法度 ②京都所司代 ❸武家伝奏 ❹紫衣事件
禁教と寺社 ❶禁教令

■**紫衣事件**■ 紫衣は高徳の僧に天皇があたえた衣。後水尾天皇が無断でおこなった紫衣勅許に対して，幕府はこれを無効として剥奪した。抗議した大徳寺の僧沢庵は出羽に流罪，天皇は退位した。

して処刑や国外追放など激しい迫害を加えた。多くの信者は改宗したが，一部の信者は迫害に屈せず，殉教(じゅんきょう)するものやひそかに信仰を維持した潜伏(せんぷく)(隠れ)キリシタンもいた。

1637(寛永14)年には，❷＿＿＿＿＿＿＿＿がおこった。この乱は，飢饉の中で島原城主松倉氏と天草領主寺沢氏とが領民に苛酷な年貢を課し，キリスト教徒を弾圧したことに抵抗した土豪や百姓一揆である。島原半島と天草島は，かつてキリシタン大名の有馬晴信と小西行長の領地で，一揆勢の中には有馬・小西氏の牢人やキリスト教徒が多かった。益田(天草四郎)時貞を首領にして原城跡に立てこもった3万人余りの一揆勢に対して，幕府は九州の諸大名ら約12万人の兵力を動員し，翌1638(寛永15)年，ようやくこの一揆を鎮圧した。

幕府は島原の乱後，キリスト教徒を根絶(こんぜつ)するため，とくに信者の多い九州北部などで島原の乱以前から実施されていた絵踏を強化し，また寺院が檀家であることを証明する❸＿＿＿＿＿＿＿を設けて❹＿＿＿＿＿＿＿(禁教目的の信仰調査)を実施し，仏教への転宗を強制するなどキリスト教に対してきびしい監視を続けていった。

幕府の禁じたキリスト教や日蓮宗不受不施派(ふじゅふせは)を信仰させないために，武士も神職もだれもが檀那寺の檀家になって(❺＿＿＿＿＿＿＿という)，寺請証明を受けた。しかし，仏教以外の宗教がすべて禁圧されたわけではなく，神道・修験道・陰陽道なども仏教に準じて幕府によって容認されていた。

仏教諸宗の本山(ほんざん)となる門跡寺院(もんせきじいん)に皇子や宮家・摂家の子弟が入寺したことから，幕府は門跡を朝廷の一員とみなして統制した。また，寺院法度(じいんはっと)を出し，宗派ごとに本山・本寺の地位を保障して末寺を組織させ(❻＿＿＿＿＿＿＿という)，1665(寛文5)年には宗派をこえて仏教寺院の僧侶全体を共通に統制するために❼＿＿＿＿＿＿＿を出した。さらに同年，神社・神職に対しても❽＿＿＿＿＿＿＿を制定し，公家の吉田家を本所として統制させた。

修験道は，天台系(本山派)は聖護院門跡が，真言系(当山派)は醍醐寺三宝院

【解答】 ❷島原の乱 ❸寺請制度 ❹宗門改め ❺寺檀制度 ❻本末制度 ❼諸宗寺院法度 ❽諸社禰宜神主法度

■不受不施派■ 他宗の者から布施供養を受けない(不受)，信者でない者に布施供養を施さない(不施)，国土は仏国土であり，王法より仏法を本とする，などの理念にもとづいていて，幕府に禁じられた。

第6章 幕藩体制の確立 131

門跡が本山として末端の修験者を支配した。また陰陽道は，公家の土御門家が全国の陰陽師を配下においた。

江戸時代初期の外交

1600(慶長5)年，オランダ船①＿＿＿＿＿号が豊後に漂着した。当時，ヨーロッパでは16世紀後半にスペインから独立したオランダと毛織物工業の発達したイギリスとが台頭し，両国は②＿＿＿＿＿＿＿＿＿＿＿＿を設立してアジアへの進出をはかっていた。徳川家康は，①＿＿＿＿＿＿＿号の航海士③＿＿＿＝＿＿＿＿(耶揚子)と水先案内人のイギリス人④＿＿＿＝＿＿＿＿＿(三浦按針)とを江戸にまねいて外交・貿易の顧問とした。その後，オランダは1609(慶長14)年に，イギリスは1613(慶長18)年に幕府から貿易の許可を受け，肥前の⑤＿＿＿に商館を開いた。また，家康は朝鮮や琉球王国を介して明との国交回復を交渉したが，明からは拒否された。

家康はスペインとの貿易にも積極的で，スペイン領のメキシコ(⑥＿＿＿＿＿と呼ばれた)との通商を求め，京都の商人田中勝介を派遣した。また1613(慶長18)年，仙台藩主⑦＿＿＿＿＿は家臣の⑧＿＿＿＿をスペインに派遣してメキシコと直接貿易を開こうとしたが，通商貿易を結ぶ目的は果たせなかった(**慶長遣欧使節**という)。

当時，ポルトガル商人は，⑨＿＿＿＿＿を根拠地に中国産の⑩＿＿＿(白糸)を長崎に運んで巨利を得ていたが，幕府は1604(慶長9)年，⑪＿＿＿＿制度を設けて，⑫＿＿＿＿＿＿と呼ばれる特定の商人らに輸入生糸を一括購入させ，ポルトガル商人らの利益独占を排除した。

日本人の海外進出も豊臣政権期に引き続いてさかんで，ルソン・トンキン・アンナン・カンボジア・タイなどに渡航する商人たちの船も多かった。幕府は彼らに海外渡航を許可する⑬＿＿＿＿＿を与えたので，この貿易船を⑭＿＿＿＿＿といった。⑭＿＿＿＿＿貿易がさかんになると，海外に移住する日本人も増え，南方の各地に自治制をしいた⑮＿＿＿＿＿がつくられた。渡航した日本人の中には⑯＿＿＿＿＿のようにアユタヤ朝の王室に重く

解答 江戸時代初期の外交 ①リーフデ ②東インド会社 ③ヤン＝ヨーステン ④ウィリアム＝アダムズ ⑤平戸 ⑥ノヴィスパン ⑦伊達政宗 ⑧支倉常長 ⑨マカオ ⑩生糸 ⑪糸割符 ⑫糸割符仲間 ⑬朱印状 ⑭朱印船 ⑮日本町 ⑯山田長政

用いられたものもいる。

鎖国政策

活発な海外貿易も幕藩体制が固まるにつれて、日本人の海外渡航や貿易に制限が加えられるようになった。その理由の第1は、キリスト教の禁教政策にある。

理由の第2は、幕府が貿易の利益を独占するためで、貿易に関係している西国の大名が富強になることを恐れて、貿易を幕府の統制下におこうとした。そのため、1616(元和2)年には中国船を除く外国船の寄港地を平戸と❶_____に制限し、1624(寛永元)年にはスペイン船の来航を禁じた。ついで1633(寛永10)年には、❷_____以外の日本船の海外渡航を禁止し、1635(寛永12)年には、日本人の海外渡航と在外日本人の帰国を禁止し、九州各地に寄港していた中国船を長崎に限った。

島原の乱を鎮圧後、幕府は1639(寛永16)年に❸_____船の来航を禁止し、1641(寛永18)年には平戸のオランダ商館を長崎の❹_____に移し、オランダ人と日本人との自由な交流も禁じて、長崎奉行がきびしく監視することになった。こうしていわゆる❺_____の状態となり、以後、日本は200年余りのあいだ、オランダ商館・中国の民間商船や朝鮮国・琉球王国・アイヌ民族以外との交渉を閉ざすことになった。幕府が対外関係を統制できたのは、当時の日本の経済が海外との結びつきがなくとも成り立ったためである。

こうして、鎖国によって幕府は貿易を独占することになり、産業や文化に与える海外からの影響は制限され、国内ではキリスト教の禁圧が徹底し、幕府の統制力がいっそう強化された。

長崎貿易

鎖国により、日本に来航する貿易船はオランダ船と中国船だけになり、貿易港は長崎1港に限られた。オランダは①_____(ジャカルタ)においた東インド会社の支店として長崎の出島に商館をおき、貿易の利益のみを求めた。幕府は長崎を窓口としてヨーロッパの文物を輸入し、オランダ船の来航のたびにオランダ商館長が提出する②_____によって、海外の事情を知ること

[解答] 鎖国政策 ❶長崎 ❷奉書船 ❸ポルトガル ❹出島 ❺鎖国
長崎貿易 ①バタヴィア ②オランダ風説書

■鎖国■ 志筑忠雄がケンペルの『日本誌』を翻訳した際、「現在のように日本帝国を鎖して国民にいっさい外国貿易に関係させぬことの可否についての探究」という一章を「鎖国論」と題したのが初め。

ができた。

　中国では漢民族の建てた明が17世紀半ばに滅び，中国東北部からおこった満州民族の❸＿＿＿＿＿が成立したが，明清交替の動乱がおさまると長崎での貿易額は年々増加した。幕府は輸入の増加による銀の流出をおさえるため，1685（貞享2）年オランダ船（3000貫）・清船（6000貫）からの輸入額を制限し，1688（元禄元）年には清船の来航を年間70隻に限った。また翌年，長崎の町に雑居していた清国人の居住地を限定するため，❹＿＿＿＿＿＿＿＿＿＿を設けた。

《朝鮮と琉球・蝦夷地》　徳川家康は朝鮮との講和を実現し，1609（慶長14）年，対馬藩主❶＿＿＿氏は朝鮮とのあいだに❷＿＿＿＿＿＿＿を結んだ。この条約は近世日本と朝鮮との関係の基本となり，釜山に❸＿＿＿＿が設置され，①＿＿＿氏は朝鮮外交上の特権的な地位を認められた。朝鮮からは前後12回の使節が来日し，4回目からは❹＿＿＿＿＿＿と呼ばれた。来日の名目は新将軍就任の慶賀が過半をこえた。

　⑤＿＿＿王国は，1609（慶長14）年，薩摩の島津家久の軍に征服され，薩摩藩の支配下に入った。薩摩藩は，琉球にも検地・刀狩をおこなって兵農分離を推し進めて農村支配を確立したうえ，通商交易権も掌握した。さらに，この王国の尚氏を石高8万9000石余りの王位につかせ，独立した王国として中国との朝貢貿易を継続させた。朝貢のための琉球使節は，福建の港から陸路北京に向かった。また琉球は，国王の代がわりごとにその就任を感謝する❻＿＿＿＿＿を，将軍の代がわりごとにそれを奉祝する❼＿＿＿＿＿を幕府に派遣した。このように琉球は，幕府と中国との二重の外交体制を保つことになった。

　蝦夷ヶ島の和人地（道南部）に勢力をもっていた蠣崎氏は，近世になると❽＿＿＿氏と改称して，1604（慶長9）年，徳川家康からアイヌとの交易独占権を保障され，藩制をしいた。和人地以外の広大な蝦夷地の河川流域などに居住するアイヌ集団との交易対象地域は，❾＿＿＿＿＿あるいは場所と呼ばれ，そこでの交易収入が家臣に与えられた。アイヌ集団は1669（寛文9）年，❿＿＿＿＿＿＿＿を中心に松前藩と対立して戦闘をおこなったが，松前

解答　❸清　❹唐人屋敷
朝鮮と琉球・蝦夷地　❶宗　❷己酉約条　❸倭館　❹通信使　⑤琉球　❻謝恩使　❼慶賀使　❽松前　❾商場　❿シャクシャイン

■**薩摩と琉球**　島津家久による琉球征服以来，中国にはそれを隠しながらも，在番奉行とよばれる役人に監視をさせたり，資金をあたえて生糸などを買わせたりと，薩摩藩はさまざまな介入をおこなった。

藩は津軽藩の協力を得て勝利した。この⑩＿＿＿＿の戦いでアイヌは全面的に松前藩に服従させられ，さらに18世紀前半頃までには，多くの商場(あきない ば)が和人商人の請負となった(この制度を⑪＿＿＿＿という)。

こうして幕府は四つの窓口(長崎・対馬・薩摩・松前)を通して異国・異民族との交流をもった。明清交替を契機に，東アジアにおいては，伝統的な中国を中心にした冊封体制と日本を中心にした四つの窓口を通した外交秩序とが共存する状態となった。

寛永期の文化

江戸時代初期の文化は，桃山文化を受け継いだが，幕藩体制が安定するにつれて，寛永期(1624～43年)前後に新しい傾向を示し始めた。

学問では，室町時代に五山の禅僧が学んでいた❶＿＿＿＿を中心に，儒学がさかんになった。①＿＿＿＿は君臣・父子の別をわきまえ，上下の秩序を重んじる学問であったため，幕府や藩に受け入れられた。京都相国寺の禅僧であった❷＿＿＿＿は，還俗して朱子学などの啓蒙につとめた。門人の❸＿＿＿＿(道春)は家康に用いられ，彼の子孫(❹＿＿＿＿という)は代々儒者として幕府に仕えて，学問と教育を担った。

建築では家康をまつる❺＿＿＿＿をはじめ霊廟建築が流行し，神社建築には❻＿＿＿＿造が広く用いられた。これらの建築には，桃山文化の影響を受けた豪華な装飾彫刻がほどこされた。また書院造に草庵風の茶室を取り入れた❼＿＿＿＿造が工夫され，京都の❽＿＿＿＿の書院はその代表である。

絵画では狩野派から❾＿＿＿＿が出て，幕府の御用絵師となったが，その子孫は様式の踏襲にとどまった。また京都では⑩＿＿＿＿が現われ，土佐派の画法をもとに，装飾画に新様式を生み出し，元禄期の琳派の先駆となった。京都の上層町衆であった⑪＿＿＿＿は，多才な文化人として知られ，書や蒔絵ですぐれた作品を生み出し，陶芸でも⑫＿＿焼

解答 ⑪場所請負制度
寛永期の文化 ❶朱子学 ❷藤原惺窩 ❸林羅山 ❹林家 ❺日光東照宮 ❻権現 ❼数寄屋 ❽桂離宮 ❾狩野探幽 ⑩俵屋宗達 ⑪本阿弥光悦 ⑫楽

■アイヌ交易 松前藩は，アイヌへは，米・酒・刀剣などをもたらし，逆にアイヌから獣皮・魚類を供給されていた。津軽領から運んだものが多かった。

整理 おもな建築・美術作品（江戸初期）

㋐ _____　㋑ _____　㋒ _____

の茶碗に秀作を残した。

　文禄・慶長の役の際に、諸大名がつれ帰った朝鮮人陶工の手で登窯や絵付の技術が伝えられ、九州・中国地方の各地で陶磁器生産が始められた。⑬_____ 焼（鍋島氏）・⑭_____ 焼（島津氏）・⑮_____ 焼（毛利氏）・平戸焼（松浦氏）・高取焼（黒田氏）などが有名である。とくに有田では磁器がつくられ、⑯_____ はさまざまの色彩をほどこす上絵付の一種である⑰_____ を完成させた。

　文芸面では、教訓・道徳を主とした⑱_____ が現われ、また連歌から俳諧が独立して、京都の松永貞徳の貞門俳諧が流行するなど、新たな民衆文化の基盤がつくられた。

4　幕藩社会の構造

身分と社会

　幕藩体制において、武士は、政治や軍事、さらには学問・知識を独占し、❶_____・❷_____ のほかさまざまな特権をもつ支配身分である。武士は将軍を頂点に、大名・旗本・御家人などいくつもの階層から構成され、主人への忠誠や上下の別をきびしく強

解答　⑬有田　⑭薩摩　⑮萩　⑯酒井田柿右衛門　⑰赤絵　⑱仮名草子
整理　おもな建築・美術作品（江戸初期）
㋐桂離宮　㋑日光東照宮　㋒風神雷神図屏風（俵屋宗達）

身分と社会　❶苗字　❷帯刀

制された。天皇家や公家，上層の僧侶・神職らも武士と並ぶ支配身分であった。武士の家で，女性は家事への専念を強いられた。これらの武士は主人の家を中心に結集し，村や町，あるいは仲間(なかま)・組合(くみあい)などのさまざまな集団によって構成される社会を，身分と法の秩序にもとづいて支配した。

　一方，社会の大半を占める被支配身分は，農業を中心に林業・漁業など小規模な経営(小経営)に従事する❸＿＿＿＿＿，多様な種類の手工業に従事する❹＿＿＿＿，商業や金融，さらには流通・運輸を担う商人を中心とする都市の❺＿＿＿＿＿＿の三つをおもなものとした。以上のような社会の秩序を「士農工商(しのうこうしょう)」と呼ぶこともある。

　近世の村や都市社会の周縁(しゅうえん)部分には，一般の僧侶や神職をはじめ修験者(しゅげんじゃ)・陰陽師(おんみょうじ)などの宗教者，儒者・医者などの知識人，人形遣い・役者・講釈師(こうしゃくし)などの芸能者，日用(ひよう)と呼ばれる肉体労働者など，小さな身分集団が多様に存在した。そうした中で，下位の身分とされたのが，かわた(長吏(ちょうり))や非人(ひにん)などである。かわたは城下町のすぐ近くに集められ(かわた町村(まちむら))，百姓とは別の村や集落をつくり，農業や，皮革(ひかく)の製造・わら細工などの手工業に従事した。中には，遠隔地と皮革を取引する問屋を経営するものもいた。しかし，幕府や大名の支配のもとで，死牛馬の処理や行刑役(ぎょうけいやく)などを強いられ，「えた」などの蔑称(べっしょう)で呼ばれた。

　非人は，村や町から排除され集団化をとげた乞食(こつじき)を指す。しかし，飢饉・貧困や刑罰により新たに非人となるものも多く，村や町の番人(ばんにん)をつとめたり，芸能・掃除・物乞(ものご)いなどにたずさわった。かわた・非人は，居住地や衣服・髪型などの点で他の身分と区別され，賤視の対象とされた。

　これらの諸身分は，武士の家，百姓の村，町人の町，職人の仲間など，団体や集団ごとに組織された。そして一人ひとりの個人は家に所属し，家や家が所属する集団を通じて，それぞれの身分に位置づけられた。武士や一部の有力な百姓・町人の家では，❻＿＿＿＿の権限が強く，家督(かとく)や財産・家業は，長子(ちょうし)を通して子孫に相続されることが基本とされ，戸主以外の家族は軽んじられた。またこうした家では，女性は家督から排除された。

解答 ❸百姓　❹職人　❺家持町人　❻戸主

第6章　幕藩体制の確立

村と百姓

近世の社会を構成した最大の要素は**村**と**百姓**であった。中世の長い歴史を経て、村は百姓の家屋敷から構成される集落を中心に、田畑の耕地や野・山・浜を含む広い領域をもつ小社会(共同体)として成熟した。そこには、百姓の小経営と暮らしを支える自治的な組織が生み出され、農業生産のうえに成り立つ幕藩体制にとって、もっとも重要な基盤となった。豊臣政権の兵農分離政策と検地によって、村ははじめて全国規模で直接把握された。そして惣村が村の境界を画定する❶＿＿＿＿＿などで分割されたり、中世末以来急速に進んだ❷＿＿＿＿＿によって新しい村が生まれ、17世紀末には全国で6万3000余りもの村を数えるに至った。

村は農業を主とする農村が大半であるが、漁村や山村(山里)、また在郷町などのような小都市もみられた。村高・家数の大小や地域差も大きく、村は一つひとつ個性的であったが、つぎのような点でほぼ共通する特徴をもった。

村は、❸＿＿＿＿(庄屋・肝煎)や❹＿＿＿＿・❺＿＿＿＿からなる村役人(❻＿＿＿＿＿＿＿という)を中心とする本百姓によって運営され、入会地の利用、用水や山野の管理、道の整備、治安や防災などの仕事を共同で自主的に担った。これらの経費は村入用と呼ばれ、村民が共同で負担しあった。村の運営は❼＿＿＿＿(村掟ともいう)にもとづいておこなわれ、これに背くと❽＿＿＿＿などの制裁が加えられたりした。幕府や諸大名・旗本などは、このような村の自治に依存して、はじめて年貢・諸役を割りあて収納し、また村民を掌握することができた。このような仕組みを❾＿＿＿＿と呼ぶ。また村民は数戸ずつ❿＿＿＿に編成され、年貢の納入や犯罪の防止に連帯責任を負わされた。

村内には、いくつかの階層があった。農村では石高が決定され、検地帳に登録された高請地としての田・畑や家屋敷をもち、年貢・諸役をつとめ、村政に参加する⓫＿＿＿＿(石高持の戸主で男性)が村の正規の構成員であった。村内には田・畑をもたず、地主のもとで小作を営んだり、日用(日雇)仕事に従事する⓬＿＿＿＿(無高ともいう)や、有力な本百姓と主従制のような隷属関係のもと

解答　村と百姓 ❶村切　❷新田開発　❸名主　❹組頭　❺百姓代　❻村方三役　❼村法　❽村八分　❾村請制　❿五人組　⓫本百姓　⓬水呑

▶**村八分**　村人の絶交処分のこと。俗説では10の交際のうち、葬式と火事を除く8つを絶つという。はじくの意を持つ「はっちる」が語源という説もあり、「村はじき」「村はぶき」ともいう。

にあった⑬_____・被官・譜代なども存在した。また、本家と分家のような血縁による序列や、漁村における網元と網子のように経営をめぐる階層区分もあった。村には寺院や神社(鎮守)がつくられ、僧侶や神職をまねいて、村の人びとの相互の結びつきや信仰を支える場となった。

本百姓の負担は、田・畑・家屋敷の高請地を基準にかけられる年貢(⑭_____という)が中心で、石高の40〜50%を米穀や貨幣で領主におさめることが標準とされた(四公六民・五公五民)。年貢のほか、山野河海の利用や農業以外の副業などにかかる⑮_____、一国単位でかけられる河川の土木工事での夫役労働などの⑯_____、街道近辺の村々では公用交通に人足や馬を指し出す⑰_____などが課せられた。これらは大多数を占める零細な百姓にとって重い負担となった。

幕府は百姓の小経営をできるだけ安定させ、一方で貨幣経済にあまり巻き込まれないようにし、年貢・諸役の徴収を確実にしようとした。このため、1643(寛永20)年に⑱_____という法令、1673(延宝元)年には分割相続による田畑の細分化を防ぐために⑲_____という法令を出した。また、たばこ・木綿・菜種などの商品作物を自由に栽培することを禁じたりした(⑳_____という)。そして、1641〜42(寛永18〜19)年の寛永の大飢饉のあと村々へ出された法令にみられるように、日常の労働や暮らしにまで細ごまと指示を加えている。

一部の有力な百姓は、村で武士と似た暮らしを営んだが、多くの百姓は、衣服は麻(布)や木綿の筒袖がふつうで、日常の主食は麦・粟・稗などの雑穀が中心で米はまれであり、住居は萱やわら葺の粗末な家屋であるなど、衣食住のすべてにわたって貧しい生活を強いられた。

町と町人

近世になると、中世とは比較にならないほど多数の都市がつくられた。その中心は❶_____である。それまで在地領主として農村部に居住していた武士が、豊臣政権の兵農分離政策によって①_____への移住を強制され、また商人や手工業者(諸職人)

【解答】 ⑬名子 ⑭本途物成 ⑮小物成 ⑯国役 ⑰伝馬役 ⑱田畑永代売買の禁止令 ⑲分地制限令 ⑳田畑勝手作りの禁

町と町人 ❶城下町

第6章 幕藩体制の確立

の多くも，城下町で営業の自由や，屋敷地にかけられる年貢である地子を免除される特権を得て，定着した。

城下町は，将軍や大名の屋敷が含まれる城郭を核とし，**武家地・寺社地・町人地**・かわた町村など，身分ごとに居住する地域がはっきりと区分された。このうち，城郭と武家地は城下町の面積の大半を占め，政治・軍事の諸施設や家臣団・足軽らの屋敷がおかれた。また寺社地には，有力な寺院や神社をはじめ多くの寺院が集められ，領内での宗教統制の中心としての役割を担わされた。

町人地は❷＿＿＿＿ともよばれ，商人・手工業者などが居住し，経営や生産をおこなう場であり，面積は小さいが，領地を全国と結ぶ流通や経済の中枢として重要な位置を占めた。町人地には，❸＿＿＿という小社会（共同体）が多数存在した。❸＿＿＿には村と類似の自治組織があり，商人や手工業者である住民の営業や生産・暮らしを支えた。町内に町屋敷をもつ家持の住民は，❹＿＿＿＿と呼ばれる。町はその代表である❺＿＿＿（庄屋ともいう）・月行事などを中心に，❻＿＿＿（町掟ともいう）にもとづいて運営された。町には田・畑がなく，町人は百姓に比べると重い年貢負担を免れたが，城下町の上下水道や道・橋の整備，城郭や堀の清掃，防火・防災・治安など，都市機能を支えるための役割を，町人足と呼ばれる夫役（町人足役）でつとめ，あるいはかわりに貨幣で支払った。

町にはこの他，宅地の一部や全体を借り自分で家屋を建てて住む❼＿＿＿，また家屋の全部や，多くは長屋の一部を借りて暮らす借家・❽＿＿＿，また商家に住み込む奉公人など，多様な階層の人びとが居住した。地借や借家・店借は，地主の町人に地代や店賃を支払うほかに多くの負担はないが，町の運営には参加できなかった。都市には城下町のほかに，港町・門前町・宿場町・鉱山町などがあるが，どの場合も社会の基礎には町が存在した。

こうした多様な職業に従事し，異なる利害関係をもつ商人・諸職人は，それぞれの職種ごとに仲間・組合・講と呼ばれる集団をつくり，町人地の社会は複雑な構造をもった。これを支配するために，幕府や藩は町奉行をおくなど城下町支配

解答 ❷町方 ❸町 ❹町人 ❺名主 ❻町法 ❼地借 ❽店借

■江戸の町年寄■ 江戸では，樽屋・奈良屋・喜多村の三家が町年寄を世襲した。三家とも役宅以外に江戸市中に数カ所町屋敷・蔵屋敷などを拝領しており，その土地を貸し付けて収入を得ていた。

に力を入れ，また町人地全体をまとめるために，有力な町人から問屋・町年寄などを選んで，町奉行による行政を手伝わせた。

農業

近世の農業は，一組の夫婦を中心とする小規模な家族が，狭い耕地に細やかな労働を集中的に投下し，面積当たりの収穫量を高くするという，零細ではあるが高度な技術を駆使する小経営をおこなう点に特徴がある。幕府や大名は，こうした高い生産力をもつ小経営とこれを支える村を，社会の富を生み出す基礎とした。このために，検地などにより小経営の実態や耕地の増加を調べた。

17世紀初めから幕府や大名は大規模な治水・灌漑工事を各地で始め，用水の体系を整備した。また商人の資力も利用して，海浜の浅瀬・湖沼・荒蕪地などを耕地として開発させ(新田開発)，そこに新たに百姓を移住させて村をつくらせた。その結果，全国の耕地は2倍近くに拡大し，年貢米の増収をもたらした。

農業に用いられる道具(農具)は，人が用いる鋤・鍬・鎌などをはじめ，牛・馬など畜力による耕起用の犂など，耕耘・除草・収穫などに応じて多様に発達した。こうした農具には鉄が用いられ，これを生産・修理する城下町の職人(鍛冶職)が村々をまわった。

肥料は①＿＿＿＿と厩肥が基本であった。①＿＿＿＿は，村内や近くの入会地から共同で得られる草である。作物は，多くを年貢にあてる米がもっとも主要なものであったが，小麦や粟・稗・蕎麦など自給用の雑穀，麻・②＿＿＿＿など衣料の原料，近くの城下町向けの野菜・果物，江戸・上方など遠隔地に向けた蜜柑・茶などの商品作物，養蚕のための桑など，地域の条件にもとづいて多様に生産された。

村は，水路・溜池などの用水や入会地の維持・管理，田植えや収穫時の共同労働(③＿＿＿＿という)など，百姓の農業経営になくてはならない役割を果たした。

林業・漁業

国土の大半が山でおおわれる日本では，村や城下町の多くが山と深い関わりをもった。まず山は，建築や土木工事に不可欠な材木を豊富にもたらした。なかでも良質な大木を多く抱える山

解答 農業 ①刈敷 ②木綿 ③結

地は，幕府や大名の直轄支配とされ，伐り出された材木は，城郭や武家屋敷の建築に用いられ，民間にも大量に払い下げられた。また尾張藩や秋田藩などでは，藩が直轄する山林から伐り出された材木が商品化し，❶＿＿＿＿＿（尾張藩の材木）や❷＿＿＿＿＿（秋田藩の材木）として有名になった。材木産地の山を抱える村には，杣と呼ばれる専業の職人や，材木の運送などにたずさわる労働者（日用）が，百姓として多数居住した。

山の一部は，村の共有地，あるいはいくつかの村々が共同で利用する入会地とされた。村の共有地や入会地では，肥料となる刈敷や，牛馬の餌である秣が採取され，また百姓の衣食住を支えるさまざまな草木が採集された。また山は，化石燃料が普及する以前の，ほぼ唯一の燃料エネルギー源である❸＿＿や炭の供給源であった。これらの❸＿＿や炭は，近隣の城下町などで大量に販売された。

近世の漁業は，主要な動物性蛋白源として，また肥料（魚肥）に用いるために魚介類を獲得することをめざして，多様に発達した。海・河川・湖沼で，さまざまな漁法や漁具・漁船を用いておこなわれ，❹＿＿＿＿を中心とする漁法の改良と，沿岸部の漁場の開発が進んだ。中世末以来の❹＿＿＿＿の技術は，摂津・和泉・紀伊などの上方漁民によって全国に広まった。こうして得られた漁獲物は自給用に消費されるほか，鮮魚のまま近くの都市で売られ，あるいは塩や日干しによる保存措置が講じられ，なかでも干し鮑や鰹節などは全国規模で流通した。海辺の漁村では，城下町の魚問屋と取引する網元などの有力者を中心とする漁民たちが，漁場を占有した。こうした漁業や流通には，城下町や三都の魚問屋の資金が大きな役割を果たした。

手工業・鉱山業

近世は，職人の時代でもあった。職人は生産のための道具や仕事場を自分で所有し弟子を抱える，小規模ではあるが独立した手工業者である。近世の手工業は農業と同じく，細やかな労働を集中して，多様に分化した道具を駆使する高度な技術をともなって発達した。

近世の初めに職人とされたのは，幕府や大名に把握され，城郭や武家屋敷，寺社などの建築，都市の建設，鉱山の経営，武器の生産などを担う大工・木挽や鉄

解答 林業・漁業 ❶木曽檜 ❷秋田杉
❸薪 ❹網漁

砲鍛冶などに限られていた。これらの職人は町や村に住んで、幕府や大名に無償で技術労働を奉仕し(国役と呼ぶ)、百姓や町人の役負担を免除された。

　17世紀の中頃になると、民間のさまざまな需要に応じて、多様な手工業生産が都市を中心に急速に発達した。これらの生産に従事する職人たちは、業種ごとに仲間や組合をつくり、都市部では17世紀末頃までに借家人などとして定着した。

　一方、村々にも大工などの職人がいた。その他、零細な家内手工業が早くからみられた。その代表は麻・木綿などの製糸や織物・紙漉・酒造などである。戦国時代末期に綿作が朝鮮から日本に伝わると、木綿は従来の麻とともに庶民の代表的衣料としてまたたくまに普及した。木綿の生産は、村々の女性労働による伝統的な地機(いざり機)を用いたものが中心であった。また紙漉による和紙の生産は、楮をおもな原料とし、❶＿＿＿＿の技術とともに、全国の村々で広まった。和紙は大量に生産され、行政や経営、また情報の伝達や記録の手段として必需品となり、学問・文化の発達にも大きく貢献した。こうした村々の手工業は、百姓が農業の合間におこなう仕事(農間渡世)として把握された。

　鉱山業では、中世の終わりから近世の初めに、海外から新しい精錬や排水の技術が伝えられ、また製鉄技術が刷新された。そして各地では競って金銀銅の鉱山の開発がめざされ、鉱山町が各地で生まれた。なかでも❷＿＿は、世界でも有数の産出量に達し、東アジアの主要な貿易品となった。

　17世紀後半になると金銀の産出量は急減し、かわって銅の産出量が増加した。銅は、拡大する貨幣の需要に応じるとともに、長崎貿易における最大の輸出品となった。鉄は、砂鉄の採集による❸＿＿＿＿＿＿が、中国地方や東北地方を中心におこなわれた。そこでつくられた玉鋼は商品として全国に普及し、多様な道具に加工された。

　鉱山で使われた鉄製のたがね・のみ・槌などの道具や、掘削・測量・排水などの技術は、治水や溜池・用水路の開削技術に転用された。その結果、河川敷や海岸部の大規模な耕地化が可能となり、農業・手工業生産の発展に大きく貢献した。

解答 **手工業・鉱山業** ❶流漉　❷銀　❸たたら製鉄

■たたら製鉄■　近世までの製鉄はほとんどが砂鉄を原料とする「たたら」の技法によった。「たたら」は製鉄のための大きなふいご・炉、炉を持つ建物(高殿)や製鉄地を意味する。

商業

商人は本来，自分の資金で仕入れた商品を，みずから買い手に売る小経営をいう。こうした小経営の商人は，中世以来，広く存在した。近世の初期に平和が実現し，交通や流通が安全におこなわれるようになると，まず豊富な資金や船・馬など商品の輸送手段，蔵などの貯蔵施設を所有する，角倉了以らの❶**豪商**が活躍した。彼らは，堺・京都・博多・長崎・敦賀などを根拠地とし，朱印船貿易や，まだ交通体系が整備されない時期に，地域間の大きな価格差を利用して巨大な富を得た。しかし，鎖国により海外との交易が制限され，一方で国内において陸上・水上交通が整備されていくと，これらの豪商は急速に衰えた。

17世紀後半になると，全国の商品流通は三都や城下町などの都市を根拠地とする❷**問屋**が支配するようになった。②**問屋**は，生産地の❸**仲買**から商品を受託し，これを都市の仲買商人に手数料（口銭）をとって卸売りした。生産地の仲買は，仕入れた商品を遠隔地の問屋に販売を委託し，また都市部の仲買は，都市内の問屋や市場で仕入れた商品を，武家や**小売商人**などに売り，利益を得た。また小売は，市場の仲買などから購入した商品を消費者に売る商人で，常設の店舗，路上の店，もち歩いて販売する零細な❹**振売**など，さまざまな形で商売を営んだ。問屋や仲買は，都市や生産地で業種ごとに仲間・組合と呼ばれる同業者団体をつくり，独自の法（これを❺**仲間掟**という）を定めて，営業権を独占しようとした。

解答　商業　❶豪商　❷問屋　❸仲買　❹振売　❺仲間掟

第7章

幕藩体制の展開

1 幕政の安定

《平和と秩序の確立》

1651(慶安4)年4月に3代将軍徳川家光が死去し、子の❶_____が8月に11歳で4代将軍になった。1662(寛文2)年、清が明を完全に滅亡させて、半世紀近い動乱の続いた中国において、新しい秩序が生まれた。その結果、東アジア全体に平和が訪れ、日本国内でも島原の乱(1637〜38年)を最後に戦乱は終止した。

すでに幕府機構は整備され、会津藩主で叔父の❷_____や譜代大名も幼少の将軍家綱を支え、社会秩序が安定しつつあった。平和が続く中で重要な政治課題となったのは、戦乱を待望する牢人や、秩序におさまらない「かぶき者」の対策であった。まず1651(慶安4)年7月に兵学者由井(比)正雪の乱(❸_____という)がおこると、幕府は跡継ぎのいない大名が死にのぞんで急に相続人を願い出る❹_____の禁止を緩和し、牢人の増加を防ぐ一方、江戸に住む牢人とともにかぶき者の取締りを強化した。

❺_____と呼ばれた火災(1657年)による江戸城と市街への甚大な被害からの復興を果たした1663(寛文3)年、成人した家綱は代がわりの武家諸法度を発布し、あわせて❻_____の禁止を命じ、主人の死後は❻_____することなく、跡継ぎの新しい主人に奉公することを義務づけた。翌年には、すべての大名にいっせいに領知宛行状を発給して将軍の権威を確認し、また幕領のいっせい検地をおこなって幕府の財政収入の安定もはかった。

解答　平和と秩序の確立　❶徳川家綱
❷保科正之　❸慶安の変　❹末期養子
❺明暦の大火　❻殉死

牢人　浪人の語は律令時代の流浪の農民を意味する。主君の下を離れ禄を失った武士は牢篭人といい、略して牢人とよんだ。江戸後期にはこの牢人も浪人といわれ、幕末には浪士の語も発生した。

一方，諸藩においても，安定した平和が続いたことで軍役動員の負担が軽減したうえに，⑦＿＿＿＿の飢饉が転機となって，藩政の安定と領内経済の発展がはかられるようになった。諸大名は有能な家臣を補佐役にして領内の支配機構を整備し，藩主の権力を強化した。また治水工事・新田開発によって農業生産を高めて財政の安定をはかったが，参勤交代・手伝普請などの支出から，必ずしも藩財政にゆとりは生じなかった。いくつかの藩では藩主が，儒者を顧問にして藩政の刷新をはかった。⑧＿＿＿＿＿＿は熊沢蕃山をまねいて，蕃山は⑨＿＿＿＿を，⑧＿＿＿＿は郷学⑩＿＿＿＿＿（岡山）を設けた。他に山崎闇斎に朱子学を学んで多くの書物を著した⑪＿＿＿＿（会津），江戸に彰考館を設け，『大日本史』の編纂をはじめた⑫＿＿＿＿（水戸），朱子学者木下順庵らをまねいて学問の振興をはかった⑬＿＿＿＿（加賀）らがいる。

元禄時代

　政治の安定と経済の発展とを背景に，17世紀後半には5代将軍❶＿＿＿＿の政権が成立し，いわゆる元禄時代が出現した。綱吉の政治は，大老の堀田正俊が補佐しておこなわれたが，正俊が暗殺されたのちは側用人の❷＿＿＿＿がこれにかわった。

　1683（天和3）年に綱吉の代がわりの武家諸法度が出され，第1条の「文武弓馬の道」が「文武忠孝を励し，礼儀を正すべき事」に改められた。これは武士に，主君に対する忠と父祖に対する孝，それに礼儀による秩序をまず第一に要求したものであった。このいわゆる文治主義の考えは，儒教に裏づけられたもので，綱吉は木下順庵に学び，❸＿＿＿＿を建てるとともに❹＿＿＿＿（信篤）を大学頭に任じて，儒教を重視した。また礼儀によって秩序を維持するうえからも，これまでの天皇・朝廷に対する政策を改めて，霊元天皇の悲願であった大嘗会の再興など朝廷儀式のうちいくつかを復興させたり，禁裏御料も増やし，朝幕協調した関係を築いた。

　綱吉は仏教にも帰依し，1685（貞享2）年から20年余りにわたり❺＿＿＿＿

解答 ⑦寛永 ⑧池田光政 ⑨花畠教場 ⑩閑谷学校 ⑪保科正之 ⑫徳川光圀 ⑬前田綱紀
元禄時代 ❶徳川綱吉 ❷柳沢吉保 ❸湯島聖堂 ❹林鳳岡 ❺生類憐みの令

明暦の大火　明暦の大火（1657年）は，お七火事（1682年）・目黒行人坂の大火（1772年）とあわせ三大大火と称され，江戸全市の55％が焼失した。

という法令を出して，生類すべての殺生を禁じた。この法によって庶民は迷惑をこうむったが，とくに犬を大切に扱ったことから，野犬が横行する殺伐とした状態は消えた。また，神道の影響から，近親者に死者があった時の喪に服したり忌引きをする日数を定めた❻_____を出し，死や血を忌みきらう風潮をつくり出した。こうして，戦国時代以来の武力によって相手を殺傷することで上昇をはかる価値観はかぶき者ともども完全に否定された。武力にかわって重視されたのが，身分格式であり，儀礼の知識であり，役人としての事務能力であった。

綱吉の時代は，幕府財政も転換期を迎えた。比較的豊かだった鉱山収入は佐渡金山などの金銀の産出量が減少し，財政は収入減となった。そのうえ前代の明暦の大火後の江戸城と市街の再建費用，引き続く元禄期の寺社造営費用は大きな支出増となり，幕府財政の破綻をまねいた。

そこで勘定吟味役（のちに勘定奉行）の❼_____は，収入増の方策として貨幣の改鋳を上申し，綱吉はこれを採用した。改鋳で幕府は金の含有率を減らし，質の劣った小判の発行を増加して多大な増収を上げたが，貨幣価値の下落は物価の騰貴を引きおこし，人びとの生活を圧迫した。さらに1707（宝永4）年には富士山が大噴火し，駿河・相模などの国々に降砂による大被害をもたらした。

正徳の政治

綱吉の死後，6代将軍①_____は生類憐みの令を廃止し，柳沢吉保を退けて儒学の師で朱子学者の②_____と側用人の③_____を信任して，政治の刷新（これを❹_____という）をはかろうとした。しかし家宣は在職わずか3年余りで死去し，その後を継いだ7代将軍⑤_____はまだ3歳の将軍で，引き続き幕府政治は②_____らに依存することになった。

短命・幼児の将軍が続く中，白石は将軍個人の人格よりも将軍職の地位とその権威を高めるために，将軍家継と2歳の皇女との婚約をまとめたり，❻_____

[解答] ❻服忌令　❼荻原重秀
正徳の政治　①徳川家宣　②新井白石
③間部詮房　❹正徳の政治　⑤徳川家継
❻閑院宮家

■服忌令■　綱吉が制定した，親族の死に際しての服喪期間を定めた法令。最終的には吉宗による改訂で確定したが，それによると，父母は50日，夫は30日などとなっている。

を創設して，天皇家との結びつきを強めた。また一目で序列が明瞭（めいりょう）になるよう衣服の制度を整えて，家格や身分の秩序を重視した。

朝鮮の通信使が家宣（いえのぶ）の将軍就任の慶賀（けいが）を目的に派遣された際，これまでの使節待遇が丁重（ていちょう）にすぎたとして簡素にし，さらに朝鮮から日本宛の国書にそれまで「日本国⑦_____殿下」と記されていたのを「日本国王」と改めさせ，一国を代表する権力者としての将軍の地位を明確にした。

白石は，財政問題では金の含有率を下げた元禄小判（げんろくこばん）を改め，以前の慶長小判（けいちょうこばん）と同率の⑧_____小判を鋳造させて，物価の騰貴をおさえようとした。しかし，再度の貨幣交換はかえって社会に混乱を引きおこした。また長崎貿易では，多くの金銀が流出したので，これを防ぐために1715(正徳（しょうとく）5)年，⑨_____（長崎新令・正徳新令ともいう）を発して貿易額を制限した。

2 経済の発展

農業生産の進展

17世紀後半以降の1世紀のあいだに，小規模な経営を基礎とする農業や手工業を中心に，その生産力は著しく発展し，三都を中心に全国を結ぶ交通網が整えられ，これらを基盤として，近世の社会や経済・文化は成熟をとげた。

農業技術についてみると，鉄製の農具である深耕用の❶_____（しんこう），脱穀（だっこく）用の❷_____が工夫され，選別用の❸_____や千石簁（せんごくどおし），灌漑用の❹_____などが考案されて，村々に広く普及した。しかし牛や馬，大型の農具などを用いる大規模農業は発達しなかった。肥料では，耕地の開発が進み刈敷（かりしき）が不足する中で，都市周辺部では⑤_____が，また綿などの❻_____生産が発達したところでは，遠隔地からの干鰯・〆粕（しめかす）・油粕・糠（ぬか）などが，❼_____として普及した。

農業技術を教える書籍も普及した。すでに17世紀前半に，新しい栽培技術や農業知識を説く農書『清良記（せいりょうき）』が記され，17世紀末には日本における最初の体系的

――――――
解答 ⑦大君 ⑧正徳 ⑨海舶互市新例
農業生産の進展 ❶備中鍬 ❷千歯扱
❸唐箕 ❹踏車 ❺下肥 ❻商品作物
❼金肥

148　第3部　近世

農書として宮崎安貞の『❽　　　　　　　』が著された。また19世紀に入ると，⑨　　　　　　　の『農具便利論』『広益国産考』が刊行されるなど，地域の実情に応じて農書が多数つくられ，広く読まれた。

　新田開発や技術の革新により石高は大幅に増加し，田畑面積は江戸時代初めの164万町歩から，18世紀初めには297万町歩へと激増し（1町歩は約1ha），幕府や大名の年貢収入も大きく増えた。

　幕府や大名は，年貢米を都市で販売し貨幣収入を得ることにつとめ，また⑥　　　　　　　生産を奨励して税収入の増大をはかった。17世紀末に全国市場が確立し，三都や城下町などの都市が発達すると，都市の住民を中心に武士以外でも消費需要が多様化し，これに応じて商品生産が各地で活発化した。こうした商品の取引は，城下町や在郷町の問屋や市場を通じておこなわれ，村々はしだいに遠隔地との商品流通に巻き込まれるようになった。

　村々では，地主たちが余剰米を商品として販売し，一般の百姓たちも桑・麻・綿・油菜・楮・野菜・たばこ・茶・果物などを⑥　　　　　　　として生産し，貨幣を得る機会が増大した。また，出羽村山（最上）地方の⑩　　　　，駿河・山城宇治の⑪　　　，備後の藺草，阿波の⑫　　　　，薩摩（琉球）の黒砂糖，越前の奉書紙，甲斐の葡萄，紀伊の蜜柑など，それぞれの風土に適した特産物が，大名などの奨励のもとで全国各地に生まれた。

《 **諸産業の発達** 》　農業以外の諸産業も著しく発達した。林業では，17世紀末に飛騨や紀伊の材木商人の中から，陸奥・出羽や蝦夷地で山林の伐採を請け負うものが出て，木材を江戸や京都で販売し巨額の利益を上げた。こうした動きは各地で強まり，三都をはじめ材木を扱う有力商人が多く生まれた。また，熊野や伊豆・下総などでは高級な炭がつくられ，幕府や大名への貢納品や，三都や城下町向けの商品として販売された。木工道具の進歩や漆塗り技術の普及によって，木製の器や日用品も多くつくられた。

　漁業は漁法の改良と，沿岸部の漁場の開発が進んだ。鰯や鰊は干鰯・〆粕などに加工され，綿作などの商品作物生産に欠かせない肥料として上方をはじめ各

解答　❽農業全書　⑨大蔵永常　⑩紅花
⑪茶　⑫藍玉

地に出荷された。この他，瀬戸内海の鯛や土佐の鰹などの釣漁，網や銛を駆使する紀伊・土佐・肥前・長門などの①＿＿＿＿＿などがみられた。17世紀末以降，銅にかわる中国(清)向けの主要な輸出品として，干し鮑・いりこ・ふかひれなどの②＿＿＿＿＿や昆布がさかんに用いられるようになると，その獲得をめざして，蝦夷地や陸奥で漁業がさかんになった。

製塩業では高度な土木技術を要する❸＿＿＿＿＿が発達し，瀬戸内海の沿岸部をはじめとして各地で塩の生産がおこなわれた。

織物では，河内の④＿＿＿＿＿，近江の麻，奈良の⑤＿＿など名産が各地に生まれた。絹や紬は農村部でも多く生産されたが，金襴・緞子などの高級品は京都❻＿＿＿で高度な技術を用いる高機で独占的に織られた。しかし，18世紀中頃には，上野の⑦＿＿＿＿＿をはじめ，各地で高級な絹織物が生産されるようになった。

陶磁器は，秀吉による朝鮮侵略の中で，朝鮮からつれてこられた陶工とともに伝わった技術の普及によってさかんになった。肥前⑧＿＿＿では佐賀藩の保護のもとで17世紀前半から磁器が生産され，長崎貿易の主要な輸出品となった。その後，尾張藩の保護のもとで，尾張の⑨＿＿＿＿＿や美濃の多治見などでも生産が活発になり，各地で陶磁器が量産された。また城下町の近郊では，安価な素焼が大量に生産された。

醸造業では，江戸時代中期以降になると，伏見や❿＿＿の銘酒が生まれ，各地に酒屋が発達した。また，西日本で早くからつくられた醤油は，その後，関東の⓫＿＿＿や銚子をはじめ全国で大量に生産され始めて著名となり，鰹節などとともに日本の食文化形成に大きな役割を果たした。

《 交通の整備と発達 》陸上交通の整備は，豊臣政権による全国統一の過程で始まり，これを引き継いだ江戸幕府によって，江戸・大坂・京都の①＿＿＿＿＿を中心に，各地の城下町をつなぐ全国的な街道の網の目が完成した。とくに，①＿＿＿＿＿を結ぶ②＿＿＿＿＿をはじめ，中山道・甲州道中・日光道中・③＿＿＿＿＿の五街道は，江戸を起点と

解答　諸産業の発達　①捕鯨　②俵物
❸入浜塩田　④木綿　⑤晒　❻西陣　⑦桐生　⑧有田　⑨瀬戸　❿灘　⓫野田
交通の整備と発達　①三都　②東海道
③奥州道中

する幹線道路として幕府の直轄下におかれ，17世紀半ばからは❹＿＿＿＿＿＿＿によって管理された。また，❺＿＿＿＿＿＿（脇往還）と呼ばれる主要な道路が全国で整備された。これらの街道には多くの宿駅がおかれ，また，おもな街道に約4kmごとに築かれた❻＿＿＿＿＿＿や橋・渡船場・関所などの施設が整えられた。宿駅は，街道が通る城下町の中心部の町にもおかれ，それ以外の宿駅は小都市(❼＿＿＿＿＿＿という)として，周辺地域の流通センターとなった。

　陸上交通においては，幕府や大名・旗本などの御用通行が最優先とされ，使用される人馬(人足と馬)は，無料あるいは一般の半額程度の賃銭で徴発された。これを❽＿＿＿＿＿と呼び，宿駅の町人・百姓や近隣の村々の百姓が負担した。宿駅には❾＿＿＿＿＿＿がおかれ，問屋や年寄・帳付などの宿役人が，伝馬役の差配や公用の書状，荷物の継ぎ送り(❿＿＿＿＿＿という)に当たった。宿駅には大名らが利用する⓫＿＿＿＿＿・脇本陣，また旅行者のための⓬＿＿＿＿＿などが設けられた。

　近世中期になると，陸上交通は参勤交代や幕府・大名の物資だけではなく，商人の荷物がいちだんと活発に運送された。一般の庶民も寺社詣などの旅をする中で，各地の街道や宿駅が発達し，とくに飛脚による通信制度が整備されて，全国の情報が早く正確に伝えられるようになった。陸上交通には，駕籠や牛馬，大八車などが用いられ，馬や牛を用いて商品を長距離運送する中馬が中部日本に発達したが，遠隔地を結ぶ馬車は発達しなかった。

　大量の物資を安価に運ぶためには，陸路よりは海や川，湖沼の水上交通が適していた。まず，17世紀の初めから内水面の河川舟運が整備された。京都の豪商⓭＿＿＿＿＿＿＿は賀茂川・富士川を整備し，また高瀬川などを開削して水路を開いた。大きな河川では，伐り出された木材が筏に組まれて送り出され，筏は物資の運搬にも用いられた。淀川・利根川・信濃川などの河川や琵琶湖・霞ヶ浦などの湖では，高瀬舟などの中型船や小舟を用いた舟運が，物資や人を運送する手段として発展した。また河岸と呼ばれる港町が，陸上交通と舟運とを結ぶ流通の拠点として各地につくられた。

解答　❹道中奉行　❺脇街道　❻一里塚　❼宿場町　❽伝馬役　❾問屋場　❿継飛脚　⓫本陣　⓬旅籠屋　⓭角倉了以

■**入鉄砲に出女**■　関所改めの重点は入鉄砲(江戸に入る鉄砲)と出女(江戸から出る女，とくに大名の妻女)であった。治安確保と大名統制を重視したためである。江戸の大名の菩提寺には女性の墓が多い。

第7章　幕藩体制の展開　151

海上では17世紀前半に，❶　　　　　　　　などが，大型の帆船（はんせん）を用いて，大坂から江戸へ多様な商品を運送し始めた。17世紀後半になると，江戸の商人❶　　　　　　が，出羽酒田（さかた）を起点とし江戸に至る**東廻り海運（ひがしまわ）・西廻り海運（にしまわ）**のルートを整備し，江戸と大坂を中心とする全国規模の海上交通網を完成させた。これら海運ルートの途中には，各地で港町が発達した。また18世紀前半になると，大坂・江戸間では酒荷専用の❶　　　　　　　が新たに運航を始めた。❶　　　　　　　は荷役（にやく）が速く，酒以外の商品を上積み荷物として安価で運送し，❶　　　　　　とのあいだで争いを繰り返した。これらは定期的に運航され，大坂から木綿・油・酒などの下り荷を大量に江戸へ運んだ。その後，❶　　　　　　は衰退し，近世後期になると❶　　　　　　　が圧倒的な優位に立った。一方，18世紀末頃から，日本海の❶　　　　　　や尾張の内海船（うつみぶね）など，遠隔地を結ぶ廻船が各地で発達した。

貨幣と金融

全国に通用する貨幣を安定して供給することは，幕府の重要な役割であった。同じ規格・品質の金・銀貨幣は，徳川家康（いえやす）が1600（慶長（けいちょう）5）年頃から❶　　　　（金貨をつくる）・❷　　　　（銀貨をつくる）で大量につくらせた慶長金銀が日本で初めとされる。❶　　　　　は江戸と京都におかれ，後藤庄三郎（ごとうしょうざぶろう）のもとで❸　　　　・一分金（いちぶきん）などの計数貨幣（けいすう）が鋳造された。また❷　　　　はまず伏見・駿府におかれ，のちに京都・江戸に移されて，丁銀（ちょうぎん）や豆板銀（まめいたぎん）などの❹　　　　　　　を鋳造した。近世の初めには輸入貨幣や悪質なものを含む多用な銭貨が混用されて不安定であったが，寛永期に江戸と近江坂本（さかもと）をはじめ全国にあわせて10カ所前後開設した❺　　　　で，**寛永通宝（かんえいつうほう）**を大量に鋳造し，銭貨を全国に広く供給した。こうして17世紀中頃までに，金・銀・銭の❻　　　　は全国にいきわたり，商品流通の飛躍的な発展を支えた。

しかし，東日本ではおもに金貨が（**金遣（きんづか）い**），西日本ではおもに銀貨が（**銀遣（ぎんづか）い**）それぞれ取引や貨幣計算の中心とされ，また三貨（さんか）の交換比率は相場によってつねに変動するなど，貨幣制度は1871（明治（めいじ）4）年の**新貨条例（しんかじょうれい）**に至るまで統一されな

解答 ⓮菱垣廻船　⓯河村瑞賢　⓰樽廻船　⓱北前船

貨幣と金融 ❶金座　❷銀座　③小判　❹秤量貨幣　❺銭座　❻三貨

札差 蔵米受取人の名を書いた手形を割竹にはさんで藁苞（わらづと）にさしたところからこの名がある。浅草のお蔵の前に店をかまえたので蔵宿ともいわれた。

かった。また17世紀後半から，各藩では❼_____を発行し，城下町を中心とする領内で流通させた。また商人が発行する少額の私札が流布する地域もあり，三貨の不足をおぎなった。

　　貨幣は，三都や各城下町の❽_____により流通が促進された。❽_____は三貨間の両替や秤量を商売とした。大坂や江戸の❾_____など有力なもの者は，幕府や藩の公金の出納や為替・貸付などの業務をおこない，その財政を支えた。

《《　三都の発展　》》農業や諸産業の発達は，各地の城下町・港町を中心に全国を結ぶ商品流通の市場を形成した。これを全国市場と呼ぶ。その要である江戸・大坂・京都のいわゆる❶_____は，17世紀の後半に当時の世界でも有数の大規模な都市に成長した。

「将軍のお膝元」である江戸には，幕府の諸施設や全国の大名屋敷（藩邸）をはじめ，旗本・御家人の屋敷が集中し，その家臣や武家奉公人を含め多数の武家とその家族が居住した。また町人地には多くの町が密集し，さまざまな種類の商人・職人や日用（日雇）らが集まり，江戸は日本最大の消費都市となった。

大坂は「❷_____」といわれ，西日本や全国の物資の集散地として栄えた大商業都市であった。西日本や日本海側の諸藩を中心に❸_____を大坂において，領内の年貢米や特産物である❹_____を蔵元・掛屋と呼ばれる商人を通じて販売し，貨幣の獲得につとめた。また，各地の産地から送られる商品（❺_____という）も活発に取引され，大坂からは江戸をはじめ全国に出荷された。幕府は大坂城代や大坂町奉行をおいて，大坂や西日本を支配する要とした。

京都には古代より天皇家や公家の居住地があり，市中や近隣には寺院の本寺・本山や大神社が数多く存在した。幕府は朝廷の権威を利用し，全国の寺社や宗教を支配するために，京都の支配を重視した。また，京都には呉服屋・両替商など大商人の本拠地が多く存在し，西陣織や京染・京焼などを代表とする高い技術を用いた手工業生産も発達した。幕府は❻_____や京都町奉

【解答】　❼藩札　❽両替商　❾本両替
三都の発展　❶三都　❷天下の台所　❸蔵屋敷　❹蔵物　❺納屋物　❻京都所司代

■西陣■　応仁の乱に際して西軍（山名宗全軍）が陣をしいたことからこの地名が生じたといわれている。江戸時代は織物で有名で，ケンペルは「金銀の模様ある豊麗なる織物」としるしている。

行をおき，朝廷・公家・寺社の統制や畿内と周辺諸国の支配に当たらせた。

商業の展開

全国市場が確立し，海運が活発になると，江戸の❶_____や大坂の❷_____のように，江戸・大坂間の荷物運送の安全，海損の共同保障，流通の独占をめざして，多様な職種からなる問屋仲間の連合組織がつくられた。また，問屋の活動範囲は全国におよび，なかでも近江・伊勢・京都の出身で呉服・木綿・畳表などを扱う一群の大商人たちは，両替商を兼ねて，三井家のように三都や各地の城下町などに出店をもつものも現われた。そして，都市の問屋の中には豪農と連携して農村部の商品生産や流通を主導し，産地の百姓らに資金や原料を貸与することで，農村部での個々の家内工業を❸_____へと組織する動きも現われた。

18世紀前半になると，都市部では，問屋や仲買以外の商人や職人らの仲間や組合が広く公認され，商人や職人の経済活動が幕府や諸藩の力では左右できないほど，自律的で強固なものへと成長した。

また，生産地と三都などの問屋・仲買との売買の場である❹_____が三都や城下町に発達し，都市と農村を結ぶ経済の心臓部としての役割を果たした。大坂では❺_____の米市場，❻_____の魚市場，❼_____の青物市場，江戸では❽_____の魚市場，❾_____の青物市場などがよく知られる。

3 元禄文化

元禄文化

元禄時代に東アジアの秩序と幕政が安定して経済がめざましく発展すると，前代までの公家・僧侶・武士や特権的な町人などの富裕層のみならず，一般の町人や地方の商人，また有力百姓に至るまで多彩な文化の担い手が生まれた。この時期の文化を**元禄文化**と呼ぶ。

その特色は，一つには，領国状態が確立したことで外国の影響が少なくなり，

解答　商業の展開　❶十組問屋　❷二十四組問屋　❸問屋制家内工業　❹卸売市場　❺堂島　❻雑喉場　❼天満　❽日本橋　❾神田
元禄文化

■三都　「京都八百八寺，大坂八百八橋，江戸八百八町」といわれていたように，京都は寺が多く，大坂は橋が多く，江戸は町が多かった。

日本独自の文化が成熟したことである。二つには，平和と安定の中で，儒学のみならず天文学など科学的な分野も含めて学問が重視されたことである。三つには，文学・美術工芸・演劇などで，広範な層に受容された背景に，紙の生産や出版・印刷の技術，流通の発展があったことである。

元禄期の文学

朝幕協調の影響から，諸大名が和歌の指導を公家から受けたように，和歌は武士にもさかんになった。元禄期では，和歌以外の文学は上方の町人文芸が中心で，❶_____（『好色一代男』の作者）・❷_____（『笈の小文』の作者）・❸_____（『曾根崎心中』の作者）がその代表であった。

西鶴は大坂の町人で，初め西山宗因に学んで談林俳諧で注目を集め，やがて**浮世草子**と呼ばれる小説に転じ，現実の世相や風俗を背景に，人びとが愛欲や金銭に執着しながら，みずからの才覚で生き抜く姿を描き，文学に新しい世界を開いた。

芭蕉は伊賀の出身で，奇抜な趣向をねらう❹_____俳諧に対し，さび・かるみで示される幽玄閑寂の❺_____（正風）俳諧を確立し，自然と人間を鋭くみつめて，『奥の細道』などの紀行文を著した。地方の農村部にも，芭蕉一行を待ち受け，支えた人びとが存在した。

武士の出身であった近松は，現実の社会や歴史に題材を求め，義理と人情の板挟みに悩む人びとの姿を，❻_____や歌舞伎の脚本によって描いた。近松の作品は人形遣い辰松八郎兵衛らが演じ，❼_____らによって語られて民衆の共感を呼んだ。その語りは，❽_____という独立した音曲に成長していった。

この頃，❾_____も民衆の演劇として発達した。能や狂言が武士の世界にとどまったのに対し，歌舞伎は江戸・上方に常設の❿_____がおかれ，江戸に勇壮な演技（荒事）で好評を得た初代⓫_____，上方に恋愛劇（和事）を得意とする⓬_____，女形の代表とされる⓭_____らの名優が出た。

解答　元禄期の文学　❶井原西鶴　❷松尾芭蕉　❸近松門左衛門　❹談林　❺蕉風　❻人形浄瑠璃　❼竹本義太夫　❽義太夫節　❾歌舞伎　❿芝居小屋　⓫市川団十郎　⓬坂田藤十郎　⓭芳沢あやめ

■浮き世■　本来は仏教用語の「憂き世」。江戸時代には浮き浮きした現世という享楽的意味が濃くなり，狭くは歌舞伎と遊里の世界，広くは当世風の意味に用いられた。浮世絵なども生まれてくる。

> **整理** おもな文学作品（元禄）

〔小説〕
ア_____：17C，井原西鶴の好色物。主人公世之介の好色生活をえがく
好 色 五 人 女：17C，井原西鶴の好色物。愛欲で身を滅ぼす5つの恋物語
武 家 義 理 物 語：17C，井原西鶴の武家物。武家の義理を風刺的にえがく
武 道 伝 来 記：17C，井原西鶴の武家物。諸国の敵討物語
イ_____：17C，井原西鶴の町人物。富を蓄えた町人の勤倹生活をえがく
ウ_____：17C，井原西鶴の町人物。大晦日の町人生活の悲喜劇をえがく

〔俳諧〕
笈 の 小 文：17C，松尾芭蕉の関西俳諧紀行
エ_____：17C，松尾芭蕉の俳諧紀行。東北・北陸の吟行録
猿 蓑：17C，松尾芭蕉と一門の句集。向井去来らの編

〔脚本〕
オ_____：18C，近松門左衛門の世話物第一作。徳兵衛・お初の心中話
心 中 天 網 島：18C，近松門左衛門の世話物。治兵衛・小春の心中話
カ_____：18C，近松門左衛門の時代物。成功の史実を脚色
冥 途 の 飛 脚：18C，近松門左衛門の世話物。忠兵衛・梅川の心中話

儒学の興隆

幕藩体制の安定とともに儒学のもつ意義は増大した。社会における人びとの役割（職分）を説き，上下の身分秩序を重んじ，「忠孝・礼儀」を尊ぶ考え方がのぞまれたからである。とくに①_____の思想は大義名分論を基礎に，封建社会を維持するための**教学**として幕府や藩に重んじられた。

戦国時代に土佐で開かれたとされ，谷時中に受け継がれた②_____（海南学派）も朱子学の一派で，その系統から❸_____・野中兼山らが出た。とくに❸_____は神道を儒教流に解釈して❹_____を説いた。

朱子学に対し**中江藤樹**や門人の❺_____らは，明の王陽明が始めた**陽明学**を学んだが，知行合一の立場で現実を批判してその矛盾を改めようとするなど革新性をもっていたために，幕府から警戒された。

一方，外来の儒学にあきたらず，孔子・孟子の古典に直接立ち返ろうとする

解答 儒学の興隆 ①朱子学 ②南学 合戦
❸山崎闇斎 ❹垂加神道 ❺熊沢蕃山
整理 おもな文学作品（元禄） ア好色一代男 イ日本永代蔵 ウ世間胸算用 エ奥の細道 オ曽根崎心中 カ国性（姓）爺

整理　おもな著作物（元禄）

㋐	：	水戸家編纂の史書。明治時代に完成。朱子学の名分論で貫く
大学或問	：	17C，熊沢蕃山の政策論。農兵主義を主張し幕政を批判
㋑	：	17C，山鹿素行の朱子学批判。古学の立場を主張
㋒	：	17C，山鹿素行の武家百科全書。武家政治の正当性を説く
中朝事実	：	17C，山鹿素行の歴史書。日本を中華とする立場で書く
㋓	：	17C，林家編纂の編年体史書。儒教的合理主義の立場にたつ
㋔	：	18C，新井白石の史論。独自の時代区分で武家政権の発展を論評
㋕	：	18C，新井白石の自叙伝。政治史料としても貴重
古史通	：	18C，新井白石の古代史研究。『日本書紀』を考証
藩譜	：	18C，新井白石。各藩の年譜を集録したもの
㋖	：	18C，荻生徂徠の経世論。武士の土着などを主張
㋗	：	18C，太宰春台の経世論。商業藩営論を主張
㋘	：	17C，契沖の『万葉集』全巻の考証・注釈
源氏物語湖月抄	：	17C，北村季吟の『源氏物語』の注釈
㋙	：	17C，宮崎安貞の農書。農業・農法を詳述
㋚	：	18C，貝原益軒の博物誌。内外の動植鉱物の図解・解説
庶物類纂	：	18C，稲生若水の博物誌。諸国物産の考究
発微算法	：	17C，関孝和の和算書。筆算代数学を創始
塵劫記	：	17C，吉田光由。和算の解説書
貞享暦	：	17C，渋川春海。中国の授時暦を修正した日本初の暦
采覧異言	：	18C，新井白石の世界地理書。シドッチの審問を基にする
西洋紀聞	：	18C，新井白石のシドッチ審問記録

❻_____派が，『聖教要録』を刊行した❼_____や京都堀川で私塾古義堂を開いた❽_____らによって始められた。彼らの古学を受け継いだ❾_____は政治・経済にも関心を示し，都市の膨張をおさえ，武士の土着が必要であると説いて，統治の具体策を説く**経世論**に道を開いた。

徂徠は柳沢吉保や将軍❿_____に用いられ，享保の改革では政治顧問の役割を果たした。またその弟子⓫_____は，経世論を発展させ，武士も商業をおこない，専売制度によって利益を上げるべきだと主張した。

解答 ❻古学 ❼山鹿素行 ❽伊藤仁斎 ❾荻生徂徠 ❿徳川吉宗 ⓫太宰春台
整理 おもな著作物（元禄）㋐大日本史 ㋑聖教要録 ㋒武家事紀 ㋓本朝通鑑 ㋔読史余論 ㋕折たく柴の記 ㋖政談 ㋗経済録 ㋘万葉代匠記 ㋙農業全書 ㋚大和本草

> [整理] おもな美術作品(元禄)

ア　　　　　　　　　　イ　　　　　　　　　　ウ

諸学問の発達

儒学の発達は、合理的で現実的な考え方という点で他の学問にも大きな影響を与えた。❶_____は『読史余論』を著し、朝廷や武家政権の推移を段階的に時代区分して独自の歴史の見方を展開した。

自然科学では、❷_____（博物学）や農学・医学など実用的な学問が発達し、❸_____の『大和本草』、❹_____の『農業全書』などが広く利用された。また、測量や商売取引などの必要から❺_____が発達し、関孝和は筆算代数式とその計算法や円周率計算などですぐれた研究をした。天文・暦学で❻_____（安井算哲）は京都の土御門家に入門のうえ、暦の誤差を修正して日本独自の暦をつくった（この暦を❼_____という）。この功により、幕府は天文方を設け、渋川をこれに任じた。

国文学の研究もこの時代から始まった。まず、❽_____は和歌に使えない言葉（制の詞）が定められてきたことの無意味さと、俗語を用いることの正当さを説いた。『万葉集』を研究した❾_____は、多くの実例によって茂睡の説の正しさを説明し、和歌を道徳的に解釈しようとする従来の説を批判して『万葉代匠記』を著した。また北村季吟は『源氏物語』や『枕草子』を研究して、作者本来の意図を知ろうとした。これらの古典研究は古代精神の探究に進み、の

[解答] **諸学問の発達** ❶新井白石　❷本草学　❸貝原益軒　❹宮崎安貞　❺和算　❻渋川春海　❼貞享暦　❽戸田茂睡　❾契沖
[整理] **おもな美術作品(元禄)** ア紅白梅図屏風(尾形光琳)　イ燕子花図屏風(尾形光琳)　ウ見返り美人図(菱川師宣)

ちに国学として成長した。

《 元禄美術 》　美術では，上方の有力町人を中心に，寛永期の文化を受け継いで，いちだんと洗練された作品が生み出された。

絵画では幕府や大名に抱えられた狩野派のほかに，大和絵系統の土佐派から出た❶＿＿＿＿が朝廷に抱えられ，土佐派からわかれた住吉如慶・❷＿＿＿＿父子は，狩野派に加えて幕府の御用絵師となって活躍した(住吉派)。京都では，❸＿＿＿＿＿＿が俵屋宗達の装飾的な画法を取り入れて❹＿＿＿をおこした。また江戸では，安房出身の❺＿＿＿＿＿が❻＿＿＿の版画を始め，美人・役者などに画題を求めて都市の風俗を描き，安価に入手できることもあって，大きな人気を得た。

陶器では京都の❼＿＿＿＿＿が上絵付法をもとに色絵を完成して京焼の祖となり，光琳はすぐれた意匠の蒔絵でも知られる。光琳の弟の❽＿＿＿＿＿＿はこの流れをくんで装飾的で高雅な作品を残した。染物では，❾＿＿＿＿＿が友禅染を始め，綸子や縮緬の生地に華やかな模様を表わした。

庭園の分野では，将軍が大名屋敷を訪れる御成の回数が増え，大名側も屋敷に趣向をこらした廻遊式庭園を設けた。小石川の水戸藩邸の後楽園は朱舜水の儒教的思想の影響がみられ，柳沢吉保の屋敷である六義園なども現存するみごとな庭園である。

解答　元禄美術　❶土佐光起　❷具慶
❸尾形光琳　❹琳派　❺菱川師宣　❻浮世絵　❼野々村仁清　❽尾形乾山　❾宮崎友禅

第8章

幕藩体制の動揺

1 幕政の改革

享保の改革　1716(享保元)年に7代将軍徳川家継が8歳で死去し、家康以来の宗家(本家)が途絶えると、三家の紀伊藩主であった❶_____が8代将軍になった。吉宗は29年間の将軍在職のあいだ、諸政策を実行して幕政の改革に取り組んだ。これを❷_____と呼ぶ。

　吉宗は徳川綱吉以来の側用人による側近政治をやめ、新設の御用取次を介して将軍の意志を幕政に反映させた。政策の実行のためには旗本の大岡忠相や宿駅の名主であった田中丘隅ら、有能な人材を多く登用し、また荻生徂徠や室鳩巣らの儒学者を用いて、将軍みずから先頭に立って改革に取り組んだ。

　改革の中心はまず財政の再建にあった。1719(享保4)年、続発する金銀貸借についての争い(金公事)を幕府に訴えさせず、当事者間で解決させるために❸_____を出した。また倹約令によって支出をおさえる一方、大名から石高1万石について100石を臨時に上納させる❹_____を実施し、そのかわりに参勤交代の負担をゆるめた。ついで、幕領の代官らの不正を徹底的に摘発する一方、検見法を改め、❺_____を広く取り入れて、年貢率の引上げをはかり、年貢の増徴をめざした。また、西日本の幕領でさかんになった綿作などの商品作物の生産による富の形成に目をつけ、畑地からの年貢増収をめざした。一方、商人資本の力を借りて❻_____を進め、米の

解答 享保の改革　❶徳川吉宗　❷享保の改革　❸相対済し令　❹上げ米　❺定免法　❻新田開発

田中丘隅　川崎宿本陣の養子であった田中丘隅は、川崎宿の復興を手がけ、のち荻生徂徠などから学問の手ほどきを受け、相模の酒匂川の治水工事もおこなった。

増産を奨励した。

　これらの施策によって，幕領の石高は1割以上増加し，年貢収入も増大して幕府財政はやや立ち直りを示した。「米公方」と呼ばれた吉宗は，さらに米価の上昇によって武家の財政を安定させようと，大坂の堂島米市場を公認した。また，甘藷・さとうきび・櫨・朝鮮人参の栽培など，新しい産業を奨励し，⑦_____の輸入制限をゆるめるなどした。

　こうして財政再建の見通しを立てた吉宗は，1728(享保13)年4月に65年ぶりの日光社参(軍役)を命じ，東照権現(家康)の御定めの通りを主張して強い将軍像を誇示した。そのうえで，将軍側には「恥辱」と認識させた上げ米制を廃止し，参勤交代をもとに戻した。

　改革の第2の柱は江戸の都市政策で，町奉行⑧_____によって進められた。明暦の大火以後も繰り返し大火に見舞われた江戸に，広小路・火除地などの防火施設を設け，定火消を中心としてきた消火制度を強化するために，町方独自の⑨_____を組織させた。また，評定所⑩_____を設けて庶民の意見を聞き，それによって貧民を対象とする医療施設として⑪_____をつくった。

　吉宗政権の末期には，種々の国家制度を充実させていった。⑫_____を制定して，判例にもとづく合理的な司法判断を進めた。御触書寛保集成は1615(元和元)年以降の触れを類別に編纂したものだが，同時に以後の幕府の記録保存を命じた。御触書集成の編纂は幕府事業として引き継がれた。また吉宗は，次男宗武と四男宗尹にそれぞれ田安家・一橋家をおこさせ，朝廷との協調関係も維持して徳川将軍家の安定をはかった。

《 **社会の変容** 》　享保の改革の後，18世紀後半は幕藩体制にとって大きな曲がり角となった。

　村々では一部の有力な百姓が，名主・庄屋などの村役人をつとめて零細農民を使役して❶_____をおこなった。また，手持ちの資金を困窮した百姓に利貸して村の内外で質にとった田畑を集めて**地主**に成長し，その田畑を小

解答　⑦漢訳洋書　⑧大岡忠相　⑨町火消　⑩目安箱　⑪小石川養生所　⑫公事方御定書
社会の変容　❶地主手作

第8章　幕藩体制の動揺　161

作人に貸して小作料を取り立てた。彼らは村々において商品作物生産や流通・金融の中心となり、地域社会を運営する担い手となった。こうした有力百姓を❷_____と呼ぶ。一方、田畑を失った小百姓は❸_____となるか、年季奉公や日用稼ぎに従事し、江戸や近隣の都市部に流出するなど、いっそう貨幣経済に巻き込まれていった。こうして村々では、自給自足的な社会のあり方が大きくかわり、村役人を兼ねる❷_____と、小百姓や❸_____らとのあいだの対立が深まった。そして村役人の不正を追及し、村の民主的で公正な運営を求める小百姓らの運動(❹_____という)が各地で頻発した。

　都市では、社会の基礎である町がその性格を大きくかえた。とくに三都や城下町の町人地中心部では、町内の家持町人が減少し、住民の多くは地借や店借・商家奉公人らによって占められることが多かった。そして町内の裏長屋や城下町の場末には、出稼ぎなどで農村部から流入してきた人びとや、棒手振・日用稼ぎをはじめ雑業に従事する貧しい民衆が多数居住した。これらの都市民衆は、零細な棟割長屋に住み、わずかな貨幣収入で暮らしを支え、物価の上昇や飢饉・災害の時には、たちまち生活を破壊された。

一揆と打ちこわし

百姓は村請制のもとで年貢や諸役など重い負担のもとにおかれたが、幕府や藩の支配が原因で百姓の暮らしや生産活動が大きくそこなわれた時には、村を単位に領主に対し広い範囲で結集し、要求を掲げてしばしば直接行動をおこした。これを❶_____と呼ぶ。

　17世紀後半からは、村々の代表者が百姓全体の要求をまとめて領主に直訴する一揆(❷_____という)が増え、17世紀末になると、広い地域にわたる大規模な❸_____(藩領全域に及ぶ場合は❹_____と呼ぶ)も各地でみられるようになった。一揆に参加した百姓らは、年貢の増徴や新税の停止、専売制の撤廃などを要求し、藩の政策に協力する商人や村役人の家を打ちこわすなどの実力行動にも出た。

　幕府や諸藩は一揆の要求を一部認めることもあったが、多くは武力で鎮圧し、

解答 ❷豪農　❸小作人　❹村方騒動
一揆と打ちこわし ❶百姓一揆　❷代表越訴型一揆　❸惣百姓一揆　❹全藩一揆

打ちこわし 打ちこわしにもやり方やルールがあった。衣類などを奪って身につけたり、酒・飯を取って飲食をしたりするが、金銭を強奪したり、人を傷つけたりはしなかったようである。

一揆の指導者を厳罰に処した。しかし，きびしい弾圧にも関わらず，百姓一揆は増加し続け，凶作や飢饉の時には，各地で同時に多発した。そして，1732(享保17)年には，天候不順の西日本一帯でいなごやうんかが大量に発生し，稲を食い尽くして大凶作となり，全国におよぶ飢饉となった(❺_____という)。このため民衆の暮らしは大きな打撃を受け，江戸では翌1733(享保18)年に，有力な米問屋が米価急騰の原因をつくったとして❻_____にあった。

1782(天明2)年の冷害から始まった飢饉は，翌年の浅間山の大噴火を経て数年におよぶ大飢饉となり，東北地方を中心に多数の餓死者を出した(❼_____という)。このため全国で数多くの百姓一揆がおこり，江戸や大坂をはじめ各地の都市では激しい打ちこわしが発生した。

田沼時代

将軍徳川吉宗のあと，9代将軍徳川家重を経て10代将軍❶_____の時代になると，1772(安永元)年に側用人から老中となった❷_____が十数年間にわたり実権を握った。この時代を田沼時代という。彼はふたたびゆきづまり出した幕府財政を再建するために，年貢増徴だけに頼らず民間の経済活動を活発にし，そこで得られた富の一部を財源に取り込もうとした。そのために，都市や農村の商人・職人の仲間を❸_____として広く公認し，運上や冥加など営業税の増収をめざした。この一環として幕府の専売のもとに，④_____座・真鍮座・朝鮮人参座などが設けられた。また，はじめて定量の計数銀貨を鋳造させ，金を中心とする貨幣制度への一本化を試みた。

さらに意次は，江戸や大坂の商人の力を借りて⑤_____・手賀沼の大規模な干拓工事を始めるなど，**新田開発**を積極的に試みた。また仙台藩の医師❻_____の意見(『赤蝦夷風説考』)を取り入れ，**最上徳内**らを⑦_____(北海道)に派遣して，その開発やロシア人との交易の可能性を調査させた。意次の政策は，商人の力を利用しながら，幕府財政を思い切って改善しようとするものであり，これに刺激を受けて，民間の学問・文化・芸術が多

[解答] ❺享保の飢饉 ❻打ちこわし ❼天明の飢饉
田沼時代 ❶徳川家治 ❷田沼意次 ❸株仲間 ④銅 ⑤印旛沼 ❻工藤平助 ⑦蝦夷地

■**義民**■ 江戸時代，百姓一揆の中心となり人びとの犠牲となった人物が義民として語り継がれていった。佐倉惣五郎はその典型であり，その活躍は芝居にもなった。

第8章　幕藩体制の動揺　163

様な発展をとげた。一方で、幕府役人のあいだで賄賂や縁故による人事が横行するなど、武士本来の士風を退廃させたとする批判が強まった。

　この時期朝廷では、復古派の公家たちと⑧＿＿＿＿＿が、摂家によって処分される**宝暦事件**(1758年)がおこった。また、後桃園天皇の急死(1779年)後、閑院宮家から迎えられた光格天皇が即位した。

　天明の飢饉が始まり、百姓一揆や打ちこわしが全国で頻発する中、1784(天明4)年に意次の子で若年寄の⑨＿＿＿＿＿が江戸城内で刺殺されると、意次の勢力は急速に衰え、1786(天明6)年、将軍徳川家治が死去するとすぐに老中を罷免されて、多くの政策も中止となった。

2　宝暦・天明期の文化

洋学の始まり

　18世紀になると、学問・思想の分野では、幕藩体制の動揺という現実を直視してこれを批判し、古い体制から脱しようとする動きがいくつも生まれた。鎖国のもとにおかれたことから、西洋の学術・知識の吸収や研究は困難であったが、18世紀の初めに天文学者である①＿＿＿＿＿や新井白石が世界の地理・物産・民俗などを説いて、先駆けとなった。また将軍徳川吉宗は、漢訳洋書の輸入制限をゆるめ、**青木昆陽**・②＿＿＿＿＿らにオランダ語を学ばせたこともあって、洋学はまず③＿＿＿＿＿として発達し始めた。

　洋学をいち早く取り入れたのは、実用の学問(実学)としての医学である。1774(安永3)年、豊前中津藩医❹＿＿＿＿＿や若狭小浜藩医❺＿＿＿＿＿らが西洋医学の解剖書を訳述した『❻＿＿＿＿＿』は、その画期的な成果であった。ついで大槻玄沢や宇田川玄随が出て、洋学は各分野でいっそう隆盛をみせ、玄沢の門人❼＿＿＿＿＿は蘭日辞書である『❽＿＿＿＿＿』をつくった。また❾＿＿＿＿＿は、長崎で学んだ科学の知識をもとに物理学の研究を進めた。

解答　⑧竹内式部　⑨田沼意知
洋学の始まり　①西川如見　❷野呂元丈
❸蘭学　❹前野良沢　❺杉田玄白　❻解体新書　❼稲村三伯　❽ハルマ和解　❾平賀源内

整理 おもな著作物（宝暦・天明）

〔国　学〕
国　意　考：18C，賀茂真淵の古道説。儒仏に対して日本固有の精神を鼓吹
㋐　　　　　：18C，本居宣長の『古事記』注釈の最高峰
㋑　　　　　：18～19C，塙保己一編の大叢書。日本の古書の分類編纂

〔洋学・その他〕
蔵　　志：17C，山脇東洋著。日本最初の解剖図録
華夷通商考：17C，西川如見著。長崎で見聞した海外事情を記述
㋒　　　　　：18C，杉田玄白・前野良沢らの西洋解剖書の翻訳
赤蝦夷風説考：18C，工藤平助著。ロシア人と蝦夷地の情勢を記述
三国通覧図説：18C，林子平の地誌。朝鮮・琉球・蝦夷地の地誌を解説
㋓　　　　　：18C，林子平の海防論。対外兵備の急を主張
㋔　　　　　：18C，大槻玄沢の蘭学入門書。蘭学史と文法などを収録
西説内科撰要：18C，宇田川玄随による初の西洋内科書の翻訳
㋕　　　　　：18C，稲村三伯著。初の蘭日辞書

　また，ロシアの南下をきっかけとして，世界や日本の地理や地図を学び研究することが本格的に始まった。こうして洋学は，多くの分野にわたり，実証的で科学的な研究や学問の発達を大きくうながすきっかけとなった。

《国学の発達と尊王論》

　日本の古典をめぐる実証的研究は，元禄時代に契沖らによって始められ，18世紀に入ると『古事記』や『日本書紀』などの研究に進み，日本古来の道（古道）を説く❶　　　　　として発達した。荷田春満や門人の❷　　　　　は日本の古代思想を追究し，洋学はもとより，儒教・仏教も外来思想として排した。伊勢商人の家に生まれた❸　　　　　は，真淵に学びながら国学を思想的にも高めて『古事記』の注釈書『❹　　　　　』を著し，日本古来の精神に返ることを主張して，「漢意」を激しく攻撃した。古い教理から抜け出ることができなかった儒学に対し，国学では，政治や社会への批判精神が強かった。また盲目の国学者❺　　　　　は，古典の収集・保存に心がけ，のちの国史学・国文学の基礎を築いた。

解答 国学の発達と尊王論　❶国学　❷賀茂真淵　❸本居宣長　❹古事記伝　❺塙保己一
国兵談　㋔蘭学階梯　㋕ハルマ和解
整理 おもな著作物（宝暦・天明）　㋐古事記伝　㋑群書類従　㋒解体新書　㋓海

> **整理** おもな著作物(宝暦・天明)
>
> ㋐_____：18C，安藤昌益著。身分制を否定した自然世を主張
> 統 道 真 伝：18C，安藤昌益の思想の大要。自説の要約的著述
> 柳 子 新 論：18C，山県大弐著。大義名分・尊王斥覇を論じ幕府を批判
> 出 定 後 語：18C，富永仲基著。大乗排仏説を唱える
> ㋑_____：19C，山片蟠桃の経済論など。無神論など合理的思考を示す

　尊王論は儒学と結びつき，幕藩体制の中の天皇を王者として尊ぶ思想として，水戸藩の『大日本史』の編纂事業を中心にしておこった学派である❻_____などで主張された。そして18世紀半ばに国学者の竹内式部は京都で公家たちに尊王論を説いて追放刑となり(宝暦事件)，また兵学者の❼_____は，江戸で幕政の腐敗を攻撃し尊王斥覇を説いたため，謀反を企てたとして死刑に処せられた(❽_____という)。しかし尊王論自体は，将軍が天皇の委任によって政権を預かるというとらえ方で，朝廷を尊ぶことによって幕府の権威を守ろうとするものが多かった。

生活から生まれた思想

　18世紀の初め，京都の町人❶_____は心学をおこし，儒教道徳に仏教や神道の教えを加味して，町人を中心とする庶民の生活倫理をやさしく説いた。社会の中での町人や百姓の役割を強調し，その人間としての価値を説く心学は，弟子の❷_____・中沢道二らによって全国に広められた。

　18世紀半ばになると封建社会を根本から批判し，それを改めようとする意見が現われてきた。とくに，奥州八戸の医者❸_____は『自然真営道』を著して，万人がみずから耕作して生活する自然の世を理想とし，武士が農民から搾取する社会や身分社会を鋭く批判した。

儒学教育と学校

　これらの学問・思想における新たな動きに対して，幕府は儒学による武士の教育を強く奨励した。こうした中，寛政の改革で幕府は朱子学を正学とし，林家の家塾を幕府直営の❶_____とし，人材を整えて，幕府による支配の正統性を支え

解答 ❻水戸学　❼山県大弐　❽明和事件
整理 おもな著作物(宝暦・天明)　㋐自然真営道　㋑夢の代
生活から生まれた思想 ❶石田梅岩　❷手島堵庵　❸安藤昌益
儒学教育と学校 ❶昌平坂学問所

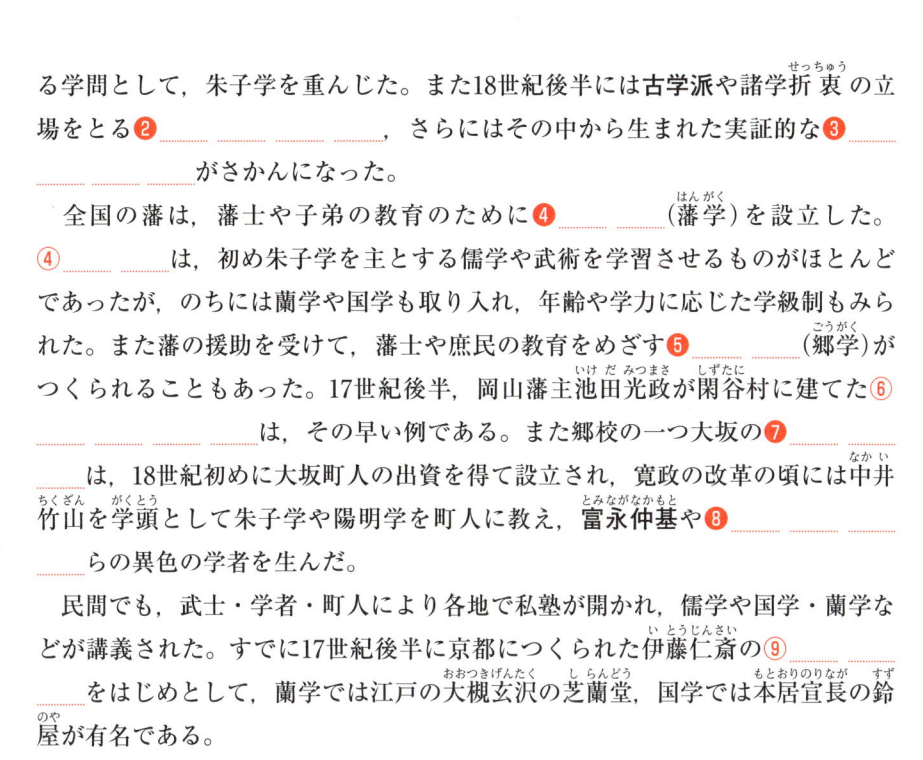

る学問として、朱子学を重んじた。また18世紀後半には**古学派**や諸学折衷の立場をとる❷_____、さらにはその中から生まれた実証的な❸_____がさかんになった。

　全国の藩は、藩士や子弟の教育のために❹_____（藩学）を設立した。④_____は、初め朱子学を主とする儒学や武術を学習させるものがほとんどであったが、のちには蘭学や国学も取り入れ、年齢や学力に応じた学級制もみられた。また藩の援助を受けて、藩士や庶民の教育をめざす❺_____（郷学）がつくられることもあった。17世紀後半、岡山藩主池田光政が閑谷村に建てた❻_____は、その早い例である。また郷校の一つ大坂の❼_____は、18世紀初めに大坂町人の出資を得て設立され、寛政の改革の頃には中井竹山を学頭として朱子学や陽明学を町人に教え、**富永仲基**や❽_____らの異色の学者を生んだ。

　民間でも、武士・学者・町人により各地で私塾が開かれ、儒学や国学・蘭学などが講義された。すでに17世紀後半に京都につくられた伊藤仁斎の❾_____をはじめとして、蘭学では江戸の大槻玄沢の芝蘭堂、国学では本居宣長の鈴屋が有名である。

　一般庶民の初等教育では、都市や村々を問わずおびただしい数の❿_____がつくられた。⑩_____は、村役人・僧侶・神職・富裕な町人などによって運営され、**師匠**（教師）が、出版された教科書を用いて、読み・書き・そろばんなどの日常生活に役立つことや、幕府の法、道徳などを教えた。寺子屋の師匠には浪人の武士や女性もいた。貝原益軒の著作をもとにつくられた、女性の心得を説く『**女大学**』などを教科書として、女子教育も進められた。これらの庶民教育は、近世後期における民衆文化の発展に大きく寄与した。

文学と芸能

江戸時代中期の文学は、身近な政治や社会のできごとを題材とし始め、出版物や貸本屋の普及もあって、広く民衆のものとなった。

　小説では、浮世草子が衰えたあと、挿絵で読者を引きつける草双紙や、江戸の

解答　❷折衷学派　❸考証学派　❹藩校　❺郷校　❻閑谷学校　❼懐徳堂　❽山片蟠桃　❾古義堂　❿寺子屋

■**藩学と郷学**　藩学は藩士子弟の教育機関で多くは武芸道場を併置し、郷学は藩士や庶民の教育機関。岡山藩では郷学に閑谷学校を設けた。

第8章　幕藩体制の動揺　167

整理	おもな文学作品（宝暦・天明）		
〔洒落本〕	仕懸文庫	18C,	山東京伝作。深川の遊里の風俗を活写
〔黄表紙〕	金々先生栄花夢	18C,	恋川春町作。拝金的世相を風刺した夢物語
	江戸生艶気樺焼	18C,	山東京伝の黄表紙。浮気修業の物語
〔俳諧〕	㋐	19C,	蕪村の俳諧集
〔脚本〕	㋑	18C,	竹田出雲作。赤穂浪士の仇討ちの翻案戯曲
	菅原伝授手習鑑	18C,	竹田出雲作。菅原道真左遷がテーマ
	㋒	19C,	鶴屋南北作。お岩の怨霊の怪談物
	本朝廿四孝	18C,	近松半二を中心とした合作浄瑠璃
〔川柳〕	㋓	18〜19C,	柄井川柳らの川柳集

遊里を描く❶_____が流行した。また、❷_____と呼ばれる風刺のきいた絵入りの小説もさかんに売り出された。それらは寛政の改革できびしく取り締まられ、代表的作家である❸_____が処罰された。俳諧では京都の蕪村が絵画にそのまま描けるような句をよんだ。また柄井川柳は、俳句の形式を借りて世相や風俗を風刺する❹_____を文学のジャンルとして定着させた。

浄瑠璃では、18世紀前半に❺_____（2世）が、また天明の頃に近松半二が出て、すぐれた作品を残した。歌舞伎は、18世紀後半から江戸を中心に隆盛を誇り、寛政期には中村・市村・森田の江戸三座が栄えた。浄瑠璃は徐々に歌舞伎に圧倒され、一中節・常磐津節・清元節など、人形操りと離れて座敷でうたわれる唄浄瑠璃（座敷浄瑠璃）へと移っていった。

絵画

17世紀末に菱川師宣によって創始された浮世絵は、絵本や挿絵として描かれたが、18世紀半ばに❶_____が一枚刷りの多色刷浮世絵版画（❷_____という）として完成した。そして、版画作成技術や出版業の発達とともに、浮世絵の黄金時代に向けて幕が開かれた。寛政期に、多くの美人画を描いた❸_____や、個性豊かに役者絵・相撲絵を描いた❹_____らが、大首絵の手法を駆使してすぐれた作品をつぎつぎに生み出した。

解答　文学と芸能　❶洒落本　❷黄表紙　蕪村七部集　㋑仮名手本忠臣蔵　㋒東海道四谷怪談　❸山東京伝　❹川柳　❺竹田出雲　㋓誹風柳多留
絵画　❶鈴木春信　❷錦絵　❸喜多川歌麿　❹東洲斎写楽
整理　おもな文学作品（宝暦・天明）　㋐

伝統的な絵画では，❺＿＿＿＿＿＿＿に始まる円山派が写生を重んじ，遠近法を取り入れた立体感のある作品を描いた。また明や清の影響を受けた画風もおこり，❻＿＿＿＿＿＿＿とも呼ばれて一部の知識人に好まれた。18世紀後半の❼＿＿＿＿＿や蕪村がこの画風を大成した。

　西洋画は，近世の初めに南蛮人がもたらしたのち途絶えていたが，蘭学の隆盛につれて油絵の具などとともに絵画の技法が長崎を通して伝えられた。18世紀後半に，西洋画では**司馬江漢**や**亜欧堂田善**らが活躍した。江漢は平賀源内に学んで**銅版画**を創始した。

3　幕府の衰退と近代への道

寛政の改革

　17世紀中頃にイギリス革命が，18世紀後半にはアメリカ独立革命，つづいてフランス革命がおこった。また，ロシアはシベリア開発に意欲をもち始め，19世紀になるとアメリカも西部開拓を進めて太平洋に進出するなど，世界情勢は大きく近代に向けて胎動していた。このような情勢の中でロシア船やイギリス船・アメリカ船が日本近海に現われ，幕府は外交政策の変更をせまられる重要な時期を迎えた。

　田沼意次が退いた翌1787（天明7）年5月，江戸・大坂など全国30余りの主要都市で打ちこわしがあいついでおこった（❶＿＿＿＿＿＿という）。なかでも江戸の打ちこわしは激しいもので，市中の米屋などが多数襲われ，幕府に強い衝撃を与えた。こうした中で，11代将軍❷＿＿＿＿＿の補佐として老中に就任したのが，白河藩主❸＿＿＿＿＿＿＿である。

　彼は国内外の危機がせまるのを感じとって田沼時代の政策を改め，幕政の改革に着手した。飢饉で危機におちいった農村再興によって幕府財政基盤を復旧し，打ちこわしを受けた江戸の治安問題を解決し，ロシアを中心とする外国勢力に対応するための諸政策を実行していった。これらの改革政治を❹＿＿＿＿＿と呼ぶ。

解答　❺円山応挙　❻文人画　❼池大雅
寛政の改革　❶天明の打ちこわし　❷徳川家斉　❸松平定信　❹寛政の改革

まず荒廃した村々を復興させるために，人口減少の著しい陸奥や北関東などで百姓の他国への出稼ぎを制限し，荒れた耕地を復旧させようと，全国で公金の貸付をおこなった。また飢饉に備えて，各地に社倉・⑤_____をつくらせて米穀を蓄えさせた（⑥_____という）。

　寛政の改革のもう一つの柱は，都市政策であった。なかでも打ちこわしに見舞われた江戸では，両替商を中心とする豪商が幕府に登用され，その力を利用して改革が進められた。まず物価や米価の調節をはかってその引下げを命じ，ついで正業をもたないものに資金を与えて農村に帰ることを奨励した（⑦_____という）。さらに治安対策として人別改めを強めるとともに石川島に⑧_____を設け，無宿人を強制的に収容し，技術を身につけ職業をもたせようと試みた。また町々に町費節約を命じ，節約分の7割を積み立てさせ（⑨_____という），新たに設けた江戸町会所によってこれを運用させて，米・金を蓄え，飢饉・災害時に困窮した貧民を救済する体制を整えた。

　改革政治を進める幕府役人や幕領代官などを担う旗本・御家人たちの生活安定のために，定信は⑩_____を出して米の売却などを扱う札差に貸金を放棄させた。そのうえで旗本たちに武芸奨励を命じ，ついで朱子学を正学とし，1790（寛政2）年には湯島聖堂の学問所で朱子学以外（異学）の講義や研究を禁じる⑪_____を発し，学術試験をおこなって人材登用につなげた。林家当主に人材が得られなかったことから，儒官に柴野栗山・尾藤二洲・岡田寒泉を任じた。

　民間に対してはきびしい⑫_____という法令を出して，政治への風刺や批判をおさえ，風俗の刷新もはかった。⑬_____が『三国通覧図説』や『⑭_____』で海岸防備を説いたことを幕政への批判とみて弾圧し，黄表紙や洒落本が風俗を乱すとして出版を禁じたり，その出版元を処罰した。農村でも芝居を禁じるなど風俗取締りが命じられた。

　寛政の改革は，一時的に幕政を引き締め，幕府の権威を高めるかにみえたが，

■**解答**■　⑤義倉　⑥囲米　⑦旧里帰農令　⑧人足寄場　⑨七分積金　⑩棄捐令　⑪寛政異学の禁　⑫出版統制令　⑬林子平　⑭海国兵談

■**運上・冥加**■　ともに営業税。運上（運送し上すの意）は税率を定めて納付させる税。冥加（仏教用語で感謝報恩の意）は官の保護へのお礼として上納する献金。田沼時代ころには，両者は混用された。

きびしい統制や倹約令は民衆の反発をまねいた。さらに朝廷問題が発生した。1789(寛政元)年，朝廷は光格天皇の実父である閑院宮典仁親王に，太上天皇の尊号を宣下したいと幕府に同意を求めたが，定信はこれを拒否した。武家伝奏ら公家はふたたび尊号宣下を求めたが，定信は本来武家伝奏は幕府側に立つべきとして，公家を処分した(1793年)。この一連の事件を「❶⑮_____」と呼ぶ。この事件の対処をめぐる将軍徳川家斉との対立もあって，定信は老中在職6年余りで退陣に追い込まれた。この事件を契機にして，幕府と朝廷の協調関係は崩れ，幕府による統制機構は幕末まで維持されるものの，天皇の権威は幕末に向かって浮上し始めた。

諸藩でも，田畑の荒廃や年貢収入の減少による財政危機は，幕府と同様であった。このため寛政期(1789～1801年)を中心に，藩主みずから指揮して綱紀を引き締め，領内での倹約や統制を強め，財政難を克服して藩権力の復興をめざす⑯_____が広くおこなわれた。そこでは，農村の復興がはかられて，特産物生産の奨励とともに藩の⑰_____が強化され，また藩校を設立して人材の登用に力が注がれた。改革に成果を上げた熊本藩の⑱_____，米沢藩の⑲_____，秋田藩の⑳_____らは名君とみなされた。

鎖国の動揺

松平定信の解決すべきもう一つの課題として，ロシアを中心とする外国からの危機への対応があった。1789(寛政元)年，国後島のアイヌによる蜂起がおこり，松前藩に鎮圧されたが，幕府はアイヌとロシアの連携の可能性を危惧した。このようにロシアに警戒心を抱いていたところに，1792(寛政4)年，ロシア使節❶_____が根室に来航し，漂流民を届けるとともに通商を求めた。その際，江戸湾入航を要求されたことが契機となって，幕府は江戸湾と蝦夷地の海防の強化を諸藩に命じた。

この頃，ロシア人は択捉島に上陸して現地のアイヌと交易をおこなっていた。そこで1798(寛政10)年，幕府は❷_____・**最上徳内**らに択捉島を

[解答] ⑮尊号一件 ⑯藩政改革 ⑰専売制 ⑱細川重賢 ⑲上杉治憲 ⑳佐竹義和
鎖国の動揺 ❶ラクスマン ❷近藤重蔵

■正学と異学■ 大学頭林信敬への通達によると，異学の禁は朱子学再興のための政策であり，古学・折衷学などの儒学の諸派は異学とされた。異学の概念には洋学・国学などはふくまない。

第8章 幕藩体制の動揺　171

探査させ「大日本恵登呂府」の標柱を立てさせた。その外側に異国ロシアとの境界線を引く発想であった。こうして1800(寛政12)年には幕府は八王子千人同心100人を蝦夷地に入植させたうえ，1802(享和2)年には，東蝦夷地を永久の直轄地とし，居住のアイヌを和人とした。

1804(文化元)年にはロシア使節❸＿＿＿＿＿が，ラクスマンのもち帰った入港許可証をもって長崎に来航したが，幕府はこの正式使節に冷淡な対応をして追い返したため，ロシア船は樺太や択捉島を攻撃した。異国との銃撃戦は未曾有のことで，幕府の衝撃は大きかった。この間，幕府の対外防備は増強され，1807(文化4)年には，幕府は松前藩と蝦夷地をすべて直轄にして❹＿＿＿＿＿の支配のもとにおき，東北諸藩をその警護に当たらせた。さらに翌1808(文化5)年には❺＿＿＿＿＿に樺太とその対岸を探査させた。そののち，ロシアとの関係は，国後島に上陸したロシア軍艦艦長を監禁したことに対してロシア側が択捉航路を開拓した高田屋嘉兵衛を抑留した❻＿＿＿＿＿を機に改善されたため，幕府は1821(文政4)年に蝦夷地を松前藩に還付した。

北方での対外的な緊張に加えて，さらに幕府を驚かせたのは，1808(文化5)年のイギリス軍艦❼＿＿＿＿＿の長崎侵入であった。❼＿＿＿＿＿は，当時敵国になったオランダ船のだ捕をねらって長崎に入り，オランダ商館員を人質にし，薪水・食糧を強要して，やがて退去した(❼＿＿＿＿＿事件という)。そこで，幕府は1810(文化7)年，白河・会津両藩に江戸湾の防備を命じた。

その後もイギリス船・アメリカ船が日本近海に出没したため，大名に命じて全国各地の海岸線に台場を設け大砲を備えさせた。幕府は，船員と住民との衝突などを回避するため，異国船に薪水・食糧を供給して帰国させる方針をとっていたが，1825(文政8)年，❽＿＿＿＿＿(無二念打払令ともいう)を出し，外国船を撃退するよう命じた。従来の四つの窓口で結ばれた対外秩序の外側に，新たにロシア・イギリスのような武力をともなう列強を外敵として想定

解答 ❸レザノフ ❹松前奉行 ❺間宮林蔵 ❻ゴローウニン事件 ❼フェートン号 ❽異国船打払令

樺太と千島 樺太は古くは「唐太」と書き「唐人」から転じた語らしい。現地語のサハリンは黒竜江口の峰の意。千島はクリルとよばれるアイヌがいたので，千島列島をクリル諸島ともいう。

した。

文化・文政時代

11代将軍①_____は，松平定信が老中を辞任したのち，文化・文政期を中心に在職し，1837（天保8）年に将軍職を徳川家慶にゆずったあとも，❷_____（前将軍）として実権を握り続けた（②_____政治という）。約50年間の家斉の治世のうち，文化年間（1804〜18年）までは寛政の改革の質素倹約が受け継がれた。しかし文政年間（1818〜30年）に入ると，品位の劣る貨幣を大量に流通させ，物価は上昇したが幕府財政は潤い，将軍や大奥の生活は華美になった。また商人の経済活動も活発になり，都市を中心に庶民文化の花が開くことにもなった。

しかし，豪農や地主が力をつける一方で，土地を失う百姓も多く発生して，荒廃地域が生じた。江戸を取り巻く関東の農村では，無宿人や博徒らによる治安の乱れも生じたため，幕府は1805（文化2）年，❸_____を設けて犯罪者の取締りに当たらせた。さらに1827（文政10）年には，幕領・私領・寺社領の領主の違いをこえて，近隣の村々を組み合わせた❹_____をつくらせ，協同して地域の治安や風俗の取締りに当たらせて，農村秩序の維持などをはかった。

大塩の乱

天明の飢饉後，寛政・文化・文政期は比較的天候にめぐまれ，農業生産はほぼ順調であった。しかし，天保年間の1832〜33（天保3〜4）年には収穫が例年より半分以下の凶作となり，全国的に米不足をまねいて，きびしい飢饉に見舞われた（❶_____という）。農村や都市には困窮した人びとが満ちあふれ，百姓一揆・打ちこわしが続発したが，幕府・諸藩はなんら適切な対策を立てることができなかった。

1836（天保7）年の飢饉はとくにきびしく，そのため，もともと米が不足していた甲斐国郡内地方や三河国加茂郡で一揆がおこった。

大坂でも飢饉の影響は大きく，餓死者があいついだ。しかし，富裕な商人らは米を買い占めて暴利を得る一方，大坂町奉行は窮民の救済策をとることもなく，米不足にもかかわらず大坂の米を大量に江戸へ回送していた。これをみた大坂町

解答　文化・文政時代　①徳川家斉　❷大御所　❸関東取締出役　❹寄場組合
大塩の乱　❶天保の飢饉

■関東取締出役　公事方の勘定奉行の支配下で幕領・私領をとわず警察権を行使し，関東一帯の治安維持を任とした。八州廻りともよばれる。

奉行所の元与力で陽明学者の❷_____は、1837（天保8）年に、貧民救済のために門弟や民衆を動員して武装蜂起したが、わずか半日で鎮圧された（❸_____という）。大坂という重要な直轄都市で、幕府の元役人であった武士が主導して、公然と武力で反抗したことは、幕府や諸藩に大きな衝撃を与えた。

その波紋は全国におよび、国学者❹_____が大塩門弟と称して越後柏崎で陣屋を襲撃したり（④_____の乱）、各地に大塩に共鳴する百姓一揆がおきたりするなど、不穏な動きが続いた。

国内問題（内憂）に加えて、対外問題（外患）も続いていた。1837（天保8）年、アメリカ商船の❺_____が浦賀沖に接近し、日本人漂流民7人を送還して日米交易をはかろうとしたが、幕府は異国船打払令にもとづいてこれを撃退させた（⑤_____事件という）。

この事件について、翌1838（天保9）年、❻_____は『慎機論』を、❼_____は『戊戌夢物語』を書いて、幕府の対外政策を批判した。しかし、翌年、幕府はこれらに対して、きびしく処罰した（❽_____という）。さらにアヘン戦争の情勢も幕府に伝えられた。

天保の改革

このような内憂外患に対応するため、幕府は、1841（天保12）年、大御所徳川家斉の死後、12代将軍徳川家慶のもとで老中❶_____を中心に幕府権力の強化をめざして**天保の改革**をおこなった。

忠邦は享保・寛政の改革にならい、まず将軍・大奥も含めた断固たる②_____を出して、ぜいたく品や華美な衣服を禁じ、庶民の風俗もまたきびしく取り締まった。ついで江戸の人別改めを強化し、百姓の出稼ぎを禁じて、江戸に流入した貧民の帰郷を強制する③_____を発し、天保の飢饉で荒廃した農村の再建をはかろうとした。印旛沼の掘割工事による干拓にも、再度取組みがなされた。

また物価騰貴の原因は、十組問屋などの株仲間が上方市場からの商品流通を独

解答　❷大塩平八郎　❸大塩の乱　❹生田万　❺モリソン号　❻渡辺崋山　❼高野長英　❽蛮社の獄
天保の改革　❶水野忠邦　②倹約令　③人返しの法

■**蛮社の獄**■　高野・渡辺らの洋学者グループは、蛮学（南蛮学）研究集団の意で「蛮学社中」と称したので、その弾圧事件を蛮社の獄という。

174　第3部　近世

占しているためと判断して、❹_____の解散を命じた。幕府は江戸の❹_____外の商人や、江戸周辺の在郷商人らの自由な取引による物価引下げを期待したのである。しかし物価騰貴の実際の原因は、生産地から上方市場への商品の流通量が減少して生じたもので、❹_____の解散はかえって江戸への商品輸送量を乏しくすることになり、逆効果となった。また物価騰貴は、旗本や御家人の生活も圧迫したので、幕府は❺_____も出し、あわせて札差などに低利の貸出しを命じた。このような生活と風俗へのきびしい統制と不景気とが重なり、人びとの不満は高まっていった。

　一方、幕府は、相模の海岸防備を担わせていた川越藩の財政を援助する目的から、川越・庄内・長岡3藩の封地をたがいに入れ換えることを命じたが、領民の反対もあって撤回された。幕府が転封を決定しながらその命令が徹底できなかったことは、幕府に対する藩権力の自立を示す結果となった。

　1843(天保14)年には、将軍家慶が67年ぶりに日光社参を実行して幕府権力の起死回生をはかろうとしたが、大出費による財政悪化と、夫役に動員された農民たちの不満をもたらすだけの結果となった。

　さらに水野忠邦は、1843(天保14)年に❻_____を出し、江戸・大坂周辺のあわせて約50万石の地を直轄地にして、財政の安定や対外防備の強化をはかろうとした。他地域に代替地は用意されたが、譜代大名や旗本に反対されて❻_____は実施できず、忠邦は老中を退き、印旛沼工事も中止された。改革の失敗はあらためて幕府権力の衰退を示した。

経済の変化

　農業生産から米年貢を取り立てることを基礎として成り立つ幕藩体制は、とくに天保の飢饉を前後として各地でゆきづまりが顕著になった。北関東の常陸・下野両国の人口は、享保年間(1716～36年)に比べ、19世紀半ばには約30％の減少となり、田畑が荒廃する現象もみられた。逆に生産力の高まった周防や薩摩では、人口が約60％も増加する地域もあった。

　このような社会や経済構造の変化は、村と百姓に支えられた幕藩体制をおびや

解答 ❹株仲間　❺棄捐令　❻上知令

かす危機となるため，対応策が求められていた。二宮尊徳(金次郎)の❶_____や❷_____の性学のように，荒廃田を回復させて農村を復興させる試みが各地でみられたが，村々では，すでに都市商人の資金を背景に，特産物である商品作物の生産や加工・運輸が広く組織されていた。そこでは多様な商業や他の職業が広がり，また賃金で雇われる日雇労働で生計を立てる貧しい農民も増大しており，農業の復興策だけでは幕藩体制の危機を防ぐことはできなかった。

一方，19世紀に入ると，一部の地域では地主や問屋(商人)が家内工場を設けた。さらに農業から離れた奉公人(労働者)を集め，分業と協業による手工業生産をおこなった。これを❸_____(工場制手工業)といい，大坂周辺や尾張の綿織物業，桐生・足利など北関東の絹織物業などで，天保期(1830〜44年)頃からおこなわれ始めた。

これに対し，新しい経済活動が生み出す利益を積極的に取り込む方法として，以前から一部でみられた藩営工業や藩専売制などが各地でみられるようになり，これらが藩政改革のテーマとなった。

朝廷と雄藩の浮上

「内憂外患」の言葉に象徴される国内外の危機的状況に対し，幕府権力が弱体化して威信を発揮できなくなると，これにとってかわる上位の権威としての天皇・朝廷が求められ始め，国の形の中に位置づける発想がとられるようになった。

朝廷の側からも，光格天皇のような朝廷復古を求める考え方が強く打ち出された。公家たちも財政に苦しむ中で，神職・陰陽師など宗教者や職人たちへの免許状や蹴鞠・書道などの免許状を発行して収入を得ようと活動し，社会にもまた朝廷の権威を求める動きが広がった。

諸大名も，外様を中心に幕府権力からの自立の道を求め，中・下級武士の有能な人材を登用して，財政の再建と藩権力の強化をめざす藩政改革がおこなわれつつあった。鹿児島(薩摩)藩では下級武士から登用された❶_____が1827(文政10)年から改革に着手し，三都の商人からのばく大な借財を事実上棚

解答 経済の変化 ❶報徳仕法 ❷大原幽学 ❸マニュファクチュア
朝廷と雄藩の浮上 ❶調所広郷

■藩債の処理■ 薩摩藩では500万両にものぼる藩債を，元金1000両につき無利息で年4両ずつの250年分割払いで，長州藩では元金の3％ずつを37カ年にわたって支払う方法で藩債の処理にあたった。

上げにし，また奄美三島(大島・徳之島・喜界島)特産の黒砂糖の専売を強化し，琉球王国との貿易を増やすなどして，藩財政を立て直した。さらに藩主❷＿＿＿＿＿は鹿児島に反射炉を築造し，造船所やガラス製造所を建設した。この間，長崎の外国人商人グラヴァーらから洋式武器を購入して，軍事力の強化もはかった。

萩(長州)藩では，❸＿＿＿＿＿が多額の借財を整理し，紙・蠟の専売制を改革した。さらに❹＿＿＿＿＿をおいて，下関に入港する北前船などの廻船を相手に，本来上方に運ばれるべき商品(越荷)を購入し，委託販売することなどで収益を上げ，財政の再建に成功した。

佐賀(肥前)藩でも藩主❺＿＿＿＿＿が❻＿＿＿＿＿制を実施し，直轄地の小作料の納入を猶予したり，町人地主の所有地の一部を藩に返させるなどして，本百姓体制の再建をはかった。また陶磁器の専売を進めて藩財政に余裕を生み出し，反射炉を備えた❼＿＿＿＿＿を設けて洋式軍事工業の導入をはかるなど，藩権力を強化した。

高知(土佐)藩でも「おこぜ組」と呼ばれる改革派が支出の緊縮をおこなって財政の再建につとめた。一方，水戸藩のように，藩主❽＿＿＿＿＿の努力にもかかわらず，藩内の保守派の反対などの抗争で改革が成功をみなかった例もある。

改革に成功した**薩長土肥**などの大藩のほか，伊達宗城の宇和島藩，松平慶永(春嶽)の福井(越前)藩などでも有能な中・下級武士を藩政の中枢に参加させ，また三都の商人や領内の地主・商人との結びつきを深めて藩権力の強化に成功した。これらの諸藩は社会の変化に即応した新しい動きをとることで，西国の❾＿＿＿＿＿として幕末の政局に強い発言力をもって登場するようになる。

幕府も末期には，代官❿＿＿＿＿(坦庵)に命じて伊豆韮山に反射炉を築かせた。これら幕府や雄藩の洋式工業は，明治維新後に官営工業の模範となった。

解答 ❷島津斉彬 ❸村田清風 ❹越荷方 ❺鍋島直正 ❻均田 ❼大砲製造所 ❽徳川斉昭 ❾雄藩 ❿江川太郎左衛門

反射炉 熔鉱炉の一種。炉内に空気を送り火炎を天井・側壁に反射させ，輻射熱によって炉床上の鉱石や金属をとかした。海防用大砲の鋳造のため強い鉄を大量につくる目的で建設された。

第8章 幕藩体制の動揺

整理　おもな著作物（化政）

⑦_____	：19C,	志筑忠雄記述の天文学書。ニュートン力学などを紹介
舎密開宗	：19C,	宇田川榕庵著。英国の化学書の翻訳
⑦_____	：19C,	伊能忠敬作成の沿海実測地図（日本最初）
⑦_____	：19C,	高野長英著。夢に託して外国船打払い策を批判
⑦_____	：19C,	渡辺崋山著。外国船打払い策を批判
稽古談	：19C,	海保青陵の経済論。積極的興利政策を主張
西域物語	：18C,	本多利明の経世論。西洋との積極的交易を主張
経世秘策	：18C,	本多利明の富国策。国内開発・商業貿易など4政策
経済要録	：19C,	佐藤信淵の経世論

4　化政文化

化政文化

宝暦・天明期に多様に発展し始めた文化は，寛政の改革によりいったん停滞するが，19世紀に入ると息を吹き返した。11代将軍①_____による半世紀におよぶ長い治世のもと，文化・文政期を中心に，天保の改革の頃までの時期に栄えた文化を❷_____と呼ぶ。

化政文化では，江戸をはじめとする三都の繁栄を背景として，下層の民衆をも基盤とする町人文化が最盛期を迎えた。化政文化は，都市の繁栄，商人・文人の全国的な交流，出版・教育の普及，交通網の発達などによって，さまざまな情報とともに全国各地に伝えられた。また都市生活が成熟し多様化する中で，文化の内容も多種多様なものとなっていった。

学問・思想の動き

学問・思想の分野では，18世紀末から表面化した幕藩体制の動揺という現実を直視し，どのように克服すべきかという点から，政治や社会を批判的にみて，古い体制を改革し，そこから脱する方法を具体的に模索する動きが現われた。

都市や村々の実情に接する人びとの中から，封建制度の維持や改良を説く経世家の活動が活発になった。❶_____は，商売をいやしめる武士の

解答　化政文化　①家斉　❷化政文化
学問・思想の動き　❶海保青陵
整理　おもな著作物（化政）　⑦暦象新書
⑦大日本沿海輿地全図　⑦戊戌夢物語
⑦慎機論

尊王論　本来，尊王論は反幕論ではない。水戸学では秩序再建のために幕府を敬い，皇室を尊ぶという尊王敬幕論が説かれ，国学では神国思想から発して尊王を説き，反幕は主張されていない。

整理 おもな文学作品（化政）		
〔読　　本〕	⑦_____	：18C，上田秋成作。古典に題材をとる怪異小説
	⑦_____	：19C，曲亭馬琴作。勧善懲悪の大長編伝奇小説
	椿説弓張月	：19C，曲亭馬琴の読本。源為朝の流罪後の武勇談
〔滑稽本〕	⑦_____	：19C，十返舎一九作。東海道中の滑稽談
	㊀_____	：19C，式亭三馬作。湯屋を舞台に浮世を描写
	浮　世　床	：19C，式亭三馬の滑稽本。髪結床が舞台
〔合　　巻〕	偐紫田舎源氏	：19C，柳亭種彦作。『源氏物語』を室町期に翻案
〔人情本〕	春色梅児誉美	：19C，為永春水作。町人の恋愛生活をえがく
〔俳　　諧〕	㊄_____	：19C，一茶の随筆および発句集

偏見を批判して，藩財政の再建は商品経済の発展をもたらす殖産興業によるべきであると主張し，❷_____は西洋諸国との交易や蝦夷地開発による富国策を説いた。また❸_____は産業の国営化と貿易による重商主義をとなえた。

水戸学では，19世紀の前半になると，藩主徳川斉昭を中心に藤田幽谷とその子の東湖，会沢安らの学者が出て尊王攘夷論を説き，幕末の思想や運動に大きな影響を与えた（後期水戸学）。

国学では，本居宣長の死後，❹_____による復古神道がさかんになった。彼の死後も，弟子たちの手で，とくに中部地方や関東で武士や豪農・神職に広く浸透し，幕末期には内外の危機状況の中で，現実の政治を動かす思想として発展した。

また，この時期以降，全国各地の豪農・豪商の中から多くの知識人・文化人が輩出した。彼らは，自分の家や地域の歴史を実証的に研究し，また漢詩・和歌・俳諧などのサークルをつくって都市の文化人と交流したり，平田派国学の門人となって活動するなど，近世後期の文化活動において重要な役割を果たした。そのうち，下総佐原の商人で天文方に学んだ❺_____は，幕府の命を受けて全国の沿岸を実測し，「大日本沿海輿地全図」の完成に道を開いた。

洋学では，幕府が天文方の⑥_____に西洋暦を取り入れた寛政

解答 ❷本多利明　❸佐藤信淵　❹平田篤胤　❺伊能忠敬　⑥高橋至時
整理 おもな文学作品（化政） ⑦雨月物語　㋑南総里見八犬伝　㋒東海道中膝栗毛　㊀浮世風呂　㊄おらが春

国学の四大人 荷田春満（もしくは契沖）・賀茂真淵・本居宣長・平田篤胤の4人をいう。大人は師匠・先人の尊称で，彼らが国学を大成したと考えられたため。

暦をつくらせた。また天文方に❼_____（のちに蕃書調所）を設け，❻_____の子高橋景保を中心に洋書の翻訳に当たらせた。元オランダ通詞の❽_____は『暦象新書』を著し，ニュートンの万有引力説やコペルニクスの地動説を紹介した。

洋学の研究は，1828（文政11）年の❾_____事件や，天保年間（1830～44年）の蛮社の獄など，幕府の弾圧を受けたことにより，幕府を批判する思想や政治運動には結びつかず，西洋文明の移入を医学・兵学・地理学などの科学技術に限定する実学としての性格を強めていった。

教育

化政期から天保期に，学者たちにより新たな私塾が各地でつくられた。儒学者広瀬淡窓が豊後日田で開いた❶_____や，蘭学者❷_____が大坂で始めた❸_____（適塾ともいう），天保期から長門萩に開設された❹_____などが有名である。また蘭学研究への関心が高まる中で，オランダ商館医であったドイツ人❺_____が，文政期に診療所と❻_____を長崎郊外に開き，高野長英らの人材を育てた。これらの私塾は，全国から多くの塾生を集め，幕末から近代初めに活躍する人材を育てた。

文学

文化期には，滑稽さや笑いをもとに，庶民の生活をいきいきと描いた❶_____がさかんになり，『浮世風呂』を著した❷_____や『東海道中膝栗毛』を著した❸_____が現われた。また，恋愛ものを扱った❹_____も庶民に受け入れられたが，代表的作家である❺_____は，天保の改革で処罰された。これら絵入りの本の系統に対し，文章主体の小説で歴史や伝説を題材にした❻_____は，『雨月物語』の作者である大坂の❼_____に始まり，『南総里見八犬伝』を著した江戸の❽_____が勧善懲悪・因果応報を盛り込む作品を描いて評判を得た。

俳諧では，信濃の百姓❾_____が村々に生きる民衆の生活をよんで，庶民の主体性を強く打ち出した。また和歌は，化政期から天保期に香川景

解答 ❼蛮書和解御用　❽志筑忠雄　❾シーボルト

文学 ❶滑稽本　❷式亭三馬　❸十返舎一九　❹人情本　❺為永春水　❻読本　❼上田秋成　❽曲亭馬琴　❾小林一茶

教育 ①咸宜園　❷緒方洪庵　❸適々斎塾　❹松下村塾　❺シーボルト　❻鳴滝塾

樹らの桂園派が平明な歌風をおこしたがあまり浸透せず，わずかに越後の禅僧良寛に独自の生活歌がみられた。一方，大田南畝（蜀山人）・石川雅望（宿屋飯盛）を代表的作者とする❿_____が，川柳とともにさかんにつくられ，その中には為政者を鋭く風刺したり，世相を皮肉るものもみられた。

この他，越後の鈴木牧之は山東京伝・曲亭馬琴ら江戸の文化人とまじわり，『北越雪譜』を出して，雪国の自然や生活を紹介した。

美術

各地に名所が生まれ，民衆の旅が一般化する中で，錦絵の風景画が流行し，**葛飾北斎**・❶_____らの絵は安価で広く普及した。また，幕末期にかけて，歌川国芳らは世相や政治を批判する錦絵を制作した。これらの浮世絵は開国後，海外に多く紹介され，モネやゴッホらヨーロッパ印象派画家たちに大きな影響を与えた。

従来からの絵画では，円山派からわかれ，❷_____（松村月溪）が始めた四条派が，温雅な筆致で風景を描き，上方の豪商らに歓迎された。また文人画は，化政期に豊後の③_____，江戸の④_____とその門人渡辺崋山らの出現によって全盛期を迎えた。

民衆文化の成熟

文化・文政期には，三都をはじめ，多くの都市で常設の❶_____がにぎわい，また**盛場**では見世物・曲芸・講談などの小屋，さらに町人地でも多数の**寄席**が開かれるなど，都市の民衆を中心とする芸能がさかんになった。歌舞伎芝居では，7代目市川団十郎や尾上・沢村・中村らの人気役者とともに，鶴屋南北らすぐれた**狂言作者**が出て人気を得た。これらは，錦絵や出版物，また三都の役者による地方興行などによって，全国各地に伝えられた。こうした中で，村々の若者が中心となって，歌舞伎をまねた❷_____（地芝居ともいう）が各地で取り組まれ，祭礼とともに村人の大切な娯楽の場となった。そして，歌舞伎の衣服・化粧・小道具・言葉遣いなどは，芝居を通じて民衆文化に大きな影響を与えた。

有力な寺社では，修繕費や経営費を得るために，境内で**縁日**や寺の**秘仏**などを人びとに公開する❸_____・❹_____（富くじともいう）などをもよおし，

解答 ❿狂歌
美術 ❶歌川広重 ❷呉春 ③田能村竹田 ④谷文晁
民衆文化の成熟 ❶芝居小屋 ❷村芝居 ❸開帳 ❹富突

第8章 幕藩体制の動揺

整理　おもな美術作品（化政）

⑦ _____　　　④ _____

多くの人びとを集めた。また湯治や物見遊山など，庶民の旅も広くおこなわれ，伊勢神宮・善光寺・讃岐金毘羅宮などへの寺社参詣や，聖地・霊場への❺_____がさかんにおこなわれた。また五節句や彼岸会・盂蘭盆会などの行事，日待・月待や庚申の夜に集まって神をまつる❻_____などの集まりのほか，町や村々を訪れる猿廻しや万歳，盲人の瞽女や座頭などによる芸能が，人びとを楽しませた。

解答　❺巡礼　❻庚申講
整理　おもな美術作品（化成）　⑦東海道五十三次（歌川広重）　④富嶽三十六景（葛飾北斎）

▌庚申講▐　庚申の日，人体からぬけだした虫が天帝に人間の悪行を報告すると命が縮まるというので，それを防ぐために徹夜するならわしが広まった。

第4部 近代・現代

第9章 近代国家の成立

1 開国と幕末の動乱

開　国

　18世紀後半，イギリスで最初の❶_____が始まり，工業化の波はさらにヨーロッパ各国やアメリカにおよんだ。巨大な工業生産力と軍事力を備えるに至った欧米諸国は，国外❷_____や原料供給地を求めて，競って植民地獲得に乗り出し，とくにアジアへの進出を本格化させた。

　清国は❸_____でイギリスに敗れて南京条約を結び，香港を割譲し，開国を余儀なくされた。清国の劣勢が日本に伝わると，幕府は1842（天保13）年，異国船打払令を緩和していわゆる❹_____を出し，漂着した外国船には燃料・食糧を与えることにした。

　しかし1844（弘化元）年，❺_____国王が幕府に親書を送り開国を勧告しても，世界情勢の認識に乏しい幕府はこれを拒絶し，あくまでも鎖国体制を守ろうとした。

　アメリカは，北太平洋を航海する自国の対❻_____貿易船や捕鯨船の寄港地として日本の開国を強くのぞんでいた。1846（弘化3）年，アメリカ東インド艦隊司令長官❼_____が浦賀に来航して通商を要求したが，幕府は拒絶した。アメリカが，1848年にメキシコからカリフォルニアを奪って領土が太平洋岸に到達すると，同国と清国との貿易はいっそうさかんになり，ますます日本の開国を必要とするようになった。

解答　開国　❶産業革命　❷市場　❸アヘン戦争　❹薪水給与令　❺オランダ　❻清国　❼ビッドル

■ペリーとペルリ■　「ペリー」(Matthew Calbraith Perry)は英米式発音であり，当時はふつうオランダ通詞の発音によって「ペルリ」とよんだ。漢字では「伯理」などとあてる。

⑧_____（嘉永6）年4月に琉球王国の那覇に寄港したアメリカ東インド艦隊司令長官ペリーは，軍艦（「黒船」）4隻を率いて6月に浦賀沖に現われ，⑨_____大統領の国書を提出して日本の開国を求めた。幕府は対策のないままペリーの強い態度におされ国書を正式に受けとり，回答を翌年に約してひとまず日本を去らせた。ついで7月には，ロシアの使節⑩_____も長崎にきて，開国と国境の画定を要求した。

ペリーは翌1854（安政元）年1月，7隻の艦隊を率いてふたたび来航し，条約の締結を強硬にせまった。幕府はその威力に屈して3月に⑪_____を結び，（1）アメリカ船が必要とする燃料や食糧などを供給すること，（2）難破船や乗組員を救助すること，（3）下田・⑫_____の2港を開いて領事の駐在を認めること，（4）アメリカに一方的な⑬_____を与えることなどを取り決めた。ついで，幕府はイギリス・⑭_____・オランダとも類似の内容の和親条約を結んで，200年以上にわたった鎖国政策から完全に転換した。なお，**日露和親条約**では下田・箱館のほか長崎を加えた3港を開港し，国境については⑮_____島以南を日本領，⑯_____島以北をロシア領とし，樺太は両国人雑居の地として境界を定めないことなどが約定されている。

一方，1853（嘉永6）年のペリー来航後，老中首座⑰_____は，それまでの方針を変えて⑱_____への報告をおこない，諸大名や幕臣にも意見を述べさせて，挙国的に対策を立てようとした。しかし，この措置は朝廷の権威を高め，諸大名の発言力を強めるもので，幕政を転換させる契機となった。また幕府は，人材を登用するとともに，前水戸藩主⑲_____を幕政に参画させ，国防を充実する必要から江戸湾に⑳_____（砲台）をきずき，㉑_____を解くなどの改革をおこなった（**安政の改革**）。

開港とその影響

日米和親条約により1856（安政3）年に下田駐在の初代アメリカ総領事として来日した❶_____は，通商条約の締結を強く求めた。ハリスとの交渉に当たった老中首座❷_____

解答　⑧1853　⑨フィルモア　⑩プチャーチン　⑪日米和親条約　⑫箱館　⑬最恵国待遇　⑭ロシア　⑮択捉　⑯得撫　⑰阿部正弘　⑱朝廷　⑲徳川斉昭　⑳台場　㉑大船建造の禁

開港とその影響　❶ハリス　❷堀田正睦

_____は，条約調印の勅許を求めたが，朝廷では攘夷の空気が強く，③_____の勅許は得られなかった。

　ところが1858（安政5）年，清国がアロー戦争の結果として，イギリス・フランスと天津条約を結ぶと，ハリスはイギリス・フランスの脅威を説いて通商条約の調印を強くせまった。大老④_____は勅許を得られないまま，同年6月に⑤_____の調印を断行した。

　この条約には，（1）⑥_____・長崎・新潟・⑦_____の開港と江戸・大坂の開市，（2）通商は⑧_____とすること，（3）開港場に⑨_____を設け，一般外国人の国内旅行を禁じることなどが定めてあった。さらに，（4）日本に滞在する自国民への⑩_____を認め（⑪_____という），（5）関税についても日本に税率の決定権がなく，相互で協定して決める協定関税（⑫_____の欠如）を定めた不平等条約であった。幕府はついで，オランダ・⑬_____・イギリス・⑭_____とも類似の条約を結んだ（⑮_____という）。

　貿易は1859（安政6）年から⑯_____（神奈川）・⑰_____・箱館の3港で始まった。輸出入品の取引は，居留地において外国商人と日本商人（売込商・引取商）とのあいだで，⑱_____を用いておこなわれた。輸出入額は⑲_____が圧倒的に多く，アメリカは南北戦争中のこともあり，⑳_____との取引が一番多かった。

　日本からは，㉑_____・_____・蚕卵紙・海産物などの農水産物やその加工品が多く輸出され，㉒_____・綿織物などの繊維工業製品や㉓_____・艦船などの軍需品が輸入された。貿易は大幅な㉔_____超過となり，それに刺激されて物価が㉕_____するとともに，国内産業に大きな変化が現われた。輸出品の中心となった生糸の生産は拡大したが，一方では機械で生産された安価な㉖_____の大量輸入が，農村で発達していた手紡や綿織物業を強く圧迫していった。

解答 ③孝明天皇　④井伊直弼　⑤日米修好通商条約　⑥神奈川　⑦兵庫　⑧自由貿易　⑨居留地　⑩領事裁判権　⑪治外法権　⑫関税自主権　⑬ロシア　⑭フランス　⑮安政の五カ国条約　⑯横浜　⑰長崎　⑱銀貨　⑲横浜　⑳イギリス　㉑生糸・茶　㉒毛織物　㉓鉄砲　㉔輸出　㉕上昇　㉖綿織物

幕府は，物価抑制を理由に貿易の統制をはかり，1860(万延元)年，雑穀・水油・蠟・呉服・㉗　　　の5品は，必ず江戸の問屋を経て輸出するように命じた(㉘　　　　　　　　　　という)。しかし，輸出向け商品を取り扱った㉙　　　　　　や商取引の自由を主張する列国の反対で効果は上がらなかった。

　また，日本と外国との金銀比価が違ったため，多量の㉚　　　が海外に流出した。金銀の交換比率は，外国では1：15，日本では㉛　　：　　と差があった。幕府は金貨の品質を大幅に㉜　　　　改鋳(万延貨幣改鋳)をおこなってこれを防いだが，貨幣の実質価値が下がったので物価上昇に拍車をかけることになり，庶民の生活は圧迫された。貿易に対する反感が高まり，激しい攘夷運動がおこる一因となった。

公武合体と尊攘運動

　ハリスから通商条約の締結をせまられていた頃，幕府では13代将軍❶　　　　　　に子がなく，将軍継嗣問題がおこった。越前藩主❷　　　　　　(　　　)・薩摩藩主❸　　　　　　らは，賢明な人物を求めて一橋家の❹　　　　(斉昭の子)を推し(一橋派)，血統の近い幼年の紀伊藩主❺　　　を推す譜代大名ら(南紀派)と対立した。1858(安政5)年，南紀派の彦根藩主❻　　　が大老に就任し，通商条約の調印を強行するとともに，慶福を将軍の跡継ぎに決定した(14代将軍❼　　　　　　　)。

　条約の違勅調印は❽　　　天皇の怒りをまねき，一橋派の大名や❾　　　と　　　をとなえる志士たちから強い非難の声が上がった。これに対して井伊は強硬な態度で反対派の公家・大名をおさえ，その家臣たち多数を処罰した(❿　　　　　　　という)。そこで，徳川斉昭・徳川(一橋)慶喜・❷　　　　　　らは隠居・謹慎を命じられ，越前藩士の⓫　　　や長州藩士の吉田松陰らは捕えられて死刑となった。このきびしい弾圧に憤激した水戸脱藩の志士らは，1860(万延元)年，井伊を江戸城桜田門外で暗殺した(⓬　　　　　　　　という)。

【解答】 ㉗生糸　㉘五品江戸廻送令　㉙在郷商人　㉚金貨　㉛1：5　㉜引き下げる
公武合体と尊攘運動　❶徳川家定　❷松平慶永(春嶽)　❸島津斉彬　❹徳川慶喜　❺徳川慶福　❻井伊直弼　❼徳川家茂　❽孝明　❾尊王と攘夷　❿安政の大獄　⓫橋本左内　⓬桜田門外の変

第9章　近代国家の成立　187

桜田門外の変ののち，幕政の中心となった老中⑬　　　　　　　は，朝廷(公)と幕府(武)の融和をはかる⑭　　　　　　　の政策をとり，孝明天皇の妹⑮　　　　を将軍徳川家茂の妻に迎えた。この政略結婚は尊王攘夷論者から非難され，安藤は1862(文久2)年，江戸城坂下門外で水戸脱藩士らに傷つけられて老中を退いた(⑯　　　　　　　　　という)。この事態の中で，朝廷と幕府の双方につながりの深い外様の⑰　　　　藩では，独自の公武合体の立場から，藩主島津忠義の父である⑱　　　　　　　が1862(文久2)年，勅使を奉じて江戸にくだり，幕政改革を要求した。幕府は薩摩藩の意向を入れて，松平慶永を⑲　　　　　　　　に，徳川慶喜を⑳　　　　　　　に任命し，また**京都守護職**をおいて会津藩主㉑　　　　　をこれに任命するなど，幕制を改めた。

島津久光が去った京都では，下級藩士の主張する**尊王攘夷論**を藩論とする㉒　　　　藩が，急進派の公家と結んで朝廷を動かし，将軍を上洛させて攘夷の決行を幕府にせまった。幕府はやむなく，㉓　　　　(文久3)年5月10日を期して攘夷を決行するよう諸藩に命じた。長州藩は，その日，㉔　　　　の海峡を通過する諸外国船を砲撃し，攘夷を実行に移した。

長州藩を中心とする尊攘派の動きに対して，薩摩・㉕　　　　の両藩は1863(文久3)年8月18日，朝廷内の公武合体派の公家とともに朝廷の実権を奪って，長州藩勢力と急進派の公家㉖　　　　　らを京都から追放した(**八月十八日の政変**)。長州藩は勢力を回復するために，翌1864(元治元)年，池田屋事件を契機に京都に攻めのぼったが，会津・桑名・薩摩などの諸藩の兵に敗れて退いた(㉗　　　　　　，または㉘　　　　　　　　という)。

幕府はただちに諸藩兵を動員して㉙　　　　　　　(第1次)に向かった。また，貿易のさまたげになる攘夷派に一撃を加える機会をねらっていた列国は，イギリスを中心にフランス・㉚　　　　　・㉛　　　　　　四国の連合艦隊を編成して下関の砲台を攻撃した(㉜　　　　　　　　　　　という)。これらの動きを受けて，長州藩の上層部は

解答 ⑬安藤信正 ⑭公武合体 ⑮和宮 ⑯坂下門外の変 ⑰薩摩 ⑱島津久光 ⑲政事総裁職 ⑳将軍後見職 ㉑松平容保 ㉒長州 ㉓1863 ㉔下関 ㉕会津 ㉖三条実美 ㉗禁門の変 ㉘蛤御門の変 ㉙長州征討 ㉚アメリカ ㉛オランダ ㉜四国艦隊下関砲撃事件

藩内の尊攘派を弾圧し，幕府に対し恭順の態度をとった。このため，長州征討の幕府軍は交戦しないまま撤退した。すでに薩摩藩は1863年に，㉝_____の報復のため鹿児島湾に侵入してきた㉞_____軍艦の砲火を浴びており（薩英戦争），攘夷の不可能なことは明らかになった。列国はさらに，1865（慶応元）年に㉟_____沖まで艦隊を送って圧力をかけ，条約の㊱_____を勝ちとり，翌年には幕府と交渉して㊲_____に調印させ，貿易上の不平等を拡大させた。

　この頃からイギリス公使㊳_____は，幕府の無力を見抜き，天皇を中心とする㊴_____政権の実現に期待するようになった。薩摩藩は，薩英戦争の経験からかえってイギリスに接近する開明政策に転じ，㊵_____・**大久保利通**ら下級武士の革新派が藩政を掌握した。一方，フランス公使㊶_____は，あくまで幕府支持の立場をとり，財政的・軍事的援助を続けた。

《倒幕運動の展開》

❶_____・桂小五郎（木戸孝允）らの長州藩尊攘派も，下関で四国艦隊に惨敗し，ついに攘夷の不可能を悟った。いったんは幕府に屈伏した長州藩だが，高杉らは先に組織した❷_____を率いて1864（元治元）年末に長府で兵をあげて藩の主導権を保守派から奪い返し，領内の❸_____や村役人と結んで，藩論を恭順から倒幕へと転換させ，イギリスに接近して❹_____らの指導のもとに軍事力の強化につとめた。

　幕府は長州藩に対して，第1次征討の始末として領地の削減などを命じたが，藩論を一変させた長州藩は容易に応じなかった。そこで幕府はふたたび**長州征討**（第2次）を宣言したが，すでに開国進取に転じていた❺_____藩は，ひそかに長州藩を支持する態度をとった。1866（慶応2）年には，土佐藩出身の❻_____・中岡慎太郎らの仲介で薩摩藩は長州藩と軍事同盟の密約を結び（❼_____，または❽_____という），反幕府の態度を固めた。このため，第2次長州征討の戦況は幕府軍に不利に展開し，幕府は

【解答】　㉝生麦事件　㉞イギリス　㉟兵庫　㊱勅許　㊲改税約書　㊳パークス　㊴雄藩連合　㊵西郷隆盛　㊶ロッシュ　**倒幕運動の展開**　❶高杉晋作　❷奇兵隊　❸豪農　❹大村益次郎　❺薩摩　❻坂本龍馬　❼薩長連合　❽薩長同盟

■**攘夷運動**　尊攘派は日本人洋学者をも暗殺した。勝海舟と吉田松陰の師であった佐久間象山（信州松代藩士）も犠牲者の一人である。

まもなく大坂城中に出陣中の将軍⑨_____の急死を理由に戦闘を中止した。この年末に⑩_____が急死した。天皇は攘夷派であったが, 過激な倒幕を好まずに⑪_____論の立場をとってきたので, 天皇の急死は幕府にとって大きな痛手となった。

開国にともなう物価上昇や政局をめぐる抗争は, 社会不安を増大させ, 世相を険悪にした。国学の尊王思想は農村にも広まり, 農民の一揆でも世直しが叫ばれ(⑫_____), 長州征討の最中に大坂や江戸でおこった⑬_____には, 政治権力への不信がはっきりと示されていた。

また, 大和に⑭____教, 備前に⑮____教, 備中に⑯____教など, のちに教派神道と呼ばれる民衆宗教がすでに生まれていたが, この頃急激に普及して, 伊勢神宮への⑰_____の流行とともに, 時代の転換期のゆきづまった世相から救われたいという民衆の願いにこたえていた。1867(慶応3)年, 東海・畿内一帯の民衆のあいだでは, 熱狂的な「⑱_____」の集団乱舞が発生し, この「世直し」を期待した民衆運動は幕府の支配秩序を一時混乱におとし入れた。

幕府の滅亡

徳川家茂のあと15代将軍となった①_____は, フランスの援助のもとに幕政の立て直しにつとめた。しかし1867(慶応3)年, 前年に同盟を結んだ薩長両藩は, ついに②_____を決意した。これに対し土佐藩はあくまで③_____の立場をとり, 藩士の④_____と坂本龍馬とが前藩主の⑤_____(容堂)を通して将軍①_____に, 倒幕派の機先を制して政権の返還を勧めた。これは将軍からいったん政権を朝廷に返させ, 朝廷のもとに徳川主導の諸藩の連合政権を樹立するという構想であった。慶喜もこの策を受け入れ, ついに10月14日, ⑥_____の上表を朝廷に提出した。

同じ10月14日には, 朝廷内の⑦_____らと結んだ薩長両藩が, ⑧_____を手に入れていた。⑥_____の上表で

解答 ⑨徳川家茂 ⑩孝明天皇 ⑪公武合体 ⑫世直し一揆 ⑬打ちこわし ⑭天理 ⑮黒住 ⑯金光 ⑰御蔭参り ⑱ええじゃないか ③公武合体 ④後藤象二郎 ⑤山内豊信 ⑥大政奉還 ⑦岩倉具視 ⑧討幕の密勅

幕府の滅亡 ①徳川慶喜 ②武力倒幕

機先を制せられた倒幕派は，12月9日，薩摩藩などの武力を背景に朝廷でクーデタを決行し，❾_____を発して，天皇を中心とする新政府を樹立した。これをもって，江戸幕府の260年以上にわたる歴史に終止符が打たれた。新政府は，将軍はもちろん，朝廷の⑩_____・関白(かんぱく)も廃止して，天皇のもとに新たに⑪_____・議定・_____の三職(さんしょく)をおき，参与に薩摩藩やその他有力諸藩を代表する藩士を入れた雄藩連合(ゆうはんれんごう)の形をとった。

さらに同日夜の三職による⑫_____では，徳川慶喜に内大(ないだい)臣(じん)の辞退と朝廷への領地の一部返上(⑬_____という)を命じる処分が決定されたため，反発した慶喜は京都から大坂城に引き上げ，新政府と軍事的に対決することになった。

幕末の科学技術と文化

ペリー来航の前後から幕府や諸藩は欧米諸国の技術を受け入れて近代化をはかろうとした。当初の課題は砲台や①_____の建設，大砲の製造，洋式帆船(はんせん)の建造など，欧米では産業革命前の段階の軍事技術の導入であり，幕府では代官②_____(坦庵(たんあん))が中心となって取り組んだ。

開国後，幕府は江戸に❸_____を設けて，洋学の教授と外交文書の翻訳などに当たらせ，④_____で洋式砲術を含む武芸を教え，長崎ではオランダ人による海軍伝習(でんしゅう)を始めた。その一環として汽船の機関を製造・修理できる工作機械を設備した造船所(⑤_____)が建設され，はじめて産業革命後の機械製造技術が伝えられた。1860(万延(まんえん)元)年の日米修好通商条約の批准(ひじゅん)書交換に際して，勝海舟(かつかいしゅう)(義邦(よしくに))ら海軍伝習を受けた乗組員が⑥_____で太平洋を横断したのをはじめとして，幕府のほか薩摩・長州などの諸藩も海外に留学生を派遣した。軍事技術と医学の導入を目的としていた洋学学習者や留学生たちであったが，西洋文明への理解が深まるにつれ，科学・技術・政治・法制・経済など，さまざまな分野に関心を広げていった。

慶応(けいおう)期には，幕府が⑦_____の顧問団(こもんだん)をまねき，横須賀(よこすか)に造船所(横須賀製鉄所)の建設を進め，新式の陸軍を訓練した。この他，開港場の横浜

[解答] ❾王政復古の大号令 ⑩摂政 ⑪総裁・参与 ⑫小御所会議 ⑬辞官納地
幕末の科学技術と文化 ①反射炉 ②江川太郎左衛門 ❸蕃書調所 ④講武所 ⑤長崎製鉄所 ⑥咸臨丸 ⑦フランス

■**改税約書**■ 安政の五カ国条約は輸入関税を5〜35％の従価税と定めたが，改税約書では過去5年間の平均価格の5％を基準とする従量税とした。

第9章 近代国家の成立　191

には外国人宣教師や新聞記者が来日し，彼らを通して欧米の文化が紹介された。その宣教師の中には，アメリカ人⑧＿＿＿＿＿やフルベッキのように英学の教授を通じて，積極的に欧米の文化を日本人に伝えるものも現われた。こうして攘夷の考えはしだいに改められ，むしろ欧米をみならって近代化を進めるべきだという声が強まっていった。

2 明治維新と富国強兵

《戊辰戦争と新政府の発足》

徳川慶喜を擁する旧幕府側は，1868(明治元)年1月，大坂城から京都に進撃したが，❶＿＿＿・＿＿＿の戦いで新政府軍に敗れ，慶喜は江戸に逃れた。新政府はただちに，慶喜を②＿＿＿＿として追討する東征軍を発したが，江戸城は，慶喜の命を受けた③＿＿＿＿と東征軍参謀西郷隆盛の交渉により，同年4月に無血開城された。さらに東征軍は，❹＿＿＿＿＿＿＿＿＿＿を結成した東北諸藩の抵抗を打ち破り，9月にはその中心とみられた⑤＿＿＿城を攻め落とした。翌1869(明治2)年5月には，⑥＿＿＿＿の⑦＿＿＿＿に立てこもっていた旧幕府海軍の⑧＿＿＿＿＿＿＿らの軍も降伏し，国内は新政府によってほぼ統一された。1年半近くにわたったこれらの内戦を❾＿＿＿＿＿という。幕府の崩壊と新政府の成立を，同時代の人びとは，政治の一新という意味で⑩＿＿＿＿＿といい，また中国の古語を当てて維新とも呼んだ。

戊辰戦争が進む中で，新政府は政治の刷新を進めた。まず1868(明治元)年1月には諸外国に対して王政復古と天皇の外交主権掌握を告げて対外関係を整え，ついで3月には⓫＿＿＿＿＿＿＿を公布して，⑫＿＿＿＿＿の尊重と開国和親など新政府の国策の基本を示し，天皇が百官を率いて神々に誓約する形式をとって天皇親政を強調した。

ついで同年閏4月には⑬＿＿＿＿＿を制定して政府の組織を整えた。す

解答 ⑧ヘボン
戊辰戦争と新政府の発足 ❶鳥羽・伏見 ②朝敵 ③勝海舟 ❹奥羽越列藩同盟 ⑤会津若松 ⑥箱館 ⑦五稜郭 ⑧榎本武揚 ❾戊辰戦争 ⑩御一新 ⓫五箇条の誓文 ⑫公議世論 ⑬政体書

■幕末の留学生 榎本武揚・西周(幕府派遣)，井上馨・伊藤博文(長州藩)，寺島宗則・森有礼(薩摩藩)など，維新後に活躍する者も多い。

なわち，国家権力を⑭_____と呼ぶ中央政府に集め，これにアメリカ合衆国憲法を模倣した⑮_____制を取り入れ，高級官吏を4年ごとに互選で交代させるなど，多分に形式的とはいえ，欧米的な近代政治の体裁をとった。また政府は関東鎮圧とともに，7月に江戸を⑯_____と改め，9月に年号を**明治**と改元して⑰_____を採用し，翌1869（明治2）年には京都から東京に首都を移した。

一方で政府は，五箇条の誓文公布の翌日，全国の民衆に向けて⑱_____を掲げた。それは君臣・父子・夫婦間の⑲_____的道徳を説き，徒党・強訴や⑳_____を改めて厳禁するなど，旧幕府の対民衆政策をそのまま引き継いでいた。

廃藩置県

戊辰戦争の進行とともに，新政府は，没収した旧幕府領のうち，要地を❶_____，その他を県としたが，諸藩では各大名が統治する体制が従来のまま存続していた。政治的統一をめざす新政府は，残された諸藩も徐々に直接統治に組み込む方針を立て，1869（明治2）年1月，❷_____・大久保利通らが画策して薩摩・長州・土佐・❸_____の4藩主に朝廷への❹_____を出願させると，多くの藩がこれにならった（版とは版図で各藩の❺_____，籍とは戸籍で❻_____を指す。したがって，版籍奉還とは，藩主が領地・領民を天皇に返還し，新政府が全国の支配権を形式上その手におさめたことをいう）。新政府は6月に，これら以外の全藩主にも❹_____を命じる一方，旧大名には石高にかえて年貢収入の10分の1に当たる**家禄**を与え，旧領地の❼_____（地方長官）に任命して，藩政に当らせることにした。

こうして藩主の家禄と藩財政とは分離されたが，旧大名は実質的に温存され，❽_____と軍事の両権はこれまで通り各藩に属していた。このため，新政府は限られた**直轄地**（府県）からの年貢徴収をきびしくおこなったので，新政府に対する**一揆**が各地で続発し，また，諸藩でも江戸時代とかわらない徴税に民衆の不満が高まった。さらに，**奇兵隊**をはじめとする❾_____の諸隊は，藩

解答 ⑭太政官 ⑮三権分立 ⑯東京 ⑰一世一元の制 ⑱五榜の掲示 ⑲儒教 ⑳キリスト教
廃藩置県 ❶府 ❷木戸孝允 ❸肥前 ❹版籍奉還 ❺領地 ❻領民 ❼知藩事 ❽徴税 ❾長州藩

■**新政府の財源** 成立当初，政府は京都の三井・小野，大坂の鴻池などの商人から御用金を徴発し，太政官札・民部省札の不換紙幣を発行した。

第9章 近代国家の成立 193

の軍事力再編制に反対し，ついには武力で鎮圧された。

新政府は藩制度の全廃をついに決意し，1871(明治4)年，まず薩摩・長州・土佐の3藩から⑩＿＿＿＿＿をつのって軍事力を固めたうえで，7月，一挙に⑪＿＿＿＿＿を断行した。すべての藩は廃止されて府県となり，旧大名である⑫＿＿＿は罷免されて東京居住を命じられ，かわって中央政府が派遣する⑬＿＿＿・＿＿＿が地方行政に当たることとなり，ここに国内の政治的統一が完成した。

同時に，中央政府の組織の整備も進められた。版籍奉還の際に，政体書による太政官制は改められ，祭政一致・天皇親政の方針から大宝令の形式を復活して，⑭＿＿＿＿＿を太政官の上位におき，太政官のもとに各省をおく組織となった。ついで廃藩置県後の官制改革では，太政官を⑮＿＿＿・左院・右院の三院制とし，正院のもとに各省をおく制度へ改めた。新政府内では，⑯＿＿＿＿＿や岩倉具視ら少数の公家とともに，薩長を中心に土肥を加えた4藩出身の若き実力者たちが参議や各省の⑰＿＿＿・大輔などとなって実権を握り，のちに⑱＿＿＿＿＿と呼ばれる政権の基礎がほぼ固まった。薩摩藩からは西郷隆盛・大久保利通・⑲＿＿＿＿＿，長州藩からは木戸孝允・伊藤博文・⑳＿＿＿・山県有朋，土佐藩からは㉑＿＿＿・後藤象二郎・㉒＿＿＿，肥前藩からは㉓＿＿＿・大木喬任・㉔＿＿＿・江藤新平が要職についた。

1871(明治4)年，廃藩置県を断行して国内統一を達成した新政府は，同年中に，岩倉具視ら多くの政府首脳を含む大規模な使節団(㉕＿＿＿という)を米欧諸国に派遣した。西郷隆盛を中心とする㉖＿＿＿は，以後1873(明治6)年まで，㉗＿＿＿・徴兵制の実施や㉘＿＿＿＿＿などの大規模な内政改革を精力的に推進した。

軍事制度では，1871(明治4)年に廃藩に先立って政府直轄軍として編制された御親兵を㉙＿＿＿＿＿とし，天皇の警護に当てた。また，廃藩とともに藩兵を解散させたが，一部は㉚＿＿＿＿＿のもとで各地に設けた㉛＿＿＿

解答 ⑩御親兵 ⑪廃藩置県 ⑫知藩事 節団 ㉖留守政府 ㉗学制 ㉘地租改正 ⑬府知事・県令 ⑭神祇官 ⑮正院 ⑯ ㉙近衛兵 ㉚兵部省 ㉛鎮台 三条実美 ⑰卿 ⑱藩閥政府 ⑲黒田清隆 ⑳井上馨 ㉑板垣退助 ㉒佐々木高行 ㉓大隈重信 ㉔副島種臣 ㉕岩倉使

に配置し，反乱や一揆に備えた。翌1872（明治 5 ）年，㉚_____は陸軍省・海軍省に分離した。近代的な軍隊の創設をめざす政府は，1872（明治 5 ）年の㉜_____にもとづき，翌年 1 月，国民皆兵を原則とする㉝_____を公布した。これにより，士族・平民の別なく，満㉞__歳に達した男性から選抜して 3 年間の兵役に服させる統一的な兵制が立てられた。同じ頃，警察制度も創設された。1873（明治 6 ）年に新設された㉟_____は，殖産興業や地方行政などに当たったほか，全国の警察組織を統轄した。翌1874（明治 7 ）年には首都東京に㊱_____が設置された。

四民平等

国内統一と並行して，封建的身分制度の撤廃も進められた。版籍奉還によって藩主と藩士の主従関係が解消され，藩主を公家とともに❶_____，藩士や旧幕臣を❷_____とした。同時に「農工商」の百姓・町人は❸_____となり，苗字（名字）が許され，華・士族との結婚や，❹_____・_____の自由も認められて，いわゆる四民平等の世になった。また1871（明治 4 ）年には，旧来のえた・非人などの称をやめて，制度のうえでは平民同様とした。1872（明治 5 ）年には，華族・士族・平民という新たな族籍にもとづく統一的な戸籍編成がおこなわれた（❺_____という）。これらの身分制改革によって，男女の差別はあったが，同じ義務をもつ国民が形成された。

しかし，政府は華族・士族に対して，額を減らしたが依然として❻_____を支給し，王政復古の功労者には❼_____を与えていた。この家禄と賞典禄をあわせて秩禄というが，その支出は国の総支出の約30％を占めて大きな負担となった。政府は1873（明治 6 ）年に希望者に対して秩禄の支給をとめるかわりに一時金を支給する❽_____を定め，さらに1876（明治 9 ）年にはすべての受給者に年間支給額の 5 〜14年分の額の❾_____を与えて，秩禄を全廃した（❿_____という）。ここに，同年の⓫_____とあわせて，士族はすべての特権を奪われた。

小禄の士族が受けとった公債の額はわずかであったから，官吏・巡査・教員

【解答】　㉜徴兵告諭　㉝徴兵令　㉞20　㉟内務省　㊱警視庁
四民平等　❶華族　❷士族　❸平民　❹移住・職業選択　❺壬申戸籍　❻家禄　❼賞典禄　❽秩禄奉還の法　❾金禄公債証書　❿秩禄処分　⓫廃刀令

■徴兵の免除　官吏・学生・戸主・嗣子・養子などのほか，代人料270円で免除が認められた。そのために貧農の次三男がおもな徴兵の対象となった。

第 9 章　近代国家の成立　195

などに転身できなかった多くの士族は生活に困り、公債を元手になれない商売に手を出し、失敗して没落したものも多かった（「士族の商法」）。このような士族に対して、政府は事業資金の貸付や、北海道開拓事業など❷_____の道を講じたが、成功した例は少なかった。

地租改正

近代化政策を進めるうえで、財政の安定は重要な課題であった。新政府の主要な財源は、旧幕府時代のまま受け継いだ年貢で、旧各藩ごとに税額が異なり、米の作柄によって年々変動した。また、新政府は廃藩によって諸藩の①債務を引き継いだので財政は苦しく、廃藩を機会に債務の一部を切り捨てる一方、財源の安定をめざして、土地制度・税制の改革をおこなう必要があった。

その第一歩として、1871（明治4）年に②田畑勝手作りを許可し、翌年には③田畑永代売買の禁止令を解き、地券を発行して土地の④所有権をはっきり認めた。地券は原則として従来の年貢負担者（地主・自作農）に交付され、年貢を受けとる知行権を内容とする封建的領有制は解体した。この地券制度をもとに、1873（明治6）年7月、❺地租改正条例を公布して地租改正に着手し、1881（明治14）年までにほぼ完了した。地租改正の要点は、（1）課税の基準を、不安定な収穫高から一定した⑥地価に変更し、（2）物納を⑦金納に改めて税率を地価の⑧3％とし、（3）地券所有者を⑨納税者とすることであった。

こうして地租が全国同一の基準で⑩豊凶にかかわらず一律に貨幣で徴収され、近代的な租税の形式が整って、政府財政の基礎はいったん固まった。また地主・⑪自作農の土地所有権が確立し、地租金納化が始まると農村への商品経済の浸透が進んだ。一方で、地租改正は従来の年貢による収入を減らさない方針で進められたので、農民は負担の軽減を求めて各地で地租改正反対の⑫一揆をおこし、1877（明治10）年には地租の税率が⑬2.5％に引き下げられた。また、農民が共同で利用していた山林・原野などの⑭入会地のうち、その所有権を立証できないものは官有地に編入され、これへの不満も農民一揆の一

【解答】 ❷士族授産
地租改正 ①債務 ②田畑勝手作り ③田畑永代売買 ④所有権 ❺地租改正条例 ⑥地価 ⑦金納 ⑧3 ⑨納税者 ⑩豊凶 ⑪自作農 ⑫一揆 ⑬2.5 ⑭

入会地
■**入会地の官収** 地租改正では、林野の官・民有区分もおこなわれ、旧領主の直轄領や農民の入会地の多くは官有地に編入された。

因となった。

殖産興業

政府は❶**富国強兵**をめざして殖産興業に力を注いだ。まず❷**関所**や❸**宿駅**・助郷制度の撤廃，❹**株仲間**などの独占の廃止，身分にまつわる制約の除去など，封建的諸制度の撤廃につとめ，土地所有権を確定して自由な経済活動の前提を整えた。ついで，外国人教師（いわゆる❺**お雇い外国人**）の指導のもとに近代産業を政府みずから経営して，その育成をはかった。

1870（明治3）年に設置された❻**工部省**が中心となって，1872（明治5）年に新橋・❼**横浜**間，ついで❽**神戸**・大阪・京都間にも鉄道を敷設し，開港場と大都市を結びつけた。また，旧幕府の経営していた佐渡・❾**生野**などの鉱山や長崎造船所，旧藩営の❿**高島**・三池などの炭鉱や兵庫造船所を接収し，官営事業として経営した。軍備の近代化を担う軍工廠としては東京と大阪に⓫**砲兵工廠**を開き，旧幕府が設けた横須賀造船所の拡充に力を入れた。

通信では，1871（明治4）年に⓬**前島密**の建議により，飛脚にかわる官営の郵便制度が発足し，まもなく全国均一料金制をとった。また1869（明治2）年に東京・横浜間にはじめて架設された⓭**電信線**は，5年後には⓮**長崎**と⓯**北海道**までのばされ，長崎・⓰**上海**間の海底電線を通じて欧米と接続された。海運では，近海・沿岸の海運を国内企業に掌握させ，また有事の際に軍事輸送をおこなわせるため，土佐藩出身の⓱**岩崎弥太郎**が経営する三菱（郵便汽船三菱会社）に手厚い保護を与えた。

一方，政府は民間工業を近代化し，貿易赤字を解消しようと輸出の中心となっていた生糸の生産拡大に力を入れ，1872（明治5）年，群馬県に**官営模範工場**として⓲**富岡製糸場**を設け，⓳**フランス**の先進技術の導入・普及と工女の養成をはかった。

1873（明治6）年に設立された⓴**内務省**も殖産興業に大きな役割を果たし，製糸・紡績などの官営模範工場を経営したのをはじめ，人力車や荷車，さ

解答　殖産興業　❶富国強兵　❷関所　❸宿駅　❹株仲間　❺お雇い外国人　❻工部省　❼横浜　❽神戸　❾生野　❿高島　⓫砲兵工廠　⓬前島密　⓭電信線　⓮長崎　⓯北海道　⓰上海　⓱岩崎弥太郎　⓲富岡製糸場　⓳フランス　⓴内務省

第9章　近代国家の成立　197

らには馬車などの交通の便をはかるため道路改修を奨励した。農業・牧畜については、駒場農学校や㉑札幌農学校を開設して西洋式技術の導入をはかった。㉒西南戦争の最中1877(明治10)年に、内務省に事務局をおいて上野で第1回㉓内国勧業博覧会が開かれた。

　政府は北方を開発するため、1869(明治2)年、蝦夷地を㉔北海道と改称して㉕開拓使をおき、アメリカ式の大農場制度・畜産技術の移植をはかり、㉖クラークをまねいて1876(明治9)年に㉗札幌農学校を開校した。また、1874(明治7)年には士族授産の意味もあって㉘屯田兵制度を設けて開拓とあわせて北のロシアに対する備えとした。

　貨幣制度では、1871(明治4)年に金本位をたてまえとする㉙新貨条例を定め、十進法を採用し、円・㉚銭・厘を単位に新硬貨をつくった。しかし、実際には開港場では銀貨が、国内では紙幣が主として用いられた。また翌1872(明治5)年には、維新直後に発行した㉛太政官札などと引き換えるため、新たな政府紙幣を発行して紙幣の統一を進めたが、これは㉜金貨や㉝紙幣と交換できない不換紙幣であった。

　そこで政府は、商人・地主など民間の力で金貨と交換できる㉞兌換銀行券を発行させようと、1872(明治5)年、渋沢栄一を中心に㉟国立銀行条例を定め、翌年に第一国立銀行などを設立させたが、その経営は困難で、ただちに㊱兌換制度を確立することはできなかった。

　殖産興業政策が進められる過程で、㊲三井・岩崎(三菱)などの民間の事業家は、政府から特権を与えられて、金融・貿易・海運などの分野で独占的な利益を上げ、㊳政商とよばれた。

> **文明開化**

富国強兵をめざす政府は、西洋文明の摂取による近代化の推進をはかり、率先して西洋の産業技術や社会制度から学問・思想や生活様式に至るまでを取り入れようとした。これにともない、明治初期の国民生活において、❶_____と呼ばれる新しい風潮が生じて、ジャーナリズムなどを通して❷_____を中心に広まり、部分的

解答 ㉑三田育種場 ㉒西南戦争 ㉓内国勧業博覧会 ㉔北海道 ㉕開拓使 ㉖クラーク ㉗札幌農学校 ㉘屯田兵 ㉙新貨条例 ㉚銭 ㉛太政官札 ㉜金貨 ㉝銀貨 ㉞兌換銀行券 ㉟国立銀行条例 ㊱兌換 ㊲三井 ㊳政商
文明開化 ❶文明開化 ❷大都市
▎**兌換銀行券** それを発行した銀行に持参して請求すれば、いつでも正貨(金銀貨)と交換される銀行券。

には庶民の風俗・習慣にも浸透した。

　思想界では，それまでの儒教・神道による考え方や古い習慣が時代遅れとして排斥され，かわって自由主義・個人主義などの西洋近代思想が流行し，❸_____の思想がとなえられた。❹_____の『西洋事情』『学問のすゝめ』『文明論之概略』，❺_____訳のスマイルズの『西国立志編』や❻_____の『自由之理』などが新思想の啓蒙書としてさかんに読まれ，国民の考え方を転換させるうえで大きな働きをした。明治初期には，英・米系の自由主義・功利主義が新思想として受け入れられ，ミルやスペンサーらの著書がよく読まれて，当時の近代思想の主流となった。

　教育の面では，1871(明治4)年の❼_____の新設に続いて，翌72(明治5)年に，❽_____の学校制度にならった統一的な**学制**が公布された。政府は，国民各自が身を立て，智を開き，産をつくるための学問という❾_____主義的な教育観をとなえて，❿_____の普及に力を入れ，男女に等しく学ばせる国民皆学教育の建設をめざした。専門教育では，1877(明治10)年に旧幕府の⓫_____・医学所を起源とする諸校を統合して**東京大学**を設立し，多くの外国人教師をまねいた。教員育成のための⓬_____のほか，女子教育・産業教育についてもそれぞれ専門の学校を設けた。

　このように，教育制度の整備は主として政府の力で進められたが，福沢諭吉の⓭_____(1868年)，⓮_____の同志社(1875年)などの私学も創設され，特色ある学風を発揮した。

　明治維新の変革は，宗教界にも大きな変動を引きおこした。1868(明治元)年，政府は王政復古による⓯_____の立場から，古代以来の神仏習合を禁じて⓰_____を国教とする方針を打ち出した(**神仏分離令**)。そのため全国にわたって一時⓱_____の嵐が吹き荒れたが，これは仏教界の覚醒をうながすことにもなった。政府は1870(明治3)年に⓲_____を発し，また神社制度・祝祭日などを制定し，神道を中心に国民の詔

解答 ❸天賦人権 ❹福沢諭吉 ❺中村正直 ❻ミル ❼文部省 ❽フランス ❾功利 ❿小学校教育 ⓫開成所 ⓬師範学校 ⓭慶応義塾 ⓮新島襄 ⓯祭政一致 ⓰神道 ⓱廃仏毀釈 ⓲大教宣布

『**学問のすゝめ**』 「人は同等なる事」，「我心をもって他人の身を制すべからず」，「怨望の人間に害あるを論ず」などの17編からなる。

教化をめざした。

キリスト教に対しては，新政府は旧幕府同様の禁教政策を継続し，長崎の浦上や五島列島の隠れキリシタンが迫害を受けた。しかし，列国の強い抗議を受け，⑲_____（明治6）年，ようやくキリスト教禁止の高札が撤廃され，キリスト教は黙認された。

これを機会に，幕末から教育や医療などの事業をおこなっていた新旧各派の宣教師は，日本人に対する布教活動を積極的に開始した。

幕末以来，幕府の手で外国新聞の翻訳がおこなわれていたが，明治になっても，旧幕臣がこれを続けており，さらに⑳_____技術の発達に助けられて，東京を中心に各種の日刊新聞や雑誌がつぎつぎと創刊された。なお，活版印刷の発達は，1869（明治2）年に㉑_____が鉛製活字の量産技術の導入に成功してからである。これらの新聞・雑誌では，報道のほか政治問題の評論をおこない，新しい言論活動が始まり，学術書・啓蒙書の出版もさかんになった。また，㉒_____・福沢諭吉・㉓_____・㉔_____・西村茂樹らの洋学者が，1873（明治6）年に㉕_____を組織して，翌年から『明六雑誌』を発行し，演説会を開いて封建思想の排除と近代思想の普及につとめた。

1872（明治5）年12月には，西洋諸国の例にならって暦法を改め，旧暦（太陰太陽暦）を廃して㉖_____を採用し，1日を24時間とし，のちには日曜を休日とするなど，長いあいだの行事や慣習が改められた。

文明開化の風潮は，東京など都会の世相によく表われた。**洋服の着用**が，㉗_____や巡査からしだいに民間に広まり，㉘_____が文明開化の象徴とみられた。また，新聞のほかに以前からの㉙_____もさかんに発行された。東京の銀座通りには煉瓦造の建物が並び，㉚_____・人力車・鉄道馬車などが東京の名物となり，牛鍋が流行した。

農村の生活は変化が遅かったが，近代化の波は交通の発達や新聞の普及などで，しだいに地方にもおよんでいった。一方，古い芸術品や芸能などが軽視されがち

解答 ⑲1873 ⑳活版印刷 ㉑本木昌造 ㉒森有礼 ㉓西周 ㉔加藤弘之 ㉕明六社 ㉖太陽暦 ㉗官吏 ㉘ざんぎり頭 ㉙錦絵 ㉚ガス灯

■**文明開化**■ 「文明」は文彩あって光り輝く，「開化」は風化教導して進歩をはかるの意で，ともに中国古典にみえる語である。この2語をあわせてcivilizationの訳語としたのは福沢諭吉らしい。

になり，貴重な文化遺産が失われることも少なくなかった。

明治初期の対外関係

外交問題では，幕府から引き継いだ不平等条約の改正が大きな課題であった。1871(明治4)年末，右大臣岩倉具視を大使とする使節団(❶_____という)がアメリカ・ヨーロッパに派遣され，まず❷_____と交渉したが目的を達することはできず，欧米近代国家の政治や産業の発展状況を細かく視察して帰国した。1876(明治9)年から外務卿の❸_____が，アメリカと交渉して❹_____回復の交渉にほぼ成功したが，❺_____・ドイツなどの反対で無効となった。

近隣諸国に対しては，まず1871(明治4)年，清国に使節を派遣して❻_____を結び，相互に開港して❼_____を認めあうことなどを定めた。日本が外国と結んだ最初の❽_____であるが，日本はこれに不満で，1873(明治6)年ようやく批准した。

琉球王国は，江戸時代以来，事実上❾_____藩(島津氏)に支配されながら，名目上は❿_____を宗主国にするという複雑な両属関係にあった。政府はこれを日本領とする方針をとって，1872(明治5)年に⓫_____をおいて政府直属とし，琉球国王の⓬_____を藩王とした。しかし，⓭_____を主張する清国は強く抗議し，この措置を認めなかった。

1871年に台湾で⓮_____が発生した。清国が現地住民の殺害行為に責任を負わないとしたため，軍人や士族の強硬論におされた政府は，1874(明治7)年に台湾に出兵した(⓯_____・征台の役)。これに対し清国はイギリスの調停もあって，日本の出兵を正当な行動と認め，事実上の賠償金を支払った。ついで1879(明治12)年には，日本政府は琉球藩および琉球王国の廃止と沖縄県の設置を強行した(⓰_____という)。

新政府は発足とともに朝鮮に国交樹立を求めたが，当時，鎖国政策をとっていた朝鮮は，日本の交渉態度を不満として正式の交渉には応じなかった。1873

解答 明治初期の対外関係 ❶岩倉使節団 ❷アメリカ ❸寺島宗則 ❹関税自主権 ❺イギリス ❻日清修好条規 ❼領事裁判権 ❽対等条約 ❾薩摩 ❿清国 ⓫琉球藩 ⓬尚泰 ⓭宗主権 ⓮琉球漂流民殺害事件 ⓯台湾出兵 ⓰琉球処分

(明治6)年，留守政府首脳の西郷隆盛・⑰＿＿＿＿＿らは⑱＿＿＿＿＿をとなえたが，帰国した⑲＿＿＿＿＿らの強い反対にあって挫折した。そののち1875(明治8)年の⑳＿＿＿＿＿を機に日本は朝鮮にせまって，翌1876(明治9)年，㉑＿＿＿＿＿(江華条約)を結び，朝鮮を開国させた。

また，幕末以来ロシアとのあいだで懸案となっていた樺太の帰属については，日本は北海道の開拓で手いっぱいであったため，1875(明治8)年，㉒＿＿＿＿＿・＿＿＿＿＿を結んで，樺太にもっていたいっさいの権利をロシアにゆずり，そのかわりに㉓＿＿＿＿＿を領有した。また，欧米系住民が定住していた㉔＿＿＿＿＿へは幕府が1861(文久元)年に役人を派遣して領有を確認したが，その後引き揚げていたので，1876(明治9)年，㉕＿＿＿＿＿の出張所をおいて統治を再開した。このようにして，南北両方面にわたる日本の領土が国際的に画定された。

新政府への反抗

戊辰戦争に際して政府軍に加わって戦った士族の中には，彼らの主張が新政府に反映されないことに不平をいだくものが少なくなかった。1873(明治6)年の①＿＿＿＿＿は，これらの不平士族に支えられたものであった。征韓論が否決されると②＿＿＿＿＿・板垣退助・江藤新平・③＿＿＿＿＿らの征韓派参議はいっせいに辞職し(**明治六年の政変**)，翌1874(明治7)年から，これら士族の不満を背景に政府批判の運動を始めた。なお，この政変ののちに政府を指導したのは，内務卿に就任した④＿＿＿＿＿であった。

⑤＿＿＿＿＿・後藤象二郎らは，⑥＿＿＿＿＿を設立するとともに，イギリス帰りの知識人の力を借りて作成した⑦＿＿＿＿＿を左院に提出し，政府官僚の専断(有司専制)の弊害を批判して天下の公論にもとづく政治をおこなうための国会の設立を求めた。これは新聞に掲載されて世論に大きな影響を与え，⑧＿＿＿＿＿の口火となった。

解答 ⑰板垣退助 ⑱征韓論 ⑲大久保利通 ⑳江華島事件 ㉑日朝修好条規 ㉒樺太・千島交換条約 ㉓千島全島 ㉔小笠原諸島 ㉕内務省
新政府への反抗 ①征韓論争 ②西郷隆盛 ③副島種臣 ④大久保利通 ⑤板垣退助 ⑥愛国公党 ⑦民撰議院設立の建白書 ⑧自由民権運動

一方，保守的な士族の中には，新政府樹立に功を上げながらも，急激な改革の中で旧来の特権を失っていくことに対する不満から，反政府暴動をおこすものもあった。

　1874(明治7)年，征韓派前参議の一人，⑨_____は郷里の佐賀の不平士族に迎えられて征韓党の首領となり，政府に対して反乱をおこした(佐賀の乱)。さらに⑩_____(明治9)年に⑪_____が出され，ついで秩禄処分が断行されると，復古的攘夷主義を掲げる熊本の不平士族の⑫_____(神風連)が反乱をおこし，熊本鎮台を襲った。これに呼応して，福岡県の不平士族による秋月の乱，山口県萩での前参議⑬_____の反乱など，士族の武装蜂起があいついでおこったが，反乱はいずれも政府によって鎮圧された。

　一方，1873(明治6)年には，徴兵制度や⑭_____にもとづく小学校の設置による負担の増加をきらって，多くの農民が一揆をおこし(⑮_____)，さらに1876(明治9)年になると，低米価のもとで過去の高米価も含めて平均した地価を基準に地租を定めることに反発する大規模な農民一揆が発生した(⑯_____という)。

　各地の士族反乱が鎮圧される中，地租の軽減で農民の不満がいくぶん緩和された1877(明治10)年には，下野・帰郷していた西郷隆盛を首領として，私学校生らの鹿児島士族を中心とした最大規模の士族反乱が発生した。九州各地の不平士族がこれに呼応したが，政府は約半年を費やしてすべて鎮圧した(⑰_____という)。これを最後に，不平士族による反乱はおさまった。

3　立憲国家の成立と日清戦争

自由民権運動　板垣退助らが民撰議院設立の建白書を提出したことをきっかけに，自由民権論は急速に高まった。1874(明治7)年，板垣は郷里の土佐に帰って①_____らの同志を集めて

解答　⑨江藤新平　⑩1876　⑪廃刀令　⑫敬神党　⑬前原一誠　⑭学制　⑮血税一揆　⑯地租改正反対一揆　⑰西南戦争
自由民権運動　①片岡健吉

民撰議院　撰は本来，さだめる・えらびとるの意だから人民選出の議員の意としては「民選」が正しい。『日新真事誌』発表の建白書の文字は「民撰」で，当時は選挙も「撰挙」とするのがふつう。

第9章　近代国家の成立　203

❷_____をおこし，翌年これを中心に民権派の全国組織をめざして❸_____を大阪に設立した。これに対して政府側も，時間をかけて立憲制に移行すべきことを決め，1875(明治8)年4月に❹_____を出すとともに，立法諮問機関である❺_____，最高裁判所に当たる❻_____，府知事・県令からなる❼_____を設置した。元老院では，翌1876(明治9)年から憲法草案の起草が始められた。元老院の憲法草案は数次の案を経て，1880(明治13)年に「❽_____」として完成した。しかし岩倉具視らから，その内容が日本の国体にあわないとして反対され，廃案となった。一方，民権運動家たちが新聞や雑誌で活発に政府を攻撃するのに対し，政府は1875(明治8)年6月，❾_____・❿_____などを制定して，これをきびしく取り締まった。

1876(明治9)年から翌年にかけての士族反乱や農民一揆がおさまると，政府は地方統治制度の整備をはかるため，1878(明治11)年に郡区町村編制法・⓫_____・地方税規則のいわゆる⓬_____を制定した。これにより，府会・県会を通してある程度の民意を組み入れられる地方制度となった。地方では府知事・県令の判断で公選制の⓭_____が設置され始めていたが，この規則で全国的に認めるとともに統一規則を定め，府県予算案の部分的審議権を⓮_____に与えた。

他方，民権運動の中心であった立志社は，⓯_____の最中に片岡健吉を総代として国会開設を求める意見書(⓰_____という)を天皇に提出しようとしたが，政府に却下された。また，立志社の一部が反乱軍に加わろうとしたこともあって，運動は一時下火になった。しかし，1878(明治11)年に，解散状態にあった愛国社の再興大会が⓱_____で開かれた頃から，運動は⓲_____だけではなく，⓳_____や都市の商工業者，府県会議員などのあいだにも広まっていった。

1880(明治13)年3月には前年末の愛国社の第3回大会の呼びかけにもとづいて，

解答 ❷立志社 ❸愛国社 ❹漸次立憲政体樹立の詔 ❺元老院 ❻大審院 ❼地方官会議 ❽日本国憲按 ❾讒謗律 ❿新聞紙条例 ⓫府県会規則 ⓬地方三新法 ⓭民会 ⓮府県会 ⓯西南戦争 ⓰立志社建白 ⓱大阪 ⓲士族 ⓳地主 ■讒謗律 事実の有無を論ぜず文書や画像などで他人を誹謗した者を処罰することを定めた。刑は讒謗の対象が皇族・官吏・華士族・平民の順に重かった。

❷⓿＿＿＿＿＿が結成され，同盟参加の各地の❷①＿＿＿＿の代表が署名した天皇宛の国会開設請願書を太政官や元老院に提出しようとした。政府はこれを受理せず，4月に❷②＿＿＿＿＿を定めて，政社の活動を制限した。国会期成同盟は同年11月に第2回大会を東京で開いたが，運動方針について意見がまとまらず，翌1881（明治14）年10月に各自の憲法草案をたずさえてふたたび会することだけを決めて散会した。散会したあと，参加者の一部は別に会合をもち，自由主義政党の結成に進むことを決めた。1881（明治14）年10月に，このグループを中心に，板垣退助を総理（党首）とする❷③＿＿＿＿＿が結成された。

1878（明治11）年に政府の最高実力者であった❷④＿＿＿＿＿＿内務卿が暗殺されてから強力な指導者を欠いていた政府は，このような自由民権運動の高まりを前にして内紛を生じ，❷⑤＿＿＿＿はイギリス流の議院内閣制の早期導入を主張し，右大臣岩倉具視や❷⑥＿＿＿＿と激しく対立した。たまたま，これと同時におこった❷⑦＿＿＿＿＿＿で，世論の政府攻撃が激しくなった。1881（明治14）年10月，政府は，大隈をこの世論の動きと関係ありとみて罷免し，欽定憲法制定の基本方針を決定し，❷⑧＿＿＿＿＿を出して，❷⑨＿＿＿年に国会を開設すると公約した。この❸⓿＿＿＿＿によって，伊藤博文らを中心とする薩長藩閥の政権が確立し，君主権の強い立憲君主制の樹立に向けて準備が始められた。

民間でも，さかんに憲法私案がつくられた。まず，1881（明治14）年に福沢諭吉系の❸①＿＿＿＿が「私擬憲法案」を発表したのに続いて，民権派でも❸②＿＿＿＿らが数多くの草案を作成した。同時に民権思想一般でも，さかんに論争が展開された。中江兆民は，❸③＿＿＿＿の『社会契約論』の一部を漢訳した『民約訳解』を刊行した。また，❸④＿＿＿＿が社会進化論の立場から『人権新説』で民権派の天賦人権論に批判を加えると，❸⑤＿＿＿が『天賦人権論』を，植木枝盛が『天賦人権弁』を出して反論した。

解答 ❷⓿国会期成同盟 ❷①政社 ❷②集会条例 ❷③自由党 ❷④大久保利通 ❷⑤大隈重信 ❷⑥伊藤博文 ❷⑦開拓使官有物払下げ事件 ❷⑧国会開設の勅諭 ❷⑨1890 ❸⓿明治十四年の政変 ❸①交詢社 ❸②植木枝盛 ❸③ルソー ❸④加藤弘之 ❸⑤馬場辰猪　■「私擬憲法案」　わたくし（私）にまね（擬）て作ってみた憲法の案。

第9章　近代国家の成立　205

国会開設の時期が決まると、㊱＿＿＿＿＿流の急進的な自由主義をとなえる自由党に対抗して、1882(明治15)年には大隈重信を党首として、㊲＿＿＿＿＿流の議院内閣制を主張する㊳＿＿＿＿＿が結成された。立志社・愛国社の流れをくむ自由党が主として㊴＿＿＿＿＿を基盤としたのに対し、立憲改進党は㊵＿＿＿＿＿の実業家や知識人に支持された。

政府側も㊶＿＿＿＿＿らを中心に保守的な㊷＿＿＿＿＿を結成させたが、民権派に対抗できるほどの勢力にはなれず、翌1883(明治16)年に解党した。

松方財政

政府は西南戦争の戦費の必要から、不換紙幣を増発した。これと、1876(明治9)年の条例改正で兌換義務を取り除かれた①＿＿＿＿＿が商人・地主や金禄公債証書で出資する華族・士族によって続々と設立されて②＿＿＿＿＿を発行したことから、激しいインフレーションがおこり、貿易取引などで用いられる③＿＿＿＿＿に対する紙幣の価値が下落した。その結果、紙幣でおさめられる定額の④＿＿＿＿＿を中心とする政府の歳入は実質的に減少して財政困難をまねいた。また、1866(慶応2)年ごろから輸入超過が続いていたこともあって、⑤＿＿＿＿＿(金・銀)保有高は底を突いてきた。

そこで政府は1880(明治13)年、大蔵卿⑥＿＿＿＿＿が中心となって酒造税などを増徴し、⑦＿＿＿＿＿を払い下げる方針を決めるなど、財政・紙幣整理に着手した。翌年、⑧＿＿＿＿＿が大蔵卿に就任すると、増税によって歳入の増加をはかる一方、⑨＿＿＿＿＿以外の歳出を徹底的に緊縮した。そして、歳入の余剰で不換紙幣を処分するデフレ政策をとりながら正貨の蓄積を進め、1882(明治15)年、中央銀行として⑩＿＿＿＿＿を設立した。⑩＿＿＿＿＿は銀貨と紙幣価値の差がほとんどなくなった1885(明治18)年から銀兌換の銀行券を発行し、翌年には政府紙幣の銀兌換も始められ、ここに⑪＿＿＿＿＿の貨幣制度が整うことになった。

解答 ㊱フランス ㊲イギリス ㊳立憲改進党 ㊴地方農村 ㊵都市 ㊶福地源一郎 ㊷立憲帝政党
松方財政 ①国立銀行 ②不換銀行券 ③銀貨 ④地租 ⑤正貨 ⑥大隈重信 ⑦官営工場 ⑧松方正義 ⑨軍事費 ⑩日本銀行 ⑪銀本位

■**皇室財産の拡充** 1885年に170万円だった皇室財産は、1890年には株券780万円・山林350万町歩に拡充された。

しかし，きびしい緊縮・デフレ政策のため，米・⑫＿＿＿など物価の下落が著しく，深刻な不況は全国におよんだ。しかも増税に加えて地租は⑬＿＿＿＿＿であったので，農民の負担は著しく重くなり，自作農が土地を手放して⑭＿＿＿＿＿に転落した。地主は所有地の一部を耕作するほかは，小作人に貸しつけて高率の⑮＿＿＿＿＿＿＿＿＿を取り立て，そのかたわら貸金業や酒屋などを営んで，貸金のかたに土地を集中していった。また，土地を失った農民が都市に貧民として流れ込み，さらに下級士族の困窮も激しくなって，社会は動揺していった。

民権運動の再編

松方財政下での農村の窮迫は，民権運動にも大きな影響を与えた。運動の支持者であった地主・農民のうちで経営難・生活難のため運動から手を引くものが多くなり，他方では同じ事情から政治的に急進化するものも現われた。

このような中で，政府は1882(明治15)年に①＿＿＿＿＿＿＿＿を改正して政党の支部設置を禁止するとともに，自由党の党首②＿＿＿＿＿＿＿の洋行を援助するなどの懐柔策もとった。板垣の洋行には自由党内部にも批判があり，また③＿＿＿＿＿＿＿も激しく攻撃したので，民権運動は統一的な指導部を失った。他方，政府の弾圧や不況下の重税に対する反発から，自由党員や農民が各地で直接行動をおこした。1882(明治15)年には④＿＿＿＿＿がおこり，ついで関東および北陸・東海地方で⑤＿＿＿＿＿・群馬事件・加波山事件などの騒擾が続いた。1884(明治17)年には埼玉県秩父地方で，⑥＿＿＿＿＿を称する約3000人の農民が急増する負債の減免を求めて蜂起し，多数の民衆を加えて高利貸・警察・郡役所などを襲撃したのに対し，政府はその鎮圧に軍隊まで派遣した(⑦＿＿＿＿＿＿という)。

これらすべての事件を自由党員が指導したわけではなかったが，自由党の指導部は党員の統率に自信を失い，運動資金の不足もあって，⑧＿＿＿＿＿＿の直後に解党した。立憲改進党も党首大隈重信ら中心的指導者が離党し，事実上の解党状態におちいった。さらに翌1885(明治18)年には旧自由党左

[解答] ⑫繭 ⑬定額金納 ⑭小作農 ⑮現物小作料
民権運動の再編 ①集会条例 ②板垣退助 ③立憲改進党 ④福島事件 ⑤高田事件 ⑥困民党 ⑦秩父事件 ⑧加波山事件

■**民権運動の衰退**　自由党指導者の一人である馬場辰猪は，1886年に亡命に近い形でアメリカ合衆国に移住し，そこで明治政府を批判する言論活動をおこなった。

派の⑨_____らが，朝鮮に渡ってその保守的政府を武力で打倒しようと企て，事前に大阪で検挙される事件がおこった（⑩_____）。こうした運動の急進化とそれに対する弾圧の繰り返しの中で，民権運動はしだいに衰退していった。

しかし国会開設の時期が近づくと，民権派のあいだで運動の再結集がはかられた。1887（明治20）年に，板垣退助にかわって同じく高知の⑪_____が⑫_____をとなえ，井上馨外相の条約改正交渉の失敗を機に⑬_____がおこった。三大事件とは，⑭_____，言論・集会の自由，外交失策の回復（対等条約の締結）の3要求を指し，建白書をたずさえた全国の代表者が政府諸機関に激しい陳情運動をおこなった。同年末に政府が⑮_____を公布して多くの在京の民権派を東京から追放したあとも，運動は東北地方を中心に継続し，1889（明治22）年の憲法発布によって政党再建に向かっていった。

憲法の制定

政府は，明治十四年の政変の際に，天皇と政府に強い権限を与える憲法を制定する方針を決めていたが，翌1882（明治15）年には，①_____らをヨーロッパに派遣して憲法調査に当たらせた。伊藤はベルリン大学の②_____，ウィーン大学の③_____らから主としてドイツ流の憲法理論を学び，翌年に帰国して憲法制定・国会開設の準備を進めた。

まず1884（明治17）年に④_____を定め，華族の範囲を広げて，旧上層公家・大名以外からも国家に功績のあったものが華族になれるようにして，将来の上院（貴族院）の土台をつくった。ついで1885（明治18）年には太政官制を廃して⑤_____を制定した。

これにより，各省の長官は国務大臣として自省の任務に関して⑥_____に直接責任を負うだけでなく，国政全体に関しても総理大臣のもとに閣議の一員として直接に参画するものとなった。また，宮中の事務に当たる⑦_____（宮内大臣）は内閣の外におかれ，同時に天皇御璽（天皇の印）・日本国璽（日本国

解答 ⑨大井憲太郎 ⑩大阪事件 ⑪後藤象二郎 ⑫大同団結 ⑬三大事件建白運動 ⑭地租の軽減 ⑮保安条例
憲法の制定 ①伊藤博文 ②グナイスト ③シュタイン ④華族令 ⑤内閣制度 ⑥天皇 ⑦宮内省

華族令 制定当初の華族は公11，侯24，伯76，子323，男74の計508名。維新の功臣として選ばれた新華族は約100名。

の印)の保管者で天皇の常侍輔弼の任に当たる⑧＿＿＿＿が宮中におかれた。初代総理大臣の伊藤博文は同時に宮内大臣を兼任したが，制度的には府中（行政府）と宮中の区別が明らかとなった。

地方制度の改革も，ドイツ人顧問モッセの助言を得て⑨＿＿＿＿を中心に進められ，1888(明治21)年に⑩＿＿＿＿・⑪＿＿＿＿が，1890(明治23)年には⑫＿＿＿＿・⑬＿＿＿＿が公布され，政府の強い統制のもとではあるが，地域の有力者を担い手とする地方自治制が制度的に確立した。

政府の憲法草案作成作業は，1886(明治19)年末頃から国民に対しては極秘のうちに進められ，ドイツ人顧問⑭＿＿＿＿らの助言を得て，伊藤を中心に⑮＿＿＿＿・伊東巳代治・金子堅太郎らが起草に当たった。この草案は，天皇臨席のもとに⑯＿＿＿＿（憲法・特別な法律・会計・条約などについて天皇の諮問にこたえる機関）で審議が重ねられ，1889(明治22)年2月11日，⑰＿＿＿＿（明治憲法ともいう）が発布された。

帝国憲法は，天皇が定めて国民に与える⑱＿＿＿＿であり，天皇と行政府にきわめて強い権限が与えられた。神聖不可侵とされた天皇は⑲＿＿＿＿のすべてを握る総攬者であり，文武官の任免，陸海軍の統帥（作戦・用兵など），宣戦・講和や⑳＿＿＿＿の締結など，議会の関与できない大きな権限をもっていた（**天皇大権**）。また，このうち陸海軍の統帥権は，内閣からも独立して天皇に直属していた（㉑＿＿＿＿という）。

天皇主権のもと，立法・行政・司法の三権が分立し，それぞれが天皇を補佐することとされたが，種々の制限を設けられた議会の権限と比べると，政府の権限は強く，各国務大臣は個別に，㉒＿＿＿＿にではなく天皇に対してのみ責任を負うものとされた。

帝国議会は，対等の権限をもつ㉓＿＿＿＿と**衆議院**からなっていたので，衆議院の立法権行使は，華族や勅選議員などからなる貴族院の存在によって実質的に制限されていた。しかし，多くの制限はあっても，議会の同意がなければ㉔＿＿＿＿や法律は成立しなかったから，政府は議会（とくに衆議院）とのあい

解答　⑧内大臣　⑨山県有朋　⑩市制　⑪町村制　⑫府県制　⑬郡制　⑭ロエスレル　⑮井上毅　⑯枢密院　⑰大日本帝国憲法　⑱欽定憲法　⑲統治権　⑳条約　㉑統帥権の独立　㉒議会　㉓貴族院　㉔予算

第9章　近代国家の成立

だで妥協をはかるようになり，政党の政治的影響力がしだいに増大していった。

一方，憲法上「㉕____」と呼ばれた日本国民は，法律の範囲内で㉖____の不可侵，㉗____の自由，言論・出版・集会・結社の自由を認められ，帝国議会での予算案・㉘____の審議を通じて国政に参与する道も開かれた。こうして日本は，アジアではじめての近代的立憲国家となった。また，憲法の公布と同時に議院法・衆議院議員選挙法・貴族院令が公布され，㉙____も制定されて，皇位の継承，摂政の制などについて定められた。

諸法典の編纂

西洋を範とする法典の編纂は明治初年に着手され，フランスの法学者①____をまねいて，フランス法をモデルとする各種法典を起草させ，1880(明治13)年には②____と治罪法(刑事訴訟法)を憲法に先行して公布した。その後も，条約改正のためもあって，民法と商法の編纂を急ぎ，1890(明治23)年には，民法・商法，民事・刑事訴訟法が公布され，法治国家としての体裁が整えられた。

これらのうち民法は，1890(明治23)年に大部分がいったん公布されたが，制定以前から一部の法学者のあいだで，③____など日本の伝統的な倫理が破壊されるとの批判がおこり，これをめぐって激しい議論が戦わされた（④____という）。1891(明治24)年，帝国大学教授⑤____は法律雑誌に「民法出デ、忠孝亡ブ」という題の論文を書き，①____の民法を激しく批判した。この結果，第三議会において商法とともに，修正を前提に施行延期となり，1896(明治29)年と1898(明治31)年に，先の民法を大幅に修正して公布された。こうしてできた新民法は，戸主の家族員に対する絶大な支配権⑥____という）や家督相続制度など，家父長制的な⑦____を存続させるものとなった。

初期会議

①____(明治23)年におこなわれる日本最初の衆議院議員総選挙を前に，旧民権派の再結集が進み，これに対抗する政府側では，すでに憲法発布直後に②____首相が，

解答 ㉕臣民 ㉖所有権 ㉗信教 ㉘法律案 ㉙皇室典範
諸法典の編纂 ①ボアソナード ②刑法 ③家族道徳 ④民法典論争 ⑤穂積八束 ⑥戸主権 ⑦家の制度

初期議会 ①1890 ②黒田清隆
■戸主権■ 明治民法は「家」を重んじ，家長である戸主には家族を支配・統率するための戸主権を認めていた。この戸主権は1948年の民法改正で廃止された。

政府の政策は政党の意向によって左右されてはならないという❸_____の立場を声明していた。しかし旧民権派が総選挙に大勝し、第1回帝国議会（第一議会）では、立憲自由党と立憲改進党などの❹_____が衆議院の過半数を占めた。

　第一議会が開かれると、超然主義の立場をとる第1次⑤_____内閣は、予算問題で⑥_____・_____を主張する民党に攻撃されたが、自由党の一部を切り崩して予算を成立させた。山県は予算案の説明で、国境としての「主権線」とともに⑦_____を含む「利益線」の防衛のための陸海軍増強の必要を力説した。つづく第二議会では、第1次⑧_____内閣が民党と衝突して、衆議院を解散した。1892（明治25）年の第2回総選挙に際して、⑧_____内閣は、内務大臣⑨_____を中心に激しい選挙干渉をおこなって政府支持者の当選につとめたが、民党の優勢をくつがえすことはできず、第三議会終了後に退陣した。

　ついで成立した「元勲総出」の第2次⑩_____内閣は、民党第一党の⑪_____と接近し、1893（明治26）年には天皇の詔書の力もあって海軍軍備の拡張に成功した。しかし、政府と⑪_____の接近に反発する⑫_____などの残存民党は、かつての吏党である国民協会と連合して、条約改正問題で政府を攻撃したので、政府と衆議院は日清戦争直前の第六議会まで対立を繰り返した。

《 条約改正 》　旧幕府が欧米諸国と結んだ不平等条約の改正、とくに❶_____（治外法権）の撤廃と❷_____の回復は、国家の独立と富国強兵をめざす政府にとって重要な課題であった。

　岩倉具視・③_____の交渉失敗のあとを受け継いだ❹_____外務卿（のち外務大臣）は、1882（明治15）年、東京に列国の代表を集めて予備会議を開き、ついで1886（明治19）年から正式会議に移った。その結果、1887（明治20）年には、日本国内を外国人に開放する（⑤_____という）かわ

[解答] ❸超然主義　❹民党　⑤山県有朋　③寺島宗則　❹井上馨　⑤内地雑居　⑥政費節減・民力休養　⑦朝鮮　⑧松方正義　⑨品川弥二郎　⑩伊藤博文　⑪自由党　⑫改進党
条約改正　❶領事裁判権　❷関税自主権

整理	条約改正への歩み		
1872	〔岩倉具視〕	米欧巡回，米で改正交渉に入るが，中途で断念	
1878	〔寺島宗則〕	税権回復を主眼，米は同意，英・独などの反対で失敗	
1882〜87	〔⑦　　　〕	法・税権一部回復を主眼。外国人判事の任用問題や欧化政策(鹿鳴館時代)への批判で失敗	
1888〜89	〔⑦　　　〕	国別交渉，外国人判事の大審院任用問題で挫折	
1891	〔⑦　　　〕	法権回復を主眼，英は同意したが大津事件で挫折	
1894	〔⑦　　　〕	日英通商航海条約締結(法権回復，税権一部回復)	
1899	〔青木周蔵〕	改正条約実施(有効期間12年)	
1911	〔⑦　　　〕	税権完全回復の新条約締結	

りに，領事裁判権を原則として撤廃する改正案が，欧米諸国によって一応了承された。

しかし，領事裁判権の撤廃に関しては，欧米同様の⑥　　　を編纂し，外国人を被告とする裁判には半数以上の⑦　　　を採用するという条件がついていた。政府部内にもこれらの条件は国家主権の侵害であるという批判がおこり，井上が交渉促進のためにとった極端な⑧　　　(井上外相は改正交渉を有利にするため，外国要人接待の社交場として東京日比谷に⑨　　　を建設し〈1883年〉，さかんに利用した)に対する反感とあいまって，改正交渉に反対する政府内外の声が強くなり，井上は交渉を中止して外相を辞任した。

そのあとを受けた⑩　　　外相は，条約改正に好意的な国から個別に交渉を始め，アメリカ・ドイツ・ロシアとのあいだに改正条約を調印した。しかし，条約正文以外の約束として⑪　　　への外国人判事の任用を認めていたことがわかると，政府内外に強い反対論がおこった。大隈外相が対外硬派の団体⑫　　　の一青年により負傷させられた事件(1889年)を機に，改正交渉はふたたび中断した。

条約改正の最大の難関であったイギリスは，⑬　　　を計画して東アジア進出をはかるロシアを警戒して日本に対して好意的になり，

解答 ⑥法典　⑦外国人判事　⑧欧化主義　⑨鹿鳴館　⑩大隈重信　⑪大審院　⑫玄洋社　⑬シベリア鉄道
整理 条約改正への歩み　⑦井上馨　⑦大隈重信　⑦青木周蔵　⑦陸奥宗光　⑦小村寿太郎

■**主権線と利益線**■　陸海軍増強の予算案の説明で，山県は主権線とは国境を，利益線とは主権線の安全と緊密に関係する区域をいうと説明した。

整理　日朝関係年表

1873	征韓論高まる。西郷ら征韓派敗北	1904	日韓議定書。第１次日韓協約
1875	江華島事件	1905	桂・タフト協定。第２次日韓協約（韓国保護条約）。統監府設置
1876	日朝修好条規(江華条約)		
1882	壬午軍乱(壬午事変)	1907	ハーグ密使事件。韓国皇帝の譲位。第３次日韓協約。義兵運動高揚
1884	甲申事変		
1885	天津条約	1909	伊藤博文，ハルビンで暗殺される
1889	防穀令(米穀・大豆など輸出禁止)	1910	韓国併合条約(韓国併合)。韓国を朝鮮に改め，統監府を朝鮮総督府とする
1894	甲午農民戦争(東学の乱)。清国・日本，出兵。日清戦争始まる		
1895	下関条約。日本守備隊，閔妃殺害		

相互対等を原則とする条約改正に応じる態度を示した。そこで⑭＿＿＿＿＿外相が改正交渉を開始したが，1891(明治24)年の⑮＿＿＿＿＿で辞任した。

その後，第２次伊藤内閣の外相⑯＿＿＿＿＿は，自由党の支持によって国内の改正反対の声をおさえ，日清戦争直前の1894(明治27)年，領事裁判権の撤廃と関税率の引上げ，および相互対等の⑰＿＿＿＿＿を内容とする⑱＿＿＿＿＿の調印に成功した。

ついで他の欧米諸国とも改正条約が調印され，1899(明治32)年から同時に施行された。残された関税自主権の回復も，1911(明治44)年に⑲＿＿＿＿＿外相のもとで達成された。こうして開国以来半世紀を経て，日本は条約上列国と対等の地位を得ることができた。

《朝鮮問題》　1876(明治９)年に日本が①＿＿＿＿＿によって朝鮮を開国させて以後，朝鮮国内では親日派勢力が台頭してきた。しかし1882(明治15)年，朝鮮の漢城で日本への接近を進める国王②＿＿＿＿＿の外戚閔氏一族に反対する③＿＿＿＿＿を支持する軍隊が反乱をおこし，これに呼応して民衆が日本公使館を包囲した(④＿＿＿＿＿，または壬午事変という)。反乱は失敗に終わったが，これ以後，⑤

解答　⑭青木周蔵　⑮大津事件　⑯陸奥宗光　⑰最恵国待遇　⑱日英通商航海条約　⑲小村寿太郎
朝鮮問題　①日朝修好条規　②高宗　③大院君　④壬午軍乱

　　　　　一族の政権は日本から離れて清国に依存し始めた。
　これに対し，日本と結んで朝鮮の近代化をはかろうとした⑥　　　　　　ら の親日改革派（独立党）は，1884（明治17）年の⑦　　　　　　　　　での結果を 改革の好機と判断し，日本公使館の援助を得てクーデタをおこしたが，清国軍の 来援で失敗した（❽　　　　　　　　　　という）。この事件できわめて悪化した 日清関係を打開するために，翌1885（明治18）年，政府は⑨　　　　　　　 を天津に派遣し，清国全権李鴻章とのあいだに⑩　　　　　　　　を結んだ。 これにより日清両国は朝鮮から撤兵し，今後同国に出兵する場合には，たがいに 事前通告することになり，当面の両国の衝突は回避された。
　２回の事変を経て，日本の朝鮮に対する影響が著しく減退する一方，清国の朝 鮮進出は強化された。同時に清国・朝鮮に対する日本の世論は急速に険悪化した。
　こうした中で，福沢諭吉が「⑪　　　　　　　」(1885年)を発表した。それはア ジアの連帯を否定し，日本がアジアを脱して欧米列強の一員となるべきこと，清 国・朝鮮に対しては武力をもって対処すべきことを主張するもので，軍事的対決 の気運を高めた。

《日清戦争と三国干渉》
　天津条約の締結後，朝鮮に対する影響力の拡大をめざ す日本政府は，軍事力の増強につとめるとともに，清 国の軍事力を背景に日本の経済進出に抵抗する朝鮮政府との対立を強めた。
　1894（明治27）年，朝鮮で東学の信徒を中心に減税と排日を要求する農民の反乱 （❶　　　　　　　　　，東学の乱という）がおこると，清国は朝鮮政 府の要請を受けて出兵するとともに，②　　　　　　　　に従ってこれを日 本に通知し，日本もこれに対抗して出兵した。農民軍はこれをみて急ぎ朝鮮政府 と和解したが，日清両国は朝鮮の内政改革をめぐって対立を深め，交戦状態に入 った。当初は日本の出兵に批判的だった③　　　　　　　　も，日英通商航 海条約に調印すると態度をかえたので，国際情勢は日本に有利になった。同年８ 月，日本は清国に宣戦を布告し，❹　　　　　　　　が始まった。
　開戦と同時に⑤　　　　は政府批判を中止し，議会は戦争関係の予算・法律

解答　⑤閔氏　⑥金玉均　⑦清仏戦争　⑤政党
❽甲申事変　⑨伊藤博文　⑩天津条約　■**脱亜論**■　1885年福沢諭吉は「脱亜論」を
⑪脱亜論　　　　　　　　　　　　　　　　発表し，日本は独自に近代化を達成し，
日清戦争と三国干渉　❶甲午農民戦争　　それをめざそうとしないアジア東方から
②天津条約　③イギリス　❹日清戦争　　脱け出せと主張した。

214　第４部　近代・現代

案をすべて承認した。日清戦争の戦費は約2億円余りで，当時の国家歳入の約2倍強という多額であった。戦局は，軍隊の訓練・規律，兵器の統一性などにまさる日本側の圧倒的優勢のうちに進んだ。日本軍は，清国軍を朝鮮から駆逐するとさらに❻＿＿＿＿＿＿を占領し，清国の北洋艦隊を黄海海戦で撃破し，根拠地の威海衛を占領した。戦いは日本の勝利に終わり，1895(明治28)年4月，日本全権伊藤博文・❼＿＿＿＿＿＿と清国全権❽＿＿＿＿＿＿とのあいだで❾＿＿＿＿＿＿が結ばれて講和が成立した。

その内容は，(1)清国は朝鮮の❿＿＿＿＿を認め，(2)❻＿＿＿＿＿＿および⓫＿＿＿＿＿＿・澎湖諸島を日本にゆずり，(3)賠償金⓬＿億両（当時の日本貨で約3億1000万円）を日本に支払い，(4)新たに⓭＿＿＿＿＿・⓮＿＿＿＿＿・蘇州・杭州の4港を開くこと，などであった。

しかし，❻＿＿＿＿＿＿の割譲は東アジア進出をめざす⓯＿＿＿＿＿を刺激し，ロシアは⓰＿＿＿＿＿・ドイツ両国を誘って，同半島の返還を日本に要求した(⓱＿＿＿＿＿＿という）。3大国の圧力に抗することを不可能と判断した日本政府は，この勧告を受け入れたが，同時に「⓲＿＿＿＿＿＿」の標語に代表される国民のロシアに対する敵意の増大を背景に，軍備の拡張につとめた。

遼東半島を返還した日本政府は，新たに領有した⓳＿＿＿の統治に力を注ぎ，1895(明治28)年，海軍軍令部長の⓴＿＿＿＿＿を台湾総督に任命し，島民の頑強な抵抗を武力で鎮圧した。

4　日露戦争と国際関係

《立憲政友会の成立》

日清戦争の勝利と三国干渉は，政府と政党の関係を大きく変化させた。自由党は第2次伊藤博文内閣を公然と支持して①＿＿＿＿＿を内相として入閣させ，軍備拡張予算を承認し，1896(明治29)年にそのあとを継いだ第2次松方正義内閣も，②＿＿

[解答] ❻遼東半島　❼陸奥宗光　❽李鴻章　❾下関条約　❿独立　⓫台湾　⓬2　⓭沙市　⓮重慶　⓯ロシア　⓰フランス　⓱三国干渉　⓲臥薪嘗胆　⓳台湾　⓴樺山資紀

立憲政友会の成立　①板垣退助　②進歩党

第9章　近代国家の成立　215

＿＿＿と提携して❸＿＿＿＿＿＿＿＿＿を外相として入閣させ，軍備を拡張した。しかし，1898（明治31）年に成立した第3次伊藤内閣は，総選挙でのび悩んだ自由党との提携をあきらめて❹＿＿＿＿＿＿＿＿に戻った。これに対し，自由・進歩両党は合同して❺＿＿＿＿＿＿＿を結成した。衆議院に絶対多数をもつ合同政党の出現により，伊藤内閣は議会運営の見通しを失って退陣し，かわってはじめての政党内閣である第1次大隈内閣（❻＿＿＿＿＿＿＿＿＿という）が成立した。

しかし，大隈内閣は組閣直後から旧自由・進歩両党間の対立に悩まされ，❼＿＿＿＿＿＿＿がいわゆる共和演説事件で文部大臣を辞任すると，後任をめぐって対立が頂点に達した。憲政党は❽＿＿＿＿＿＿（旧自由党系）と❾＿＿＿＿＿＿（旧進歩党系）に分裂し，内閣はわずか4カ月で退陣した。

かわった第2次山県内閣は❽＿＿＿＿＿の支持を得て，❿＿＿＿＿＿を成立させた。また，政党の影響力が官僚におよぶのを防ぐために，1899（明治32）年に⓫＿＿＿＿＿＿＿＿を改正し，翌1900（明治33）年には政党の力が軍部におよぶのをはばむために⓬＿＿＿＿＿＿＿＿を定め，現役の大将・中将以外は陸・海軍大臣になれないことを明記した。さらに⓭＿＿＿＿＿＿＿＿を公布して，政治・労働運動の規制を強化した。

このような一連の政策に批判的になった❽＿＿＿＿＿は，政党結成をめざしていた伊藤博文に接近し，解党して伊藤派の官僚とともに，1900（明治33）年に⓮＿＿＿＿＿＿＿（総裁伊藤博文）を結成した。伊藤は⓮＿＿＿＿＿＿＿を率いて同年第4次内閣を組織したが，⓯＿＿＿＿＿の反対に苦しめられて退陣し，1901（明治34）年に第1次⓰＿＿＿＿内閣が成立した。

これ以後，山県の後継者で長州閥の桂太郎が率いる軍部・官僚・貴族院勢力と，伊藤のあとを受けた⓱＿＿＿＿＿＿＿＿を総裁とする立憲政友会とが政界を二分した。老齢の山県や伊藤は政界の第一線から退ぞいたが，非公式に天皇

解答 ❸大隈重信 ❹超然主義 ❺憲政党 ❻隈板内閣 ❼尾崎行雄 ❽憲政党 ❾憲政本党 ❿地租増徴案 ⓫文官任用令 ⓬軍部大臣現役武官制 ⓭治安警察法 ⓮立憲政友会 ⓯貴族院 ⓰桂太郎 ⓱西園寺公望

を補佐する⑱_____として首相の選任権を握り，内閣の背後から影響力を行使していった。

《中国分割と日英同盟》

日清戦争によって清国の弱体ぶりを知った欧米列強は，あいついで清国に勢力範囲を設定していった(**中国分割**)。まず1898年に，①_____が山東半島の膠州湾を，ついで②_____が遼東半島の③_____・④_____を，さらにイギリスは⑤_____・威海衛を，翌年に⑥_____が広州湾を租借し，各国はこれらの租借地を拠点に鉄道建設などを進めていった。⑦_____は中国分割には直接加わらなかったが，1898年にはハワイを正式に併合し，ついで⑧_____を領有した。しかし，中国に関しては，翌年に国務長官⑨_____＝_____が⑩_____・機会均等を日本を含めた列国に提案して，各国の勢力範囲内での通商の自由を要求した。

1900年に入ると，清国では「⑪_____」をとなえる排外主義団体⑫_____が勢力を増して各地で外国人を襲い，北京の列国公使館を包囲した(**義和団事件**という)。清国政府も義和団に同調して，列国に宣戦を布告した(⑬_____という)。日本を含む列国は，連合軍を派遣し，義和団を北京から追って清国を降伏させ，翌年には清国と⑭_____を結んだ。

宗主国であった清国の敗北は，朝鮮の外交政策にも影響を与え，ロシアの支援で日本に対抗する動きが強まり，親露政権が成立した。この政権は，日本に対抗する意味もあって，1897年，国号を⑮_____(韓国)と改め，朝鮮国王も皇帝を名乗った。

北清事変を機にロシアは中国東北部(「⑯_____」)を事実上占領し，同地域における独占的権益を清国に承認させた。韓国と陸続きの中国東北部がロシアの手中に入れば，日本の韓国における権益がおびやかされるため，日本はロシアとの協調政策を変更し始めた。日本政府内には⑰_____をはじめロシアとの「**満韓交換**」を交渉でおこなおうとする⑱_____も

[解答] ⑱元老
中国分割と日英同盟 ①ドイツ ②ロシア ③旅順 ④大連 ⑤九龍半島 ⑥フランス ⑦アメリカ ⑧フィリピン ⑨ジョイ＝ヘイ ⑩門戸開放 ⑪扶清滅洋 ⑫義和団 ⑬北清事変 ⑭北京議定書 ⑮大韓帝国 ⑯満州 ⑰伊藤博文 ⑱日露協商論

第9章 近代国家の成立 217

あったが，⑲_____はイギリスと同盟してロシアから実力で韓国での権益を守る対露強硬方針をとり，1902(明治35)年に日英同盟協約が締結された（⑳_____という）。この協約には，もし同盟国の一方が他国と交戦した場合には他の同盟国は厳正中立を守り，さらに第三国が相手国側として参戦した場合には他の同盟国も参戦することが定められていた。

⑳_____の成立後もロシアは満州に駐兵を続けたので，政府は対露交渉を続けるかたわら開戦準備を進めた。日本国内の一部では，キリスト教徒の㉑_____や平民社をおこして『㉒_____』を創刊した社会主義者の㉓_____・堺利彦らは非戦論・反戦論をとなえ，国内世論も当初は戦争を好まなかったが，㉔_____などが決戦を声高に叫ぶ中，開戦論に傾いていった。

日露戦争

日本とロシアの交渉は1904(明治37)年初めに決裂し，同年2月，両国はたがいに宣戦を布告し，**日露戦争**が始まった。日本は，ロシアの満州占領に反対する①_____・イギリス両国の経済的支援を得て，戦局を有利に展開した。1905(明治38)年初めには，半年以上の包囲攻撃で多数の兵を失った末にようやく②_____要塞を陥落させ，ついで3月には奉天会戦で辛勝し，さらに5月の③_____では，日本の連合艦隊がヨーロッパから回航してきたロシアのバルチック艦隊を全滅させた。

しかし，長期にわたる戦争は日本の国力の許すところではなく〈約17億円の軍事費のうち，約13億円を内外の国債に依存し〈④_____約7億円・内債約6億円〉，国内の増税でまかなわれたのは3億2000万円弱であったが，これも国民負担の限度に近かった），ロシアも国内で⑤_____がおこって戦争継続が困難になったため，⑥_____＝米大統領の斡旋によって，1905(明治38)年9月，アメリカのポーツマスで日本全権⑦_____とロシア全権⑧_____は講和条約（⑨_____という）に調印した。その結果，ロ

解答 ⑲桂内閣 ⑳日英同盟 ㉑内村鑑三 ㉒平民新聞 ㉓幸徳秋水 ㉔対露同志会
日露戦争 ①アメリカ ②旅順 ③日本海海戦 ④外債 ⑤革命運動 ⑥セオド ア＝ローズヴェルト ⑦小村寿太郎 ⑧ウィッテ ⑨ポーツマス条約

開戦準備 山県・伊藤・桂・小村の4人は1903年京都東山の山県の別荘「無鄰菴」で日露交渉の基本方針を決定した。

シアは，（1）韓国に対する日本の指導・監督権を全面的に認め，（2）清国からの⑩＿＿＿＿・＿＿＿＿の租借権，⑪＿＿＿＿以南の鉄道とその付属の利権を日本に譲渡し，さらに，（3）北緯50度以南の⑫＿＿＿＿（樺太）と付属の諸島の譲渡と，（4）沿海州とカムチャツカの⑬＿＿＿＿を日本に認めた。国民は人的な損害と大幅な増税にたえてこの戦争を支えたが，⑭＿＿＿＿がまったくとれない講和条約に不満を爆発させ，講和条約調印の日に開かれた講和反対国民大会は暴動化した(⑮＿＿＿＿という)。

《日露戦後の国際関係》日露戦争後の日本は，戦勝で得た大陸進出拠点の確保につとめた。まず1905(明治38)年，アメリカと非公式に①＿＿＿・＿＿＿＿を結び，イギリスとは日英同盟協約を改定（第2次）して，両国に日本の韓国保護国化を承認させた。これらを背景として日本は，同年中に第2次日韓協約を結んで韓国の②＿＿＿＿を奪い，漢城に韓国の外交を統轄する❸＿＿＿＿をおいて，伊藤博文が初代の統監となった。

これに対し韓国皇帝④＿＿＿＿は，1907(明治40)年にオランダのハーグで開かれた第2回万国平和会議に密使を送って抗議したが，列国に無視された(❺＿＿＿＿という)。日本は，この事件をきっかけに韓国皇帝高宗を退位させ，ついで第3次日韓協約を結んで韓国の⑥＿＿＿＿をもその手におさめ，さらに韓国軍を解散させた。これまでも植民地化に抵抗して散発的におこっていた⑦＿＿＿＿は，解散させられた韓国軍の元兵士たちの参加を得て本格化した。日本政府は，1909(明治42)年に軍隊を増派して義兵運動を鎮圧したが，そのさなかに前統監の⑧＿＿＿＿が，ハルビン駅頭で韓国の民族運動家⑨＿＿＿＿に暗殺される事件がおこった。日本政府は憲兵隊を常駐させるなどの準備のうえに立って，⑩＿＿＿＿(明治43)年に韓国併合条約を強要して韓国を植民地化し(**韓国併合**)，漢城を⑪＿＿＿＿と改称してそこに統治機関としての⑫＿＿＿＿を設置して，

[解答] ⑩旅順・大連 ⑪長春 ⑫サハリン ⑬漁業権 ⑭賠償金 ⑮日比谷焼打ち事件 密使事件 ⑥内政権 ❼義兵運動 ⑧伊藤博文 ⑨安重根 ⑩1910 ⑪京城 ⑫朝鮮総督府
日露戦後の国際関係 ①桂・タフト協定 ②外交権 ❸統監府 ④高宗 ❺ハーグ

第9章 近代国家の成立 219

初代総督に⑬＿＿＿＿＿陸相を任命した。朝鮮総督は当初現役軍人に限られ，警察の要職は日本の⑭＿＿＿＿が兼任した。

総督府は，地税賦課の基礎となる土地の測量・所有権の確認を朝鮮全土で実施したが(⑮＿＿＿＿＿＿＿＿という)，その際に所有権の不明確などを理由に広大な農地・山林が接収され，その一部は⑯＿＿＿＿や日本人地主などに払い下げられた。

他方で，日本の満州進出が本格化し，1906(明治39)年には，⑰＿＿＿＿(旅順・大連を含む遼東半島南端の租借地)を統治する⑱＿＿＿＿が旅順におかれ，半官半民の⑲＿＿＿＿(満鉄)が大連に設立された。満鉄は，ロシアからゆずり受けた長春・旅順間の旧東清鉄道に加えて，鉄道沿線の⑳＿＿＿＿なども経営し，満州への経済進出の足がかりとなった。これに対して，満州市場に関心をもつ㉑＿＿＿＿が，門戸開放をとなえて日本の南満州権益の独占に反対し，日米関係が急速に悪化した。1906年にサンフランシスコでおこった日本人学童の入学拒否事件をはじめ，カリフォルニア州を中心に合衆国内で㉒＿＿＿＿＿＿＿が激化した。清国内でも，権益の返還を求める声が強くなった。そこで日本は，第2次日英同盟協約および4次にわたる㉓＿＿＿＿(1907〜16年)による日英・日露協調を背景に，満州権益を国際社会で承認させた。

1911年，清国では専制と異民族支配に反対する㉔＿＿＿＿＿＿がおこり，翌年には，三民主義をとなえる革命指導者㉕＿＿＿＿を臨時大総統とする中華民国が成立して，清朝が倒れた。これをみて日本の陸軍などは南満州権益を強化するために中国に軍事干渉するよう主張したが，政府は列国の意向と国内の財政事情を考慮して，不干渉の立場をとった。

桂園時代

第1次①＿＿＿＿内閣は，長らく政権を担当し，日露戦争後の1905(明治38)年末に退陣した。この間，野党の地位にとどまっていた②＿＿＿＿は，鉄道や港湾の拡充を掲げることで地方の有力者の支持を得て勢力をのばし，1906(明治39)年には同

解答 ⑬寺内正毅 ⑭憲兵 ⑮土地調査事業 ⑯東洋拓殖会社 ⑰関東州 ⑱関東都督府 ⑲南満州鉄道株式会社 ⑳炭鉱 ㉑アメリカ ㉒日本人移民排斥運動 ㉓日露協約 ㉔辛亥革命 ㉕孫文

桂園時代 ①桂太郎 ②立憲政友会

党総裁③_____が内閣を組織し，④_____を成立させた。また，同年に日本社会党が結成されると，当面その存続を認めた。しかし，1907(明治40)年の恐慌による政策のゆきづまりを背景に，翌年の総選挙で圧勝したにもかかわらず，桂太郎に政権をゆずった。

第2次桂内閣は，1908(明治41)年に⑤_____を発布し，また内務省を中心に⑥_____を推進した。この⑥_____は，江戸時代以来の村落共同体である旧町村を，行政単位としての新しい町村に再編成し，その租税負担力の増加をはかるものであった。このために，旧村落の⑦_____が新町村に吸収され，旧村落の青年会も新町村ごとの青年会に再編されて，内務省や文部省とのつながりを強めた。町村ごとの⑧_____も，1910(明治43)年の帝国在郷軍人会の設立により，その分会となった。

また，同内閣は，1910(明治43)年の⑨_____を機に社会主義者・無政府主義者を大弾圧し，以後，第一次世界大戦に至るまで社会主義者にとっては身動きのとれない「⑩_____」になった。一方で，桂内閣は，翌年の⑪_____の公布など若干の社会政策的配慮もおこなった。桂は⑫_____を強行したのち，1911(明治44)年にふたたび西園寺に内閣をゆずった。

このように，10年以上にわたって桂と西園寺が交互に内閣を担当したので，この時期をこの二人の苗字から一字ずつとって⑬_____と呼んだ。

5 近代産業の発展

産業革命 1880年代前半にいわゆる①_____が展開され，一時はデフレと不況が深刻となった。しかし，貿易が輸出超過に転じ，②_____も確立すると物価が安定し，金利が低下して株式取引も活発になり，産業界は活気づいた。1886〜89(明治19〜

解答 ③西園寺公望 ④鉄道国有法 ⑤戊申詔書 ⑥地方改良運動 ⑦財産 ⑧在郷軍人会 ⑨大逆事件 ⑩冬の時代 ⑪工場法 ⑫韓国併合 ⑬桂園時代
産業革命 ①松方財政 ②銀本位制

西園寺公望 西園寺家は華族の名門。首相在任中重要政務はおもに原敬に委ね，政権への欲望は少なかった。1919年パリ講和会議の全権をつとめ，その後は最後の元老として後継首相推薦に尽力した。

第9章 近代国家の成立 221

22)年には鉄道や紡績を中心に会社設立ブームがおこり（最初の❸_____），機械技術を本格的に用いる産業革命が日本でも始まった。ブームは株式への払込みが集中し，金融機関の資金が不足したところへ，前年の凶作と生糸輸出の半減が加わって挫折した（1890年恐慌）。これを機に日本銀行は，普通銀行を通じて産業界に資金を供給する態勢を整えた。

日清戦争の勝利で清国から巨額の❹_____を得た政府は，これをもとに戦後経営に取り組み，軍備拡張を推進するとともに，金融・貿易の制度面の整備をはかった。1897（明治30）年に❺_____を制定し，賠償金の一部を準備金として，欧米諸国にならった❻_____を採用し，貨幣価値の安定と貿易の振興をはかった。また，特定の分野に資金を供給する特殊銀行の設立も進めた。日本勧業銀行・日本興業銀行・❼_____・各府県の農工銀行などが設立された。

日清戦争後には鉄道や紡績などでふたたび企業勃興が生じ，その結果，繊維産業を中心として，❽_____が本格的に成立した。これにともなって，1900（明治33）年に，過剰生産による❾_____がおこった。

貿易の規模は，産業革命の進展にともなって拡大したが，❿_____などの原料品や機械・鉄などの重工業製品の輸入が増加したために，大幅な⓫_____超過となった。貿易品の取扱いでは，⓬_____会社に代表される商社が活躍し，特殊銀行である⓭_____が積極的に貿易の金融に当たった。また，海運業奨励政策に助けられて，⓮_____などがつぎつぎと遠洋航路を開いていった。日本郵船会社は，1885（明治18）年に⓯_____と半官半民の共同運輸会社との合併によって設立され，1893（明治26）年にはインドへの⓰_____（現，ムンバイ）航路を開いた。

《 紡績・製糸・鉄道 》 日本の産業革命の中心は，綿糸を生産する①_____であった。幕末以来，イギリス製綿製品の輸入に圧迫されて，綿花の栽培や，綿糸・綿織物の生産は一時衰えた。しかし，

解答 ❸企業勃興 ❹賠償金 ❺貨幣法 ❻金本位制 ❼台湾銀行 ❽資本主義 ❾恐慌 ❿綿花 ⓫輸入 ⓬三井物産 ⓭横浜正金銀行 ⓮日本郵船会社 ⓯三菱会社 ⓰ボンベイ

紡績・製糸・鉄道 ①紡績業
■官営事業の払下げ■ 事業としての継続性が重視されて，投下資金の3分の1から5分の1の価格，無利子の25〜55年払いの条件で払い下げられた。

綿織物生産は原料糸に②_____を用い，飛び杼を取り入れて手織機（てばた）を改良し，農村の③_____を中心に，しだいに上向いた。このような綿織物業の回復が，原料糸を供給する紡績業の勃興の前提となった。1883（明治16）年には④_____らが設立した⑤_____が開業し，政府の奨励する2000錘紡績（すいぼうせき）の不振を尻目（しりめ）に，輸入の紡績機械・蒸気機関を用いた⑥___万錘の大規模経営に成功した。これに刺激されて，大阪などを中心に商人が会社を設立する動きが高まり，在来の手紡（てつむぎ）や⑦_____による綿糸生産を圧迫しながら**機械制生産**が急増した。1890（明治23）年には，綿糸の⑧_____が輸入量を上まわり，日清戦争頃から⑨_____・朝鮮への綿糸輸出が急増し，⑩_____（明治30）年には⑪_____が輸入量を上まわった。

　日露戦争後には，大紡績会社が合併などにより独占的地位を固め，輸入の大型力織機（りきしょっき）で綿織物もさかんに生産し，販売組合を結成して⑫_____・満州市場への進出を強めた。一方，おもに手織機によって問屋制家内工業生産がおこなわれていた農村の綿織物業では，⑬_____らが考案した小型の国産力織機を導入して小工場に転換する動きが進んだ。1909（明治42）年には⑭_____輸出額が輸入額をこえた。

　このように綿糸・綿織物の輸出は増加したが，原料綿花は中国・⑮_____・アメリカなどからの輸入に依存したため，綿業貿易の輸入超過はむしろ増加した。それだけに国産の繭（まゆ）を原料として生糸（きいと）輸出で外貨を獲得する⑯_____の役割は重要であった。

　幕末以来，⑰_____は最大の輸出品であり，製糸業は欧米向けの輸出産業として急速に発達した。当初は簡単な手動装置による⑱_____が普及したが，ついで輸入機械に学んで在来技術を改良した⑲_____の小工場が長野・山梨県などの農村地帯に続々と生まれ，原料の繭を供給する⑳_____農家も増加した。輸出増にともない，㉑_____後には器械製糸の生産量が座繰製糸を上まわり，生糸を原料とする絹織物業でも輸出

【解答】　②輸入綿糸　③問屋制家内工業　④渋沢栄一　⑤大阪紡績会社　⑥1　⑦ガラ紡　⑧生産量　⑨中国　⑩1897　⑪輸出量　⑫朝鮮　⑬豊田佐吉　⑭綿布　⑮インド　⑯製糸業　⑰生糸　⑱座繰製糸　⑲器械製糸　⑳養蚕　㉑日清戦争

第9章　近代国家の成立　　223

向けの羽二重生産がさかんになって，力織機も導入された。日露戦争後には㉒＿＿＿＿＿＿＿向けを中心に生糸輸出がさらにのび，㉓＿＿＿＿＿（明治42）年には清国を追いこして世界最大の生糸輸出国となった。

　鉄道業では，華族を主体として1881（明治14）年に設立された㉔＿＿＿＿＿＿＿＿＿が，政府の保護を受けて成功したことから，商人や地主らによる会社設立ブームがおこった。その結果，官営の㉕＿＿＿＿＿＿＿（東京・神戸間）が全通した1889（明治22）年には，営業キロ数で民営鉄道が官営を上まわった。㉔＿＿＿＿＿＿＿＿＿が1891（明治24）年に上野・㉖＿＿＿＿間を全通させたのをはじめ，㉗＿＿＿＿＿＿・九州鉄道などの民営鉄道も幹線の建設を進め，日清戦争後には青森・㉘＿＿＿＿間が連絡された。しかし，日露戦争直後の1906（明治39）年，第1次西園寺内閣は，軍事的な配慮もあって全国鉄道網の統一的管理をめざす㉙＿＿＿＿＿＿＿を公布し，主要幹線の民営鉄道17社を買収して国有化した。鉄道国有化で得た資金を重工業へ投じた資本家も多かった。

重工業の形成

　軍事工場と鉄道を除く官営事業は，1884（明治17）年頃からつぎつぎと民間に売却されていった（❶＿＿＿＿＿＿＿という）。とくに，三井・三菱（岩崎）・古河などの政商は優良鉱山の払下げを受け，巻上機の導入など機械化を進めて，石炭や❷＿＿の輸出を増やしていった。これらの政商はここに鉱工業の基盤をもつことになり，❸＿＿＿に成長していった。また，北九州の筑豊一帯では排水用蒸気ポンプの導入に成功したのを契機に炭鉱開発が進み，❹＿＿＿炭田は日清戦争後に国内最大の産炭地となった。

　しかし，重工業部門では，日清戦争後の造船奨励政策のもとで❺＿＿＿＿＿＿＿＿などが成長したほかは民間にみるべきものは少なく，材料となる鉄鋼も輸入に頼っていた。そこで軍備拡張を急ぐ政府は，官営軍事工場の拡充を進めるとともに，重工業の基礎となる鉄鋼の国産化をめざして，背後に筑豊炭田をひかえる北九州に，1897（明治30）年，官営❻

解答　㉒アメリカ　㉓1908　㉔日本鉄道　八幡製鉄所会社　㉕東海道線　㉖青森　㉗山陽鉄道　㉘下関　㉙鉄道国有法
重工業の形成　❶官営事業払下げ　❷銅
❸財閥　❹筑豊　❺三菱長崎造船所　❻

_____を設立した。八幡製鉄所は1901(明治34)年に⑦_____の技術を導入して操業を開始し、技術的な困難に悩まされながらも、日露戦争の頃には生産を軌道に乗せた。

　日露戦争後、政府は外債募集を拡大するとともに各種の増税をおこなって、軍備拡張を中心とする戦後経営を進め、政府の保護のもとに民間重工業も発達し始めた。鉄鋼業では、官営八幡製鉄所であいついで拡張計画が実施される一方、❽_____など民間の製鋼会社の設立が進んだ。政策的に重視されていた造船技術は世界水準に追いつき、機械をつくる機械である工作機械の分野では、❾_____が先進国なみの精度をもった旋盤の国産化に成功した。また、水力発電の本格的な開始によって**電力事業**が勃興し、大都市では⑩_____の普及が始まった。

　三井・⑪_____などの財閥は、金融・貿易・運輸・鉱山業などを中心に多角的経営を繰り広げ、株式所有を通じてさまざまな分野の多数の企業を支配する⑫_____(企業連携)形態を整え始めた。まず1909(明治42)年、三井財閥が⑬_____会社を、そののち1920年代初めにかけて、安田・三菱・住友の各財閥もそれぞれ⑭_____を設立した。これら⑭_____は、創業者の同族によって直接支配され、多数の財閥傘下企業の株式を所有していた。

　また、日露戦争後には、対満州の⑮_____輸出・⑯_____輸入、対朝鮮の綿布移出、⑰_____移入、台湾からの米・⑱_____の移入が増え、日本経済に占める植民地の役割が大きくなった。この時期には生糸・綿布などの輸出が増加したものの、原料⑲_____や軍需品・重工業資材の輸入が増加したため、貿易収支は、ほとんど毎年のように大幅な⑳_____となった。しかも、これに巨額の㉑_____の利払いが加わり、日本の国際収支はしだいに危機的な状態におちいっていった。

解答　⑦ドイツ　❽日本製鋼所　❾池貝鉄工所　⑩電灯　⑪三菱　⑫コンツェルン　⑬三井合名　⑭持株会社　⑮綿布　⑯大豆粕　⑰米　⑱原料糖　⑲綿花　⑳赤字　㉑外債

■**八幡製鉄所**■　原料の鉄鉱石を大冶鉄山から得ようとした。この点は対中国外交の重要な案件となり、二十一カ条の要求の項目に入れられた。

農業と農民

工業に比べると農業の発展はにぶく，依然として米作を柱とする零細経営が中心をなしていた。大豆粕などの①_____の普及や**品種改良**によって，単位面積当たりの収穫は増加したが，都市人口の増加により，米の供給は不足がちになった。

一方，貿易と国内工業の発達にともなって，農家も商品経済に深く巻き込まれ，自家用の衣料の生産は減少した。安価な輸入品におされて②____・麻・菜種などの生産は衰えたが，生糸輸出の増加に刺激されて桑の栽培や③_____がさかんになった。

1880年代の松方財政でのデフレ政策によって上昇し始めていた小作地率は，1890年代にも上昇し続け，下層農民が小作へと転落する一方，大地主が耕作から離れて小作料の収入に依存する④_____となる動きが進んだ(④_____制という)。小作料は⑤_____納で，地租は定額⑥_____であったから，米価の上昇は⑦____の収入増となり，地主は小作料収入をもとに企業をおこしたり，公債や株式に投資したりして，しだいに資本主義との結びつきを深めた。一方，小作料の支払いに苦しむ小作農は，子女を工場に⑧____に出したり副業を営んだりして，かろうじて家計をおぎなっていた。

日露戦争後になると，地租や⑨_____の負担増のもとで，農業生産の停滞や農村の困窮が社会問題となった。政府はこれに対応すべく⑩_____を進め，協同事業に成功した村を模範村として，その事例を全国に紹介した。

社会運動の発生

工場制工業が勃興するにつれて，①_____が増加してきた。当時の工場労働者の大半は②____が占めており，その大部分は女性であった。女性労働者(女工，または工女と呼ばれた)の多くは，苦しい家計を助けるために出稼ぎにきた小作農家などの子女たちで，賃金前借りや③_____で工場に縛りつけられ，劣悪な労働環境のもと，欧米よりはるかに低い賃金で長時間

解答 農業と農民 ①金肥 ②綿 ③養蚕 ④寄生地主 ⑤現物 ⑥金納 ⑦地主 ⑧出稼ぎ ⑨間接税 ⑩地方改良運動
社会運動の発生 ①賃金労働者 ②繊維産業 ③寄宿舎制度

■**出稼ぎ型労働者**■ 1897年の大紡績会社の女子工員は，1日12時間労働で日給7〜25銭(米価は1升15銭)だった。労働者の多くは貧しい農家の次三男や娘。

の労働に従事していた。④__紡績業__では2交代制の昼夜業がおこなわれ，製糸業では労働時間が約15時間，ときには18時間におよぶこともあった。重工業の男性熟練工の数はまだ限られており，工場以外では鉱山業や運輸業で多数の男性労働者が働いていた。産業革命期の労働者がおかれた悲惨な状態については，1888(明治21)年，雑誌『⑤__日本人__』が高島炭鉱(長崎県，三菱経営)の労働者の惨状を報道して大きな反響を呼んだほか，⑥__横山源之助__の『日本之下層社会』(1899年刊)や⑦__農商務__省編『職工事情』(1903年刊)に記されている。

日清戦争前後の産業革命期に入ると，待遇改善や賃金引上げを要求する工場労働者の⑧__ストライキ__が始まり，1897(明治30)年には全国で40件余り発生した。同年にはアメリカの労働運動の影響を受けた⑨__高野房太郎__・片山潜らが⑩__労働組合期成会__を結成して労働運動の指導に乗り出すとともに，⑪__鉄工組合__や日本鉄道矯正会などの労働組合が組織され，熟練工を中心に労働者が団結して資本家に対抗する動きが現われた。また1891(明治24)年には⑫__足尾__銅山(栃木県)の鉱毒が渡良瀬川流域の農漁業に深刻な被害をもたらした公害事件(⑬__足尾鉱毒事件__という)が発生し，15年余りにわたって大きな社会問題となった。

これらの動きに対して政府は，1900(明治33)年に⑭__治安警察法__を制定し，労働者の⑮__団結権__・ストライキ権を制限して労働運動を取り締まった。その反面で，政府は労働条件を改善して労資対立を緩和しようとする社会政策の立場から，⑯__工場法__の制定に向かった。日本で最初の労働者保護法である⑯__工場法__は，資本家の反対もあって，1911(明治44)年にようやく制定されたが，きわめて不備な内容であったうえに，その実施も⑰__1916__(大正5)年にずれ込んだ。同法は少年・女性の就業時間の限度を12時間とし，その⑱__深夜業__を禁止した。適用範囲は⑲__15__人以上を使用する工場に限られ，製糸業などに14時間労働，紡績業に期限つきで深夜業を認めていた。

解答 ④紡績業 ⑤日本人 ⑥横山源之助 ⑦農商務 ⑧ストライキ ⑨高野房太郎 ⑩労働組合期成会 ⑪鉄工組合 ⑫足尾 ⑬足尾鉱毒事件 ⑭治安警察法 ⑮団結権 ⑯工場法 ⑰1916 ⑱深夜業 ⑲15

6 近代文化の発達

明治の文化

強大な欧米列強に対抗するために，新生の明治国家は，「①＿＿＿＿＿＿＿」「②＿＿＿＿＿＿＿」「文明開化」といったスローガンを掲げ，西洋文明の移植による急速な近代化を推し進めた。しかし，物質文明の急激な流入に比べて多くの日本人の精神の変化はゆるやかで，都市に比べ農村の近代化は，はるかに遅れた。こうして明治の文化には，新しいものと古いもの，西洋的なものと東洋的なものが無秩序に混在・併存する，独特の二元性が存在することになった。

また，明治初期には新政府がみずから先頭に立って近代化を推進することが多かったが，明治の中頃からは教育の普及や交通・通信・出版の著しい発達によって，国民の自覚が進み，国民自身の手による近代文化の発展をみるようになった。

思想と信教

文明開化期の**啓蒙主義**や西洋思想導入の動きは，自由民権運動に継承されたが，明治10年代後半の朝鮮問題を機に，民権論者の中にも❶＿＿＿＿＿＿をとなえるものが現われた。❷＿＿＿＿＿＿と国権論の対立は，条約改正問題をきっかけにさらに鋭くなり，**平民的欧化主義**をとなえる③＿＿＿＿＿＿らと，**近代的民族主義**を主張する④＿＿＿＿＿＿・志賀重昂・⑤＿＿＿＿＿＿らとのあいだで論争が繰り広げられた。蘇峰は民友社をつくって雑誌『⑥＿＿＿＿＿＿』を刊行し，政府が条約改正のためにおこなった欧化政策を貴族的欧化主義として批判して，一般国民の生活の向上と自由を拡大するための平民的欧化主義の必要を説いた。これに対して雪嶺や羯南らは，同じく一般国民の幸福を重視しながらも，その前提として国家の独立や国民性を重視した。雪嶺らは政教社をつくって雑誌『⑦＿＿＿＿＿＿』，羯南らは新聞『⑧＿＿＿＿＿』を刊行した。

⑨＿＿＿＿＿＿での勝利は，思想界の動向に決定的な変化を与えた。徳富蘇峰は，開戦と同時に対外膨張論に転じ，高山樗牛も雑誌『太陽』で⓾＿＿＿＿＿＿をとなえて日本の大陸進出を肯定した。日本の中国分割への参加

解答 明治の文化　①富国強兵　②殖産興業　⓾日本主義

思想と信教　❶国権論　❷欧化主義　③徳富蘇峰　④三宅雪嶺　⑤陸羯南　⑥国民之友　⑦日本人　⑧日本　⑨日清戦争

を批判した陸羯南も、義和団事件後のロシアの満州占領により、対露強硬論に転換した。社会主義者と一部のキリスト教徒たちはこれらの思想傾向に反対していたが、対外膨張を支持する⓫＿＿＿＿＿＿＿は、日露戦争以前に思想界の主流となっていた。

しかし、⓬＿＿＿＿＿＿＿での勝利によって日本も列強の一員に加わると、明治維新以来の国家目標は一応達成されたという気持ちが国民のあいだに強まり、⓫＿＿＿＿＿＿＿に対する疑問が生まれてきた。農村においては国家的利害よりも地方社会の利益を重視する傾向が現われ、都市においても国家や政治から離れて実利を求めたり、あるいは人生の意義に煩悶する青年層が現われた。

このような傾向に対して政府は、1908（明治41）年、勤倹節約と皇室の尊重を国民に求める⓭＿＿＿＿＿＿＿を発して、列強の一員としての日本を支えるための国民道徳の強化につとめた。

宗教界では、伝統的な神道や仏教と西洋から流入したキリスト教との対立・競合がみられた。明治初期の神道国教化の試みは失敗したが、政府の公認を受けた民間の⓮＿＿＿＿＿＿＿はさらに庶民のあいだに浸透していった。⓯＿＿＿＿＿＿＿で一時は大きな打撃を受けた仏教も、仏教の神道からの完全な分離を進めた⓰＿＿＿＿＿＿＿らの努力で、まもなく立ちなおった。

明治初期に来日したクラークや⓱＿＿＿＿＿＿＿らの外国人教師の強い影響もあって、青年知識人のあいだにキリスト教信仰が広がり、⓲＿＿＿＿＿＿＿・海老名弾正・⓳＿＿＿＿＿＿＿らはのちにキリスト教や西洋近代思想の啓蒙家として活躍するようになった。キリスト教会は布教のかたわら、人道主義の立場から教育・福祉活動や⓴＿＿＿＿＿＿＿などに成果を上げたが、国家主義の風潮が高まるとさまざまな圧迫を受けるようになった。

《 **教育の普及** 》　①＿＿＿＿（1872年公布）のもとで、小学校教育の普及に努力が払われた結果、**義務教育の就学率はしだい**

解答 ⓫国家主義　⓬日露戦争　⓭戊申詔書　⓮教派神道　⓯廃仏毀釈　⓰島地黙雷　⓱ジェーンズ　⓲内村鑑三　⓳新渡戸稲造　⓴廃娼運動
教育の普及　①学制

■**教派神道**　明治政府が公認した13派の神道で、3つに大別できる。一つは天理・金光・黒住教の教祖教説系、二つは富士・御嶽山などの山岳信仰系、三つは伊勢神宮や出雲大社を敬う神道系である。

第9章　近代国家の成立　229

に高まったが，地方の実情を無視した画一的な強制に対する政府内外の批判から，1879(明治12)年に学制は廃され，❷_____が公布された。❷_____では，全国画一の学区制を廃して町村を小学校の設置単位とし，その管理も地方に移管し，就学義務を大幅に緩和した。

しかし，強制から放任への急転換は大きな混乱をまねいたので，❷_____は翌年には早くも改正され，小学校教育に対する政府の監督責任が強調された。

これらの試行錯誤を経て，1886(明治19)年に❸_____文部大臣のもとでいわゆる学校令が公布され，小学校・中学校・師範学校・帝国大学などからなる学校体系が整備された。この時，尋常・高等小学校各4年のうち，尋常小学校4年間あるいはこれに準じる簡易科が義務教育とされた。さらに1907(明治40)年には義務教育は❹____年間に延長された。

同時に，教育政策はしだいに国家主義重視の方向へと改められていき，1890(明治23)年に発布された❺_____（教育勅語）によって，忠君愛国が学校教育の基本であることが強調された。1891(明治24)年，キリスト教徒の❻_____は，講師をつとめる第一高等中学校での教育勅語奉読式の際，天皇の署名のある教育勅語への拝礼を拒否したために教壇を追われた。また1903(明治36)年には小学校の教科書を文部省の著作に限ることが定められ(❼_____という)，教育に対する国家の統制が強まった。

また，官立の高等教育機関の拡充が進み，東京帝国大学に加えて，1897(明治30)年には❽_____帝国大学，ついで東北・九州の各帝国大学が創設された。民間では，慶応義塾・同志社に続いて，大隈重信が創立した❾_____(のち，早稲田大学と改称)などの私立学校が発達し，官立学校とは異なった独自の学風を誇った。

科学の発達

近代的な学問研究は，明治の初めに留学や欧米からまねいた多くの学者に学ぶ形で本格的に始まったが，や

解答 ❷教育令 ❸森有礼 ❹6 ❺教育に関する勅語 ❻内村鑑三 ❼国定教科書 ❽京都 ❾東京専門学校

■就学率の上昇■ 明治初期の就学者は1～2年しか在学しない者が多かったが，しだいに在学期間がのび，それが義務教育期間延長の背景となった。

整理

おもな自然科学者の業績

〔医　学〕　㋐　　　　　　　　　：細菌学の研究，伝染病研究所の創設
　　　　　　㋑　　　　　　　　　：赤痢菌の発見
〔薬　学〕　㋒　　　　　　　　　：タカジアスターゼの創製
　　　　　　㋓　　　　　　　　　：オリザニン（ビタミン B_1 製剤）の抽出
　　　　　　秦　佐　八　郎：サルバルサンの創製
〔地震学〕　㋔　　　　　　　　　：地震計の発明
〔天文学〕　㋕　　　　　　　　　：Z項の発見
〔物理学〕　㋖　　　　　　　　　：原子構造の研究
　　　　　　田中館愛橘：地磁気の測定

おもな来日外国人と業績

〔宗　教〕　㋗　　　　　　　　（米）：伝道・医療に従事，最初の和英辞典を編集
　　　　　　フルベッキ（米）：英学教授，法律・教育等に関する政府顧問
　　　　　　ジェーンズ（米）：㋘　　　　　　　での教育
〔教　育〕　㋙　　　　　　　　（米）：札幌農学校での教育
〔自然科学〕㋚　　　　　　　　（米）：動物学・考古学（大森貝塚を発見）
　　　　　　ナウマン（独）：地質学（フォッサ＝マグナの発見）
　　　　　　ミルン（英）：地震学
〔医　学〕　㋛　　　　　　　　（独）：東京医学校・東京帝大で内科・産科を教授
〔工　学〕　ダイアー（英）：工部大学校
〔文　芸〕　㋜　　　　　　　　（米）：哲学・古美術，岡倉天心と東京美術学校設立
　　　　　　㋝　　　　　　　　（露）：ドイツ哲学・ドイツ文学
〔美　術〕　ラグーザ（伊）：工部美術学校で彫刻を指導
　　　　　　㋞　　　　　　　　（伊）：工部美術学校で西洋画法を指導

がて日本人自身の手で各分野の専門研究・教育ができるようになった。

　経済学では，まず①　　　　　　　　の経済政策や自由貿易を主張するイギリスの経済学が導入され，ついで②　　　　　　の保護貿易論や社会政策の学説などが主流となった。法律学では，初め③　　　　　　　　からボアソ

解答　**科学の発達**　①自由放任　②ドイツ　③フランス

整理　**おもな自然科学者の業績**　㋐北里柴三郎　㋑志賀潔　㋒高峰譲吉　㋓鈴木梅太郎　㋔大森房吉　㋕木村栄　㋖長岡半太郎　㋗ヘボン　㋘熊本洋学校　㋙クラーク　㋚モース　㋛ベルツ　㋜フェノロサ　㋝ケーベル　㋞フォンタネージ

ナードがまねかれて法典の編纂に当たったが，民法典論争をきっかけに④_____法学が支配的となり，哲学でもドイツ観念論を中心にドイツ哲学が優勢となった。日本史や日本文学などの分野でも，西洋学問の研究方法が取り入れられて科学的研究が始まり，従来の国学者の研究を一新した。一方で科学的研究が伝統的な思想と衝突することもあり，1891（明治24）年，帝国大学教授⑤_____が「神道は祭天の古俗」と論じて，翌年に職を追われる事件もおきた。

自然科学の分野では，富国強兵・殖産興業政策を推進するために，欧米の近代的科学技術の導入がおこなわれ，明治の終わり頃には世界的水準に達した研究や⑥_____などの独創的な研究も発表されるようになった。

《ジャーナリズムと近代文学》

1880年代から90年代にかけて，自由民権論やアジア情勢・条約改正などをめぐって世論が高まる中で，①_____中心の新聞（**大新聞**）があいついで創刊された。それぞれ独自の政治的主張をもつ大新聞は，国民への政治思想の浸透に大きな役割を果たしたが，また専属の文芸担当者や寄稿家を擁し，近代文学の育成と普及にも貢献した。これに対し瓦版の伝統を引き継ぐ②_____は，報道・娯楽中心の大衆紙で，戯作文学の復活を助けた。

明治初期の『③_____』を先駆けとする雑誌は，1880年代後半の『④_____』や『日本人』の創刊から本格的な発達が始まり，さらに明治後期には『太陽』や『⑤_____』などの**総合雑誌**があいついで創刊された。

文学では，江戸時代以来の大衆文芸である⑥_____が，明治初期も引き続き人気を博した。また，自由民権論・国権論などの宣伝を目的に，政治運動家たちの手で政治小説が書かれた。

戯作文学の勧善懲悪主義や政治小説の政治至上主義に対し，坪内逍遙は1885（明治18）年に評論『⑦_____』を発表して，西洋の文芸理論をもとに，人間の内面や世相を客観的・写実的に描くことを提唱した。⑧_____

解答 ④ドイツ ⑤久米邦武 ⑥地震学
ジャーナリズムと近代文学 ①政治評論
❷小新聞 ❸明六雑誌 ④国民之友 ⑤中央公論 ❻戯作文学 ⑦小説神髄 ❽言文一致体

■**日本史の業績**■ 田口卯吉や福沢諭吉の日本史の科学的な見直しと共に，徳富蘇峰の『吉田松陰』，山路愛山の『徳川家康』などの伝記も著述された。

整理　おもな文学作品

仮名垣魯文	：安愚楽鍋	高山樗牛	：滝口入道
㋐	：経国美談	土井晩翠	：天地有情
㋑	：佳人之奇遇	㋩	：高野聖
末広鉄腸	：雪中梅	㋙	：不如帰・自然と人生
㋒	：小説神髄	㋚	：牛肉と馬鈴薯・武蔵野
㋓	：浮雲・あひびき	㋛	：蒲団・田舎教師
山田美妙	：夏木立・胡蝶	正宗白鳥	：何処へ
㋔	：金色夜叉・多情多恨	㋜	：黴・あらくれ
幸田露伴	：五重塔	石川啄木	：一握の砂・悲しき玩具
㋕	：たけくらべ・にごりえ	㋝	：吾輩は猫である・草枕
㋖	：舞姫・即興詩人	長塚節	：土
㋗	：若菜集・破戒	㋞	：病牀六尺
与謝野晶子	：みだれ髪	上田敏	：海潮音

　　　　　　　　で書かれた二葉亭四迷の『⑨　　　　　』は、逍遙の提唱を文学作品として結実させたものでもあった。尾崎紅葉らの⑩　　　　　は、同じく写実主義を掲げながらも文芸小説の大衆化を進めた。これに対して⑪　　　　　は逍遙の内面尊重を受け継ぎ、東洋哲学を基盤とする理想主義的な作品を著した。

　日清戦争前後には、啓蒙主義や合理主義に反発して、感情・個性の躍動を重んじる⑫　　　　　文学が日本でもさかんになった。⑬　　　　　らの雑誌『文学界』がその拠点をなし、森鷗外・⑭　　　　　らの小説のほか、詩歌の分野でも、島崎藤村の新体詩や⑮　　　　　の情熱的な短歌が現われた。底辺の女性たちの悲哀を数篇の小説に描いた⑯　　　　　も、⑫　　　　　の運動の影響下にあった。一方、⑰　　　　　は俳句の革新と万葉調和歌の復興を進め、伝統文芸の革新として注目された。1897（明治30）年、病床にあった子規の協力によって俳句雑誌『⑱　　　　　』が創刊され、のちには門下の高浜虚子

解答　⑨浮雲　⑩硯友社　⑪幸田露伴　東海散士　㋒坪内逍遙　㋓二葉亭四迷　⑫ロマン主義　⑬北村透谷　⑭泉鏡花　㋔尾崎紅葉　㋕樋口一葉　㋖森鷗外　㋗　⑮与謝野晶子　⑯樋口一葉　⑰正岡子規　島崎藤村　㋩泉鏡花　㋙徳冨蘆花　㋚国木田独歩　㋛田山花袋　㋜徳田秋声　㋝　⑱ホトトギス
整理　おもな文学作品　㋐矢野龍溪　㋑　夏目漱石　㋞正岡子規

に引き継がれた。また和歌では、子規の門下から伊藤左千夫や長塚 節らが出て、1908(明治41)年には短歌雑誌『⑲　　　　　　』を創刊した。

　日清戦争後には、人道主義に立つ⑳　　　　　　(蘇峰の弟)の社会小説も登場した。日露戦争の前後になると、フランス・ロシアの**自然主義文学**の影響によって、人間社会の暗い現実の姿をありのままに写し出そうとする自然主義が文壇の主流となり、㉑　　　　　　・田山花袋・島崎藤村・徳田秋声らの作家が現われた。ロマン主義から出発した詩人㉒　　　　　　も、社会主義思想を盛り込んだ生活詩をうたい上げている。

　自然主義の隆盛に対立する形で、知識人の内面生活を国家・社会との関係でとらえる㉓　　　　　　の作品群や、㉔　　　　　　の一連の歴史小説なども現われた。また、文芸作品の批評が新聞・雑誌に掲載され、作家ばかりでなく批評家も文壇で重要な地位を占めるようになった。

明治の芸術

　演劇では、歌舞伎が民衆に親しまれた。明治の初めには①　　　　　　が文明開化の風俗を取り入れた新作を発表した。明治中期には名優たちが活躍する「**団菊左時代**」を現出し、その社会的地位も著しく向上した。1890年代には9代目②　　　　　　・5代目尾上菊五郎・初代③　　　　　　が現われて、明治歌舞伎の黄金時代をつくり上げた。④　　　　　　らが時事的な劇に民権思想を盛り込んだ壮士芝居は、日清戦争前後から人気がある通俗小説の劇化を加えて、❺　　　　　　と呼ばれた。さらに日露戦争後には、⑥　　　　　　の**文芸協会**や⑦　　　　　　の自由劇場などが、西洋の近代劇を翻訳・上演し、歌舞伎や新派劇に対して⑧　　　　　　といわれた。

　西洋音楽は軍楽隊で最初に取り入れられ、ついで⑨　　　　　　らの努力で小学校教育に西洋の歌謡を模倣した唱歌が採用された。1887(明治20)年に⑩　　　　　　(現、東京藝術大学)が設立されて専門的な音楽教育が始まり、⑪　　　　　　らの作曲家が現われた。また、伝統的な能楽は明治中期から復活した。

解答 ⑲アララギ ⑳徳冨蘆花 ㉑国木田独歩 ㉒石川啄木 ㉓夏目漱石 ㉔森鷗外
明治の芸術 ①河竹黙阿弥 ②市川団十郎 ③市川左団次 ④川上音二郎 ❺新派劇 ⑥坪内逍遙 ⑦小山内薫 ⑧新劇 ⑨伊沢修二 ⑩東京音楽学校 ⑪滝廉太郎

整理　おもな建築・美術作品（明治）

㋐ ………………………………
㋑ ………………………………
㋒ ………………………………

㋓ ………………………………
㋔ ………………………………
㋕ ………………………………

㋖ ………………………………
㋗ ……………………………… 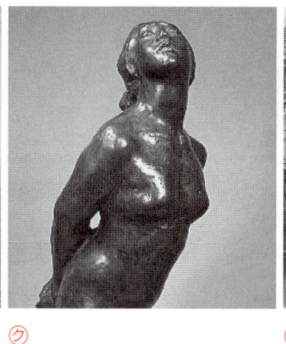
㋘ ……………………………… 

整理　おもな建築・美術作品（明治）　㋐悲母観音（狩野芳崖）　㋑南風（和田三造）　㋒鮭（高橋由一）　㋓収穫（浅井忠）　㋔湖畔（黒田清輝）　㋕海の幸（青木繁）　㋖老猿（高村光雲）　㋗女（荻原守衛）　㋘日本銀行本店（辰野金吾）

第9章　近代国家の成立

学問や音楽と同じく、美術の発達も政府に依存する面が強かった。政府は、初め⓬＿＿＿＿＿を開いて、外国人教師に西洋美術を教授させた。しかし、アメリカ人フェノロサや⓭＿＿＿＿＿の影響のもとに、伝統美術育成の態度に転じて工部美術学校を閉鎖し、1887(明治20)年には西洋美術を除外した⓮＿＿＿＿＿を設立した。このような政府の保護に支えられて、⓯＿＿＿＿＿・橋本雅邦らがすぐれた日本画を創作した。政府が伝統美術の保護に傾いた一因には、当時、ヨーロッパにおいて日本画が高い評価を受けていたこともあった。

　西洋画は、⓰＿＿＿＿＿らによって開拓されたのち、一時衰退を余儀なくされたが、⓱＿＿＿＿＿らによる日本初の西洋美術団体である**明治美術会**の結成や、フランスで学んだ⓲＿＿＿＿＿の帰国によって、しだいにさかんになった。1896(明治29)年には、東京美術学校に西洋画科が新設される一方、黒田らは⓳＿＿＿＿＿を創立して画壇の主流を形成した。

　伝統美術も、岡倉天心らの⓴＿＿＿＿＿を中心に、多くの美術団体が競合しながら発展していった。文部省も伝統美術と西洋美術の共栄をはかり、1907(明治40)年に㉑＿＿＿＿＿(文展)が開設されたので、両者は共通の発表の場をもつに至った。

　彫刻の分野でも、㉒＿＿＿＿＿の伝統的な木彫と、アメリカやフランスで学んだ㉓＿＿＿＿＿らの西洋流の彫塑とが対立・競合しながら発達したが、絵画と同じく文展の開設によって共存の方向に向かった。工芸も西洋の技術を加味して、新しい陶器・七宝・ガラス・漆器などの制作を始め、陶器・七宝は海外にも輸出された。また建築でもしだいに本格的な西洋建築が建てられるようになり、明治末期になると、鉄筋コンクリートを使用した建物がつくられ始めた。

生活様式の近代化

　明治になって、都市部を中心に官庁・会社・学校・軍隊では、ガラス窓の建物で、机・椅子を使用し、洋服を着て定められた時刻通りに行動する西洋風の行動様式を採用した。

解答　⓬工部美術学校　⓭岡倉天心　⓮東京美術学校　⓯狩野芳崖　⓰高橋由一　⓱浅井忠　⓲黒田清輝　⓳白馬会　⓴日本美術院　㉑文部省美術展覧会　㉒高村光雲　㉓荻原守衛

辰野金吾　工部大学校卒業後ロンドンに留学し建築設計を学び、帰国後は工部大学校・帝国大学の教授として日本の建築学の基礎をきずいた。日本銀行本店・同京都支店・東京駅は彼の手による。

1880年代末には①＿＿＿＿が大都市の中心部で実用化された。交通機関では，明治初期の鉄道開通に続いて，1880年代には②＿＿＿＿＿＿が走り，1890年代になると③＿＿＿で路面電車も開通した。1900年前後からは，大都市の大手呉服店がアメリカのデパートメントストアにならって，ショーウィンドーや陳列台を用いて従来より幅広い顧客を対象とするデパート型の小売を開始した。

　こうして人びとの生活様式は，日本風と西洋風とが入りまじるようになった。日本髪にかわって女性の髪形として④＿＿＿が考案され，便利さから広くきわたったのもその一例である。

　しかし，地方の農漁村では石油を用いる⑤＿＿＿＿が普及し，洋装の駐在巡査や人力車がみられるようになったものの，日常生活に大きな変化はなく，暦法も農作業の関係から，太陽暦と並んで⑥＿＿＿が用いられた。

解答　生活様式の近代化　①電灯　②鉄道馬車　③京都　④束髪　⑤ランプ　⑥旧暦

第 9 章　近代国家の成立　237

第10章

二つの世界大戦とアジア

1　第一次世界大戦と日本

大正政変　1911(明治44)年，第2次西園寺公望内閣は，国家財政が悪化する中で組閣した。しかし，与党の立憲政友会は積極的な財政政策を，商工業者は減税を求めていた。一方，1907(明治40)年の①＿＿＿＿で，海軍は戦艦8隻・装甲巡洋艦8隻のいわゆる八・八艦隊の建艦計画の実現を長期目標にすえていた。陸軍は師団の増設をそれぞれ求めたため，内閣は困難な立場に立たされた。

　1912(明治45)年7月，明治天皇の死去にともない，大正天皇が即位した。また，この頃，東京帝国大学教授の❷＿＿＿＿が『憲法講話』を刊行し，③＿＿＿＿や政党内閣論をとなえたことで，新時代に対する国民の政治的関心が高まった。一方，元老の④＿＿＿＿は，大正天皇の内大臣兼侍従長に，長州閥の一員で陸軍の長老であった桂太郎を選んだ。

　中国でおこった⑤＿＿＿＿と清朝滅亡という事態に対し，第2次西園寺内閣が明確な態度をとらず，また海軍拡張を優先しようとした内閣の姿勢を不満とする④＿＿＿＿と陸軍は，⑥＿＿＿＿を内閣に強くせまった。西園寺首相が，これを財政上困難だとして拒絶すると，⑦＿＿＿＿陸相は単独で辞表を⑧＿＿＿＿に提出し，1912(大正元)年末，内閣も総辞職した。

　元老会議は⑨＿＿＿＿を後継首相としたが，内大臣兼侍従長である人物

解答　大正政変　①帝国国防方針　❷美濃部達吉　③天皇機関説　④山県有朋　⑤辛亥革命　⑥2個師団増設　⑦上原勇作　⑧大正天皇　⑨桂太郎

■**帷幄上奏**　帷幄は軍の本営の意。参謀総長・軍令部長・陸海軍大臣は，軍の統帥に関して直接天皇に上奏できた。これは軍の政治への干渉を可能にし，第2次西園寺公望内閣崩壊の原因となった。

が首相となるのは宮中と政府(府中)の境界を乱すとの非難の声がただちに上がった。ここに，立憲政友会の⑩＿＿＿＿＿と⑪＿＿＿＿の犬養毅を中心とする野党勢力・ジャーナリストに，商工業者・都市民衆が加わり，「⑫＿＿＿＿・＿＿＿＿」を掲げる運動として全国に広がった(第一次護憲運動)。⑨＿＿は非政友会系の新党組織をはかり，従来の元老政治からの脱却を掲げて内閣を維持しようとしたが，立憲政友会と立憲国民党が内閣不信任案を議会に提出し，それを支持する民衆が議会を包囲したため，1913(大正2)年2月，内閣は在職50日余りで退陣した(⑬＿＿＿＿という)。なお，⑨＿が構想した新党は，⑪＿＿＿＿＿＿の離党者も加わり，⑨＿の死後の1913(大正2)年末，加藤高明を総裁とする⑭＿＿＿＿＿＿として結党をみた。

⑨＿のあとは，薩摩出身の海軍大将山本権兵衛が⑮＿＿＿＿を与党として内閣を組織した。山本内閣は行政整理をおこなうとともに，⑯＿＿＿＿＿＿を改正して政党員にも高級官僚への道を開き，また軍部大臣現役武官制を改めて⑰＿＿＿・＿＿＿の大・中将にまで資格を広げるなど，官僚・軍部に対する政党の影響力の拡大につとめた。しかし，1914(大正3)年，外国製の軍艦や兵器の輸入をめぐる海軍高官の汚職事件(⑱＿＿＿＿＿という)の発覚により，都市民衆の抗議行動がふたたび高まり，やむなく退陣した。

これをみた山県有朋・井上馨らの元老は，言論界や民衆のあいだで人気のある大隈重信を急きょ後継首相に起用した。第2次大隈内閣は，衆議院においては立憲政友会に比べて少数であった⑲＿＿＿＿＿＿を与党として出発した。翌1915(大正4)年の総選挙では，青年層を巻き込み，大衆的な選挙戦術をとった与党が立憲政友会に圧勝し，懸案の⑳＿＿＿＿＿＿案は議会を通過した。

大正政変頃の日本を取り巻く国際環境は，この時期，大きく変化していた。1910年の韓国併合，1911年の関税自主権の回復などからわかるように，明治以来

解答 ⑩尾崎行雄 ⑪立憲国民党 ⑫閥族打破・憲政擁護 ⑬大正政変 ⑭立憲同志会 ⑮立憲政友会 ⑯文官任用令 ⑰予備・後備役 ⑱ジーメンス事件 ⑲立憲同志会 ⑳2個師団増設

第10章 二つの世界大戦とアジア

の諸懸案が解決をみたといえる。これにともない，国家を主導していた藩閥というまとまりも，政党・官僚・軍へと多元化し，解体していった。

第一次世界大戦

20世紀初頭のヨーロッパ大陸においては，軍備を拡張し積極的な世界政策を進めるドイツ，これにオーストリアと①_____を加えた三国同盟が一方にあり，ロシアとフランスの同盟（露仏同盟）とのあいだで対立を深めていた。イギリスがドイツの挑戦に備えて1904年に英仏協商を結び，ロシアもまた日露戦争の敗北により東アジアから②_____半島への進出策へと転じて，1907年，英露協商に踏みきったことで，イギリス・フランス・ロシアのあいだで❸_____が締結され，三国同盟との均衡に変化が生じた。日本は，イギリスとの日英同盟協約，ロシアとの④_____の関係上，③_____の側に立つこととなった。

「ヨーロッパの火薬庫」と呼ばれていた②_____半島の一角で，1914年6月，⑤_____帝位継承者が親露的なセルビア人に暗殺されると（サライェヴォ事件），両国のあいだに戦争がおこり，これが8月にはドイツとロシアの戦争に拡大した。さらにフランスとイギリスもロシア側について参戦したことで，帝国主義列強間の覇権争いから始まったこの戦争は，4年余りにおよぶ⑥_____となった（第一次世界大戦）。⑥_____とは，戦争目的に向かって，国家の有する軍事的・政治的・経済的・人的諸能力を最大限に組織し動員する戦争の形態である。

戦況は初めドイツ側が優勢であったが，イギリスの海上封鎖に苦しんだドイツが無制限⑦_____作戦を始めたのを機に，1917年アメリカが⑧_____側（連合国側）に立って参戦すると，戦局は連合国側に有利に展開した。翌1918年，ドイツでは⑨_____がおこって帝政が崩壊し，11月に連合国側に休戦を申し入れた。

日本の中国進出

イギリスがドイツに宣戦すると，第2次大隈重信内閣は①_____外相の主導により②

解答　第一次世界大戦　①イタリア　②バルカン　❸三国協商　④日露協約　⑤オーストリア　⑥総力戦　⑦潜水艦　⑧三国協商　⑨革命
日本の中国進出　①加藤高明　②日英同盟

■**同盟と協商**■　同盟は武力的結合，協商は協力提携の合意を意味する。同盟は盟約・同盟協約，協商は協約・協定などの名称がつけられている。

を理由として参戦し，中国におけるドイツの根拠地③＿＿＿と山東省の権益を1914(大正3)年中には接収し，さらに④＿＿＿以北のドイツ領南洋諸島の一部を占領した。

続く1915(大正4)年，①＿＿＿外相は⑤＿＿＿政府に対し，山東省のドイツ権益の継承，⑥＿＿＿および東部内蒙古の権益の強化，日中合弁事業の承認など，いわゆる二十一カ条の要求をおこない，同年5月，⑦＿＿＿を発して要求の大部分を承認させた。中国国民はこれに強く反発し，⑤＿＿＿政府が要求を受け入れた5月9日を⑧＿＿＿とした。

①＿＿＿による外交には内外からの批判があり，大隈を首相に選んだ元老の山県も，野党政友会の総裁原敬に対して「訳のわからぬ無用の箇条まで羅列して請求したるは大失策」と述べて批判していた。

大隈内閣の外交の背景には，国家の膨張を「開国進取」の現われととらえる大隈の発想があったが，内閣としては北京政府の⑤＿＿＿をおさえ，しだいに南方の革命勢力への支持を鮮明にしていった。これに対し，寺内正毅内閣のもとでは，⑤＿＿＿のあとを継いだ北方軍閥の⑨＿＿＿政権に巨額の経済借款を与え(⑩＿＿＿という)，同政権を通じた日本の権益確保を意図した。

大戦後に向けた講和会議対策も進められた。1916(大正5)年，第2次大隈内閣では，第4次⑪＿＿＿を締結し，極東における両国の特殊権益を相互に再確認した。続く寺内内閣では，イギリスが日本軍艦の地中海派遣を求めたのをきっかけに，戦後の講和会議で山東省と赤道以北の南洋諸島のドイツ権益を求める日本の要求を，英・仏など列強が支持する，との密約がかわされた。一方，日本の中国進出を警戒していたアメリカは，第一次世界大戦に参戦するに当たって，太平洋方面の安定を確保する必要があったため，特派大使⑫＿＿＿と国務長官ランシングとのあいだで，1917(大正6)年，中国の領土保全・⑬＿＿＿と，地理的な近接性ゆえに日本は中国に特殊利

解答 ③青島 ④赤道 ⑤袁世凱 ⑥南満州 ⑦最後通牒 ⑧国恥記念日 ⑨段祺瑞 ⑩西原借款 ⑪日露協約 ⑫石井菊次郎 ⑬門戸開放

■**西原借款**■ 寺内正毅内閣は中国に対する影響力を強めるために，私設秘書の西原亀三を通じて段祺瑞政権に1億4500万円の借款を供与した。無担保のうえ回収不能となり，国内の非難を受けた。

益をもつと認める公文が交換された（**石井・ランシング協定**）。なお，この協定は，ワシントン会議で⑭＿＿＿＿＿が成立したのを機に廃棄された。

戦争が長期化する中，ロシアでは1917年に帝政と大戦継続に反対する労働者・兵士の革命（⑮＿＿＿＿＿という）がおこり，世界ではじめての社会主義国家（のちのソヴィエト連邦）が生まれた。ボリシェヴィキ（のちの共産党）の⑯＿＿＿＿＿が率いるソヴィエト政権は，全交戦国に無併合・無償金・民族自決の原則を呼びかけ，翌1918年にはドイツ・オーストリアと単独講和（ブレスト＝リトフスク条約）を結んで戦線から離脱した。

東部戦線の崩壊と社会主義国家の誕生を恐れた英・仏など連合国は，内戦下のロシアに干渉戦争をしかけ，日本にも共同出兵をうながした。寺内内閣は，アメリカがシベリアの⑰＿＿＿＿＿軍救援を名目とする共同出兵を提唱したのを受けて，1918（大正7）年8月，シベリア・北満州への派兵を決定した（⑱＿＿＿＿＿という）。大戦終了後，列国は干渉戦争から手を引くが，日本の駐兵は⑲＿＿＿（　　　）年まで続いた。

大戦景気

第一次世界大戦は，明治末期からの不況と財政危機とを一挙に吹き飛ばした。日本は，英・仏・露などの連合国には軍需品を，ヨーロッパ列強が後退したアジア市場には①＿＿＿＿＿などを，また戦争景気のアメリカ市場には②＿＿＿＿＿などを輸出し，貿易は大幅な輸出超過となった。1914（大正3）年に11億円の債務国であった日本は，1920（大正9）年には27億円以上の債権国になった。

世界的な船舶不足のために，海運業・造船業は空前の好況となり，日本は③＿＿＿＿＿・アメリカにつぐ世界第3位の海運国となり，いわゆる④＿＿＿＿＿が続々と生まれた。鉄鋼業では八幡製鉄所の拡張や満鉄の⑤＿＿＿＿＿の設立のほか，民間会社の設立もあいついだ。薬品・染料・肥料などの分野では，交戦国である⑥＿＿＿＿＿からの輸入がとだえたため，化学工業が勃興した。大戦前から発達し始めていた電力業では，大規模

解答 ⑭九カ国条約 ⑮ロシア革命 ⑯レーニン ⑰チェコスロヴァキア ⑱シベリア出兵 ⑲1922（大正11）
大戦景気 ①綿織物 ②生糸 ③イギリス ④船成金 ⑤鞍山製鉄所 ⑥ドイツ

▍**成金** 将棋の駒が敵陣に成りこんで金将になることから，貧乏人が一夜のうちに富を得てにわかに金持ちになること。大戦景気で，海運・造船業で富を得た船成金が続出した。

な⑦_____発電事業が展開され，猪苗代・東京間の長距離送電も成功し，電灯の農村部への普及や工業原動力の⑧_____力から電力への転換を推し進め，また電気機械の国産化も進んだ。

その結果，重化学工業は工業生産額のうち30％の比重を占めるようになった。輸出の拡大に刺激された繊維業も活況を呈し，中国で工場経営をおこなう紡績業も急拡大した(⑨_____という)。

工業の躍進によって，⑩_____(_____)生産額は⑪_____生産額を追いこした。工場労働者数は大戦前の1.5倍に増えて150万人をこえ，なかでも男性労働者は重化学工業の発展により倍増して，女性労働者の数にせまった。それでも，工業を本業とする人は農業を本業とする人の半数以下にしかすぎなかった。

このような大戦景気の底は浅く，空前の好況が資本家を潤して⑫_____を生み出す一方で，物価の高騰で苦しむ多数の民衆が存在した。また，工業の飛躍的な発展に比較して，農業の発展は停滞的であった。

政党内閣の成立

大正政変を契機とする民衆運動の高揚は，政治思想にも大きな影響を与え，1916(大正5)年，吉野作造が❶_____を提唱するなど，政治の民主化を求める国民の声もしだいに強まっていった。①_____はデモクラシーの訳語であるが，国民主権を意味する民主主義とは一線を画し，天皇主権を規定する明治憲法の枠内で民主主義の長所を採用するという主張で，美濃部達吉の❷_____とともに大正デモクラシーの理念となった。

しかし同年，第2次大隈重信内閣が総辞職すると，陸軍軍人で初代❸_____をつとめた寺内正毅が，「挙国一致」を掲げて内閣を組織した。立憲同志会など前内閣の与党各派が合同して❹_____を結成してこれに対抗すると，寺内首相は翌1917(大正6)年に衆議院を解散し，総選挙をおこなった結果，④_____にかわり立憲政友会が衆議院第一党となった。内閣は，立憲政友会の原敬と立憲国民党の犬養毅ら，政党の代表を取り込み，これに閣僚

解答 ⑦水力 ⑧蒸気 ⑨在華紡 ⑩工業(工場) ⑪農業 ⑫成金
政党内閣の成立 ❶民本主義 ❷天皇機関説 ❸朝鮮総督 ❹憲政会

■**吉野作造** 『中央公論』に時事評論を発表したり黎明会と新人会を組織したりして，民本主義の普及活動につとめた。のちに明治期の資料を集成した『明治文化全集』の刊行に尽力した。

を加え，外交政策の統一をはかるためとして，臨時外交調査委員会を設置した。

　大戦による急激な経済の発展は，工業労働者の増加と人口の都市集中を通じて米の消費量を増大させたが，寄生地主制のもとでの農業生産の停滞もあり，米価などが上昇し，都市勤労者や下層農民の生活が困窮した。1918(大正7)年，⑤＿＿＿＿＿を当て込んだ米の投機的買占めが横行して米価が急騰すると，7月の⑥＿＿＿＿県での騒動をきっかけに，都市民衆や貧農・被差別民らは，米の安売りを求めて買占め反対を叫び，米商人・富商・地主・精米会社を襲って警官隊と衝突するなど，東京・大阪をはじめ全国38市・153町・177村，約70万人を巻き込む大騒擾となった(⑦＿＿＿＿＿という)。政府は⑧＿＿＿＿を出動させて鎮圧に当たったが，責任を追及する世論の前に寺内内閣は総辞職した。

　国民の政治参加の拡大を求める民衆運動の力を目の当たりにした元老の山県もついに政党内閣を認め，1918(大正7)年9月，立憲政友会の総裁⑨＿＿＿＿を首班とする内閣が成立した。盛岡(南部)藩の家老の家柄に生まれた⑨＿＿だったが，華族でも藩閥でもない，⑩＿＿＿＿＿に議席をもつ首相であったため，「⑪＿＿＿＿＿＿」と呼ばれ，国民から歓迎された。⑨＿＿は臨時外交調査委員会を舞台に，国際協調を軸とした対外政策を主導し，日本の満州権益開発方針についても，アメリカ・イギリス・フランスとのあいだに妥協点を見出した。

　一方，原内閣は社会政策や⑫＿＿＿＿＿＿制の導入には慎重で，選挙権の納税資格を⑬＿＿円以上に引き下げ，⑭＿＿＿＿＿＿制を導入するにとどまったが，⑫＿＿＿＿＿を要求する運動はしだいに高まり，1920(大正9)年には数万人規模の大示威行動がおこなわれた。これを背景として，④＿＿＿＿＿＿などの野党は衆議院に男性普通選挙法案を提出するが，政府は時期尚早として拒否し，衆議院を解散した。立憲政友会は，年来の政策である鉄道の拡充や高等学校の増設などの⑮＿＿＿＿＿＿を公約として掲げ，⑭＿＿＿＿＿制の効果もあり，総選挙では圧勝した。

　⑮＿＿＿＿＿を掲げた立憲政友会であったが，1920(大正9)年にお

解答 ⑤シベリア出兵　⑥富山　⑦米騒動　⑧軍隊　⑨原敬　⑩衆議院　⑪平民宰相　⑫普通選挙　⑬3　⑭小選挙区　⑮積極政策

きた，大戦後の反動恐慌によって財政的にゆきづまり，また党員の関係する汚職事件も続発した。原は1921（大正10）年，政党政治の腐敗に憤激した一青年により東京駅で暗殺された。総裁を引き継いだ⑯_____が後継内閣を組織したが短命に終わり，かわって海軍大将⑰_____が立憲政友会を事実上の与党として内閣を組織し，以後約2年間にわたって3代の非政党内閣が続いた。

2 ワシントン体制

《パリ講和会議とその影響》

アメリカ大統領①_____が提唱していた14カ条を講和の基礎としてドイツが受け入れたことで，1918年11月，休戦が成立した。14カ条とは，①_____が議会に発した教書で，おもな内容は，秘密外交の廃止，いっさいの経済的障壁の除去，国際的連合の創設などの14カ条からなっていたが，賠償問題には触れていなかった。

翌年にパリで講和会議が開かれ，日本も五大連合国の一員として②_____・牧野伸顕らを全権として送った。6月に調印された講和条約（ヴェルサイユ条約）は，ドイツ側に巨額の賠償金を課し，軍備を制限し，ドイツ本国領土の一部を割譲させるきびしいものとなった。一方で③_____の原則のもとで東欧に多数の独立国家を誕生させ，また国際紛争の平和的解決と国際協力のための機関として❹_____（League of Nations）の設立を決めた。1920年に発足した❹_____で，日本はイギリス・フランス・⑤_____の3国とともに常任理事国となったが，提唱国のアメリカは上院の反対で参加することができなかった。ヴェルサイユ条約にもとづくヨーロッパの新しい国際秩序を，❻_____と呼んでいる。

日本はヴェルサイユ条約によって，⑦_____の旧ドイツ権益の継承を

解答 ⑯高橋是清 ⑰加藤友三郎
パリ講和会議とその影響 ①ウィルソン
②西園寺公望 ③民族自決 ❹国際連盟
⑤イタリア ❻ヴェルサイユ体制 ⑦山東省

認められ，赤道以北の旧ドイツ領南洋諸島の❽＿＿＿＿＿＿＿権を得た。

しかし，山東(さんとう)問題については会議中からアメリカなどが反対し，連合国の一員として会議に参加していた中国も，日本の二十一カ条の要求によって結ばれた取決めの撤回を会議で拒否されたことや，旧ドイツ権益の中国への直接返還などを求める学生・商人・労働者の反日国民運動がおきたことなどから，❾＿＿＿＿＿＿＿の調印を拒否した。1919年5月4日の北京の学生による街頭運動に端(たん)を発した一連の運動は❿＿＿＿・＿＿＿＿と呼ばれる。

これより先，③＿＿＿＿＿＿＿の国際世論の高まりを背景に，東京在住の朝鮮人学生，日本支配下の朝鮮における学生・宗教団体を中心に，朝鮮独立を求める運動が盛りあがり，1919年3月1日に⑪＿＿＿＿＿（ソウル）のパゴダ公園（タプッコル公園）で独立宣言書朗読会(ろうどくかい)がおこなわれたのを機に，朝鮮全土で独立を求める大衆運動が展開された（⑫＿＿＿＿・＿＿＿＿＿＿＿という）。この運動はおおむね平和的・非暴力的なものであったが，⑬＿＿＿＿は警察・⑭＿＿＿＿・軍隊を動員してきびしく弾圧した。原敬内閣は，国際世論へ配慮(はいりょ)するとともに，朝鮮総督と台湾総督(そうとく)について⑮＿＿＿＿の総督就任を認める官制改正をおこない，朝鮮における⑭＿＿＿＿警察を廃止するなど，植民地統治方針について，若干(じゃっかん)の改善をおこなった。新しい朝鮮総督には海軍軍人の⑯＿＿＿＿＿が任命された。

一方，戦勝国としてのぞんだ講和会議でありながら，山東還付(かんぷ)問題で中国やアメリカから批判されたことに，講和会議に参加した外交官や新聞各紙記者らは衝撃を受けた。このような時代の風潮の中で，⑰＿＿＿＿＿は『日本改造法案大綱(たいこう)』を書き，大川周明(おおかわしゅうめい)らは⑱＿＿＿＿＿を結成した。

《《ワシントン会議と協調外交》》 ドイツの賠償総額は1320億金マルクにものぼったが，イギリス・フランス・イタリアなどの戦勝国も①＿＿＿＿＿に対する戦債(せんさい)の支払いに苦しんだ。①＿＿＿＿＿がドイツにさまざまな援助を与えてドイツの産業を復興させ，賠償金

解答　❽委任統治　❾ヴェルサイユ条約　❿五・四運動　⑪京城　⑫三・一独立運動　⑬朝鮮総督府　⑭憲兵　⑮文官　⑯斎藤実　⑰北一輝　⑱猶存社
ワシントン会議と協調外交　①アメリカ

■パゴダ公園■　ソウル市鍾路にあり，現在はタプッコル公園という。1919年3月1日に朗読された独立宣言書とそれに署名した33人の代表者氏名とを刻んだレリーフが公園内にある。

支払いを円滑にし，支払いを受けたイギリス・フランス・イタリアが①＿＿＿＿＿へ戦債を返還する，という経済の国際的循環の構造が必要となっていた。一方，大戦中の日本の露骨な中国進出，連邦制国家形成へと向かうソヴィエト政権の動向，中国における民族運動の活発化など，極東の新情勢にも対応する必要が生まれた。そこで1921年，アメリカは海軍軍縮と太平洋および極東問題を審議するための国際会議を開催した（②＿＿＿＿＿という）。アメリカのおもな目的は，アメリカ・イギリス・日本の建艦競争を終わらせて自国の財政負担を軽減すると同時に，東アジアにおける日本の膨張を抑制することにあった。日本は③＿＿＿＿＿・幣原喜重郎らを全権として派遣した。

会議においてはまず，米・英・日・仏のあいだで，太平洋諸島の現状維持と，太平洋問題に原因する紛争の話合いによる解決を決めた④＿＿＿＿＿が結ばれ，これにより⑤＿＿＿＿＿の廃棄が同意された（1921年）。

ついで翌1922年，この4カ国に，中国および中国に権益を有する主要4カ国を加えて⑥＿＿＿＿＿が結ばれ，中国の領土と主権の尊重，中国における各国の経済上の⑦＿＿＿＿＿・機会均等を約束し，日米間の⑧＿＿＿＿＿は廃棄された。さらに同年，米・英・日・仏・伊の五大国のあいだに**ワシントン海軍軍縮条約**が結ばれ，⑨＿＿＿＿＿の保有比率をアメリカ・イギリス各5，日本3，フランス・イタリア各1.67とし，今後⑩＿＿年間は老朽化しても代艦を建造しないことを定めた。日本国内では海軍とくに⑪＿＿＿＿＿が対英米7割論を強く主張したが，海軍大臣で全権の③＿＿＿＿＿が部内の不満をおさえ調印に踏みきった。またこの会議の場を借りて，英米側の仲介にもとづいて，1922年に日中間に交渉がもたれ，⑫＿＿＿半島の旧ドイツ権益を中国へ返還する条約も結ばれた。

こうした一連の国際協定は，戦争再発の防止と列強間の協調をめざしたもので，

解答 ❷ワシントン会議 ❸加藤友三郎 ❹四カ国条約 ❺日英同盟協約 ❻九カ国条約 ❼門戸開放 ❽石井・ランシング協定 ❾主力艦 ❿10 ⓫軍令部 ⓬山東

幣原外交 幣原外交は対英米協調・対中国内政不干渉の方針のもとに，満蒙の権益を守り，中国への経済的進出をはかるものであった。在華紡の急速な発展はこの時期である。

それらにもとづくアジア・太平洋地域の新しい国際秩序は、⑬＿＿＿＿＿＿＿＿と呼ばれた。原敬暗殺のあとを受けて成立した立憲政友会の⑭＿＿＿＿＿＿＿＿内閣はこれを積極的に受け入れて**協調外交**の基礎をつくり、続く加藤友三郎・第2次⑮＿＿＿＿＿＿＿＿両内閣もこれを引き継いだ。それが可能であったのは、アメリカがウィルソンの理想主義的外交から現実的な経済外交に方針を転換し、1920年代の日米経済関係もきわめて良好だったことがあげられる。1924（大正13）年に護憲三派による⑯＿＿＿＿＿＿＿＿内閣が成立すると、これまで立憲政友会系の外務大臣の展開してきた協調外交に反対であった憲政会は、加藤の対中政策の穏健化とあいまって、幣原喜重郎外相のもとに⑰＿＿＿＿＿＿＿＿と呼ばれる協調政策に転ずるようになった。すでに1922年に北樺太を除いて⑱＿＿＿＿＿＿＿＿からの撤兵は完了していたが、幣原外相はさらに対ソ関係の改善につとめ、1925（大正14）年初めに⑲＿＿＿＿＿＿＿＿を締結してソ連との国交を樹立した。

幣原外交は、正義と平和を基調とする「世界の大勢」に歩調をあわせ、経済重視の外交姿勢を特徴としていた。中国に対しても不干渉主義を掲げたが、こと経済的な懸案になると非妥協的となり、反日運動もおこって日中関係全般の安定化には必ずしも成功しなかった。1925（大正14）年には、⑳＿＿＿＿＿＿の日本人経営の紡績工場（㉑＿＿＿＿＿＿という）でおきた中国人労働者の待遇改善を要求するストライキをきっかけに、労働者・学生らによる大規模な反帝国主義運動が中国全土に広がった（㉒＿＿＿＿・＿＿＿＿＿＿という）。

協調外交のもとで実現した海軍軍縮の影響は大きく、老朽艦の廃棄や戦艦建造が中止された。陸軍でも、加藤友三郎内閣に続き、加藤高明内閣で軍縮がなされるとともに、軍装備の近代化がはかられた。

社会運動の勃興と普選運動

第一次世界大戦が国民を戦争へと動員する①＿＿＿＿＿＿として戦われたため、欧州諸国では労働者の権利の拡張や国民の政治参加を求める声が高まり、日本でもロシア革命・米騒動などをきっかけとして社会運動が勃興した。大戦中の産業の急速な

解答 ⑬ワシントン体制 ⑭高橋是清 ⑮山本権兵衛 ⑯加藤高明 ⑰幣原外交 ⑱シベリア ⑲日ソ基本条約 ⑳上海 ㉑在華紡 ㉒五・三〇事件
社会運動の勃興と普選運動 ①総力戦

■**陸軍軍縮** 1925年に4個師団の廃止・戦車隊と航空隊の新設など、軍縮と軍の近代化がはかられ、中学校以上への配属将校制度も設けられた。

発展によって労働者の数が大幅に増加し，物価高が進む中，賃金引上げを求める労働運動は大きく高揚し，労働争議の件数も急激に増加した。

1912(大正元)年，労働者階級の地位向上と労働組合育成とを目的に②＿＿＿＿＿によって組織された友愛会は，この時期，修養団体から労働組合の全国組織へと急速に発展した。友愛会は，1919(大正8)年に③＿＿＿＿＿と改称するとともに，1920(大正9)年の第1回④＿＿＿＿＿を主催した。1921(大正10)年にはさらに❺＿＿＿＿＿と改めて労資協調主義からしだいに階級闘争主義に方向を転換した。また，この前後から農村でも⑥＿＿＿＿＿の引下げを求める小作争議が頻発し，1922(大正11)年には杉山元治郎・賀川豊彦らによって，全国組織である⑦＿＿＿＿＿が結成された。

一方，⑧＿＿＿＿＿をとなえる吉野作造は，1918(大正7)年には❾＿＿＿＿＿を組織して全国的な啓蒙運動をおこない，時代の趨勢は平和・協調にあると述べた論説を通じて，知識人層を中心に大きな影響を与えた。また，吉野の影響を受けた学生たちは❿＿＿＿＿などの思想団体を結成し，しだいに労働・農民運動との関係を深めていった。

こうした革新的な雰囲気の中で，⓫＿＿＿＿＿以来の「冬の時代」にあった社会主義者たちも活動を再開し，1920(大正9)年には労働運動家・学生運動家・諸派の社会主義者たちを一堂に会した⓬＿＿＿＿＿が結成されたが，翌年には禁止された。社会主義の学問的な研究にも制限が加えられ，1920(大正9)年には，東京帝国大学助教授⓭＿＿＿＿＿がクロポトキンの研究をとがめられて休職処分になった。社会主義勢力内部では⓮＿＿＿＿＿らの無政府主義者と，⓯＿＿＿＿＿らの共産主義(マルクス・レーニン主義)者が対立していたが，ロシア革命の影響で社会運動全体における共産主義の影響力が著しく増大し，1922(大正11)年7月には，⓯＿＿＿＿＿や山川均らによって⓰＿＿＿＿＿がコミンテルンの支部として非合法のうちに結成された。

解答 ②鈴木文治 ③大日本労働総同盟友愛会 ④メーデー ❺日本労働総同盟 ⑥小作料 ⑦日本農民組合 ⑧民本主義 ❾黎明会 ❿東大新人会 ⓫大逆事件 ⓬日本社会主義同盟 ⓭森戸辰男 ⓮大杉栄 ⓯堺利彦 ⓰日本共産党

■**青鞜** 18世紀のロンドンのサロンで，女性文士たちは黒の絹靴下でなく青の毛靴下をはいており，因習に反対する進歩的女性たちをBlue Stockingとよんだ。

社会的に差別されていた女性の解放をめざす運動は，1911(明治44)年に平塚らいてう(明)らによって結成された文学者団体の⑰　　　　　　　に始まり，平塚と市川房枝らが1920(大正9)年に設立した⑱　　　　　　　は，参政権の要求など女性の地位を高める運動を進め，これを母体に1924年，⑲　　　　　　　　　　　　　　　　　　　　　　　　に発展した。⑱　　　　　　　などによる運動の結果，1922(大正11)年，女性の政治運動参加を禁じた⑳　　　　　　　第5条が改正されて，女性も政治演説会に参加できるようになった。この間，山川菊栄・伊藤野枝らは㉑　　　　　　　を結成し，社会主義の立場からの女性運動を展開した。

被差別部落の住民に対する社会的差別を，政府の融和政策に頼ることなく自主的に撤廃しようとする運動も，㉒　　　　　　　　　らを中心にこの時期に本格化し，1922(大正11)年，㉓　　　　　　　　　が結成された。

男性普通選挙権の獲得を求める運動は，1919～20(大正8～9)年にかけて大衆運動として盛りあがった。これに対して政府の側でも，加藤友三郎内閣の頃から普通選挙制の検討を始め，1923(大正12)年に成立した第2次山本権兵衛内閣も導入の方針を固めていたが，**関東大震災**と，その後の㉔　　　　　　　による総辞職で立ち消えになった。㉔　　　　　　　とは，1923(大正12)年，無政府主義の一青年難波大助が，摂政の裕仁親王(のちの昭和天皇)を虎の門付近で狙撃した事件である。摂政宮は無事だったが，内閣は責任をとって総辞職，難波は翌年㉕　　　　　　　で死刑となった。

護憲三派内閣の成立

1924(大正13)年，松方正義と①　　　　　　　　　　　　　　　の二人の元老は，政党と距離をおく人物を選ぶため，枢密院議長であった②　　　　　　　を首相に推した。②　　　　　　　が陸相と海相を除く全閣僚を③　　　　　　　から選出すると，憲政会・立憲政友会・④　　　　　　　の3党は，超然内閣の出現であるとして，憲政擁護(護憲)運動をおこした(⑤　　　　　　　という)。これに対し②　　　　　　　内閣は，立憲政友会の高橋是清総裁

解答 ⑰青鞜社　⑱新婦人協会　⑲婦人参政権獲得期成同盟会　⑳治安警察法　㉑赤瀾会　㉒西光万吉　㉓全国水平社　㉔虎の門事件　㉕大逆罪
護憲三派内閣の成立　①西園寺公望　②清浦奎吾　③貴族院　④革新倶楽部　⑤第二次護憲運動

を批判する勢力によって組織された⑥_____を味方につけ、議会を解散して総選挙にのぞんだが、結果は護憲三派の圧勝に終わった。

総辞職した②_____内閣にかわり、衆議院第一党の憲政会総裁の加藤高明が、3党の連立内閣を組織した。加藤は、明治憲法下において選挙結果によって首相となった唯一の例となった。加藤内閣は幣原喜重郎外相による協調外交を基本とし、1925（大正14）年、いわゆる⑦_____を成立させた。これにより満⑧___歳以上の男性が衆議院議員の選挙権をもつことになり、有権者は一挙に4倍に増えた。第一次護憲運動（1913年）から男性普通選挙制の成立（1925年）までの時代思潮や社会運動を、「⑨_____」と呼ぶことが多い。

一方で、この内閣のもとで、「国体」の変革や⑩_____制度の否認を目的とする結社の組織者と参加者を処罰すると定めた⑪_____が成立した。国体とは、国家の主権のあり方によって区別される国家形態で、この場合は⑫_____を指す。制定当初の目的は、日ソ国交樹立（1925年）による共産主義思想の波及を防ぐ、⑦_____の成立（1925年）による労働者階級の政治的影響力の増大に備えることにあった。

1925（大正14）年、立憲政友会が陸軍・長州閥の長老⑬_____を総裁に迎え、④_____を吸収したため、護憲三派の提携は解消された。その結果、加藤内閣は憲政会を単独与党とする内閣となったが、加藤が病死すると、1926（大正15）年、憲政会総裁を継いだ⑭_____が組閣した。同年末には大正天皇が死去し、摂政の裕仁親王（昭和天皇）が即位して、昭和と改元された。

1927（昭和2）年に⑭_____内閣（第1次）が金融恐慌の処理に失敗して退陣すると、立憲政友会総裁の⑬_____が後継内閣を組織し、野党となった憲政会は⑥_____と合同して⑮_____を結成した。

こうして1924（大正13）年の第1次加藤高明内閣の成立から、1932（昭和7）年の

解答 ⑥政友本党 ⑦普通選挙法 ⑧25 ⑨大正デモクラシー ⑩私有財産 ⑪治安維持法 ⑫天皇制 ⑬田中義一 ⑭若槻礼次郎 ⑮立憲民政党

■民本主義■ Democracyの語はギリシア語のDemos（民衆）とKratia（支配）に由来する。吉野作造は、デモクラシーを民本主義と訳し、明治憲法下でも民主的な政治の運営は可能であるとした。

⑯____・____で犬養毅内閣が崩壊するまでの8年間，二大政党である立憲政友会と憲政会（のち⑮_____）の総裁が交代で内閣を組織する「⑰_____」が続いた。「⑰_____」とは，慣習的に二大政党制を意味する場合もあるが，広くは⑱_____における最大多数党（あるいはそれが失脚した場合は次位の多数党）の総裁（党首）に組閣の大命がおりることを意味する。

3 市民生活の変容と大衆文化

《都市化の進展と市民生活》

第一次世界大戦後，都市化と工業化の進展にともない，東京や大阪などの大都市では，会社員・銀行員・公務員などの❶_____（サラリーマン）が大量に現われた（新中間層）。また，タイピストや電話交換手など，仕事をもつ女性もみられるようになり，❷_____と呼ばれた。

都市の景観や市民生活も大きく変貌し，洋風化・近代化が進んだ。都心では丸の内ビルディング（丸ビル）など鉄筋コンクリート造のオフィスビルが出現し，都心部から郊外にのびる鉄道沿線には新中間層向けの❸_____が建てられた。また，関東大震災の翌年の1924（大正13）年に設立された❹_____は，東京・横浜に木造住宅のほか4～5階建てのアパートを建設した。❺_____は農村部も含めて広く一般家庭に普及し，都市では水道・ガスの供給事業が本格化した。都市内では市電やバス，❻_____などの交通機関が発達し，東京と大阪では❼_____も開業した。服装では洋服を着る男性が増え，銀座や心斎橋などの盛り場では，断髪にスカート，山高帽にステッキといったいでたちのモガ（モダンガール）やモボ（モダンボーイ）が闊歩するようになり，食生活の面ではトンカツやカレーライスのような洋食が普及した。

また，さまざまな商品を陳列して販売する❽_____が発達した。日本の❽_____は，三越などの呉服店に起源をもつものが主流であったが，

解答 ⑯五・一五事件 ⑰憲政の常道
⑱衆議院
都市化の進展と市民生活 ❶俸給生活者
❷職業婦人 ❸文化住宅 ❹同潤会 ❺電灯 ❻円タク ❼地下鉄 ❽百貨店

私鉄の経営する**ターミナルデパート**が現われ，生鮮食料品など日用品の販売に重点をおいた。代表的なのは，⑨_____が1907(明治40)年に設立した箕面有馬電気軌道(1918年に阪神急行電気鉄道と改称)で，乗客の増加をはかるため沿線で住宅地開発を進めるとともに，遊園地や温泉，⑩_____などの娯楽施設を経営し，ターミナルの梅田ではデパートを開業した。

一方，大企業と中小企業，都市と農村とのあいだの格差が問題となり，二重構造と呼ばれた。個人消費支出が増加し，「大衆消費社会」的状況が現われたが，一般農家や中小企業の労働者の生活水準は低く，大企業で働く労働者とのあいだの格差が拡大した。

大衆文化の誕生

日露戦争後の1907(明治40)年には小学校の就学率が97％をこえ，ほとんどの国民が文字を読めるようになった。また，1920年代には中学校(旧制)の生徒数が急増し，高等教育機関も拡充された。1918(大正7)年に❶_____内閣によって制定された高等学校令にもとづいて，高等学校の増設が進められた。同年には❷_____も制定され，総合大学である❸_____のほかに，単科大学や公立・私立の大学の設置が認められた。

そうした中で，新聞・雑誌・ラジオ・映画などのマス＝メディアが急速に発達し，労働者やサラリーマンなどの一般勤労者(大衆)を担い手とする❹_____が誕生した。

新聞や雑誌の発行部数は，飛躍的にのびた。大正末期には，『大阪朝日新聞』と『東京朝日新聞』，『大阪毎日新聞』と『東京日日新聞』の系列のように発行部数100万部をこえる新聞が現われ，『中央公論』や『❺_____』などの総合雑誌も急激な発展をとげた。『サンデー毎日』や『週刊朝日』などの週刊誌，『❻_____』などの女性雑誌のほか，一般投資家向けの『経済雑誌ダイヤモンド』なども刊行された。また，❼_____は児童文芸雑誌『赤い鳥』を創刊した。昭和に入ると，『現代日本文学全集』などの❽_____や岩波文庫が

解答 ⑨小林一三 ⑩宝塚少女歌劇団
大衆文化の誕生 ❶原敬 ❷大学令 ❸帝国大学 ❹大衆文化 ❺改造 ❻主婦之友 ❼鈴木三重吉 ❽円本

登場して，低価格・大量出版の先駆けとなり，大衆娯楽雑誌『⑨＿＿＿＿＿＿』の発行部数も100万部をこえた。

　ラジオや映画も発達した。**ラジオ放送**は，1925(大正14)年に東京・大阪・名古屋で開始され，翌年にはこれらの放送局を統合して⑩＿＿＿＿＿＿＿＿＿＿＿＿(NHK)が設立された。ラジオ劇やスポーツの実況放送などが人気を呼び，放送網が全国に拡大した。

　映画は⑪＿＿＿＿＿＿＿＿と呼ばれ，当初は無声映画を弁士の解説つきで上映していたが，大正期には大衆娯楽として発展し，日活や松竹などの映画会社が国産映画の製作に乗り出した。なお，1930年代に入ると，⑫＿＿＿＿と呼ばれた有声映画の製作や上映が始まった。

学問と芸術

　大正デモクラシーの風潮のもとで，多様な学問や芸術が発達した。欧米諸国のさまざまな思想や文学が紹介され，『東洋経済新報』などで急進的自由主義が主張される一方，❶＿＿＿＿＿＿＿＿が知識人に大きな影響を与えた。『東洋経済新報』の記者であった②＿＿＿＿＿＿＿＿は，朝鮮や満州など植民地の放棄と平和的な経済発展を主張し，この考え方は「③＿＿＿＿＿＿＿＿＿」と呼ばれた。

　なかでも，1917(大正6)年に出版された河上肇の『④＿＿＿＿＿＿＿＿』は広範な読者を獲得した。①＿＿＿＿＿＿＿＿＿＿は，学問研究の方法にも影響をおよぼし，昭和初期には，明治維新以来の日本の近代社会の性格をどのように把握するかをめぐって論争(日本資本主義論争)が展開された。これは，雑誌『⑤＿＿＿』に論文を執筆した櫛田民蔵・猪俣津南雄らの労農派と，⑥＿＿＿＿＿＿＿が編集した『日本資本主義発達史講座』に論文を執筆した羽仁五郎・服部之総・山田盛太郎らの講座派とのあいだでおこなわれた。

　また，⑦＿＿＿＿＿＿＿＿は『善の研究』を著して独自の哲学体系を打ち立て，⑧＿＿＿＿＿＿は仏教美術や日本思想史を研究し，『古寺巡礼』『風土』などを著した。⑨＿＿＿＿＿＿＿＿は『古事記』『日本書紀』に科学的分析を加え，柳田国男は民間伝承の調査・研究を通じて，無名の民衆(「常

解答 ⑨キング ⑩日本放送協会 ⑪活動写真 ⑫トーキー
学問と芸術 ❶マルクス主義 ②石橋湛山 ③小日本主義 ④貧乏物語 ⑤労農 ⑥野呂栄太郎 ⑦西田幾多郎 ⑧和辻哲郎 ⑨津田左右吉

河上肇 京都帝国大教授在職中に『貧乏物語』を発表して反響をよんだ。1928年三・一五事件で大学を辞職，1932年54歳で日本共産党に入党し翌年検挙された。

整理　おもな文学作品

作者	作品
㋐	腕くらべ
㋑	刺青・痴人の愛
㋒	その妹・人間万歳
㋓	カインの末裔・或る女
㋔	和解・暗夜行路
倉田百三	出家とその弟子
㋕	羅生門・鼻・河童
㋖	父帰る・恩讐の彼方に
山本有三	波・女の一生
葉山嘉樹	海に生くる人々
㋗	太陽のない街
㋘	蟹工船
森鷗外	阿部一族
夏目漱石	こころ・明暗
㋙	夜明け前
横光利一	日輪
㋚	伊豆の踊子
中里介山	大菩薩峠
高村光太郎	道程
萩原朔太郎	月に吠える
㋛	赤光

民」)の生活史を明らかにする⑩＿＿＿＿＿を確立した。

自然科学の分野では，大戦期に染料・薬品などの輸入がとだえたため，この分野での独自の研究が始まった。1917（大正6）年には，欧米諸国に対抗し得る物理学や化学の研究をおこなうことを目的に，⑪＿＿＿＿＿が設立された。また，⑫＿＿＿＿＿の黄熱病の研究，⑬＿＿＿＿＿のKS磁石鋼の発明など，すぐれた業績が生まれた。

文学では，自然主義はしだいに退潮となったが，森鷗外や夏目漱石らをはじめ多くの作家が現われ，活況を呈した。人道主義・理想主義を掲げる雑誌『⑭＿＿＿＿＿』（1910～23年）を中心に，都会的感覚と西欧的教養を身につけた有島武郎・志賀直哉・武者小路実篤らの⑭＿＿＿＿＿派，耽美的作風で知られる⑮＿＿＿＿＿や谷崎潤一郎ら，さらに芥川龍之介・菊池寛らの⑯＿＿＿＿＿などが活躍した。また，新聞や大衆雑誌には，中里介山の大長編小説『⑰＿＿＿＿＿』をはじめ，⑱＿＿＿＿＿・大佛次郎の時代小説，⑲＿＿＿＿＿の探偵小説などが連載され，人気を博した。

大正の末から昭和の初めにかけて，社会主義運動・労働運動の高揚にともなって，⑳＿＿＿＿＿がおこり，『種蒔く人』（1921年創刊）や『㉑＿＿＿＿＿』（1928年創刊）などの機関誌が創刊された。これ

解答 ⑩民俗学　⑪理化学研究所　⑫野口英世　⑬本多光太郎　⑭白樺　⑮永井荷風　⑯新思潮派　⑰大菩薩峠　⑱吉川英治　⑲江戸川乱歩　⑳プロレタリア文学運動　㉑戦旗

整理　おもな文学作品　㋐永井荷風　㋑谷崎潤一郎　㋒武者小路実篤　㋓有島武郎　㋔志賀直哉　㋕芥川龍之介　㋖菊池寛　㋗徳永直　㋘小林多喜二　㋙島崎藤村　㋚川端康成　㋛斎藤茂吉

らの雑誌には，㉒＿＿＿＿＿の『蟹工船』や㉓＿＿＿＿＿の『太陽のない街』など，労働者(プロレタリア)の生活に根ざし，階級闘争の理論に即した作品が掲載された。

演劇では，1924(大正13)年に小山内薫・土方与志らが創設した㉔＿＿＿＿＿が新劇運動の中心となり，知識人のあいだに大きな反響を呼んだ。

音楽では洋楽の普及がめざましく，小学校の㉕＿＿＿＿＿とともに，新たに民間で創作された童謡がさかんにうたわれるようになった。㉖＿＿＿＿＿は，本格的な交響曲の作曲や演奏に活躍した。

美術の世界では，文展のアカデミズムに対抗する洋画の在野勢力として㉗＿＿＿＿＿や春陽会が創立され，安井曽太郎・梅原龍三郎・岸田劉生らが活躍した。日本画では，横山大観らが㉘＿＿＿＿＿を再興して院展をさかんにし，近代絵画としての新しい様式を開拓した。

建築では，1914(大正3)年に開業した東京駅が㉙＿＿＿＿＿の代表的な作品となった。

4 恐慌の時代

戦後恐慌から金融恐慌へ

第一次世界大戦が終結してヨーロッパ諸国の復興が進み，その商品が①　アジア　市場に再登場してくると，開戦以来の好景気とは打ってかわって，日本経済は苦境に立たされることになった。1919(大正8)年から貿易は輸入超過に転じ，とりわけ重化学工業は輸入品が増加して，国内の生産を圧迫した。1920(大正9)年には，株式市場の暴落を口火に欧米に先んじて②　戦後恐慌　が発生し，綿糸・③　生糸　の相場は半値以下に暴落した。ついで1923(大正12)年には，日本経済は関東大震災で大きな打撃を受けた。銀行は，手持ちの手形が決済不能となり，④　日本銀行　の特別融資で一時をしのいだが，不況が慢性化する中，決済は進まなかった。政府は，決済不能になった手形(⑤　震災手

解答 ㉒小林多喜二 ㉓徳永直 ㉔築地小劇場 ㉕唱歌 ㉖山田耕筰 ㉗二科会
㉘日本美術院 ㉙辰野金吾
戦後恐慌から金融恐慌へ ①アジア ❷
戦後恐慌 ③生糸 ④日本銀行 ⑤震災

形という)に対して，④日本銀行に4億3082万円を特別融資させた。1926(昭和元)年末時点，そのうち2億680万円が未決済であった。

その後1927(昭和2)年，議会で⑤震災手形の処理法案を審議する過程で，⑥片岡直温蔵相の失言から，一部の銀行の不良な経営状態が暴かれ，ついに取付け騒ぎがおこって銀行の休業が続出した(⑦金融恐慌という)。時の⑧若槻礼次郎内閣は，経営が破綻した総合商社の⑨鈴木商店に対する巨額の不良債権を抱えた⑩台湾銀行を緊急勅令によって救済しようとしたが，⑪枢密院の了承が得られず，総辞職した。

ついで成立した立憲政友会の田中義一内閣は，3週間の⑫モラトリアム(支払猶予令)を発し，④日本銀行から巨額の救済融資をおこない，全国的に広がった⑦金融恐慌をようやくしずめた。

1920年代の日本経済は，電気機械・電気化学など電力関連の重化学工業の発展がみられたものの，慢性的不況の状態を続けていた。再三の恐慌に対して，政府はそのつど⑬日本銀行券を増発して救済政策をとってきたが，それは経済の破綻を一時的に回避しただけで，大戦中に過大に膨張した経済界の再編は進まなかった。工業の国際競争力の不足と⑭インフレ傾向のために輸入超過は増大し，1917(大正6)年以来の⑮金輸出禁止が続く中で，外国為替相場は動揺と下落を繰り返した。多くの産業分野で，企業集中，⑯カルテル結成，資本輸出の動きが強まり，とくに，巨大紡績会社は，大戦ののち中国に紡績工場をつぎつぎに建設した(⑰在華紡という)。財閥はこの時期に主として金融・流通面から産業支配を進め，政党との結びつきも深めていった。⑦金融恐慌の過程で，中小銀行の整理・合併が進み，預金は大銀行に集中し，三井・三菱・住友・⑱安田・第一の五大銀行が支配的な地位を占めた。

こうして日本経済においては，独占資本・金融資本が支配的な地位を占めるようになった。一方，大企業や農村からはじき出された過剰労働力を基盤として，

解答 ⑥片岡直温 ⑦金融恐慌 ⑧若槻礼次郎 ⑨鈴木商店 ⑩台湾銀行 ⑪枢密院 ⑫モラトリアム ⑬日本銀行券 ⑭インフレ ⑮金輸出禁止 ⑯カルテル ⑰在華紡 ⑱安田

中小企業が増加する傾向もみられた。

社会主義運動の高まりと積極外交への転換

普通選挙法成立後，労働組合・農民組合を基盤とする社会主義勢力は議会を通じての社会改造をめざすようになった。全国的無産政党として1925（大正14）年に結成された❶農民労働党が，共産党と関係があるとして即日禁止されたため，共産党系を除外して，1926（昭和元）年，合法的な無産政党である❷労働農民党（労農党）が組織された。しかし，労農党内で共産党系の勢力が強まると，議会主義・国民政党路線をとる❸社会民衆党（社民党），労農党と社民党との中間的立場に立つ❹日本労農党が分裂・離脱した。

❺1928（昭和3）年におこなわれた普通選挙制による最初の総選挙では，無産政党勢力が8名の当選者を出した。この時，これまで非合法活動を余儀なくされていた日本共産党が公然と活動を開始したので，衝撃を受けた田中義一内閣は選挙直後の3月15日に共産党員の一斉検挙をおこない，❻日本労働組合評議会などの関係団体を解散させた（❼三・一五事件という）。田中内閣は，議会で治安維持法の改正法案が成立しなかったため，❽緊急勅令によって改正した。これにより，従来の最高刑が10年以下の懲役・禁錮であったのに対し，「国体」の変革を目的とする結社の組織者・指導者には❾死刑・無期を科すことができるようになり，また協力者も処罰可能となった。道府県の警察にも❿特別高等課（特高）を設置して，翌1929（昭和4）年にも大規模な検挙をおこなった（⓫四・一六事件という）。このため，日本共産党は大きな打撃を受けた。

田中内閣は，欧米諸国に対しては協調外交の方針を引き継ぎ，1928（昭和3）年にパリで⓬不戦条約に調印した。

同じ田中内閣の時期に，日本の外交は中国政策をめぐって強硬姿勢に転じた。⓭孫文によって1919年に結成された中国国民党は，広東を中心に中国南方

解答　社会主義運動の高まりと積極外交への転換　❶農民労働党　❷労働農民党　❸社会民衆党　❹日本労農党　❺1928　❻日本労働組合評議会　❼三・一五事件　❽緊急勅令　❾死刑　❿特別高等課　⓫四・一六事件　⓬不戦条約　⓭孫文

に支配を広げた。1921年には⑭中国共産党が結成されたが，国民党はこれと提携して，第1次国共合作を成立させた(1924年)。翌1925(大正14)年に死去した⑬孫文のあとを引き継いだ⑮蔣介石は，1926(昭和元)年，北方軍閥を打倒して中国全土を統一するため，国民革命軍を率いて⑯北伐に乗り出し，⑰南京に国民政府を樹立し，さらに⑯北伐を進めた。全国統一をめざして北上する国民革命軍は，広東から長江流域を北上し，各地方を制圧していった。

　これに対して田中内閣は，1927(昭和2)年に中国関係の外交官・軍人を集めて⑱東方会議を開き，満州における日本権益を実力で守る方針を決定した。この年から翌年にかけて田中内閣は，満州軍閥の⑲張作霖を支援し，国民革命軍に対抗するため，日本人居留民の保護を名目に，3次にわたる⑳山東出兵を実施した。第2次出兵の際には日本軍は国民革命軍とのあいだに武力衝突をおこし，一時，済南城を占領した(㉑済南事件という)。

　しかし，⑲張作霖軍が国民革命軍に敗北すると，㉒関東軍の一部に，謀略によって⑲　　　　を排除して満州を直接支配するという考えが台頭してきた。

　1928(昭和3)年6月，㉒　　　　は中央にはからず独断で，満州へ帰還途上の⑲　　　　を奉天郊外で列車ごと爆破して殺害した(⑲爆殺事件)。当時，事件の真相は国民に知らされず，㉓満州某重大事件と呼ばれた。元老の㉔西園寺公望の助言もあり，田中首相は当初，真相の公表と厳重処分を決意し，その旨を天皇に上奏した。しかし，閣僚や陸軍から反対されたため，首謀者の㉕河本大作大佐を停職にしただけで一件落着とした。この方針転換をめぐって田中首相は天皇の不興をかい，1929(昭和4)年に内閣は総辞職した。

　　⑲　　　　爆殺事件の結果，㉒　　　　のもくろみとは逆に，⑲　　　　の子で後継者の㉖張学良は，1928(昭和3)年，勢力下に

【解答】⑭中国共産党　⑮蔣介石　⑯北伐　⑰南京　⑱東方会議　⑲張作霖　⑳山東出兵　㉑済南事件　㉒関東軍　㉓満州某重大事件　㉔西園寺公望　㉕河本大作　㉖張学良

■張作霖爆殺事件■　関東軍はこの事件を中国国民軍の便衣隊(ゲリラ)のしわざとしたが，真相は明らかであった。張作霖の子の張学良は抗日傾向を強めた。

第10章　二つの世界大戦とアジア

あった満州を国民政府支配下の土地と認めた。こうして，国民党の⑯_____は完了し，中国全土の統一がほぼ達成された。中国では不平等条約撤廃，国権回収を要求する民族運動が高まり，1931(昭和6)年には国民政府も不平等条約の無効を一方的に宣言する外交方針をとるようになった。

金解禁と世界恐慌

財界からは，大戦後まもなく金本位制に復帰した欧米にならって，❶_____（金解禁）を実施して為替相場を安定させ，貿易の振興をはかることをのぞむ声が高まってきた。①_____とは，輸入品の代金支払いのために正貨（金貨や地金）の輸出を認めることをいい，自由な金輸出には為替相場を安定させる働きがある。

1929(昭和4)年に成立した立憲民政党の❷_____内閣は，蔵相に③_____前日銀総裁を起用し，財政を緊縮して物価の引下げをはかり，産業の④_____を促進して国際競争力の強化をめざした。そして1930(昭和5)年1月には，⑤_____平価による金輸出解禁を断行して，外国為替相場の安定と経済界の抜本的整理とをはかった。為替相場の実勢は100円＝46.5ドル前後と円安であったが，100円＝49.85ドルの⑤_____平価で解禁したので，実質的には円の切上げとなった。円高をもたらして日本の輸出商品を割高にし，ひいては日本経済をデフレと不況に導く見込みの強い⑤_____平価解禁をあえて実施したことには，円の国際信用を落としたくないという配慮に加えて，生産性の低い不良企業を整理・淘汰して日本経済の体質改善をはかる必要があるとの判断があった。

解禁を実施したちょうどその頃，1929年10月にニューヨークのウォール街で始まった株価暴落が❻_____に発展していたため，日本経済は解禁による不況とあわせて二重の打撃を受け，深刻な恐慌状態におちいった（❼_____という）。輸出が大きく減少し，⑧_____は大量に海外に流出して，企業の操業短縮，倒産があいつぎ，産業④_____によって賃金引下げ，人員整理がおこなわれて，失業者が増大した。政府は1931(昭和6)年，

解答 金解禁と世界恐慌 ❶金輸出解禁 ❷浜口雄幸 ③井上準之助 ④合理化 ⑤旧 ⑥世界恐慌 ❼昭和恐慌 ⑧正貨

■豊作飢饉 昭和恐慌は農村でも深刻であった。1930年末には米の収穫高が平年作を一割も上まわったために，米価は暴落して生産費を割るにいたり，東北地方では娘の身売りが続出した。

❾重要産業統制法を制定し，指定産業での不況カルテルの結成を容認したが，これが⑩統制経済の先駆けとなった。

米価は1920年代から植民地米移入の影響を受けて低迷していたが，⑦　　　が発生すると米をはじめ各種農産物の価格が暴落した。恐慌で消費が縮小したアメリカへの⑪生糸輸出は激減し，その影響で⑫繭価は大きく下落した。1930(昭和5)年には豊作のためにさらに米価がおし下げられて「豊作貧乏」となり，翌1931(昭和6)年には一転して東北・北海道が大凶作に見舞われた。不況のために兼業の機会も少なくなったうえ，都市の失業者が帰農したため，東北地方を中心に農家の困窮は著しく(⑬農業恐慌という)，欠食児童や女子の身売りが続出した。

このような状態のもとで，労働争議・小作争議が激増すると同時に，無策な政党や金輸出再禁止を予期して円売り・ドル買いを進めた⑭財閥を攻撃する声が高まっていった。

協調外交の挫折

浜口雄幸内閣は協調外交の方針を復活させ，ふたたび①幣原喜重郎を外相に起用した。対中国関係を改善するために，1930(昭和5)年に中国と②日中関税協定を結び，条件つきではあったが中国に③関税自主権を認めた。

また軍縮の方針に従って，1930(昭和5)年，ロンドン海軍軍縮会議に参加した。軍縮会議では，主力艦建造禁止をさらに5年延長することと，ワシントン海軍軍縮条約で除外された④補助艦(巡洋艦・駆逐艦・潜水艦)の保有量が取り決められた。当初の日本の要求のうち，補助艦の総トン数の対イギリス・アメリカ約⑤7割は認められたものの，大型巡洋艦の対米⑤　　割は受け入れられないまま，政府は条約調印に踏みきった(⑥ロンドン海軍軍縮条約という)。

これに対し，野党の⑦立憲政友会・海軍軍令部・右翼などは，海軍軍令部長の反対をおしきって政府が兵力量を決定したのは⑧統帥権の干犯であると激しく攻撃した。軍の最高指揮権である統帥権は天

解答 ❾重要産業統制法　⑩統制経済　　　友会　❽統帥権の干犯
⑪生糸　⑫繭価　⑬農業恐慌　⑭財閥
協調外交の挫折　①幣原喜重郎　②日中関税協定　③関税自主権　④補助艦　⑤7　❻ロンドン海軍軍縮条約　⑦立憲政

皇に属し、内閣が管掌する一般国務から独立し、その発動には⑨参謀総長・海軍軍令部長が直接参与した。憲法解釈上の通説では、兵力量の決定は憲法第12条の⑩編制大権の問題で、内閣の⑪輔弼事項であり、第11条の統帥大権とは別であった。しかし、帝国国防方針中で、国防に要する兵力に責任をもつべきであるとされていた海軍軍令部とのあいだでは意見が一致しなかった。また、条約の批准には⑫枢密院の承認が必要であったので、政府は海軍軍令部と⑫_____の二つの国家機構との対決をせまられた。政府は⑫_____の同意を取りつけて、条約の批准には成功したが、1930（昭和5）年11月には浜口首相が東京駅で右翼青年に狙撃され重傷を負い、翌年、退陣後まもなく死亡した。

5　軍部の台頭

満州事変　中国で国権回収の民族運動が高まっている頃、日本国内では軍や右翼が①_____の協調外交を軟弱外交と非難し、「満蒙の危機」を叫んでいた。危機感を深めた関東軍は、中国の国権回収運動が満州におよぶのを武力によって阻止し、満州を長城以南の中国主権から切り離して日本の勢力下におこうと計画した。

　関東軍は参謀の②_____を中心として、1931（昭和6）年9月18日、③_____郊外の柳条湖で南満州鉄道の線路を爆破し（④_____という）、これを中国軍のしわざとして軍事行動を開始して⑤_____が始まった。

　第2次⑥_____内閣（立憲民政党）は不拡大方針を声明したが、世論・マスコミは戦争熱に浮かされたかのように軍の行動を支持した。関東軍は、全満州を軍事的制圧下におくべく戦線を拡大したため、事態の収拾に自信を失った⑥_____内閣は総辞職した。かわって同1931（昭和6）年12月に立憲政友会総裁の⑦_____が組閣し、中国との直接交渉を

解答　⑨参謀総長　⑩編制大権　⑪輔弼
⑫枢密院
満州事変　①幣原喜重郎　②石原莞爾
③奉天　④柳条湖事件　⑤満州事変　⑥若槻礼次郎　⑦犬養毅

めざした。

　満州での日本の軍事行動は，中国の排日運動をますます激しくさせ，1932（昭和7）年1月には上海でも日中両国軍が衝突した（⑧＿＿＿＿＿という）。同年，関東軍は満州の主要地域を占領し，3月には清朝最後の皇帝⑨＿＿＿を執政として，⑩＿＿＿＿＿＿＿の建国を宣言させた。

　アメリカは日本の一連の行動に対して不承認宣言を発し，中国からの訴えと日本の提案で，国際連盟理事会は事実調査のためにイギリスの⑪＿＿＿＿＿を団長とする調査団を現地と日中両国に派遣することにした。

≪ 政党内閣の崩壊と
　　国際連盟からの脱退 ≫

　ロンドン海軍軍縮会議（統帥権干犯問題）・昭和恐慌・満州事変などをきっかけに，軍人や右翼による急進的な国家改造運動が急速に活発になっていった。陸海軍の青年将校および右翼運動家は，日本のゆきづまりの原因が，財閥・①＿＿＿＿＿などの支配層の無能と腐敗にあると考え，これらを打倒して軍中心の強力な内閣をつくり，内外政策の大転換をはかろうとした。

　1931（昭和6）年には，陸軍青年将校のクーデタ未遂事件がおきた。②＿＿＿＿＿率いる陸軍青年将校の秘密結社桜会が，右翼指導者③＿＿＿＿＿の協力と一部陸軍首脳の賛同を得て軍部政権樹立のクーデタを計画したが，未発に終わった（④＿＿＿＿＿という）。続いて，桜会は③＿＿＿＿＿らの右翼と提携してクーデタを企てたが，未然に発覚してふたたび失敗に終わった（⑤＿＿＿＿＿という）。翌1932（昭和7）年の2～3月には井上日召率いる右翼の⑥＿＿＿＿＿員が⑦＿＿＿＿＿前蔵相・⑧＿＿＿＿＿三井合名会社理事長を暗殺し（⑥＿＿＿＿＿事件という），さらに同年5月15日には海軍青年将校の一団が首相官邸におし入り，⑨＿＿＿＿＿首相を射殺するという事件（⑩＿＿＿・＿＿＿という）があいついだ。

　一連のテロ活動は支配層をおびやかし，⑩＿＿＿・＿＿＿のあと，元老⑪＿＿＿＿＿は穏健派の海軍大将⑫＿＿＿＿＿を後

●
[解答]　⑧第1次上海事変　⑨溥儀　⑩満州国　⑪リットン
政党内閣の崩壊と国際連盟からの脱退
①政党　②橋本欣五郎　③大川周明　④三月事件　⑤十月事件　⑥血盟団　⑦井上準之助　⑧団琢磨　⑨犬養毅　⑩五・一五事件　⑪西園寺公望　⑫斎藤実

第10章　二つの世界大戦とアジア　263

継首相に推薦した。ここに大正末以来8年で政党内閣は崩壊し，太平洋戦争後まで復活しなかった。

1932(昭和7)年9月，⑫_____内閣は⓭_____を取りかわして満州国を承認した。満州国は，同国における日本の権益を確認し，日本軍の無条件駐屯を認めた。

日本政府は既成事実の積み重ねで国際連盟に対抗しようとしたが，連盟側は1933(昭和8)年2月の臨時総会で，リットン調査団の報告にもとづき，満州国は日本の⓮_____であると認定し，日本が満州国の承認を撤回することを求める勧告案を採択した。リットン報告書は，日本の軍事行動は合法的な自衛措置ではなく，満州国は自発的な民族独立運動によってつくられたものではないとしながらも，一方で日本の経済的権益に中国側が配慮すべきであるとする妥協的なものであった。

⑮_____ら日本全権団は，勧告案を可決した総会の場から退場し，3月に日本政府は正式に国際連盟からの脱退を通告した(1935年発効)。

1933(昭和8)年5月，日中軍事停戦協定(⑯_____という)が結ばれ，満州事変自体は終息した。しかし，日本は満州の経営・開発に乗り出し，1934(昭和9)年には満州国を，⑰_____を皇帝とする帝政に移行させた。1936(昭和11)年には，日本が第2次ロンドン海軍軍縮会議を脱退してロンドン条約が失効し，1934(昭和9)年に廃棄を通告していたワシントン海軍軍縮条約も続いて失効し，日本は国際的に孤立するに至った。

恐慌からの脱出

1931(昭和6)年12月に成立した犬養毅内閣(立憲政友会)の①_____蔵相は，ただちに❷_____を断行し，ついで円の金兌換を停止した。日本経済は，これをもって最終的に金本位制を離れて❸_____に移行した。恐慌下で④_____を進めていた諸産業は，円相場の大幅な下落(⑤_____という)を利用して，飛躍的に輸出をのばしていった。とくに⑥_____の輸出拡大はめざましく，イギリスにかわって世界第1位

解答 ⓭日満議定書 ⓮傀儡国家 ⑮松岡洋右 ⑯塘沽停戦協定 ⑰溥儀
恐慌からの脱出 ①高橋是清 ❷金輸出再禁止 ❸管理通貨制度 ④産業合理化 ⑤円安 ⑥綿織物

の規模に達した。

　この頃，世界の情勢は大きくゆれ動き，列強は世界恐慌からの脱出をはかって苦しんでいた。アメリカでは1933年に就任したフランクリン＝ローズヴェルト大統領が，財政支出による一連の景気刺激策（⑦_____という）をとってこの危機を切り抜けた。イタリア・ドイツなどでは，ファシスト党を率いた⑧_____やナチ党を率いた⑨_____による一党独裁の全体主義体制（ファシズムやナチズム）が確立していった。ソ連は一国社会主義をとなえる独裁者⑩_____のもとで，計画経済を通じて，独自の中央集権的経済体制を築いていった。イギリスは，本国と植民地で排他的な⑪_____をつくり，輸入の割当てや高率の関税による⑫_____政策をとった。イギリスをはじめ列強は，円安のもとでの日本の自国植民地への輸出拡大を国ぐるみの投げ売り（⑬_____＝_____という）と非難して対抗した。一方，輸入面では綿花・石油・屑鉄・機械などにおいて，日本は⑭_____への依存度を高めていった。

　輸出の躍進に加え⑮_____の発行による軍事費・農村救済費を中心とする財政の膨張で産業界は活気づき，日本は他の資本主義国に先駆けて⑯_____（昭和8）年頃に世界恐慌以前の生産水準を回復した。とくに，軍需と保護政策とに支えられて重化学工業がめざましく発達し，金属・機械・化学工業合計の生産額は，1933（昭和8）年には⑰_____工業を上まわり，さらに1938（昭和13）年には工業生産額全体の過半を占め，産業構造が軽工業中心から重化学工業中心へと変化した。

　鉄鋼業では，八幡製鉄所を中心に大合同がおこなわれて国策会社⑱_____が生まれ，鋼材の自給が達成された。自動車工業や化学工業では，日産・日窒などの⑲_____が台頭し，軍と結びついて満州・朝鮮へも進出していった。⑳_____は，日産コンツェルンを結成し，さらに満州に進出した。一方，㉑_____は，朝鮮北部で大水力

解答　⑦ニューディール政策　⑧ムッソリーニ　⑨ヒトラー　⑩スターリン　⑪ブロック経済圏　⑫保護貿易　⑬ソーシャル＝ダンピング　⑭アメリカ　⑮赤字国債　⑯1933　⑰繊維　⑱日本製鉄会社　⑲新興財閥　⑳鮎川義介　㉑野口遵

発電所と化学コンビナートを建設して，日窒コンツェルンを形成した。また既成財閥も，重化学工業部門の増強に積極的になった。

農業恐慌の中で農村救済請願運動が高まると，政府は1932(昭和7)年度から㉒_____と称して公共土木事業をおこない，農民を日雇い労働に雇用して現金収入の途を与えた。さらに政府は㉓_____を始め，産業組合の拡充などを通じて農民を結束させて「自力更生」をはからせた。

転向の時代

満州事変をきっかけに日本国内で生まれたナショナリズムの高揚は，国家による弾圧とあいまって，社会主義運動に大きな衝撃を与え，社会主義からの大量の❶_____という現象を発生させた。四分五裂を続けてきた無産政党も国家社会主義に転じ，1932(昭和7)年には，❷_____を中心に❸_____が結成された。残った人びとは合同して当時最大の無産政党である❹_____を結成したが，しだいに国家社会主義化した。

さらに1933(昭和8)年，獄中にあった❺_____の最高指導者たちが転向声明書を発表したことは，大量転向のきっかけとなった。佐野学・鍋山貞親の両幹部は連名で転向を声明し，コミンテルンが❺_____に指示した天皇制打倒・侵略戦争反対の方針を批判し，天皇制と民族主義のもとでの一国社会主義の実現を提唱した。

わずかに社会主義を守り続けた鈴木茂三郎らの❻_____なども，1937(昭和12)年には弾圧されて活動を停止した。

思想・言論の取締りも強化され，共産主義ばかりでなく，自由主義・民主主義的な学問への弾圧事件もつぎつぎにおこった。1933(昭和8)年，自由主義的刑法学説をとなえていた⑦_____京都帝国大学教授が⑧_____文相の圧力で休職処分を受けたのに対し，京都帝国大学法学部教授会は全員辞表を提出して抵抗したが，結局敗北した(⑨_____という)。

また，ジャーナリズムのうえでも，軍部の国家社会主義的な国内改革への期待

解答 ㉒時局匡救事業　㉓農山漁村経済更生運動
転向の時代 ❶転向　❷赤松克麿　❸日本国家社会党　❹社会大衆党　❺日本共産党　❻日本無産党　⑦滝川幸辰　⑧鳩山一郎　⑨滝川事件

がしだいに支配的な論調になっていった。

二・二六事件

国内政治に対する政党の影響力は五・一五事件後，しだいに小さくなり，逆に，❶_____（とくに陸軍）や反既成政党・革新・現状打破を掲げる勢力が政治的発言力を増大させ，これに一部の官僚（革新官僚）や政党人が同調した。斎藤実・❷_____と，2代の海軍穏健派内閣が続いたことは，彼らの不満をつのらせることになった。1934（昭和9）年に❸_____が発行したパンフレット「国防の本義と其強化の提唱」は，陸軍が政治・経済の運営に関与する意欲を示したものとして，論議を巻きおこした。

かねてから❹_____の憲法学説は右翼の攻撃を受けていたが，1935（昭和10）年，貴族院で軍出身議員の❺_____がこれを反国体的と非難したのをきっかけに，にわかに政治問題化した（❻_____問題という）。❹_____のいわゆる❻_____は，統治権の主体を法人としての国家に帰属させ，天皇は国家の最高機関として❼_____に従って統治権を行使すると説明するもので，統治権は神聖不可侵の天皇に属し，それは無制限であるとする❽_____らの学説と対立していた。❻_____はそれまで明治憲法体制を支えてきたいわば正統学説であったが，現状打破をのぞむ陸軍，❾_____の一部，右翼，在郷軍人会などが全国的に激しい排撃運動を展開したので，岡田内閣は屈服して❿_____を出し，❻_____を否認した。こうして，政党政治や政党内閣制は，⓫_____と並ぶ理論的支柱を失った。

政治的発言力を増した陸軍の内部では，隊付の青年将校を中心に，直接行動による既成支配層の打倒，天皇親政の実現をめざす⓬_____と，陸軍省や参謀本部の中堅幕僚将校を中心に，革新官僚や財閥と結んだ軍部の強力な統制のもとで総力戦体制樹立をめざす⓭_____が対立していた。統制派は⓮_____・東条英機ら，皇道派は荒木貞夫・真崎甚三郎らが中心人

解答　二・二六事件 ❶軍部　❷岡田啓介　❸陸軍省　❹美濃部達吉　❺菊池武夫　❻天皇機関説　❼憲法　❽上杉慎吉　❾立憲政友会　❿国体明徴声明　⓫民本主義　⓬皇道派　⓭統制派　⓮永田鉄山

物とみられていた。両者の対立は，皇道派の相沢三郎中佐が，陸軍省で統制派の⑭_____軍務局長を斬殺した相沢事件(1935年)で表面化した。

1936(昭和11)年2月26日早朝，⑮_____の思想的影響を受けていた⑫_____の一部青年将校たちが，約1400名の兵を率いて首相官邸・警視庁などを襲い，⑯_____内大臣・⑰_____蔵相・渡辺錠太郎教育総監らを殺害し，国会を含む国政の心臓部を4日間にわたって占拠した(⑱_____・_____という)。首都には⑲_____が布告された。このクーデタは，国家改造・軍部政権樹立をめざしたが，天皇が厳罰を指示したこともあり，反乱軍として鎮圧された。事件後，⑬_____が⑫_____を排除して陸軍内での主導権を確立し，陸軍の政治的発言力はいっそう強まった。岡田内閣にかわった広田弘毅内閣は，閣僚の人選や軍備拡張・財政改革などについて軍の要求を入れてかろうじて成立し，以後の諸内閣に対する軍の介入の端緒となった。広田内閣は1936(昭和11)年，陸軍の要求に従って⑳_____を復活させた。

この1936(昭和11)年はワシントン・ロンドン両海軍軍縮条約が失効するため，陸海軍による**帝国国防方針の改定**にもとづいて，広田内閣は「㉑_____」で，大陸における日本の地歩を確保する一方で，南方へ漸進的に進出する方針を決定し，外交では㉒_____と提携を強めて㉓_____に対抗し，国内では大規模な軍備拡張計画が推進された。

しかし，国内改革の不徹底を不満とする軍と，大軍拡に反対する政党の双方の反発で，広田内閣は1937(昭和12)年1月総辞職し，組閣の大命は陸軍の穏健派㉔_____にくだった。これに反発する陸軍が陸相を推挙しなかったので，㉔_____は組閣を断念せざるを得なかった。結局，陸軍大将の㉕_____が組閣し，軍部と財界との調整をはかったが(軍財抱合)，これも短命に終わった。同年6月，この時，貴族院議長をつとめていた㉖_____が，元老・軍部から一般民衆まで国民各層の期待を集め，第1次㉖_____内閣を組織した。

解答 ⑮北一輝 ⑯斎藤実 ⑰高橋是清 ⑱二・二六事件 ⑲戒厳令 ⑳軍部大臣現役武官制 ㉑国策の基準 ㉒ドイツ ㉓ソ連 ㉔宇垣一成 ㉕林銑十郎 ㉖近衛文麿

■軍財抱合■ 林銑十郎内閣の結城豊太郎蔵相は「これからは財界と軍部は抱き合っていきたい」と述べ，軍部と財界の調整をはかった。

6 第二次世界大戦

《 三国防共協定 》

　ヴェルサイユ・ワシントン体制と呼ばれる，第一次世界大戦後の秩序の維持には，二つの条件が必要であった。世界経済が好調で規模も拡大していること，平和維持の価値が広く認められていることである。しかし，世界恐慌で第一の条件が失われて，1930年代半ばには世界秩序崩壊のきざしがみえ始めた。日本が満州事変をおこして①＿＿＿＿＿＿＿体制をゆさぶっている頃，ドイツは，1933年に全体主義体制(②＿＿＿＿＿＿という）を樹立するとともに，ヴェルサイユ体制の打破をとなえて③＿＿＿＿＿＿＿から脱退し，1935年には禁じられていた再武装に踏みきった。イタリアでは一党独裁が確立され(④＿＿＿＿＿＿＿という），1935年のエチオピア侵攻をきっかけに③＿＿＿＿＿＿＿とも対立した。1936年，スペイン内戦がおこると，ドイツ・イタリア両国は連帯を強めて❺＿＿＿＿（Axis）を形成した。ドイツ・イタリア両国はベルリン＝ローマ❺＿＿＿＿と呼ばれた。

　ソ連は，第1次5カ年計画（1928～32年）によって重工業化と農業集団化を推進し，急速に国力を高めた。さらに，アメリカのソ連承認（1933年），ソ連の③＿＿＿＿＿＿＿加入（1934年）は，国際社会におけるソ連の役割の増大を示した。1936(昭和11)年，広田弘毅（こうき）内閣は，ソ連を中心とする国際共産主義運動への対抗を掲げ❻＿＿＿＿＿＿＿を結んだ。イタリアは，翌年これに参加し（日独伊三国防共協定（ぼうきょう）），つづいて③＿＿＿＿＿＿＿を脱退した。こうして，国際的孤立を深めていた日本・ドイツ・イタリア3国は反ソ連の立場で結束し，枢軸（すうじく）陣営が成立した。

《 日中戦争 》

　1935年以降，中国では関東軍によって，日本側では華北（かほく）と呼んでいたチャハル・綏遠（すいえん）・河北・山西（さんせい）・山東（さんとう）の5省を国民政府の統治から切り離して支配しようとする❶＿＿＿＿が公然と進められた。同年，②＿＿＿＿＿＿＿の支援のもとに国

[解答] 三国防共協定　①ワシントン　②ナチズム　③国際連盟　④ファシズム　❺枢軸　❻日独防共協定
日中戦争　❶華北分離工作　②イギリス

■ファシスト・ナチス■　ファシスト(Fascist)の語源はイタリア語のファショ（Fascio）で結束の意。ナチス(Nazis)はNational-sozialistの略で国家社会主義者のこと。

第10章　二つの世界大戦とアジア　269

民政府は，地域的な通貨の混在状態の解消をはかる幣制改革を実施して，中国国内の経済的統一を進めた。これをみて，関東軍は華北に傀儡政権(③_____という)を樹立して分離工作を強め，翌1936(昭和11)年には日本政府も華北分離を国策として決定した。これに対し，中国国民のあいだでは抗日救国運動が高まった。延安に長征した中国共産党軍の攻撃を国民政府から命じられた④_____は，督励のため来訪した⑤_____を西安の郊外で監禁し，国共内戦の停止と一致抗日を要求した。この1936年12月の⑥_____をきっかけに，国民政府は共産党攻撃を中止し，内戦を終結させ，日本への本格的な抗戦を決意した。

第1次近衛文麿内閣成立直後の1937(昭和12)年7月7日，北京郊外の⑦_____付近で日中両国軍の衝突事件が発生した(⑦_____事件という)。いったんは現地で停戦協定が成立したが，近衛内閣は軍部の圧力に屈して当初の不拡大方針を変更し，兵力を増派して戦線を拡大した。これに対し，国民政府の側が断固たる抗戦の姿勢をとったので，戦闘は当初の日本側の予想をはるかにこえて全面戦争に発展した(⑧_____という)。日本政府はこの戦闘を，初め「北支事変」ついで「⑨_____」と名づけたが，実質的には全面戦争であった。日中両国ともに，アメリカの⑩_____(戦争状態にある国への武器・弾薬の禁輸条項を含む)の適用を避けるためなどの理由から，正式に⑪_____をしなかった。

1937年8月には上海でも戦闘が始まり(第2次上海事変)，戦火は南に広がった。9月には国民党と共産党がふたたび提携して(第2次国共合作)，⑫_____を成立させた。日本はつぎつぎと大軍を投入し，年末には国民政府の首都⑬_____を占領した。⑬_____陥落の前後，日本軍は市内外で略奪・暴行を繰り返したうえ，多数の中国人一般住民(婦女子を含む)および捕虜を殺害した(⑬_____事件という)。国民政府は⑬_____から漢口，さらに奥地の⑭_____に退いてあくまで抗戦を続けたので，日中戦争は泥沼のような長期戦となった。

解答 ③冀東防共自治委員会 ④張学良
⑤蔣介石 ⑥西安事件 ⑦盧溝橋 ⑧日中戦争 ⑨支那事変 ⑩中立法 ⑪宣戦布告 ⑫抗日民族統一戦線 ⑬南京 ⑭重慶

そこで日本側は，大規模な攻撃を中断して，各地に傀儡政権を樹立する方式に切りかえた。1938（昭和13）年1月には近衛首相が「⑮_____」と声明し，国民政府との交渉による和平の可能性をみずから絶ち切った。さらに近衛は，同年末，戦争の目的が日・満・華3国連帯による⑯_____建設にあることを声明した。具体的には，同年11月3日（⑯_____声明），および12月22日（善隣友好・共同防共・経済提携をうたった近衛三原則声明）の2回にわたってなされた近衛声明のことである。そして，ひそかに国民政府の要人⑰_____（汪精衛）を⑭_____から脱出させ，1940（昭和15）年にようやく各地の傀儡政権を統合して，⑰_____を首班とする親日の⑱_____を南京に樹立した。しかし，⑰_____政権は弱体で，日本の戦争終結の政略は失敗に帰し，国民政府は米・英などからの物資搬入路であるいわゆる⑲_____を通じて援助を受けて，その後も抗戦を続けた。

戦時統制と生活

　広田弘毅内閣の大軍備拡張予算をきっかけに，財政は軍事支出を中心に急速に膨張し，軍需物資の輸入の急増は国際収支の危機をまねいた。日中戦争が始まると，第1次近衛文麿内閣はさらに巨額の軍事予算を編成するとともに，直接的な経済統制に踏みきり，臨時資金調整法・輸出入品等臨時措置法などを制定して，①_____に資金や輸入資材を集中的に割り当てることとした。経済統制が進むと経済関係の②_____の進出が著しくなり，彼らのあいだでは軍部と結んで強力な国防国家を建設しようとの動きが活発になった。戦争の拡大につれて軍事費は年々急増し，財政膨張があいつぐ増税をもたらし，それでも膨大な歳出をまかなえずに多額の③_____が発行され，紙幣増発による④_____が進行していった。

　1938（昭和13）年4月には❺_____が制定され，政府は議会の承認なしに，戦争遂行に必要な物資や労働力を動員する権限を与えられ，国民生活を全面的統制下においた。同時に制定された❻

解答 ⑮国民政府を対手とせず　⑯東亜新秩序　⑰汪兆銘　⑱新国民政府　⑲援蒋ルート
戦時統制と生活　①軍需産業　②官僚　③赤字公債　④インフレーション　❺国家総動員法　❻電力国家管理法

_____は，民間の電力各社を単一の国策会社に一挙に統合するもので，政府が私企業への介入を強めるきっかけとなった。ついで，中小企業の強制的整理も進められ，翌1939(昭和14)年には，⑤_____にもとづく❼_____によって，一般国民が軍需産業に動員されるようになった。また，1937(昭和12)年10月に，戦時動員の計画・立案・調整を任務とする内閣直属の機関として設置された❽_____によって，1938年度から，物資動員計画が作成され，軍需品は優先的に生産された。このため重化学工業中心の新興財閥ばかりでなく，既成財閥系の大企業も積極的に軍需品生産に乗り出し，「国策」への協力でばく大な利益を上げた。総力戦を想定した生産力拡充計画も立てられたが，当面の軍需生産に追われて，実現にはほど遠かった。

機械・非鉄金属の生産は，1944(昭和19)年までは軍需を中心に上昇を続けたが，原材料の品質低下や高性能な工作機械の輸入途絶，そして大量生産の経験不足から所定の品質を達成できないことが多かった。

これに対し，国内向けの綿製品の生産・販売が禁止されるなど，「不要不急」の民需品の生産や輸入はきびしく制限され，生活必需品は品不足となった。このため政府は，⑤_____にもとづき1939(昭和14)年10月に❾_____を出して公定価格制を導入し，経済統制をさらに強化した。国民に対しては，「ぜいたくは敵だ」「欲しがりません，勝つまでは」といったスローガンのもとに消費の切詰めを強要した。1940(昭和15)年にはぜいたく品の製造・販売の禁止(⑩____・_____という)，砂糖・マッチなどの消費を制限する⓫_____が敷かれ，翌年には米が⓬_____となり，ついで衣料にも⓫_____が敷かれるなど，生活必需品への統制は極端に強まった。

農村では，1940(昭和15)年から政府による米の強制的買上げ制度(⓭_____という)が実施された。政府は生産奨励のために⓮_____の制限や生産者米価の優遇などの措置をとり，地主の取り分を縮小させたが，それでも労働力や生産資材の不足のために，食糧生産は1939(昭和14)年を境に低下し始め，

解答 ❼国民徴用令　❽企画院　❾価格等統制令　⑩七・七禁令　⓫切符制　⓬配給制　⓭供出制　⓮小作料

食糧難が深刻になっていった。

　戦時体制の形成にともなって、国体論にもとづく思想統制、社会主義・自由主義の思想に対する弾圧がいちだんときびしくなった。日中戦争開始直前、文部省は『⑮_____』を発行し、国民思想の教化をはかった。また、⑯_____東京帝国大学教授が、政府の大陸政策を批判したことで大学を追われ（矢内原事件、1937年）、東京帝国大学の⑰_____らの教授グループが検挙された事件（人民戦線事件、1938年）などがおこった。

　第1次近衛文麿内閣は、1937（昭和12）年10月から国家主義・軍国主義を鼓吹し、節約・貯蓄など国民の戦争協力をうながすため、⑱_____を展開した。総力戦の遂行に向けて労働者を全面的に動員するため、労資一体で国策に協力する⑲_____の結成も進められた。1940（昭和15）年には、⑳_____となり、すべての労働組合が解散させられた。

　近衛内閣は、1940（昭和15）年には㉑_____を設置して、出版物・演劇などのほか、ラジオ・映画を含むマス=メディアの総合的な統制をめざし、戦争遂行のためにこれらを利用する方針をとった。

戦時下の文化

　1930年代に入ると、政府のきびしい取締りや国家主義的気運の高まりの中で、転向者があいつぎ、①_____の思想的影響力もしだいに衰えて、日本の伝統的文化・思想への回帰に向かい、1930年代後半にはこの傾向はいっそう濃厚となった。雑誌『②_____』によった亀井勝一郎・保田与重郎らが、反近代と民族主義を掲げる文芸評論をさかんに発表した。日中戦争期には、国体論やナチズムなどの影響を受けた全体主義的な思想が主流となり、東亜新秩序論・大東亜共栄圏論・統制経済論など「革新」的な国内改革論が展開された。

　昭和初期の文学界では、社会主義運動と結びついて興隆した③_____が、主観と感性の表現の中に文学の実体を求めようとした横光利一・④_____らの**新感覚派**とともに二大潮流を

[解答] ⑮国体の本義　⑯矢内原忠雄　⑰大内兵衛　⑱国民精神総動員運動　⑲産業報国会　⑳大日本産業報国会　㉑内閣情報局
戦時下の文化　①マルクス主義　②日本浪曼派　③プロレタリア文学　④川端康成

なした。しかし，1930年代前半の社会主義弾圧の嵐の中で，③_____もまた壊滅していった。

一方，既成の大家の中には，せまりくる戦争の足音の中で静かに力強い創作の世界を維持するものも少なくなく，⑤_____の『夜明け前』や⑥_____の『細雪』といった大作が書き続けられた。日中戦争期には，火野葦平がみずからの従軍体験を記録した『⑦_____』に代表される戦争文学が人気を博したが，日本軍兵士の生態を写実的に描いた⑧_____の『生きてゐる兵隊』は発売禁止となり，1942(昭和17)年には⑨_____が結成された。

第二次世界大戦の勃発

ヨーロッパでは，ナチス＝ドイツが積極的にヴェルサイユ体制の打破に乗り出して1938年にオーストリアを併合し，さらに①_____にも侵略の手をのばした。このような中でドイツは，日本の第1次近衛文麿内閣に対し防共協定を強化して，ソ連に加え②_____・フランスを仮想敵国とする軍事同盟にすることを提案した。近衛内閣はこの問題に決着をつけないまま退陣し，1939(昭和14)年初めに③_____枢密院議長が組閣した。③_____内閣では軍事同盟の締結をめぐり閣内に対立が生じたが，同年8月，ドイツが突如ソ連と不可侵条約を結んだため(独ソ不可侵条約)，国際情勢の急変に対応し得ないとして総辞職した。

日本陸軍は，1938(昭和13)年，ソ連と④_____の国境不明確地帯においてソ連軍と戦い(⑤_____という)，さらに翌1939(昭和14)年5月には，④_____西部とモンゴル人民共和国の国境地帯でソ連・モンゴル連合軍と戦ったが，ソ連の大戦車軍団の前に大打撃を受けた(⑥_____という)。独ソ不可侵条約成立の報は，ノモンハンでまさにソ連と戦闘中だった日本にとって衝撃であった。

1939年9月1日，ドイツがポーランド侵攻を開始すると，9月3日，イギリス・フランスはただちにドイツに宣戦を布告し，**第二次世界大戦**が始まった。平

解答 ⑤島崎藤村 ⑥谷崎潤一郎 ⑦麦と兵隊 ⑧石川達三 ⑨日本文学報国会
第二次世界大戦の勃発 ①チェコスロヴァキア ②イギリス ③平沼騏一郎 ④満州国 ⑤張鼓峰事件 ⑥ノモンハン事件

■**ノモンハン事件** 満州と外蒙古との国境紛争から出発し，日ソ両軍の本格的戦闘へと発展した。停戦までの4カ月間に日本軍は動員兵力の32%を失った。

沼内閣に続く⑦_____（陸軍大将）・⑧_____（海軍大将）の両内閣は，⑨_____との軍事同盟には消極的で，ヨーロッパの戦争には不介入の方針をとり続けた。

一方，日中戦争開始以来，日本の必要とする軍需産業用の資材は，植民地を含む日本の領土や，満州および中国における占領地からなる経済圏（⑩_____という）の中だけではとうてい足りず，欧米とその勢力圏からの輸入に頼らなければならない状態にあった。

しかし，アメリカはアジア・北太平洋地域との自由な交易関係の維持を重要な国益と認識していたため，日本が「⑪_____」形成に乗り出すと，これをみずからの東アジア政策への本格的な挑戦とみなし，日米間の貿易額も減少し始めた。さらに日独間の軍事同盟締結の動きが伝えられると，アメリカは1939年7月，⑫_____の廃棄を日本側に通告し，翌年に発効してからは，軍需資材の入手はきわめて困難になった。

ヨーロッパでドイツが圧倒的に優勢となり，⑬_____だけが抵抗を続けている状態になると，日本では陸軍を中心に，ドイツとの結びつきを強め，対アメリカ・イギリスとの戦争を覚悟のうえで欧米の植民地である南方に進出し，「⑭_____」の建設をはかり，⑮_____・ゴム・ボーキサイトなどの資源を求めようという主張が急速に高まった。議会内や政界上層部に反対の空気はあったが，流れをかえるだけの力はなく，南方進出はかえって欧米の対日経済封鎖を強める結果をまねいた。立憲民政党議員⑯_____は，1940（昭和15）年に議会で軍部と政府が中国で進める戦争政策を激しく批判する演説（⑰_____という）をおこない，軍部の圧力により議員を除名された。

新体制と三国同盟

1940（昭和15）年6月，近衛文麿は枢密院議長を退いて，❶_____の先頭に立った。これは，ナチ党や❷_____党にならって強力な大衆組織を基盤とする一大指導政党を樹立し，既成の政党政治を打破して一元的な指導のもとで全国民

解答 ⑦阿部信行 ⑧米内光政 ⑨ドイツ ⑩円ブロック ⑪東亜新秩序 ⑫日米通商航海条約 ⑬イギリス ⑭大東亜共栄圏 ⑮石油 ⑯斎藤隆夫 ⑰反軍演説

新体制と三国同盟 ❶新体制運動 ❷ファシスト

の戦争協力への動員をめざす「革新」運動であった。立憲政友会・立憲民政党・無産政党の③＿＿＿＿＿＿＿＿＿＿＿＿などの諸政党や各団体は積極的に，あるいはやむを得ず解散して参加を表明した。軍部も近衛の首相就任に期待して，④＿＿＿＿＿＿＿内閣を退陣に追い込んだ。

　1940(昭和15)年7月，第2次近衛内閣が成立したが，組閣に先だって近衛と陸相・海相・外相予定者との会談で，欧州大戦不介入方針からの転換，ドイツ・イタリア・ソ連との提携強化，積極的な南方への進出(⑤＿＿＿＿という)の方針が定まった。⑤＿＿＿＿政策には，ドイツに降伏したヨーロッパ諸国の植民地を影響下におくことのほか，⑥＿＿＿＿＿＿＿を遮断して停滞した戦局を打開するねらいもあった。具体的には，本国がドイツの占領下にあったオランダ領東インド(蘭印〈インドネシア〉)，本国がドイツに降伏していたフランス領インドシナ(仏印〈⑦＿＿＿＿＿＿＿＿・ラオス・カンボジア〉)などがある。こうして9月，日本軍は⑧＿＿＿＿＿＿＿に進駐し，ほぼ同時に⑨＿＿＿＿＿＿＿＿＿を締結した。これは，⑩＿＿＿＿に対しては除外規定があり，アメリカを仮想敵国とする軍事同盟で，結果的にはアメリカの強い反発をまねいた。これと前後してアメリカは，航空機用ガソリンや⑪＿＿＿＿の対日輸出禁止の措置をとり，日本への経済制裁を本格化させた。

　一方，新体制運動は，1940(昭和15)年10月に⑫＿＿＿＿＿＿＿＿＿として結実した。しかし，⑫＿＿＿＿＿＿＿は当初めざした政党組織ではなく，総裁を総理大臣，支部長を道府県知事などとし，部落会・町内会・⑬＿＿＿＿(隣保班)を下部組織とする官製の上意下達機関となった。とくに，5〜10戸ほどで構成される最末端組織の⑬＿＿＿＿は，回覧板による情報伝達や配給などの戦時業務を担わされた。

　教育面では，1941(昭和16)年には小学校が⑭＿＿＿＿＿＿＿に改められ，「忠君愛国」の国家主義的教育が推進された。また朝鮮・台湾でも，日本語教育の徹底など「皇民化」政策がとられ，朝鮮では姓名を日本風に改める⑮＿＿＿＿＿＿＿が強制された。

解答 ③社会大衆党　④米内光政　⑤南進　⑥援蔣ルート　⑦ベトナム　⑧北部仏印　⑨日独伊三国同盟　⑩ソ連　⑪屑鉄　⑫大政翼賛会　⑬隣組　⑭国民学校　⑮創氏改名

太平洋戦争の始まり

三国同盟の締結は，アメリカの対日姿勢をいっそう硬化させることになった。第2次近衛文麿内閣では，日米衝突を回避するため日米交渉を開始した。1940年末の日米民間人同士の交渉が，①＿＿＿＿＿＿と②＿＿＿＿＿国務長官とのあいだの政府間交渉に発展したものである。

一方，時を同じくして三国同盟の提携強化のためにドイツ・イタリアを訪問していた③＿＿＿＿＿外相は，帰途モスクワで④＿＿＿＿＿を結んだ。これは南進政策を進めるためには，北方での平和を確保するばかりでなく，悪化しつつあったアメリカとの関係を日ソ提携の力で調整しようとするねらいもあった。

1941年6月，ドイツが突如ソ連に侵攻して独ソ戦争が始まった。対外戦争の遂行に関わる問題について，大本営政府連絡会議が天皇臨席のもとで開催される場合，⑤＿＿＿＿＿と呼ばれた。独ソ戦に対応するために開かれた1941（昭和16）年7月2日の⑤＿＿＿＿＿は，軍部の強い主張によって，対米英戦覚悟の南方進出と，情勢有利の場合の対ソ戦（⑥＿＿＿＿＿という）とを決定した。この決定を受けて陸軍は，シベリアなど極東ソ連領の占領計画を立て，関東軍特種演習（⑦＿＿＿＿＿という）という名目で約70万人の兵力を満州に集結した。

第2次近衛内閣は日米交渉の継続をはかり，対米強硬論をとる③＿＿＿＿＿外相を除くためいったん総辞職した。第3次近衛内閣成立直後の7月末，すでに決定されていた⑧＿＿＿＿＿が実行され，これに対してアメリカは在米日本資産を凍結し，対日⑨＿＿＿＿＿輸出の禁止を決定した。

アメリカは，日本の南進と「東亜新秩序」建設を阻止する意志を明確に示し，イギリス・オランダも同調した。日本の軍部はさらに危機感をつのらせ，この時結ばれたA＝アメリカ（America），B＝イギリス（Britain），C＝中国（China），D＝オランダ（Dutch）の4カ国の対日経済封鎖を中心とする「⑩＿＿＿＿＿」の圧迫をはね返すには戦争以外に道はないと主張した。

[解答] 太平洋戦争の始まり ①野村吉三郎 ②ハル ③松岡洋右 ④日ソ中立条約 ⑤御前会議 ⑥北進 ⑦関特演 ⑧南部仏印進駐 ⑨石油 ⑩ABCD包囲陣

1941(昭和16)年9月6日の⑤＿＿＿＿＿＿は，日米交渉の期限を10月上旬と区切り，交渉が成功しなければ対米(およびイギリス・オランダ)開戦に踏みきるという⑪＿＿＿＿＿＿＿＿＿＿＿＿を決定した。日米交渉は，アメリカ側が日本軍の⑫＿＿＿からの全面撤退などを要求したため，妥協点を見い出せないまま10月半ばを迎えた。日米交渉の妥結を強く希望する近衛首相と，交渉打切り・開戦を主張する⑬＿＿＿＿＿＿陸軍大臣が対立し，10月16日に近衛内閣は総辞職した。

　最後の元老である⑭＿＿＿＿＿が死去(1940年)し，以後の後継首相選定は⑮＿＿＿内大臣(木戸孝允の孫)を中心に，首相経験者らで構成される重臣会議の合議の形がとられた。⑮＿＿＿は，9月6日の⑤＿＿＿＿決定の白紙還元を条件として東条陸相を後継首相に推挙し，首相が陸相・内相を兼任する形で東条英機内閣が成立した。新内閣は9月6日の決定を再検討して，当面日米交渉を継続させた。しかし，11月26日のアメリカ側の提案(⑯＿＿＿＝＿＿＿＿という)は，⑫＿＿＿・仏印からの全面的無条件撤退，⑰＿＿＿・汪兆銘政権の否認，日独伊三国同盟の実質的廃棄など，⑱＿＿＿＿＿＿以前の状態への復帰を要求する最後通告に等しいものだったので，交渉成立は絶望的になった。12月1日の御前会議は対米交渉を不成功と判断し，米・英に対する開戦を最終的に決定した。12月8日，日本陸軍が英領⑲＿＿＿半島に奇襲上陸し，日本海軍がハワイ⑳＿＿＿を奇襲攻撃した。日本はアメリカ・イギリスに宣戦を布告し，第二次世界大戦の重要な一環をなす**太平洋戦争**が開始された。

　対米開戦ののち，政府は「支那事変」(日中戦争)を含めた目下の戦争を「㉑＿＿＿＿＿＿」と呼ぶことに決定し，敗戦までこの名称が用いられた。

戦局の展開

　日本の対米宣戦とともに，三国同盟によってドイツ・イタリアもアメリカに宣戦し，これを受けてアメリカはヨーロッパとアジア・太平洋の二正面戦争に突入した。こうして，戦争は全世界に拡大した。アメリカ・イギリス・ソ連などは❶＿＿＿＿＿，日本・ド

解答 ⑪帝国国策遂行要領 ⑫中国 ⑬東条英機 ⑭西園寺公望 ⑮木戸幸一 ⑯ハル=ノート ⑰満州国 ⑱満州事変 ⑲マレー ⑳真珠湾 ㉑大東亜戦争
戦局の展開 ❶連合国

■**ゼロ戦**　海軍の零式戦闘機は皇紀(神武天皇の即位年B.C.660年を元年とする)2600年にちなんで命名された。三八式歩兵銃(明治38年製造)のような元号にかわって皇紀が採用された。

イツ・イタリアなどは❷＿＿＿＿＿と呼ばれた。

緒戦の日本軍は，ハワイでアメリカ太平洋艦隊，マレー沖でイギリス東洋艦隊に打撃を与え，開戦後から半年ほどのあいだに，イギリス領のマレー半島・❸＿＿＿＿＿・香港・ビルマ（現，ミャンマー），❹＿＿＿＿＿領東インド（現，インドネシア），アメリカ領の❺＿＿＿＿＿など，東南アジアから南太平洋にかけての広大な地域を制圧して軍政下においた。日本国民の多くは，緒戦の段階の日本軍の勝利に熱狂した。当初，日本はこの戦争をアメリカ・イギリスの脅威に対する自衛措置と規定していたが，しだいに欧米の植民地支配からのアジア解放，「❻＿＿＿＿＿＿＿＿＿＿」の建設といったスローガンに縛られ，戦域は限りなく拡大していった。

国民が緒戦の勝利にわき返っていた1942（昭和17）年4月，東条英機内閣は，戦争翼賛体制の確立をめざし，5年ぶりの総選挙を実施した（❼＿＿＿＿＿という）。その結果，政府の援助を受けた推薦候補が絶対多数を獲得し，選挙後には挙国一致的政治結社として❽＿＿＿＿＿が結成され，議会は政府提案に承認を与えるだけの機関となった。しかし，形式的には，❾＿＿＿＿＿や議会活動が停止されることはなかった。

連合国はドイツ打倒を第一としたので，当初は太平洋方面への軍事力投入は抑制された。しかし，アメリカによる軍事的優位の確保は早く，1942（昭和17）年6月，中部太平洋のミッドウェー島沖で日米の海軍機動部隊同士が戦い（❿＿＿＿＿＿＿＿＿＿という），日本側は主力空母（航空母艦）4隻とその艦載機を失う大敗北を転機として，海上・航空戦力で劣勢となった。戦局は大きく転換し，この年の後半からはアメリカの対日反攻作戦が本格化した。

その結果，日本側も戦略の再検討をせまられ，1943（昭和18）年9月30日の御前会議では，千島・小笠原・マリアナ・カロリン・西ニューギニア・ビルマを含む圏域⓫＿＿＿＿＿という）まで，防衛ラインを後退させることに決まった。

1943（昭和18）年11月，東条内閣は，占領地域の戦争協力を確保するために，満

解答 ❷枢軸国　❸シンガポール　❹オランダ　❺フィリピン　❻大東亜共栄圏　❼翼賛選挙　❽翼賛政治会　❾憲法　❿ミッドウェー海戦　⓫絶対国防圏

州国や中国（南京）の⑫_____政権、タイ・ビルマ・自由インド・フィリピンなどの代表者を東京に集めて⑬_____を開き、「大東亜共栄圏」の結束を誇示した。日本軍は東南アジア諸国を占領する際、欧米植民地からの解放軍として、住民の歓迎を受けることもあった。しかし、欧米列強にとってかわった日本の占領支配は、アジア解放の美名に反して、戦争遂行のための資材・労働力調達を最優先するものだったので、住民の反感・抵抗がしだいに高まった。東南アジアの占領地では、現地の文化や生活様式を無視して、日本語学習や天皇崇拝・神社参拝を強要し、⑭_____とビルマを結ぶ泰緬鉄道の建設、土木作業などや鉱山労働への強制動員もおこなわれた。ことに⑮_____やマレーシアでは、日本軍が多数の中国系住民（⑯_____という）を反日活動の容疑で虐殺するという事件も発生した。その結果、日本軍は仏印・フィリピンをはじめ各地で組織的な抗日運動に直面するようになった。日本の敗戦後、これらの民族解放運動は植民地の本国軍と戦って自力で独立を勝ちとり、結果的に、アジアにおける欧米の植民地支配は一掃された。

中国戦線では、太平洋戦争開始後、中国の飛行場が米軍に利用されるのを防ぐ作戦や、華中と華南を連絡させるための作戦がなされた。とくに、中国共産党が華北の農村地帯に広く抗日根拠地（解放区）を組織してゲリラ戦を展開したのに対し、日本軍は抗日ゲリラに対する大掃討作戦（中国側は⑰_____と呼んだ）を実施し、一般の住民にも多大の被害を与えた。また、中国戦線では毒ガスも使用された。満州のハルビンには、⑱_____と呼ばれる細菌戦研究の特殊部隊（石井四郎中将ら）がおかれ、中国人やソ連人の捕虜を使った生体実験がおこなわれた。

1944（昭和19）年7月、マリアナ諸島の⑲_____の陥落により、絶対国防圏の一角が崩壊すると、その責任を負う形で東条内閣は総辞職した。ついで、⑳_____新首相（陸軍大将）に㉑_____（海軍大将）が協力する陸海軍の連立内閣が成立した。

解答 ⑫汪兆銘 ⑬大東亜会議 ⑭タイ ⑮シンガポール ⑯華僑 ⑰三光作戦 ⑱731部隊 ⑲サイパン島 ⑳小磯国昭 ㉑米内光政

十五年戦争 日米戦を日本は大東亜戦争とよんだが、占領軍は使用を禁じ、第二次世界大戦の太平洋部門＝太平洋戦争とした。満州事変以後の戦いを含め、1931～45年の戦争を「十五年戦争」という。

国民生活の崩壊

太平洋戦争の開戦後、政府は、民需生産の工場を軍需工場へ転用するなど軍需生産最優先政策をとる一方、国民に対しては生活を極度に切り詰めさせて兵力・労働力として根こそぎ動員した。1943(昭和18)年には、大学・高等学校および専門学校に在学中の徴兵適齢文科系学生を軍に徴集(❶_____という)する一方、学校に残る学生・生徒や女子挺身隊に編制した女性を軍需工場などで働かせた(❷_____という)。また、数十万人の朝鮮人や占領地域の中国人を日本本土などに❸_____し、鉱山や土木工事現場などで働かせた。

朝鮮では1943年、台湾では1944年に❹_____が施行された。しかし、すでに1938年に❺_____制度が導入され、植民地からも兵士を募集していた。また、戦地に設置された「慰安施設」には、朝鮮・中国・フィリピンなどから女性が集められた(いわゆる❻_____)。

軍隊に動員された青壮年男性は400万から500万人に達したので、日本国内で生産に必要な労働力が絶対的に不足した。制海・制空権の喪失によって南方からの海上輸送が困難となったため、軍需生産に不可欠の鉄鉱石・石炭・石油などの物資も欠乏した。

衣料では❼_____が敷かれたが、切符があっても物がない状況となり、成人1日2.3合(330g)の米の配給も、いも・小麦粉などの❽_____の割合が増えていった。海外の日本占領地域でも軍事インフレで、経済状況は過酷であった。

1944(昭和19)年後半以降、❾_____島の基地から飛来する米軍機による本土❿_____が激化した。❿_____は当初軍需工場の破壊を目標としたが、国民の戦意喪失をねらって都市を⓫_____で無差別爆撃するようになった。都市では、建築物の強制取りこわしや防空壕の掘削がおこなわれ、軍需工場の地方移転、住民の縁故疎開や国民学校生の集団疎開(⓬_____という)も始まった。

1945(昭和20)年3月10日の⓭_____では、約300機のB29爆

解答 国民生活の崩壊 ❶学徒出陣 ❷勤労動員 ❸強制連行 ❹徴兵制 ❺志願兵 ❻従軍慰安婦 ❼総合切符制 ❽代用品 ❾サイパン ❿空襲 ⓫焼夷弾 ⓬学童疎開 ⓭東京大空襲

■**敵性語**■ 戦争長期化のなかで、英語の使用を禁止する動きが強まった。野球用語のストライク・ボール・アウトなども、よし・だめ・それまで、といいかえた。

第10章 二つの世界大戦とアジア

撃機が下町の人口密集地を中心に約1700トンの⑪_____を投下し、一夜にして約10万人が焼死した。⑩_____は全国の中小都市にもおよび、内務省防空総本部の発表によれば、被害は家屋の全焼が約221万戸、死者約26万人、負傷者42万人に達し、主要な生産施設が破壊された。

敗　戦

　1944(昭和19)年10月、アメリカ軍は①_____の奪回をめざしてレイテ島に上陸し、激戦の末これを占領した。この際はじめて、海軍の神風特別攻撃隊(②_____という)による体当たり攻撃がなされた。

　翌1945(昭和20)年3月に③_____を占領したアメリカ軍は、4月にはついに沖縄本島に上陸し、島民を巻き込む3カ月近い戦いの末これを占領した(沖縄戦)。日本の敗北は必至の情勢となった。アメリカ軍沖縄上陸の直後、小磯国昭内閣が退陣して、侍従長を長くつとめ天皇の信頼も厚かった④_____が後継内閣を組織した。ヨーロッパ戦線でも、1943年に連合(国)軍が反攻に転じ、同年9月にまず⑤_____が降伏し、ついで1945年5月には⑥_____も無条件降伏して日本は完全に孤立した。軍部はなお⑦_____を叫んでいたが、④_____内閣は⑧_____に和平交渉の仲介を依頼しようとした。

　しかし、すでに1945年2月には、クリミア半島の⑨_____で、アメリカ・イギリス・ソ連の3国の首脳会談(⑨_____会談)がおこなわれていた。これより先の1943年に、アメリカ大統領フランクリン=ローズヴェルト、イギリス首相チャーチル、中国国民政府主席⑩_____がエジプトの⑪_____で会談し、連合国が日本の無条件降伏まで徹底的に戦うことのほか、満州・⑫_____・澎湖諸島の中国返還、⑬_____の独立、日本の⑭_____統治領である南洋諸島のはく奪など、日本領土の処分方針を決めた(⑪_____宣言)。また、⑨_____会談では、ローズヴェルト・チャーチルとソ連共産党中央委員会書記長⑮_____がドイツの戦後処理問題を話しあうとともに、ドイツ降伏から2〜3カ月後のソ連の対日参戦や、

解答　敗戦　①フィリピン　②特攻隊　③硫黄島　④鈴木貫太郎　⑤イタリア　⑥ドイツ　⑦本土決戦　⑧ソ連　⑨ヤルタ　⑩蒋介石　⑪カイロ　⑫台湾　⑬朝鮮　⑭委任　⑮スターリン

学徒動員　労働力としての学徒動員は1938年から始まり、41年には年間30日、43年には120日、44年からは中等学校の上級生以上の通年動員へと拡大された。45年の動員学徒数は310万人に達する。

ソ連への南樺太の返還および千島列島の譲渡などを約す秘密協定が結ばれた（⑨_____秘密協定）。

さらに1945年7月には，アメリカ大統領⑯_____・チャーチル（のちにアトリー）・スターリンがベルリン郊外の⑰_____で会談した。議題は，敗北したドイツの戦後処理（ヨーロッパの戦後処理）問題であった。会談を契機に，アメリカは対日方針をイギリスに提案し，アメリカ・イギリスおよび⑱_____の3交戦国の名で，日本軍への無条件降伏勧告と日本の戦後処理方針からなる⑰_____宣言を発表した。

⑰_____宣言に対して，「黙殺する」と評した日本政府の対応を拒絶と理解したアメリカは，人類史上はじめて製造した2発の**原子爆弾**を8月6日⑲_____に，8月9日⑳_____に投下した。また8月8日には，ソ連が㉑_____を無視して日本に宣戦布告し，満州・朝鮮に一挙に侵入した。侵攻するソ連軍の前に㉒_____はあえなく壊滅し，満蒙開拓移民をはじめ多くの日本人が悲惨な最期をとげた。生き残った人びとも，引揚げに際してきびしい苦難にあい，多数の㉓_____を生む結果となった。陸軍はなおも㉔_____を主張したが，昭和天皇のいわゆる「聖断」により⑰_____宣言受諾が決定され，8月14日，政府はこれを連合国側に通告した。8月15日正午，天皇のラジオ放送で戦争終結が全国民に発表された。9月2日，東京湾内のアメリカ軍艦ミズーリ号上で日本政府および軍代表が㉕_____に署名して，4年にわたった太平洋戦争は終了した。

解答 ⑯トルーマン ⑰ポツダム ⑱中国 ⑲広島 ⑳長崎 ㉑日ソ中立条約 ㉒関東軍 ㉓中国残留孤児 ㉔本土決戦 ㉕降伏文書

■**戦時の生活**■ 国民に戦争遂行を支持させ，また耐乏生活を受け入れさせる目的でさまざまな標語がつくられた。「ぜいたくは敵だ」や「撃ちてし止まん」が新聞などを通じて広く宣伝された。

第11章

占領下の日本

1　占領と改革

戦後世界秩序の形成　第一次世界大戦終結後わずか20年ほどで第二次世界大戦が勃発し，人類に多大の犠牲をもたらしたことに対する反省が，戦後秩序の構築の大前提となった。アメリカ・イギリス・ソ連の3国が，大戦中から戦争終結後の国際秩序について協議を重ねる中で，大戦の再発を防げなかった国際連盟にかわる❶＿＿＿＿＿＿の設立が合意された。1945年10月に連合国51カ国が参加して発足した①＿＿＿＿＿＿は，アメリカ・イギリス・フランス・ソ連・②＿＿＿の5大国を常任理事国とする❸＿＿＿＿＿＿を設け，平和の破壊に対して，軍事行動の実施を含む強制措置発動を決定できる強大な権限を付与した。③＿＿＿＿＿＿は，常任理事国5カ国と非常任理事国10カ国の15の理事国からなる。重要な決議を通過させるためには，9カ国の理事国の賛成を必要とするが，常任理事国のうち1カ国でも反対票を投じた場合，これは④＿＿＿＿＿と呼ばれ，決議は成立しない。

　さらに連合国は，巨額の賠償金を敗戦国に課した⑤＿＿＿＿＿条約の失敗にかんがみ，敗戦国が2度と戦争に訴えることのないよう，長期の⑥＿＿＿を通じて，その国家と社会を平和的な仕組みに改革する道を選んだ。

　このように，①＿＿＿＿＿＿を中心とした戦勝国の協調体制と敗戦国

解答　戦後世界秩序の形成　❶国際連合　❷中国　❸安全保障理事会　❹拒否権　❺ヴェルサイユ　❻占領

GHQ　General Head Quarters of the Supreme Commander for the Allied Powersの略で，連合国軍最高司令官総司令部の意味。

に対する⑥_____を通じて、安定した戦後秩序が生み出されるはずであった。しかし、両大戦を経て著しく凋落した西欧諸国にかわって、アメリカとソ連が、抜きん出た軍事力・経済力を背景として世界に圧倒的な影響力をもつようになり、しかもこの両超大国のあいだで大戦末期以降しだいに相互不信と利害対立が深まった。こうして、戦後世界は米ソ対立を軸に展開することになった。

一方、西欧列強の支配下にあった多くの植民地では、戦争協力と引きかえに戦後の独立が約束されたり、大戦の過程で生活基盤が根本的に破壊されたりしたことから、大戦が終結するとともに民族解放運動が高揚するようになった。日本の占領地域でも、インドネシアと⑦_____があいついで独立を宣言したが、それぞれの旧宗主国である⑧_____とフランスが武力でおさえ込もうとして、激しい戦闘が生じた。一方、朝鮮でも独立への動きが高まったが、日本の降伏とともに、北緯⑨____度線を境にして北は⑩____軍、南はアメリカ軍によって分割占領され、軍政がしかれたため、統一的な独立を果たせなかった。

初期の占領政策

日本はポツダム宣言にもとづいて連合国に占領されることになった。朝鮮半島北部・南樺太・千島列島などは①____軍が、朝鮮半島南部および奄美諸島・琉球諸島を含む南西諸島と②____諸島はアメリカ軍が占領し、直接③____をしいた。④____は中国に返還され、日本の主権は四つの島と連合国の定める諸小島の範囲に限定された。同じ敗戦国の⑤____がアメリカ・イギリス・フランス・ソ連4カ国によって分割占領され、直接③____のもとにおかれたのに対し、日本の場合はアメリカ軍による事実上の単独占領で、⑥_____元帥を最高司令官とする⑦_____（GHQ／SCAP）の指令・勧告にもとづいて日本政府が政治をおこなう、⑧_____の方法がとられた。しかし、占領軍の日本政府に対する要求は、法律の制定を待たずに勅令によって実施に移され（「⑨_____」という）、憲法をもしのぐ超法

[解答] ⑦ベトナム ⑧オランダ ⑨38 間接統治 ⑨ポツダム勅令 ⑩ソ連
初期の占領政策 ①ソ連 ②小笠原 ③軍政 ④台湾 ⑤ドイツ ⑥マッカーサー ⑦連合国軍最高司令官総司令部 ⑧

規的性格を有した。

　連合国による対日占領政策決定の最高機関としてワシントンに⑩_____がおかれ，東京には最高司令官の諮問機関である米・英・ソ・中の代表で構成された⑪_____が設けられた。しかし，空襲と原爆投下によって日本を降伏させたアメリカの地位は，日本占領に関しては別格で，アメリカ政府主導で占領政策が立案・実施された。アメリカは，緊急事態には⑩_____の決定を待たずに「中間指令」を出せた。また，⑪_____も，農地改革の際を除いて大きな影響力をもたなかった。当初の占領目標は，非軍事化・⑫_____を通じて日本社会を改造し，アメリカや東アジア地域にとって日本がふたたび脅威となるのを防ぐことにおかれた。

　ポツダム宣言受諾とともに⑬_____内閣は総辞職し，皇族の⑭_____が組閣して，1945(昭和20)年8月末以降の連合国軍の進駐受入れ，旧日本軍のすみやかな武装解除，降伏文書への調印を円滑に遂行した。しかし，「⑮_____」「国体護持」をとなえて占領政策と対立し，同年10月にGHQが，⑯_____や特別高等警察(特高)の廃止，共産党員はじめ政治犯の即時釈放を指令し(⑰_____という)，天皇に関する自由な議論を奨励したのを機に，内閣は総辞職した。かわって，かつての協調外交で米・英側にもよく知られた⑱_____が首相に就任したが，マッカーサーは⑱_____に対して，「憲法の自由主義化」のほか，⑲_____の付与，労働組合の結成奨励，教育制度の自由主義的改革，秘密警察などの廃止，経済機構の民主化，のいわゆる⑳_____を口頭で指示した。ついでGHQは，政府による神社・神道への支援・監督を禁じ(神道指令)，戦時期の軍国主義・天皇崇拝の思想的基盤となった㉑_____を解体した(国家と神道の分離)。このように，GHQにより思想・言論の自由など市民的自由の保障が進められたが，他方で占領軍に対する批判は，いわゆる㉒_____＝_____(新聞

解答 ⑩極東委員会　⑪対日理事会　⑫民主化　⑬鈴木貫太郎　⑭東久邇宮稔彦　⑮一億総懺悔　⑯治安維持法　⑰人権指令　⑱幣原喜重郎　⑲婦人参政権　⑳五大改革　㉑国家神道　㉒プレス＝コード

発行綱領)で禁止され、新聞などの出版物は事前㉓　　　を受けた。

国の内外に配備された陸・海軍の将兵約789万人の武装解除・㉔　　　が進み、日本の軍隊は急速に解体・消滅した。1945(昭和20)年9月から12月にかけて、GHQは軍や政府首脳など日本の戦争指導者たちをつぎつぎに逮捕したが、うち28人がA級戦犯容疑者として起訴され、1946(昭和21)年5月から東京に設置された㉕　　　で裁判が始まった(東京裁判)。

戦犯容疑者の逮捕が進むとともに、内外で天皇の戦争責任問題も取り沙汰された。しかしGHQは、天皇制廃止がもたらす収拾しがたい混乱を避け、むしろ天皇制を占領支配に利用しようとして、天皇を戦犯容疑者に指定しなかった。1946(昭和21)年元日、昭和天皇はいわゆる㉖　　　をおこなって、「現御神」としての天皇の神格をみずから否定した。

また1946(昭和21)年1月、GHQが戦争犯罪人・陸海軍軍人・超国家主義者・大政翼賛会の有力者らの㉗　　　を指令したのにもとづき、1948(昭和23)年5月までに、政・財・官界から言論界に至る各界指導者21万人が戦時中の責任を問われて職を追われた。

さらに、非軍事化の観点から㉘　　　の禁止や船舶保有の制限がおこなわれたうえに、日本国内の産業設備を解体・搬出して中国・東南アジアの戦争被害国に供与する現物賠償をおこなうことになった。

民主化政策

GHQは、日本経済の後進性を象徴する財閥・寄生地主制が軍国主義の温床になったとみて、それらの解体を経済民主化の中心課題とした。1945(昭和20)年11月、まず三井・三菱・住友・安田など15財閥の資産の凍結・解体が命じられ、翌年には❶　　　が発足し、指定された持株会社・財閥家族の所有する株式などの譲渡を受けて、これを一般に売り出し、株式所有による財閥の傘下企業支配を一掃しようとした(❷　　　という)。さらに1947(昭和22)年には、いわゆる❸　　　によって持株会社やカル

[解答] ㉓検閲 ㉔復員 ㉕極東国際軍事裁判所 ㉖人間宣言 ㉗公職追放 ㉘軍需産業
民主化政策 ❶持株会社整理委員会 ❷財閥解体 ❸独占禁止法

テル・トラストなどが禁止され，❹_____によって巨大独占企業の分割がおこなわれることになった。1948（昭和23）年2月には325社が集中排除法の指定を受けたが，占領政策の変化により実際に分割されたのは日本製鉄・三菱重工など11社だけであった。

またＧＨＱは，農民層の窮乏が日本の対外侵略の重要な動機となったとして，❺_____を除去し，安定した自作農経営を大量に創出する**農地改革**の実施を求めた。1946（昭和21）年，日本政府は第一次農地改革案を自主的に決定したが，地主制解体の面で不徹底であったため，翌年からＧＨＱの勧告案にもとづく❻_____によって第二次農地改革が開始され，市町村ごとに，地主3・自作農2・小作農❼___の割合で選ばれた❽_____が，農地の買収と売渡しに当たり，1950（昭和25）年までにほぼ完了した。❾_____の全貸付地，在村地主の貸付地のうち一定面積（都府県平均❿__町歩，北海道では4町歩）をこえる分は，国が強制的に買い上げて，小作人に優先的に安く売り渡した。その結果，全農地の半分近くを占めていた小作地が1割程度にまで減少し，農家の大半が❿__町歩未満の零細な自作農となった一方，大地主たちは従来の大きな経済力と社会的威信とを一挙に失った。また，残った小作地についても，小作料は公定の⓫_____とされた。1946（昭和21）年に再結成された⓬_____を中心とする農民運動は，農地改革を進める力となったが，改革後は衰え，1947（昭和22）年12月以降，農業経営を支援する⓭_____（農協）が各地に設立された。

低賃金構造にもとづく国内市場の狭さを解消して対外侵略の基盤を除去する観点から，ＧＨＱの労働政策は労働基本権の確立と労働組合の結成支援に向けられた。まず，1945（昭和20）年12月には⓮_____が制定され，労働者の団結権・団体交渉権・⓯_____が保障された。官公庁や民間企業で労働組合の結成があいつぎ，1946（昭和21）年には全国組織として，右派の⓰_____（総同盟），左派の⓱_____

解答 ❹過度経済力集中排除法 ❺寄生地主制 ❻自作農創設特別措置法 ❼5 ❽農地委員会 ❾不在地主 ❿1 ⓫定額金納 ⓬日本農民組合 ⓭農業協同組合 ⓮労働組合法 ⓯争議権 ⓰日本労働組合総同盟 ⓱全日本産業別労働組合会議

（産別会議）が結成された。さらに，1946（昭和21）年に❶8＿＿＿＿＿＿＿＿＿＿，1947（昭和22）年には8時間労働制などを規定した❶9＿＿＿＿＿＿＿＿が制定され（以上が労働三法），❷0＿＿＿＿＿＿が設置された。

　教育制度の自由主義的改革も，民主化の重要な柱の一つであった。ＧＨＱは，1945（昭和20）年10月には，教科書の不適当な記述の削除と軍国主義的な教員の追放（教職追放）を指示し，つづいて❷1＿＿＿＿・日本歴史・地理の授業が一時禁止された。ついでアメリカ教育使節団の勧告により，1947（昭和22）年，教育の機会均等や男女共学の原則をうたった❷2＿＿＿＿＿＿＿＿＿＿が制定され，義務教育が6年から9年に延長された。同時に制定された❷3＿＿＿＿により，4月から六・三・三・四の新学制が発足した。大学も大幅に増設されてより大衆化し，女子大学生も増加した。1948（昭和23）年には，都道府県・市町村ごとに，公選による❷4＿＿＿＿＿＿＿＿＿＿が設けられ，教育行政の地方分権化がはかられた。

政党政治の復活

　民主化政策がつぎつぎに実施される中で，各政党もあいついで復活ないし結成された。1945（昭和20）年10月には，ＧＨＱの指令で出獄した徳田球一らを中心に，①＿＿＿＿＿＿が合法政党として活動を開始した。11月には，旧無産政党を統合した②＿＿＿＿＿＿＿＿＿＿＿＿，旧立憲政友会系で翼賛選挙時の非推薦議員を中心に結成された③＿＿＿＿＿＿＿＿＿＿，旧立憲民政党系で翼賛体制期には大日本政治会に属していた議員を中心に結成された④＿＿＿＿＿＿＿＿が，12月には労資協調を掲げる⑤＿＿＿＿＿＿＿＿＿＿が誕生した。しかしＧＨＱは，きたるべき総選挙にかつての戦争協力者が立候補するのをきらい，1946（昭和21）年1月の公職追放指令によって，翼賛選挙の推薦議員をすべて失格としたため，政界は大混乱におちいった。

　1945（昭和20）年12月には，衆議院議員選挙法を大幅に改正し，**女性参政権**をはじめて認めた新選挙法が制定された。満⑥＿＿歳以上の成人男女に選挙権が与

解答 ❶8労働関係調整法　❶9労働基準法　❷0労働省　❷1修身　❷2教育基本法　❷3学校教育法　❷4教育委員会
政党政治の復活　①日本共産党　②日本社会党　③日本自由党　④日本進歩党　⑤日本協同党　⑥20

女性議員　女性参政権を認めた最初の総選挙では，78名の女性が立候補し39名が当選した。2011年現在の女性の衆議院議員は52名。

えられた結果，有権者数はこれまでの3倍近くに拡大した。翌1946（昭和21）年4月に戦後初の総選挙がおこなわれ，39名の女性議員が誕生し，❸＿＿＿＿＿＿＿が第一党となった。同年5月，戦前からの親英米派外交官であった❼＿＿＿＿＿＿＿が，公職追放処分を受けた❽＿＿＿＿＿＿＿にかわって，日本進歩党の協力を得て第1次❼＿＿＿＿＿内閣を組織した。

日本国憲法の制定

1945（昭和20）年10月，①＿＿＿＿＿＿＿内閣はGHQに憲法改正を指示され，憲法問題調査委員会（委員長②＿＿＿＿＿＿＿）を政府内に設置した。しかし，同委員会作成の改正試案が依然として天皇の統治権を認める保守的なものだったため，GHQは③＿＿＿＿＿＿＿の活動が始まるのを前に，みずから英文の改正草案（マッカーサー草案）を急きょ作成して，1946（昭和21）年2月，日本政府に提示した。政府は，これにやや手を加えて和訳したものを政府原案として発表した。なお，高野岩三郎らによる民間の④＿＿＿＿＿＿＿は，1945（昭和20）年12月に主権在民原則と立憲君主制をとった「憲法草案要綱」を発表し，GHQや日本政府にも提出していた。GHQはマッカーサー草案を執筆した際，この「憲法草案要綱」も参照した。

新憲法制定は手続き上，大日本帝国憲法を改正する形式をとり，改正案は衆議院と⑤＿＿＿＿＿＿＿で修正可決されたのち，**日本国憲法**として1946（昭和21）年11月3日に公布され，1947（昭和22）年5月3日から施行された。

新憲法は，❻＿＿＿＿＿＿＿・平和主義・❼＿＿＿＿＿＿＿の3原則を明らかにした画期的なものであった。国民が直接選挙する❽＿＿＿＿＿を「国権の最高機関」とする一方，天皇は政治的権力をもたない「日本国民統合の象徴」となった（❾＿＿＿＿＿＿＿という）。また第9条第1項で「国際紛争を解決する手段」としての⑩＿＿＿＿＿を放棄し，第2項で「前項の目的を達するため」戦力は保持せず，⑪＿＿＿＿＿も認めないと定めたことは，世界にも他に例がない。

新憲法の精神にもとづいて，多くの法律の制定あるいは大幅な改正がおこなわ

解答 ❼吉田茂　❽鳩山一郎
日本国憲法の制定　①幣原喜重郎　②松本烝治　③極東委員会　④憲法研究会　⑤貴族院　❻主権在民　❼基本的人権の尊重　❽国会　❾象徴天皇制　⑩戦争　⑪交戦権

■**日本国憲法**■　平和主義は前文中の「日本国民は，……平和を愛する諸国民の公正と信義に信頼して，われらの安全と生存を保持しようと決意」の箇所にも明示。

れた。1947(昭和22)年に改正された民法(**新民法**)は，家中心の⑫_____を廃止し，男女同権の新しい家族制度を定めた。戸主の家族員に対する支配権は否定され，家督相続制度にかえて財産の⑬_____が定められ，婚姻・家族関係における男性優位の諸規定は廃止された。刑事訴訟法は人権尊重を主眼に全面改正され，刑法の一部改正で⑭_____・姦通罪などが廃止された。また1947(昭和22)年には⑮_____が成立して，都道府県知事・市町村長が⑯_____となり，地方行政や警察に権力をふるってきた⑰_____もＧＨＱの指示で廃止された。国家地方警察とともに自治体警察をつくることを定めた警察法も，1947(昭和22)年末に公布され，翌年施行された。

生活の混乱と大衆運動の高揚

戦争によって国民の生活は徹底的に破壊された。空襲によって焼け出された人びとは，防空壕や焼け跡に建てたバラック小屋で雨露をしのいだ。鉱工業生産額は戦前の3分の1以下にまで落ち込んだ。将兵の❶_____や引揚げで人口はふくれ上がり，軍需工場の閉鎖などによる失業者も急増した。

1945(昭和20)年は記録的な凶作で，食糧不足は深刻となり，米の❷_____も不足し，サツマイモやトウモロコシなどの代用食にかえられた。遅配・欠配が続いたので，都市民衆は農村への買出しや❸_____での闇買い，家庭での自給生産で飢えをしのいだ。

極度の物不足に加えて，敗戦直後に，終戦処理などで臨時軍事費が大量に支払われたことのほか，④_____の対民間貸出しの増加などにより通貨が増発されたため，猛烈な⑤_____が発生した。1946(昭和21)年2月，幣原喜重郎内閣は預金を封鎖してそれまで使用されていた旧円の流通を禁止し，新円の引出しを制限することによって貨幣流通量を減らそうとした(⑥_____という)が，効果は一時的であった。第1次吉田茂内閣は経済安定本部を設置して対応し，1947(昭和22)年には，資材と資金を⑦_____・鉄鋼などの重要産業部門に集中する

解答 ⑫戸主制度 ⑬均分相続 ⑭不敬罪 ⑮地方自治法 ⑯公選 ⑰内務省
生活の混乱と大衆運動の高揚 ❶復員 ❷配給 ❸闇市 ④日本銀行 ⑤インフレーション ⑥金融緊急措置令 ⑦石炭

■**新円切り替え**■ 1946年，政府はインフレ抑制のため従来の日本銀行券の流通を停止し，新円への切り替えをおこなった。しかし物価の安定は経済安定九原則の強行を待たねばならなかった。

❽_____を採用し，❾_____（復金）を創設して電力・海運などを含む基幹産業への資金供給を開始した。

国民生活の危機は，大衆運動を高揚させた。敗戦直後には，労働者たちが自主的に生産・業務を組織する❿_____が活発になった。さらに全官公庁共同闘争委員会に結集した官公庁労働者を中心に，吉田内閣打倒をめざし，1947(昭和22)年2月1日を期して基幹産業を巻き込む⓫_____＝_____への突入が決定されたが，スト突入前日にＧＨＱの指令で中止された。

1947(昭和22)年4月，新憲法下の新しい政府を組織するため，衆参両議院議員の選挙がおこなわれた。その結果，大衆運動の高揚を背景に⓬_____が日本自由党・民主党をわずかの差で破り，衆議院第一党となった。新憲法下最初の首班指名で日本社会党委員長⓭_____が選出され，民主党・⓮_____との連立内閣が発足した。ＧＨＱは，日本が保守でも急進でもない「中道」を歩んでいることの証として新内閣の誕生を評価していたが，内閣は連立ゆえの政策の調整に苦しみ，炭鉱国家管理問題で党内左派から攻撃され，翌年2月に総辞職した。ついで民主党総裁の⓯_____が，同じ三党の連立で内閣を組織したが，広く政界からＧＨＱまで巻き込んだ疑獄事件(⓰_____という)で退陣した。

2 冷戦の開始と講和

冷戦体制の形成と東アジア

原子爆弾の威力で大戦を終結させたアメリカは，圧倒的な国力を背景に，イギリスにかわって世界の指導・管理に乗り出した。

①_____(国際通貨基金)や世界銀行の創設，②_____(関税及び貿易に関する一般協定)の締結などにみられるように，大戦末期からアメリカ主導で，ドルを基軸通貨とする③_____相場制と④_____

解答 ❽傾斜生産方式　❾復興金融金庫　②ＧＡＴＴ　③固定為替　④自由貿易　⓾生産管理闘争　⓫ゼネラル＝ストライキ　⓬日本社会党　⓭片山哲　⓮国民協同党　⓯芦田均　⓰昭和電工事件
冷戦体制の形成と東アジア　①ＩＭＦ

　　　　　　体制のもとで資本主義的世界経済の再建をはかる枠組みが構築された。

　一方，ソ連に占領された東欧諸国ではソ連型の共産主義体制が樹立され，強大なソ連が小国を支配する「衛星国」化が進行した。

　これに対してアメリカは，⑤　　　　　　　　大統領が1947年にソ連「封じ込め」政策の必要をとなえ(⑤　　　　　　　　＝ドクトリン)，ついで1947年の⑥　　　　　　　＝　　　　　　にもとづいて西欧諸国の復興と軍備増強を援助することで，ヨーロッパにおける共産主義勢力との対決姿勢を鮮明にした。こうして，アメリカを盟主とする西側(資本主義・自由主義陣営)とソ連を盟主とする東側(社会主義・共産主義陣営)の二大陣営が形成され，1949年，アメリカと西欧諸国の共同防衛組織である**北大西洋条約機構**(⑦　　　　　　　という)が結成された。一方，ソ連は1949年に⑧　　　　　開発に成功し，1955年にはソ連と東欧７カ国の共同防衛組織である⑨　　　　　　　　　　が結成された。

　これ以降，核武装した東西両陣営は軍事的な対峙を継続し，勢力範囲の画定や軍備・経済力・イデオロギーなどあらゆる面で激しい競争を展開した。「⑩　　　　　　　」(「冷戦」)と呼ばれる対立はしだいに世界におよび，戦後世界秩序の骨格を形づくった(冷戦体制)。また，国連の国際安全保障への信頼性は動揺するようになった。

　中国では，農民の強い支持を受けた共産党が，アメリカに支援された国民党との内戦に勝利し，1949年10月に北京で中華人民共和国(主席⑪　　　　　　　　)の成立を宣言した。翌年には中ソ友好同盟相互援助条約が成立し，新中国は東側陣営に加わった。一方，敗れた国民党は台湾に逃れて，中華民国政府(総統⑫　　　　　　　)を存続させた。朝鮮半島では，1948年，ソ連軍占領地域に朝鮮民主主義人民共和国(北朝鮮，首相⑬　　　　　)が，アメリカ軍占領地域には大韓民国(韓国，大統領⑭　　　　　)が建国され，南北分断状態が固定化した。

解答　⑤トルーマン　⑥マーシャル＝プラン　⑦ＮＡＴＯ　⑧原爆　⑨ワルシャワ条約機構　⑩冷たい戦争　⑪毛沢東　⑫蔣介石　⑬金日成　⑭李承晩

■**冷たい戦争**■　1946年チャーチルは，ソ連は東欧に「鉄のカーテン」をおろしていると非難し，1947年に東西両陣営の対立がきびしくなると，W.リップマンはこの情況を「Cold War」と表現した。

第11章　占領下の日本　293

占領政策の転換

中国内戦で共産党の優勢が明らかになった1948(昭和23)年以降，アメリカの対日占領政策は転換した。対日政策の転換は，まず，1948年1月の① ＿＿＿＿＿ 陸軍長官の演説で表明された。アメリカ政府は日本を政治的に安定した工業国として復興させ，西側陣営の東アジアにおける主要友好国とする政策を採用した。このためＧＨＱも，② ＿＿＿＿＿ ・民主化という当初の占領目的はすでに達成されたとして，日本の工業生産能力を低くおさえようとする政策を改め，経済復興を強く求めるようになった。

日本の諸外国に対する③ ＿＿＿＿＿ は軽減され，④ ＿＿＿＿＿ にもとづく企業分割は大幅に緩和された。1948(昭和23)年には，ＧＨＱの命令による⑤ ＿＿＿＿＿ で国家公務員法が改正され，労働運動の中核であった官公庁労働者は⑥ ＿＿＿＿＿ を失った。また，翌年以降，⑦ ＿＿＿＿＿ の解除が進められた。

占領政策の転換と同時に，1948(昭和23)年10月に芦田均の中道連立内閣が倒れると，民主自由党の第2次⑧ ＿＿＿＿＿ 内閣が成立した。翌年1月の総選挙で民主自由党は絶対多数の議席を獲得し，保守政権を安定させた。

ＧＨＱは，日本の経済復興に向けてつぎつぎと積極的な措置をとった。片山哲・芦田均内閣のもとで実施された⑨ ＿＿＿＿＿ は，生産再開の起動力となったが，赤字財政による巨額の資金投入にともなって，ますます⑩ ＿＿＿＿＿ が進行した。これに対して，ＧＨＱは1948(昭和23)年12月，第2次⑧ ＿＿＿＿＿ 内閣に対し，総予算の均衡，徴税の強化，金融貸出しは復興のみに制限，賃金の安定，物価の統制などの内容を含む，⑪ ＿＿＿＿＿ の実行を指令した。これは徹底した引締め政策で，⑩ ＿＿＿＿＿ を一気におさえて円の価値を安定させ，国際競争力を高める輸出志向型の発展によって日本経済を復興・自立させることがめざされた。これを実施させるため，翌年には銀行家のドッジが特別公使として派遣され，一連の施策を指示した(⑫ ＿＿＿＿＿ ＝ ＿＿＿＿＿ という)。

解答 占領政策の転換 ①ロイヤル ②非軍事化 ③賠償 ④過度経済力集中排除法 ⑤政令201号 ⑥争議権 ⑦公職追放 ⑧吉田茂 ⑨傾斜生産方式 ⑩インフレ(物価上昇) ⑪経済安定九原則 ⑫ドッジ＝ライン

第3次吉田内閣はドッジの要求に従い，まったく赤字を許さない予算を編成し，財政支出を大幅に削減した。ついで，1ドル＝⑬_____円の**単一為替レート**を設定して日本経済を国際経済に直結させ，国際競争の中で輸出振興をはかろうとした。1949(昭和24)年には，財政学者の⑭_____を団長とする租税専門家チームが来日して勧告をおこない，これにもとづく税制の大改革で，⑮_____中心主義や累進所得税制が採用された。
　⑫_____＝_____によって⑩_____は収束したが，1949(昭和24)年後半からの不況が深刻化し，中小企業の倒産が増大した。これに行政や企業の人員整理が重なって，失業者があふれるようになった。人員整理の強行には，⑯_____・産別会議や国鉄労組などを中心とする労働者側も激しく抵抗したが，1949(昭和24)年7月から8月にかけて国鉄をめぐって続発した⑰_____(人員整理を進めていた国鉄総裁の怪死事件)・三鷹事件・松川事件で嫌疑をかけられた影響もあり，労働者側は結局おし切られた。政府は，一連の事件は国鉄労働組合・⑯_____の関与によると発表したため，労働者側は打撃を受けたが，事件の真相は今なお不明である。

朝鮮戦争と日本

　南北分断状態となった朝鮮半島では，1950年6月，中国革命の成功に触発された北朝鮮が，武力統一をめざして北緯38度線をこえて韓国に侵攻し，❶_____が始まった。国際連合の安全保障理事会は，❷_____代表が欠席する中で開かれ，朝鮮民主主義人民共和国(北朝鮮)を侵略者として武力制裁することを決定した。
　北朝鮮軍はソウルを占拠し朝鮮半島南部を席巻したが，アメリカ軍が❸_____として介入した結果，北朝鮮軍をおし返した。アメリカ軍は1950年9月の仁川上陸作戦を転機として北緯38度線をこえて中国の国境にせまった。これに対し，❹_____が北朝鮮側に参戦し，北緯38度線付近で戦線は膠着状態となった。国連軍の総司令官❺_____は，中国東北部の爆撃を主張したが，1951年，戦争の拡大を恐れる❻_____米大統領によって突然解任された。1951年7月から

解答　⑬360　⑭シャウプ　⑮直接税　⑯共産党　⑰下山事件
朝鮮戦争と日本　❶朝鮮戦争　❷ソ連　❸国連軍　❹中国人民義勇軍　❺マッカーサー　❻トルーマン

■シャウプ勧告■　ドッジ＝ラインの税制面からの援助を目的とし，所得税中心の税制・法人所得の減税措置・地方税の独立などを勧告した。現行税制は基本的にこれに沿ったものだが見直しも進行中。

休戦会談が始まり，1953年7月に⑦_____で休戦協定が調印された。

朝鮮戦争が始まると，在日アメリカ軍が朝鮮に動員されたあとの軍事的空白を埋めるために，ＧＨＱの指令で⑧_____が新設された。旧軍人の⑨_____解除も進められ，旧軍人は⑧_____に採用されていった。これより先，ＧＨＱは日本共産党幹部の⑨_____を指令し，戦争勃発に続いて共産主義者の追放（⑩_____という）が始まり，マスコミから民間企業・官公庁へと広がった。労働運動では左派の産別会議の勢力が弱まる中，1950（昭和25）年，反産別派の組合がＧＨＱのあと押しで⑪_____（総評）を結成し，運動の主導権を握った。しかし総評は，まもなく講和問題を契機に大きく路線を転換し，⑫_____と提携しつつ，対アメリカ協調的な保守政治に反対する戦闘的な姿勢を強めた。

《 講和と安保条約 》朝鮮戦争で日本の戦略的価値を再認識したアメリカは，占領を終わらせて日本を西側陣営に早期に編入しようとする動きを加速させた。アメリカの①_____外交顧問らは対日講和からソ連などを除外し（②_____という），講和後も日本に駐留することなどを条件に準備を進めた。

日本国内には，ソ連・中国を含む全交戦国との全面講和を主張する声もあり，南原繁・大内兵衛らの知識人層や③_____・日本共産党が，全面講和の論陣を張った。第3次吉田茂内閣は，独立・講和の時期をめぐる問題はアメリカ軍基地にあると考え，④_____の負担を避けて経済復興に全力を注ぐためにも西側諸国のみとの講和によって独立を回復し，施設提供の見返りに独立後の安全保障をアメリカに依存する道を選択した。

1951（昭和26）年9月，サンフランシスコで講和会議が開かれ，日本と48カ国とのあいだで⑤_____が調印された。⑥_____などは講和会議には出席したが調印せず，⑦_____・ビルマ（現，ミャンマー）などは条約案への不満から出席しなかった。主要

[解答] ⑦板門店　⑧警察予備隊　⑨公職　シスコ平和条約　⑥ソ連　⑦インド　追放　⑩レッドパージ　⑪日本労働組合総評議会　⑫日本社会党
講和と安保条約 ①ダレス　②単独講和　③日本社会党　④再軍備　⑤サンフラン

交戦国である中国については，中華人民共和国と中華民国のいずれもまねかれなかった。のちに日本は，1952（昭和27）年に⑧_____と日華平和条約を結び，つづいて⑦_____（1952年）・ビルマ（1954年）とも平和条約を結んだ。なお，⑨_____は，⑩_____の批准をめぐって党内の対立が激化し，1951（昭和26）年，左右両派に分裂した。

翌1952（昭和27）年4月，条約が発効して約7年間におよんだ⑪_____は終結し，日本は独立国としての主権を回復した。この条約は，交戦国に対する日本の賠償責任を著しく軽減した。条約上は，日本が交戦国の戦争被害に対しておもに役務の供与により賠償を支払う義務を定めたが，冷戦激化の情勢に応じて，アメリカをはじめ多くの交戦国が賠償請求権を放棄した。これに対し，日本軍の占領を受けた⑫_____・インドネシア・ビルマ・南ベトナムの東南アジア4カ国はそれぞれ日本と賠償協定を結び，日本政府は1976（昭和51）年までに総額10億ドルの賠償を支払った。また，非交戦国の⑬_____や韓国に対しても，日本は賠償に準ずる支払いをおこなった。

一方，⑩_____は，領土についてはきびしい制限を加え，⑭_____の独立，台湾・南樺太・⑮_____などの放棄が定められた。南西諸島・⑯_____諸島は，アメリカの信託統治が予定されていたが，アメリカはこれを国際連合に提案せずに施政権下においた。⑰_____諸島は1953（昭和28）年に日本に返還された。

平和条約の調印と同じ日，⑱_____（安保条約）が調印され，独立後も日本国内にアメリカ軍が「⑲_____の平和と安全」のために駐留を続け，日本の防衛に「寄与」することとされた。条約上は，アメリカが必要とすれば日本のどの地域でも基地として要求することができ，在日アメリカ軍の行動範囲とされた「⑲_____」の定義も不明確であった。この条約にもとづいて翌1952（昭和27）年2月には⑳_____が締結され，日本は駐留軍に基地（施設・区域）を提供し，駐留費用を分担することになっ

解答 ⑧中華民国 ⑨日本社会党 ⑩サンフランシスコ平和条約 ⑪占領 ⑫フィリピン ⑬タイ ⑭朝鮮 ⑮千島列島 ⑯小笠原 ⑰奄美 ⑱日米安全保障条約 ⑲極東 ⑳日米行政協定

■MSA協定 アメリカの相互安全保障法（Mutual Security Act）にもとづき，相互防衛援助協定・農産物購入協定などの4協定の総称である。

た。

占領期の文化

　一連の占領改革によって，思想や言論に対する国家の抑圧が取り除かれ，従来の価値観・権威は大きく否定された。かわって，個人の解放・民主化という新しい理念が占領軍の手で広められるとともに，アメリカ的な生活様式や大衆文化が急激な勢いで流れ込み，日本国民によってしだいに受け入れられていった。

　出版界は活気づき，印刷用紙不足にもかかわらず数多くの新聞や雑誌が誕生し，民主化を促進した。

　天皇制に関するタブーもとかれ，またマルクス主義が急速に復活をとげる中，人文・社会科学各分野の研究に新しい分野が開かれた。登呂遺跡・①＿＿＿遺跡の発掘など考古学研究がさかんになる一方，西欧近代との比較により日本の後進性を批判する②＿＿＿＿＿＿の政治学，大塚久雄の③＿＿＿＿，川島武宜の法社会学などが学生・知識人に大きな影響をおよぼした。自然科学の分野では，理論物理学者の④＿＿＿＿＿＿＿が1949（昭和24）年に日本人ではじめてノーベル賞を受賞した。また同年，あらゆる分野の科学者を代表する機関として❺＿＿＿＿＿＿＿が設立された。

　また，法隆寺金堂壁画の焼損（1949年）をきっかけとして，伝統的価値のある文化財を保護するために，1950（昭和25）年には❻＿＿＿＿＿が制定された。こののち，伝統ある文化財を保護し，文化を復興するために，1968（昭和43）年には文化庁が設置された。1937（昭和12）年に学問・芸術の発達を奨励するために制定され中断していた⑦＿＿＿＿の授与も，1946（昭和21）年に復活した。

　文学ではまず，社会の常識や既成のリアリズムに挑戦する⑧＿＿＿・坂口安吾らの作品が，敗戦で虚脱した人びとに衝撃を与えた。また，⑨＿＿＿＿と野間宏は，自身の苛烈な戦時体験を西欧現代文学に学んだ斬新な手法で表現して，戦後文学の頂点を築いた。

　戦争の悪夢から解放された日本国民のあいだには，日々の生活の苦しさにもか

解答　占領期の文化　①岩宿　②丸山真男　③経済史学　④湯川秀樹　❺日本学術会議　❻文化財保護法　⑦文化勲章　⑧太宰治　⑨大岡昇平

■**社会科学の研究**　丸山真男の「超国家主義の論理と心理」は，戦時中の日本の精神的状況を分析する論文で，当時の読者からさまざまな反響をよんだ。

かわらず，明るくのびやかな大衆文化が広がった。歌謡曲では，「リンゴの唄」の大流行に続いて，⑩_____が登場した。大衆娯楽としての映画は黄金時代を迎え，溝口健二・⑪_____らの作品は国際的にも高く評価された。ＧＨＱの指導のもとに再出発した⑫_____（ＮＨＫ）のラジオ放送はドラマやスポーツ中継で高い人気を獲得し，1951（昭和26）年からは民間放送も開始された。

整理	おもな文学作品
	＊印は戯曲
坂口安吾	：白痴
㋐_____	：斜陽
㋑_____	：俘虜記
谷崎潤一郎	：細雪
木下順二	：㋒_____＊
三島由紀夫	：仮面の告白
㋓_____	：真空地帯
峠三吉	：原爆詩集
石原慎太郎	：太陽の季節
松本清張	：点と線

解答 ⑩美空ひばり ⑪黒澤明 ⑫日本放送協会
整理 ㋐太宰治 ㋑大岡昇平 ㋒夕鶴 ㋓野間宏

■湯川秀樹■ 第二次世界大戦中に研究した「中間子論」で，ノーベル物理学賞を受賞した。その自伝といえる著作の『旅人』には，当時の京都や旧制の学校の様子が詳しく描かれている。

第11章 占領下の日本

第12章

高度成長の時代

1 55年体制

《冷戦構造の世界》

朝鮮戦争の休戦後も米・ソは原爆から水爆へ，さらに核兵器を遠方に撃ち込む大陸間弾道ミサイル（①_____という）へと，とめどない軍備拡大競争にのめり込んだ。

しかし，核対決の手詰まりの中で，1950年代半ばから東西対立を緩和する動きが生まれた（「雪どけ」）。ソ連では独裁者スターリンの死後，②_____が東西平和共存路線を打ち出し，1959年に訪米して③_____大統領と首脳会談をおこなった。つづいて部分的核実験禁止条約（1963年）・④_____（1968年）が調印されるなど，核軍縮交渉が始まった。

1960年代には両陣営内で「多極化」が進み，米・ソの圧倒的地位にかげりがみえるようになった。西側諸国は対米依存のもとで復興を進めていたが，ヨーロッパ経済共同体（ＥＥＣ，1957年）につぐ⑤_____（ＥＣ，1967年）が組織され，経済統合を進めて自立をはかった。⑥_____＝_____大統領のフランスは独自の外交を展開し，⑦_____や日本は驚異的な経済成長をとげてアメリカドルをおびやかすようになった。東側陣営内では中ソ対立が表面化し，中国は1964年に⑧_____を成功させ，1966年には「⑨_____」を開始した。

第三勢力の台頭もめざましくなった。1955年には中国・インドを中心に

解答 冷戦構造の世界 ①ＩＣＢＭ ②フルシチョフ ③アイゼンハワー ④核兵器拡散防止条約 ⑤ヨーロッパ共同体 ⑥ド＝ゴール ⑦西ドイツ ⑧核実験 ⑨文化大革命

❿_____=_____（バンドン会議）が開催されて，平和共存・反植民地主義をうたった「平和十原則」を決議するなど，新興独立国家群の結集がはかられ，1960年代にはアジア・アフリカ諸国が国連加盟国の過半を占めるようになった。

　ベトナムでは，1954年のインドシナ休戦協定により⓫_____軍は撤退した。しかし，南北分断のもとでなおも内戦が続き，1965年からは，南ベトナム政府を支援する⓬_____が北ベトナムへの爆撃（⓭_____という）を含む大規模な軍事介入を始め，北ベトナムと⓮_____は中国・ソ連の援助を得て抗戦した（⓯_____という）。

《独立回復後の国内再編》　1952（昭和27）年のサンフランシスコ平和条約の発効は，ＧＨＱの指令で制定された多数の法令の失効を意味した。吉田茂内閣は，労働運動や社会運動をおさえるため法整備を進め，5月1日の「血のメーデー事件」（皇居前広場事件ともいう）を契機に，7月，暴力主義的破壊活動の規制をめざす❶_____を成立させ，その調査機関として❷_____を設置した。

　平和条約発効とともに海上警備隊が新設され，警察予備隊は❸_____に改組されたが，アメリカの再軍備要求はさらに強まり，吉田内閣は防衛協力の実施に踏みきった。1954（昭和29）年に❹_____（日米相互防衛援助協定など4協定の総称）が締結され，日本はアメリカの援助（兵器や農産物など）を受けるかわりに，自衛力の増強を義務づけられ，政府は同年7月，新設された❺_____の統轄のもとに，保安隊・警備隊を統合して，陸・海・空の3隊からなる❻_____を発足させた。❻_____の最高指揮監督権は内閣総理大臣に属し，内閣の一員で❼_____の防衛大臣（当時は防衛庁長官）が総理の指揮・監督のもと隊務を統轄することになっている。

　また，同年に❽_____を廃止し，❾_____指揮下の都道府県警察からなる国家警察に一本化して，警察組織の中央集権化をはかっ

[解答] ❿アジア＝アフリカ会議　⓫フランス　⓬アメリカ　⓭北爆　⓮南ベトナム解放民族戦線　⓯ベトナム戦争
独立回復後の国内再編　❶破壊活動防止法　❷公安調査庁　❸保安隊　❹MSA協定　❺防衛庁　❻自衛隊　❼文民　❽自治体警察　❾警察庁

第12章　高度成長の時代　301

た(新警察法)。

教育の分野でも，1954(昭和29)年公布の「教育二法」で公立学校教員の政治活動と政治教育を禁じ，さらに1956(昭和31)年の新教育委員会法により，それまで⑩_____であった教育委員会が，地方自治体の首長による⑪_____制に切りかえられた。

左右の社会党・共産党・総評などの革新勢力は，こうした吉田内閣の動きを占領改革の成果を否定する「⑫_____」ととらえ，積極的な反対運動を組織した。とくに，⑬_____(石川県)・砂川(東京都)などでのアメリカ軍基地反対闘争，⑭_____事件を契機に**原水爆禁止運動**などが全国で高まりをみせ，1955(昭和30)年には，広島で第1回⑮_____が開かれた。

また，平和条約の発効を待たずに進められた⑯_____の解除によって，⑰_____・石橋湛山・岸信介ら有力政治家が政界に復帰し，自由党内でも吉田首相に反発する勢力が増大した。

55年体制の成立

1954(昭和29)年，①_____で吉田茂内閣批判が強まる中，鳩山一郎ら自由党反吉田派は離党して，鳩山を総裁とする②_____を結成した。同年末，吉田内閣は退陣して鳩山内閣が成立した。鳩山首相は，③_____(改憲)・再軍備をあらためてとなえ，これを推進する姿勢を打ち出した。一方，左右の社会党は「逆コース」批判の運動が高まる中で党勢を拡大し，再軍備反対の立場を明確にした④_____は，総評の支援を受けて議席を増やしていった。

1955(昭和30)年2月の総選挙で，社会党は左右両派あわせて改憲阻止に必要な3分の1の議席を確保し，10月には両派の統一を実現した。保守陣営でも，財界の強い要望を背景に，11月，日本民主党と自由党が合流して❺_____を結成し(❻_____という)，初代総裁には鳩山首相が選出された。ここに形式上で二大政党制が出現したが，保守勢力が議席の3分の2

解答 ⑩公選 ⑪任命 ⑫逆コース ⑬内灘 ⑭第五福龍丸 ⑮原水爆禁止世界大会 ⑯公職追放 ⑰鳩山一郎
55年体制の成立 ①造船疑獄事件 ②日本民主党 ③憲法改正 ④左派社会党 ❺自由民主党 ❻保守合同

弱を，革新勢力が3分の1を維持して推移し，保革対立のもとでの保守一党優位の政治体制(❼_____という)が40年近く続くことになった。

　保守合同後の第3次鳩山内閣は，防衛力増強(再軍備)を推進するために国防会議を発足させ，③_____をとなえて憲法調査会を設置した。他方では，「自主外交」をうたってソ連との国交回復交渉を推進した。1956(昭和31)年10月には首相みずからモスクワを訪れ，❽_____に調印して国交を正常化した。❽_____では，北方領土について，日本は固有の領土として4島の返還を要求していたが，ソ連は国後島・❾_____島の帰属については解決済みとの立場をとり，平和条約の締結はもちこされた。歯舞群島・❿_____島の日本への引渡しも平和条約締結後のこととされた。調印の結果，日本の⓫_____を拒否していたソ連が支持にまわったので，同年12月に日本の⓫_____が実現した。

安保条約の改定

　鳩山一郎内閣のあとを継いだ①_____内閣は，首相の病気で短命に終わった。1957(昭和32)年に成立した岸信介内閣は，教員の勤務成績の評定を1958(昭和33)年から全国いっせいに実施したが，②_____(　　　　　)は全国で激しく抵抗した。さらに同年には，警察官の権限強化をはかる③_____(　　　　　)改正案を国会に提出したが，革新勢力の反対運動により，改正を断念した。

　岸内閣は，革新勢力と対決する一方，「日米新時代」をとなえ，安保条約を改定して日米関係をより対等にすることをめざした。当初アメリカ側は安保改定に消極的であったが，交渉の結果，1960(昭和35)年1月には❹_____(新安保条約)が調印された。新条約ではアメリカの日本防衛⑤_____が明文化され，さらに条約付属の文書で在日アメリカ軍の日本および「⑥_____」での軍事行動に関する⑦_____が定められた。

　革新勢力の側は，新条約によってアメリカの世界戦略に組み込まれる危険性が

[解答]　❼55年体制　❽日ソ共同宣言　❾択捉　❿色丹　⓫国連加盟
安保条約の改定　①石橋湛山　②日本教職員組合(日教組)　③警察官職務執行法(警職法)　❹日米相互協力及び安全保障条約　⑤義務　⑥極東　⑦事前協議

■**日ソ共同宣言**　戦争終結・国交回復の「共同宣言」をおこなったが，領土問題で合意をみなかった。ソ連は歯舞群島と色丹島の返還を，平和条約の締結後とした。

高まるとして、安保改定反対運動を組織した。政府・与党は、1960(昭和35)年5月、警官隊を導入した衆議院で条約批准の採決を強行すると、反対運動は「民主主義の擁護」を叫んで一挙に高揚した。⑧＿＿＿＿＿＿＿＿＿＿を指導部とする社会・共産両党・総評などの革新勢力や、全学連(全日本学生自治会総連合)の学生、一般の市民からなる巨大なデモが連日国会を取り巻いた(⑨＿＿＿＿＿＿＿＿＿＿という)。予定されていたアメリカ大統領の訪日はついに中止されたが、条約批准案は参議院の議決を経ないまま6月に⑩＿＿＿＿＿＿＿した。条約の発効を見届けて、岸内閣は総辞職した。

保守政権の安定

1960(昭和35)年7月、岸信介内閣にかわった①＿＿＿＿＿＿＿＿＿内閣は、「寛容と忍耐」をとなえて革新勢力との真正面からの対立を避けながら、「❷＿＿＿＿＿＿＿＿＿」をスローガンに、すでに始まっていた高度成長をさらに促進する経済政策を展開した。また、池田内閣は「③＿＿＿＿＿＿＿＿＿」の方針のもと、中華人民共和国との貿易の拡大をめざして、1962(昭和37)年、国交のない同国と準政府間貿易の取決めを結んだ。これは交渉に当たった、廖承志(L)、④＿＿＿＿＿＿＿(T)両名の頭文字から、LT貿易と命名された。

ついで1964(昭和39)年に成立した⑤＿＿＿＿＿＿＿内閣は、経済成長の順調な持続にも支えられて7年半以上におよぶ長期政権となった。⑤内閣はまず外交的懸案の日韓交渉を進め、1965(昭和40)年に❻＿＿＿＿＿＿＿を結んで、1910(明治43)年に韓国を併合した以前の条約および協定の無効を確認し、韓国政府を「朝鮮にある唯一の合法的な政府」と認め、韓国との国交を樹立した。

1965(昭和40)年以降、アメリカがベトナムへの介入を本格化させると(ベトナム戦争)、沖縄や日本本土はアメリカ軍の前線基地となり、戦争にともなうドル支払いは日本の経済成長を促進させた。「基地の島」沖縄では祖国復帰を求める住民の運動(祖国復帰運動)が続き、ベトナム戦争の激化とともにその返還問題があ

解答 ⑧安保改定阻止国民会議 ⑨60年安保闘争 ⑩自然成立
保守政権の安定 ①池田勇人 ❷所得倍増 ③政経分離 ④高碕達之助 ⑤佐藤栄作 ❻日韓基本条約

■新安保条約■ 新条約は1951年の「日米安全保障条約」の単なる改定ではなく、経済協力も含み、アメリカ軍の日本防衛とともに日本の自衛力増強も義務づけた。

らためて浮上した。

佐藤内閣は、「(核兵器を)もたず、つくらず、もち込ませず」の❼_____を掲げ、まず1968(昭和43)年に⑧_____の返還を実現し、翌年の日米首脳会議(佐藤・ニクソン会談)は「核抜き」の沖縄返還で合意した。1971(昭和46)年に⑨_____が調印され、翌年の協定発効をもって沖縄の日本復帰は実現したが、広大なアメリカ軍基地は存続することになった。

この間、自由民主党は国会の安定多数を占め続けるが、与党内では総裁の地位をめぐる派閥間抗争が繰り返された。野党側では、社会党から⑩_____(のち民社党)が分立(1960年)し、新しく⑪_____が結成され(1964年)、日本共産党が議席を増やすなど、多党化現象が進んだ。さらに、既成の革新政党を批判する学生を中心に組織された⑫_____が、ベトナム戦争や大学のあり方などに異議をとなえる運動を繰り広げた。

2 経済復興から高度成長へ

朝鮮特需と経済復興

日本経済は、①_____＝_____と呼ばれる経済安定政策によって深刻な不況におちいっていたが、1950(昭和25)年に勃発した②_____で活気を取り戻した。武器や弾薬の製造、自動車や機械の修理などアメリカ軍による膨大な特需が発生したからである。また、世界的な景気回復の中で対米輸出が増え、繊維や金属を中心に生産が拡大し、1951(昭和26)年には、工業生産・実質国民総生産・実質個人消費などが戦前の水準(1934〜36年の平均)を回復した(❸_____という)。

こうした中で、政府は積極的な産業政策を実施した。1950(昭和25)年には輸出振興を目的とする日本輸出銀行や、産業資金の供給をおこなう④_____が設立された。また、1952(昭和27)年には企業合理化促進法が制

解答 ❼非核三原則 ⑧小笠原諸島 ⑨沖縄返還協定 ⑩民主社会党 ⑪公明党 ⑫新左翼
朝鮮特需と経済復興 ①ドッジ=ライン ②朝鮮戦争 ❸特需景気 ④日本開発銀行

■特需■ 朝鮮戦争により、日本占領のアメリカ軍が「国連軍」として大量の軍需品を発注し、日本経済復興の因となった。特需の語は、特殊需要を意味する。

第12章 高度成長の時代 305

定され，企業の設備投資に対して税制上の優遇措置がとられた。

　電力業は，1951(昭和26)年に発電から配電までの一貫経営をおこなう，民有民営形態の地域別9電力体制に再編成された。また，電力不足をおぎなうため1952(昭和27)年に電源開発株式会社が設立され，佐久間や奥只見で大規模な⑤＿＿＿＿＿を建設した。

　造船業では，1947(昭和22)年から政府主導の計画造船が進められ，日本の造船量は1956(昭和31)年に⑥＿＿＿＿＿を抜いて世界第1位となった。

　鉄鋼業では，1951(昭和26)年度から1953(昭和28)年度まで第1次鉄鋼業合理化計画が実施され，⑦＿＿＿＿＿は銑鋼一貫経営に転換した。

　なお，戦後の世界貿易は，アメリカ主導の⑧＿＿＿＿＿体制のもとで発展したが，日本は，1952(昭和27)年に⑨＿＿＿＿＿(国際通貨基金)，1955(昭和30)年には⑩＿＿＿＿＿(関税及び貿易に関する一般協定)に加盟した。⑨＿＿＿＿＿は，第二次世界大戦後の国際通貨体制を支える基幹的組織で，為替レートの安定と国際決済の円滑化を目的に1947(昭和22)年に発足した。アメリカが金1オンス＝⑪＿＿＿ドルという平価を設定し，加盟国はドルに対して平価を定めた(⑫＿＿＿＿＿相場制という)。一方，⑩＿＿＿＿＿は，第二次世界大戦後の新たな国際経済秩序を形成するために，⑧＿＿＿＿＿の拡大と関税引下げを目的に⑨＿＿＿＿＿とともに創設され，1948(昭和23)年に発効した。

　戦時期から敗戦直後にかけて深刻な食糧難が続き，1945〜51(昭和20〜26)年には占領地行政救済資金(⑬＿＿＿＿＿という)による緊急食糧輸入が実施された。しかし，⑭＿＿＿＿＿の実施によって農業生産は急速に向上し，米の生産は毎年史上空前の豊作を繰り返し，1955(昭和30)年には前年比3割増の豊作となり，米の自給が可能となった。個人所得の増加にともなって消費水準も上昇し，1955(昭和30)年における総理府の世論調査によると国民の7割が「食べる心配」がなくなったとこたえており，食糧不足はほぼ解消された。

解答 ⑤水力発電所　⑥イギリス　⑦川崎製鉄　⑧自由貿易　⑨IMF　⑩GATT　⑪35　⑫固定為替　⑬ガリオア資金　⑭農地改革

高度経済成長

1955～57(昭和30～32)年に、「①_____」と呼ばれる大型景気を迎え、経済企画庁は1956(昭和31)年度の『経済白書』で「②_____」と記した。のち、同じく建国神話にちなんだ「③_____」(1958～61年)、「④_____」(1966～70年)などが出現した。日本経済は復興から⑤_____による経済成長へと舵を切り、1968(昭和43)年には資本主義諸国の中で⑥_____につぐ世界第2位の国民総生産（GNP）を実現し、1955～73(昭和30～48)年の年平均経済成長率は10％を上まわった。

経済成長を牽引したのは、大企業による膨大な設備投資で、当時それは「投資が投資を呼ぶ」と表現された。鉄鋼・造船・自動車・電気機械・化学などの部門で、アメリカの⑤_____の成果を取り入れて設備の更新がなされ、石油化学・合成繊維などの新たな産業も発展した。⑤_____は中小企業にも波及し、大企業の単なる下請けにとどまらない、部品メーカーなどに成長するものも現われた（中堅企業）。

1955(昭和30)年には、⑦_____が設立され、⑧_____(ZD)運動や⑨_____(QCサークル)運動など、小集団活動に代表される生産性向上運動を推進した。

先進技術の導入は、直接的な生産過程に関わるものばかりでなく、品質管理や労務管理、さらには流通・販売の分野にまでおよんだ。しかも、導入後は日本の条件にあわせて独自の改良がほどこされ、⑩_____・年功賃金・労資協調を特徴とする、**日本的経営**が確立した。こうして低コスト・高品質の大量生産体制が整備され、日本製品の海外輸出も増加した。

産業構造は高度化し、第一次産業の比率が下がり、第二次・第三次産業の比重が高まった。米などわずかな例外を除いて食料の輸入依存が進み、⑪_____は低下した。また、工業生産額の3分の2を重化学工業が占め、石炭から石油へのエネルギーの転換が急速に進んだ(⑫_____という)。安価な原油の安定的な供給は、高度経済成長を支える重要な

解答　高度経済成長　①神武景気　②もはや戦後ではない　③岩戸景気　④いざなぎ景気　⑤技術革新　⑥アメリカ　⑦日本生産性本部　⑧無欠点　⑨品質管理　⑩終身雇用　⑪食糧自給率　⑫エネルギ一革命

条件となった。一方，石炭産業は安価な石油におされて衰退し，「斜陽産業」と呼ばれるようになった。1960(昭和35)年に三井鉱山三池炭鉱での大量解雇に反対する激しい争議(⑬_____という)が展開されたが，労働者側の敗北に終わった。以後，九州や北海道で炭鉱の閉山があいついだ。

　工業部門では，⑤_____による労働生産性の向上，若年層を中心とする労働者不足，「⑭____」方式を導入した労働運動の展開などによって，労働者の賃金は大幅に上昇した。総評を指導部とし，各産業の労働組合がいっせいに賃上げを要求する「⑭____」は1955(昭和30)年に始まり，しだいに定着していった。

　農業部門でも，化学肥料や農薬，農業機械の普及による農業生産力の上昇，⑮_____と農協の圧力による⑯_____の政策的引上げ，さらには農外所得の増加などもあって，農家所得が増加した。1961(昭和36)年に⑰_____が制定され，農業構造改善事業に多額の補助金が支給された。こうして労働者や農民の所得が増加し，低賃金労働者と貧しい農村という戦前期の特徴は大幅に改善され，国内市場が拡大していった。

　輸出も，自由貿易体制下での固定相場制による安定した国際通貨体制，安価な資源の輸入に支えられて急速に拡大し，1960年代後半以降は大幅な**貿易黒字**が続いた。輸出の中心は，鉄鋼・船舶・⑱_____などの重化学工業製品であった。⑱_____産業は，国際競争力が弱いとされていたが，1960年代後半には対米輸出を開始した。

　日本は，1960(昭和35)年に「貿易為替自由化大綱」を決定し，1963(昭和38)年にはＧＡＴＴ(関税及び貿易に関する一般協定) 11条国に移行した。ＧＡＴＴ11条国とは，同規程11条の適用を受ける国のことで，国際収支上の理由から⑲_____制限をすることはできないとされている。また，1964(昭和39)年にはＩＭＦ(国際通貨基金) 8条国に移行するとともに⑳_____(経済協力開発機構)に加盟し，㉑_____と㉒_____の自由化を実施した。ＩＭＦ8条国とは，貿易支払いや資本移動に対する制限を禁止されている国のことをいう。ま

■解答　⑬三池争議　⑭春闘　⑮食糧管理制度　⑯米価　⑰農業基本法　⑱自動車　⑲輸入　⑳ＯＥＣＤ　㉑為替　㉒資本

■**減反政策**　1960年代に米の生産過剰が問題となり，1970年から稲の作付面積を縮小する生産調整のための減反政策がとられ，補償金が交付された。

た，⑳_____に加盟したことにより，㉒_____の自由化が義務づけられた。

開放経済体制のもとでの国際競争の激化に備えて，産業界では，1964（昭和39）年に財閥解体で3社に分割された㉓_____が再合併し，1970（昭和45）年には八幡製鉄と富士製鉄が合併して㉔_____を創立するなど，大型合併が進められた。また，三井・三菱・住友・富士・三和・第一勧銀などの都市銀行が，系列企業への融資を通じて企業集団を形成した（㉕_____という）。

《大衆消費社会の誕生》　高度経済成長期には，日本の国土や社会のありさまが大きく変容した。また，個人所得の増大と都市化の進展によって生活様式に著しい変化が生じ，いわゆる❶_____が形成された。

太平洋側に製鉄所や②_____などが建設され，京葉・京浜・中京・阪神・瀬戸内・北九州と続く重化学工業地帯（③_____という）が出現し，産業と人口の著しい集中をみた。政府は，1962（昭和37）年に④_____を公布するとともに，全国総合開発計画を閣議決定し，産業と人口の大都市への集中を緩和し，地域間格差を是正しようとした。④_____で地方開発拠点として道央・八戸・仙台湾・富山高岡・岡山県南・徳島・大分など15地区が指定された。それにもかかわらず，③_____への工業の集中はその後も進行した。

農村では，大都市への人口流出が激しくなり，農業人口が減少し⑤_____が増加した。1970（昭和45）年には，⑤_____のうち農外収入を主とする第2種⑤_____の割合が農家総数の50%に達して，「三ちゃん（じいちゃん・ばあちゃん・かあちゃん）農業」という言葉が生まれた。

一方，大量の人口が流入した都市部では，住宅問題が深刻となり，地価の安い

解答　㉓三菱重工　㉔新日本製鉄　㉕六　　業農家大企業集団
大衆消費社会の誕生　❶大衆消費社会　②石油化学コンビナート　③太平洋ベルト地帯　④新産業都市建設促進法　⑤兼

郊外に向けて無秩序な宅地開発がおこなわれ（スプロール化），夫婦と未婚の子女のみからなる❻＿＿＿＿＿＿＿＿＿が増えると，２ＤＫの公団住宅など❻＿＿＿＿＿＿＿＿の住む鉄筋コンクリート造の集合住宅群がひしめき，ニュータウンの建設が計画された。

　国民の消費生活にも大きな変化が生じ，テレビから流れるCMによって購買意欲をかき立てられ，「消費は美徳」と考えられるようになった。1965（昭和40）年に白黒テレビの普及率が90％に達し，電気洗濯機や❼＿＿＿＿＿＿＿＿＿＿＿の普及率も1970（昭和45）年には90％前後に達した。これらは，日本の神話で皇位継承の象徴とされる宝物にちなんで「三種の神器」と呼ばれた。また，1960年代の後半からは，カー（自動車）・❽＿＿＿＿＿＿＿＿＿＿＿＿＿・クーラーの，いわゆる３Ｃ（「新三種の神器」）の普及率が上昇した。

　耐久消費財の普及は，メーカーと系列販売網による大量生産・大量販売体制の確立や割賦販売制度によって促進された。また，小売業界では廉価販売と品ぞろえのよさを武器に❾＿＿＿＿＿＿＿＿＿＿＿＿＿＿＿＿＿が成長し，中内功が設立したダイエーは，1972（昭和47）年に老舗百貨店の三越を抜いて売上高で第１位となった（❿＿＿＿＿＿＿＿＿＿＿という）。食生活では洋風化が進み，肉類や乳製品の消費が増えたが，米の供給過剰と食糧管理特別会計の赤字が問題となり，1970（昭和45）年から⓫＿＿＿＿＿政策が始まった。また，インスタント食品や冷凍食品が普及し，外食産業も発達した。

　自家用乗用車（マイカー）の普及によって，自動車が交通手段の主力となり（モータリゼーション），1965（昭和40）年には⓬＿＿＿＿＿＿＿＿＿＿＿＿＿＿，1969（昭和44）年には東名高速道路が全通した。自動車の生産台数は，1955（昭和30）年には約７万台であったが，1970（昭和45）年には約529万台となり，性能の向上によりアメリカなど先進諸国への輸出も拡大した。鉄道は，電化が全国的に進み，1964（昭和39）年には⓭＿＿＿＿＿＿＿＿＿＿＿＿＿＿が開通して高速輸送時代を迎えたが，国鉄財政はこの年から単年度で赤字となった。

　生活にゆとりが出ると，家族旅行や行楽に余暇が費やされるようになり，レジ

解答 ❻核家族　❼電気冷蔵庫　❽カラーテレビ　❾スーパーマーケット　❿流通革命　⓫減反　⓬名神高速道路　⓭東海道新幹線

ャー産業が発達した。また，マス=メディアも発達し，新聞・雑誌・書籍類の出版部数が激増し，社会派推理小説の⑭_____，歴史小説の⑮_____ら人気作家が輩出した。彼らの作品は，純文学と大衆文学の中間に位置するという意味で「⑯_____」と呼ばれた。また，この時期の純文学では，三島由紀夫・⑰_____・高橋和巳らが活躍した。

とくに週刊誌の発行部数が著しく拡大し，少年向けの漫画週刊誌は成年をもとらえていった。第二次世界大戦後まもなく登場した⑱_____は，世界にも類例のない本格的なストーリー漫画を創作し，その後の漫画・アニメーション隆盛の基礎をつくった。

1953（昭和28）年に始まった⑲_____放送は，日常生活に欠かせないものとなり，映画産業の衰退をまねいた。

マス=メディアによって大量の情報が伝達されると，日本人の生活様式はしだいに画一化され，国民の8〜9割が社会の中層に位置していると考えるようになった（⑳_____という）。そうした中で「教育熱」が高まり，高校・大学への進学率が上昇し，高等教育の大衆化が進んだ。受験競争が激化し，無気力・無感動・無関心の「三無主義」が広がる一方，高校や大学では学園の民主化を求めて「学園紛争」がおこった。

科学技術の発達もめざましく，1965（昭和40）年に㉑_____，1973（昭和48）年に江崎玲於奈がノーベル物理学賞を受賞した。また，政府は，原子力政策・宇宙開発などの分野で，積極的な科学技術開発政策を推進した。1960年代半ば以降，電力会社は原子力の平和利用をとなえる政府の支援のもと，各地で㉒_____（原発）の建設を進めた。とくに石油危機以降は，石油の代替エネルギーとして原子力への依存度が高まった。1964（昭和39）年には㉓_____，1970（昭和45）年には大阪で㉔_____が開催されたが，これらは経済・文化面での日本の発展を世界に示す，壮大な国家的イベントであった。

解答 ⑭松本清張 ⑮司馬遼太郎 ⑯中間小説 ⑰大江健三郎 ⑱手塚治虫 ⑲テレビ ⑳中流意識 ㉑朝永振一郎 ㉒原子力発電所 ㉓オリンピック東京大会 ㉔日本万国博覧会

■**東京オリンピック**■ それまでで最高の94の国と地域が参加，日本の戦後復興を世界に印象づけた。この年に首都高速道路が開通するなど，東京の街並みが一変したといわれる。

高度成長のひずみ

　高度経済成長が達成される一方で、深刻な社会問題が生み出された。農山漁村では❶_____が進行し、地域社会の生産活動や社会生活が崩壊した。一方、大都市では過密が深刻な問題となり、交通渋滞や騒音・大気汚染が発生し、住宅や病院の不足もめだつようになった。交通事故も急増し、毎年1万人前後の死者を数えるようになった（交通戦争）。

　産業公害も深刻であったが、経済成長を優先したため政府の公害対策は進まず、企業が長期間垂れ流していた汚染物質によって環境が破壊され、公害病に苦しむ被害者も放置されたままになっていた。しかし、公害を批判する世論の高まりを背景に、1967(昭和42)年に❷_____が制定されて大気汚染・水質汚濁など7種の公害が規制され、事業者・国・地方自治体の責任が明らかにされた。そして、1970(昭和45)年の同法改正を経て翌年には❸_____が発足し、ばらばらにおこなわれていた公害行政と環境保全施策の一本化がはかられた。また、公害反対の世論と住民運動がおこり、新潟水俣病（阿賀野川流域）・四日市ぜんそく（三重県四日市市）・❹_____（富山県神通川流域）・❺_____（熊本県水俣市）の被害をめぐる四大公害訴訟が始まり、1973(昭和48)年にいずれも被害者側の勝訴に終わった。

　この時期には、部落差別などにみられる人権問題も深刻となった。全国水平社を継承して、1946(昭和21)年に部落解放全国委員会が結成され、1955(昭和30)年に❻_____と改称した。しかし、部落差別の解消は立ち遅れ、1965(昭和40)年の生活環境の改善・社会福祉の充実を内容とする同和対策審議会の答申にもとづいて、1969(昭和44)年には❼_____が施行された。❼_____は1982(昭和57)年の地域改善対策特別措置法に引き継がれ、1987(昭和62)年からは財政上の特別措置に関する法律（地対財特法）が施行された。

　高度成長のひずみに悩む中で、大都市圏では❽_____が成

解答　高度成長のひずみ　❶過疎化　❷公害対策基本法　❸環境庁　❹イタイイタイ病　❺水俣病　❻部落解放同盟　❼同和対策事業特別措置法　❽革新自治体

立した。1967(昭和42)年に日本社会党や日本共産党が推薦する⑨_____が東京都知事に当選すると，1970年代の初めには京都府や大阪府でも革新系知事が誕生し，横浜市など大都市の市長も革新系によって占められた(革新首長)。⑧_____は，公害の規制や老人医療の無料化など，福祉政策で成果を上げた。

[解答] ⑨美濃部亮吉

第13章

激動する世界と日本

1 経済大国への道

≪ドル危機と石油危機≫

1960年代後半におけるアメリカの国際収支は、ベトナム戦争にともなう軍事支出の膨張、西側諸国へのばく大な援助、さらには日本や西ドイツなどによる対米輸出の急増などによって著しく悪化し、アメリカの金準備も減少した（❶_____という）。こうしてアメリカのドルへの信頼がゆらぎ始めると、❷_____大統領はドル防衛を目的に、1971（昭和46）年8月に❸____とドルとの交換停止、10％の輸入課徴金、90日間の賃金・物価の凍結などを骨子とする新経済政策を発表し、日本や西ドイツなどの国際収支黒字国に対し、大幅な為替レートの切上げを要求した（❹_____＝_____という）。日本は当初1ドル＝360円の❺_____を維持しようとしたが、英・仏・西ドイツなどの西欧諸国が❻_____に移行するとそれに追随し、1971（昭和46）年に入ると円は1ドル＝320円台にまで上昇した。

こうして、戦後の世界経済の機軸であったブレトン＝ウッズ（ＩＭＦ）体制は根底からゆらいだ。1971（昭和46）年末には、ワシントンのスミソニアン博物館で10カ国蔵相会議が開かれ、1ドル＝308円で❺_____制の復活がはかられたが（❼_____という）、1973（昭和48）年にはドル不安が再燃し、日本や西欧諸国は❻_____に移行した。

解答　ドル危機と石油危機 ❶ドル危機　❷ニクソン　❸金　❹ニクソン＝ショック　❺固定相場　❻変動相場制　❼スミソニアン体制

■十年動乱　毛沢東の死とともに、文化大革命推進派リーダーたちが四人組として逮捕され、文革も社会の多方面で混乱を招いたと総括された。文革の進行した時代（1966〜76年）を「十年動乱」とよぶ。

一方，②＿＿＿＿＿＿大統領はベトナム戦争を終わらせるため，1972(昭和47)年に中国をみずから訪問し，米・中の敵対関係を改善した(1979年に米中国交正常化)。台湾にかわって⑧＿＿＿＿＿＿＿＿＿を獲得した中国を通じて北ベトナムとの和平を引き出すことがねらいで，1973(昭和48)年には⑨＿＿＿＿＿＿＿＿＿＿＿＿＿を成立させた。アメリカという後ろ盾を失った南ベトナムは1975年に崩壊し，⑩＿＿＿＿＿＿＿＿＿＿＿＿のもとに南北の統一が実現した。

第二次世界大戦後の中東ではパレスチナ問題が発生し，大油田の発見や米・ソの介入もからんで紛争が続いていた。ナチスの迫害を逃れてパレスチナに移住したユダヤ人は1948年に⑪＿＿＿＿＿＿＿を建国したが，これに反対するアラブ諸国とのあいだで，すでに3次にわたる中東戦争(パレスチナ戦争・スエズ戦争・第3次中東戦争)がおこっていた。1973(昭和48)年10月，⑫＿＿＿＿＿＿が勃発すると，⑬＿＿＿＿＿＿＿＿＿＿＿＿＿(OAPEC)は「石油戦略」を行使し，⑪＿＿＿＿＿＿寄りの欧米や日本への石油輸出を制限し，原油価格を段階的に⑭＿＿倍に引き上げた。これを機に，アラブ産油国の資源ナショナリズムが高まり，安価な原油の安定的な供給という経済成長の基本条件が失われた(⑮＿＿＿＿＿＿＿＿＿という)。当時，日本の原油輸入量は世界最大規模に達しており，しかもその大半を中東地域に依存していたので，日本経済が受けた打撃は大きかった。

世界経済の繁栄は1973(昭和48)年を境に一変し，経済成長率の低下，物価・失業率の上昇という深刻な事態に直面した。こうした事態に対応するため，1975(昭和50)年に米・日・独(西独)・英・仏・伊6カ国の首脳による⑯＿＿＿＿＿＿＿＿＿(サミット)が開催され，経済成長や貿易・通貨問題など，先進国間の経済政策を調整した。

《高度経済成長の終焉》 1972(昭和47)年，田中角栄が「①＿＿＿＿＿＿＿＿＿＿」を掲げて内閣を組織した。田中首相

解答 ⑧国連代表権 ⑨ベトナム和平協定 ⑩ベトナム社会主義共和国 ⑪イスラエル ⑫第4次中東戦争 ⑬アラブ石油輸出国機構 ⑭4 ⑮第1次石油危機 ⑯先進国首脳会議

高度経済成長の終焉 ①日本列島改造論

は，同年9月に訪中して❷_____を発表し，**日中国交正常化**を実現した。この声明で，日本側が戦争における加害責任を認め，反省する態度を表明したうえで，日中両国間の「不正常な状態」の終結を共同で宣言し，さらに日本は中華人民共和国を「中国で唯一の合法政府」と認めた。これにともなって，日本と❸_____の国民政府との外交関係は断絶したが，貿易など民間レベルでは密接な関係が続いている。

　一方で，田中首相は，工業の地方分散，新幹線と高速道路による高速交通ネットワークの整備など列島改造政策を打ち出し，❹_____を拡大した。その結果，土地や株式への投機がおこり，❺_____が暴騰した。これに第1次石油危機による原油価格の高騰が重なって，激しいインフレが発生し❻_____と呼ばれた。商社による商品の買占めもあって生活用品の品不足が生じ，市民生活は混乱した。

　政府は，金融の引締めに転じたが，インフレが収束しないまま深刻な不況におちいった。不況（スタグネーション stagnation）とインフレ（inflation）が併存している状況を，二つの言葉を合成して❼_____（stagflation）と呼んだ。

　1974（昭和49）年には戦後初の**マイナス成長**となり，その後も2〜5％の低成長にとどまった。こうして，日本経済は❽_____の終焉を迎え，成長率の低下，物価上昇，経常収支の赤字という三重苦（トリレンマ）に直面することになった。

　政府は，景気刺激策をとると同時に，労働者の賃上げを労働生産性の伸び以内にとどめることに成功し，1976（昭和51）年度には5.1％の経済成長率を実現した。経常収支も4年ぶりに黒字となり，消費者物価の上昇率も前年比で1桁台に落ち着いた。

　田中内閣は，首相の政治資金調達をめぐる疑惑（❾_____という）が明るみに出て，1974（昭和49）年に総辞職した。後継の総理大臣には「クリーン政治」を掲げる❿_____が就任したが，1976（昭和51）年に米ロッ

解答 ❷日中共同声明　❸台湾　❹公共投資　❺地価　❻狂乱物価　❼スタグフレーション　❽高度成長　❾金脈問題　❿三木武夫

■**ロッキード事件**■　事件に関係する田中角栄元首相の人脈と，いわゆる「金脈」について総合雑誌『文芸春秋』が特集を組み，それが事件への国民の関心を広げることになった。

キード社の航空機売込みをめぐる収賄容疑で田中元首相が逮捕されると，同年におこなわれた総選挙で自由民主党は大敗し，結党以来はじめて衆議院の過半数を割り込んだ。その責任をとって⑩＿＿＿＿＿＿内閣は退陣し，1976年には⑪＿＿＿＿＿＿が内閣を組織した。

⑪＿＿＿＿＿＿内閣は，内需拡大を掲げて貿易黒字・円高不況に対処し，1978(昭和53)年には⑫＿＿＿＿＿＿＿＿＿＿＿＿＿＿＿を締結した。後継の⑬＿＿＿＿＿＿＿＿＿＿内閣は，国会での「保革伯仲」と与党の内紛が続く中で，1978年に勃発した第2次石油危機に対処し，財政再建をめざしたが，1980(昭和55)年の衆参同日選挙の運動中に急死した。選挙の結果，自民党は安定多数を回復し，⑭＿＿＿＿＿＿が組閣した。

低成長が定着する中で，国民のあいだには個人の生活の安定を第一とする保守的な気運が強まり，保守政権が復調する一方，放漫財政と社共両党の対立によって⑮＿＿＿＿＿＿＿＿＿＿は瓦解していった。とくに，1978(昭和53)年から翌年にかけて，京都・東京・大阪の知事選で革新系候補があいついで敗北した。

経済大国の実現

第1次石油危機以降，世界経済が停滞する中で，日本は省エネ型の産業，省エネ製品の開発，省エネ型のライフスタイルを追求して5％前後の成長率を維持し，1978〜79(昭和53〜54)年の①＿＿＿＿＿＿＿＿＿＿＿＿＿＿＿も乗り切って安定成長の軌道に乗った。

1980年代前半は3％前後の成長率に落ち込んだが，それでも欧米先進諸国と比べると相対的には高い成長率を維持していた。

企業は，省エネルギーや人員削減，パート労働への切りかえなど「②＿＿＿＿＿＿＿＿＿」につとめ，コンピュータや産業用ロボットなどＭＥ(③＿＿＿＿＿＿＿＿＝＿＿＿＿＿＿＿＿＿＿＿＿＿)技術を駆使し，工場やオフィスの自動化(オフィス＝オートメーション)を進めた。産業部門別にみると，④＿＿＿＿＿＿・石油化学・造船などの資源多消費型産業は停滞し，省エネ型の自動車・電気機械や，⑤＿＿＿＿＿＿＿＿・ＩＣ(集積回路)・コンピュータなどのハイテク産業が輸出を中心に生産をのばした。日本の⑥＿＿＿＿＿＿＿＿は大

解答 ⑪福田赳夫 ⑫日中平和友好条約 ⑬大平正芳 ⑭鈴木善幸 ⑮革新自治体
経済大国の実現 ①第2次石油危機 ②減量経営 ③マイクロ＝エレクトロニクス ④鉄鋼 ⑤半導体 ⑥貿易黒字

幅に拡大し，欧米諸国とのあいだに**貿易摩擦**がおこり，為替相場では円高基調が定着した。とくに⑦_____をめぐる日米貿易摩擦は深刻となった。

また，中国自動車道・東北自動車道・関越自動車道など高速道路網が整備され，山陽新幹線(1975年)に続いて東北・上越新幹線(1982年)が開業した。1988(昭和63)年には青函トンネルと⑧_____が開通し，北海道・本州・四国・九州が陸路で結ばれた。千葉県成田の新東京国際空港が開港したのは⑨_____(昭和53)年であったが，国際化が進展する中で海外渡航者数は1972(昭和47)年に100万人をこえ，1990(平成2)年には1000万人を突破し，1994(平成6)年には，日本で最初の24時間利用可能な国際空港として⑩_____が開港した。

世界のGNP(国民総生産)に占める日本の比重は，1955(昭和30)年の2％強から1970(昭和45)年には約6％，1980(昭和55)年には約10％に達し，日本は「経済大国」となった。1980年代以降は，⑪_____の影響もあって，日本の一人当たり国民所得(ドル表示)はアメリカを追い抜いた。貿易黒字が累積して，日本は世界最大の⑫_____となった。日本の国際的地位は飛躍的に高まり，1980年代には開発途上国に対する⑬_____(ODA)の供与額も世界最大規模となった。

バブル経済と市民生活

1980年代には日本の対米貿易黒字が激増したため，アメリカは自動車などの輸出自主規制を求め，農産物の❶_____をせまった。政府は，1988(昭和63)年に牛肉・オレンジの①_____を決定し，1991(平成3)年に実施した。また，1993(平成5)年には②__市場の部分開放を決定したが，アメリカはその後も対日批判を強め，③_____をさまたげる日本の「不公正」な制度や慣行を問題とした。

アジアでは，韓国・シンガポール・台湾・④_____などが，外国の資本や技術を導入し，輸出指向型の工業化を進めて急激な経済成長を続け，新興工業経済地域(⑤_____)と呼ばれた。

解答 ⑦自動車 ⑧瀬戸大橋 ⑨1978 ⑩関西国際空港 ⑪円高 ⑫債権国 ⑬政府開発援助
バブル経済と市民生活 ❶輸入自由化 ②米 ③市場開放 ④香港 ⑤NIES

■アジアNIES 積極的な外国資本の導入と安価な労働力の利用による輸出品の大量生産に成功して，急速な経済成長をとげた新興工業経済地域のこと。

こうした動きは，改革開放政策を進める中国の経済特区やＡＳＥＡＮ（東南アジア諸国連合）諸国にも広がり，「経済大国」日本とその周辺に位置するアジア⑤＿＿＿＿＿＿＿＿＿＿＿＿からなる経済圏は，世界経済の活力の中心となった。

　1985（昭和60）年の5カ国蔵相・中央銀行総裁会議（G5）で，ドル高の是正が合意されると（⑥＿＿＿＿＿＿＿＿＿＿＿という），円高は一気に加速し，輸出産業を中心に不況が深刻化した（⑦＿＿＿＿＿＿＿という）。G5は，米・日・独（西独）・仏・英の5大国で構成され，翌1986年からは，イタリア・⑧＿＿＿＿を加えて，7カ国蔵相（財務相）・中央銀行総裁会議（G7）が開かれるようになった。

　しかし，1987（昭和62）年半ばから⑨＿＿＿＿に主導されて景気が回復した。コンピュータと通信機器を利用した生産・流通・販売のネットワーク化が進み，コンビニエンスストア（コンビニ）や量販店などが急成長し，重化学工業でも⑩＿＿＿＿＿＿＿＿の導入など積極的な設備投資がはかられた（経済のソフト化）。また，レジャーや旅行関連産業，外食産業など第三次産業の比重が増加し，経済のサービス化がいっそう進んだ。家庭内でもインターネットや⑪＿＿＿＿が普及し，市民生活も大きく変容した。

　この内需景気は，地価や株価の暴騰をともなって進行し，のちに「⑫＿＿＿＿経済」と呼ばれることになった。超低金利政策のもとで，金融機関や企業にだぶついた資金が不動産市場や⑬＿＿＿＿＿＿＿＿＿に流入したのである。一方，極端な長時間労働が慢性化し，ホワイトカラーなどの「⑭＿＿＿＿＿＿」が深刻な社会問題となった。また，⑮＿＿＿＿が進行したため，欧米やアジアに生産拠点を移す日本企業が増加し，生産の空洞化が進んだ。

　1982（昭和57）年に発足した中曽根康弘内閣は，日米韓関係の緊密化と防衛費の大幅な増額をはかる一方，世界的な新自由（新保守）主義の風潮の中で，「⑯＿＿＿＿＿＿＿＿＿＿＿＿＿＿＿＿＿＿」をとなえて行財政改革を推進し，老人医療や年金などの社会保障を後退させ，⑰＿＿＿＿＿＿＿＿（現，ＮＴＴ）・専売公社（現，ＪＴ）・⑱＿＿＿＿（現，ＪＲ）の民営化を断行し，大型間接税の導入

解答 ⑥プラザ合意　⑦円高不況　⑧カナダ　⑨内需　⑩ＭＥ技術　⑪携帯電話　⑫バブル　⑬株式市場　⑭過労死　⑮円高　⑯戦後政治の総決算　⑰電電公社　⑱国鉄

をはかった。また，労働組合の再編も進み，1987（昭和62）年に労資協調的な全日本民間労働組合連合会が発足すると，総評も1989（平成元）年に解散して合流し，⑲＿＿＿＿＿＿＿＿＿＿（連合）となった。大型間接税は，竹下登内閣のもとで⑳＿＿＿＿＿＿として実現し，㉑＿＿＿＿（平成元）年度から実施された。

2　冷戦の終結と日本社会の動揺

《冷戦から内戦へ》

1970年代半ばには，米ソ関係は緊張緩和へと向かった（①＿＿＿＿＿＿＿という）。しかし，1979年のソ連の②＿＿＿＿＿＿＿侵攻が転機となり，翌年のアメリカ大統領選挙で当選した③＿＿＿＿＿＿はソ連との対決姿勢を鮮明にし，1980年代は「新冷戦」の時代となった。③＿＿＿＿＿＿大統領は大軍拡をおこなう一方，経済不振対策として企業活力を高める大幅減税・規制緩和を実施した。同時期に公共支出の抑制，国有企業の民営化，労働運動への抑圧などを進めたイギリスの④＿＿＿＿＿＿＿政権や日本の⑤＿＿＿＿＿＿政権にもみられるように，先進諸国の経済政策の基調は大きく変化した。従来の有効需要創出政策（ケインズ政策）や福祉国家政策を批判する「⑥＿＿＿＿＿（新保守）主義」の理論にもとづいて，古典的な自由放任経済への回帰と「小さな政府」の実現がめざされた。

　新冷戦の展開は，米ソ両国経済をさらに悪化させ，アメリカは国内産業の空洞化や国家財政・⑦＿＿＿＿＿＿の「双子の赤字」に苦しみ，世界最大の⑧＿＿＿＿＿＿に転落した。一方，ソ連も深刻な経済危機に見舞われ，1985年に登場した⑨＿＿＿＿＿＿＿の指導下に国内体制の立直し（ペレストロイカ）が試みられた。機能不全におちいった計画経済に⑩＿＿＿＿＿の導入をはかり，情報公開などを通じて政治・社会の自由化を進めた。さらに，積極的な外交で対米関係の改善をはかり，1987年には中距離核戦力（IN

解答　⑲日本労働組合総連合会　⑳消費税　㉑1989　⑧債務国　⑨ゴルバチョフ　⑩市場原理
冷戦から内戦へ　①デタント　②アフガニスタン　③レーガン　④サッチャー　⑤中曽根康弘　⑥新自由　⑦国際収支

F)全廃条約を締結し、翌年には②_____からの撤兵を始めた。そして、ついに1989年12月、マルタ島での両国首脳会談の結果、「⑪_____」が米ソ共同で宣言された。

ソ連での自由化の動きは東欧諸国の民衆を刺激し、つぎつぎに社会主義体制を放棄して東側陣営から離脱した(**東欧革命**)。冷戦の象徴であった「⑫_____」は打ちこわされ、⑬_____年には東西ドイツが統一を実現した。東アジアでも、ソ連と⑭_____(1990年)、中国と⑭_____(1992年)が国交を樹立し、東西対決の構造が崩れた。

一方、自由化の進むソ連では、⑮_____年末にソ連邦が**解体**した。東西対立の一方の極であったソ連の崩壊で、冷戦の時代は完全に幕を閉じた。しかし、旧ソ連や⑯_____などでは、民族と宗教に根ざした深刻な紛争が続いた。

冷戦の終結後は、アメリカの対外的影響力がふたたび高まり、1991年初めには、クウェートに侵攻した⑰_____に対して、アメリカ軍を主力とする「多国籍軍」が、国連決議を背景に武力制裁を加えた(⑱_____という)。アメリカに「国際貢献」をせまられた日本は、「多国籍軍」に多額の資金援助をおこなったが、続発する地域紛争に⑲_____
(PKO)で対応する動きが国際的に強まる中、1992(平成4)年に⑳_____内閣のもとで㉑_____が成立し、㉒_____への停戦監視要員などとして自衛隊の海外派遣を開始した。また、2001年のアフガン戦争、2003年の㉓_____に際しては、一連の特別措置法にもとづき自衛隊を派遣した。

55年体制の崩壊

1989(平成元)年、昭和天皇が亡くなり、元号が**平成**と改められた頃から、保守長期政権下での金権政治の実態が国民の前に明らかにされていった。同年、竹下登内閣は①_____の疑惑の中で退陣し、これを継いだ宇野宗佑内閣も参議院議員選挙での**与党大敗**で短命に終わった。湾岸戦争への対応に苦しんだ

解答 ⑪冷戦の終結 ⑫ベルリンの壁 ⑬1990 ⑭韓国 ⑮1991 ⑯ユーゴスラヴィア ⑰イラク ⑱湾岸戦争 ⑲国連平和維持活動 ⑳宮沢喜一 ㉑PKO協力法 ㉒カンボジア ㉓イラク戦争

55年体制の崩壊 ①リクルート事件

②_____内閣にかわる宮沢喜一内閣のもとでは, 1992(平成4)年に③_____, 翌年にはゼネコン汚職事件が明るみに出て, 政官界と大企業の癒着が国民の激しい非難を浴びた。こうした中で, 政界では選挙制度改革や政界再編成をめざす動きが強まった。

1993(平成5)年6月に自由民主党は分裂し, 7月の衆議院議員総選挙で自民党は過半数割れの大敗北を喫し, 宮沢内閣は退陣して, ④_____を除く非自民8党派の連立政権が, 日本新党の⑤_____を首相として発足した。この連立政権には, 社会党・新生党・⑥_____・日本新党・民社党・新党さきがけ・社会民主連合の7党派に, 参議院の会派である民主改革連合が加わった。

1955(昭和30)年以来, 38年ぶりに政権が交代し, 自民党の長期単独政権の弊害, バブル経済の崩壊, 総評解散と連合結成という革新勢力内部での変動などが背景となって, ⑦_____は崩壊した。従来の保守と革新の対立は曖昧になり, 不安定な連合政治の時代に突入した。

「政治改革」をとなえる⑤_____内閣は, 1994(平成6)年, 衆議院に⑧_____を導入する選挙制度改革を実現した。同年, これを継いだ羽田孜内閣が短命に終わると, 自社両党が提携し, これに新党さきがけが加わり, 社会党の⑨_____委員長を首相とする政権が成立した。社会党は, 安保・⑩_____や消費税を容認するなど, 党の基本路線を大幅に変更した。一方, 新生党・公明党・民社党・日本新党などの野党側は, 1994(平成6)年に合同して⑪_____を結成した。

《平成不況下の日本経済》 1990年代に入ると, 1980年代後半の「①_____」は一挙に崩壊した。1990(平成2)年の初めから株価が急激に下がり, 1991(平成3)年には景気の後退が始まった。また, 1992(平成4)年を境に②_____も下落に転じ, 実質経済成長率は同年に1.3%に落ち込み, 1993(平成5)年には1%を割り込んだ(❸_____という)。

解答 ②海部俊樹　③佐川急便事件　④共産党　⑤細川護熙　⑥公明党　⑦55年体制　⑧小選挙区比例代表並立制　⑨村山富市　⑩自衛隊　⑪新進党　❷地価　❸平成不況
平成不況下の日本経済　①バブル経済

③_____の特徴は，株価や地価の暴落（資産デフレ）にあった。バブル期に値上がりをみこして購入した株式や土地は不良資産となり，それを大量に抱え込んだ金融機関の経営が悪化して金融逼迫が生じ，これが実体経済の不況に波及した（複合不況）。企業は事業の整理や人員削減，海外展開などの大胆な経営の効率化（④_____という）をはかったが，大量の失業者が発生し，雇用不安が増大した。そのため消費が冷え込み，かえって不況を長引かせることになった。

　当初，政府と⑤_____は，これを通常の循環的な不況とみなし，財政支出の拡大と⑥_____政策によって乗りこえようとしたが，効果は上がらなかった。金融機関におよぼした影響は深刻で，1995（平成7）年頃から住宅金融専門会社の破綻が続き，1997（平成9）年には⑦_____と山一証券が，1998（平成10）年には日本債権信用銀行と⑧_____が破綻した。

　企業の生産・投資活動はふるわず，⑨_____の低迷がこれに追討ちをかけた。消費者のあいだに低価格志向が強まり，ブランド品や高級品の売行きが激減した。さらに⑩_____が加わり，これまで日本経済を牽引してきた自動車や電子・家電，事務機器などの輸出主導・量産指向型の産業が，内需の不振，輸出競争力の低下という深刻な状況に追い込まれた。

　また，1980年代には，エレクトロニクス新素材・バイオテクノロジーなど，新技術でアメリカに肉薄したが，1990年代に入ると日本の⑪_____は低迷し，技術格差はむしろ拡大した。

　一方，情報通信技術が飛躍的に発達し，情報のネットワーク化が国境をこえて進展した。また，アメリカの圧力で⑫_____と市場開放が進められ，日本企業もグローバルな競争に巻き込まれ，国際的な提携や合併など大規模な業界再編が進みつつある。

解答　④リストラ　⑤日本銀行　⑥低金利　⑦北海道拓殖銀行　⑧日本長期信用銀行　⑨個人消費　⑩円高　⑪技術革新　⑫規制緩和

日本社会の混迷と諸課題

1995(平成7)年には，❶_____・_____やオウム真理教団による②_____事件がおこり，③_____県ではアメリカ軍兵士の女子小学生暴行事件をきっかけにアメリカ軍基地の縮小を求める県民の運動が高揚した。日本社会の混迷は，政治や経済にもおよんだ。

1996(平成8)年に村山富市内閣が退陣すると，自民党総裁の④_____が連立政権を引き継いだ。④_____首相は，冷戦終結後の日米安保体制について共同宣言を発表し，同年に実施された新選挙制度による最初の総選挙では，自民党が大幅に躍進して単独で政権を組織し，⑤_____(日本社会党より改称)・新党さきがけの両党は，閣外協力の形で連立政権への参加を続けた。

④_____首相は，1997(平成9)年に財政構造改革法を成立させて行財政改革の基本方向を定め，消費税を⑥____％から⑦____％に引き上げた。この消費税の引上げにアジア諸国の通貨・金融危機が重なり，景気はふたたび後退した。経営破綻した大手金融機関に⑧_____が投入される一方，企業の倒産やリストラがあいつぎ，大量の失業者が発生した。

④_____首相は1998(平成10)年の参議院議員選挙敗北の責任をとって辞任し，⑨_____が内閣を組織した。⑨_____内閣は大型予算を組んで景気回復につとめる一方，1999(平成11)年初めに自由党，同年7月には⑩_____の政権参加を取りつけ，衆参両院で安定多数を確保し，新ガイドライン関連法(周辺事態安全確保法など)や⑪_____を制定した。一方，新進党は離党者が続出し，1997(平成9)年末に6会派に分裂したが，このうち自由党(党首小沢一郎)・公明党などを除く中道各派は⑫_____(代表菅直人)を結成した。

2001(平成13)年4月には，小泉純一郎が構造改革を掲げて内閣を組織した。小泉首相は，小さな政府をめざす新自由主義的な政策をとり，不良債権処理の抜本的な解決を掲げるとともに，財政赤字の解消と景気の浮揚をめざして大胆な民

【解答】 日本社会の混迷と諸課題 ❶阪神・淡路大震災 ②地下鉄サリン ③沖縄 ④橋本龍太郎 ⑤社会民主党 ⑥3 ⑦5 ⑧公的資金 ⑨小渕恵三 ⑩公明党 ⑪国旗・国歌法 ⑫民主党

■阪神・淡路大震災■ 震災のために約6400人が死亡し，20万以上の建物や家屋が損壊した。いわゆる「心のケア」を含めて，被災者への支援が現在も続けられている。

営化と⑬_____を進めた。その結果、景気は回復し、「失われた10年」と呼ばれた不況期を脱したかにみえたが、福祉政策が後退したばかりでなく、地方経済の疲弊をまねいて所得格差・地域格差が広がり、日本社会は混迷の度を深めることになった。小泉首相は、2002（平成14）年9月に国交正常化を求めて朝鮮民主主義人民共和国（北朝鮮）を訪問したが、⑭_____総書記との会談の中で日本人拉致問題をはじめ、解決すべき多くの課題が明らかになった。

小泉首相が2006（平成18）年に任期満了で辞任すると、内閣総理大臣は⑮_____・福田康夫・⑯_____とめまぐるしくかわり、ついに2009（平成21）年8月の衆議院議員選挙では民主党が自民党に圧勝し、⑰_____が組閣して民主党政権が誕生した。しかし、政権は安定せず、総理大臣を⑱_____にかえてのぞんだ2010（平成22）年7月の参議院議員選挙で民主党は大敗した。

日本社会は現在、さまざまな課題に直面している。日本の人口は2005（平成17）年には約1億2800万人であったが、2050年には1億人近くまで減少し、しかも⑲_____が急速に進行すると推計されている。少子・高齢社会は、家族や地域社会の機能を縮小するばかりでなく、⑳_____の減少によって経済成長を阻害し、税収や保険料が減少して、国民生活のセーフティネットともいえる社会保障制度にも深刻な影響をおよぼすのである。

地球の温暖化や生態系の破壊など、環境破壊も深刻な問題である。1997（平成9）年には㉑_____が開催されて京都議定書が採択され、先進国の温暖化ガス削減目標が定められた。2000（平成12）年には循環型社会形成推進基本法が施行され、容器包装や家電などの㉒_____が法制化されて、循環型社会の実現がめざされている。なお、原子力は温室効果の影響が少なく、大量のエネルギーを供給することができるが、一方では1995（平成7）年の高速増殖炉「㉓_____」の事故や1999（平成11）年の㉔_____（茨城県）の臨界事故、2011（平成23）年3月11日の㉕_____における東京電力福島第一原子力発

解答 ⑬規制緩和 ⑭金正日 ⑮安倍晋三 ⑯麻生太郎 ⑰鳩山由紀夫 ⑱菅直人 ⑲少子高齢化 ⑳労働人口 ㉑地球温暖化防止京都会議 ㉒リサイクル ㉓もんじゅ ㉔東海村 ㉕東日本大震災

電所の事故などによって，原子力発電の安全性に対する信頼がゆらいでいる。また，これまでの原子力行政への批判が高まり，㉖_____エネルギーの開発・推進に向けて，エネルギー政策そのものが問い直されることになった。

情報化の進展も著(いちじる)しく，個人が私的に情報機器を活用するようになった。㉗_____の台数が一般の加入電話を上まわり，㉘_____の利用が進んでコンピュータが家電製品化するなど，新たな需要を生み出しつつ人びとの生活を変化させている。情報化の進展は，企業活動にも大きな影響をもたらした。国境をこえ，全地球的な規模でリアルタイムに情報を収集し交換できるようになり，企業活動の㉙_____化が進んだ。

さらに，アメリカやEUなどの先進諸国との関係は成熟期に達し，アジア諸国やASEAN諸国に加えて，中国や㉚_____の経済発展も進み，日本を取り巻く国際関係は大きくかわりつつある。

解答 ㉖再生可能 ㉗携帯電話 ㉘インターネット ㉙ボーダレス ㉚インド

日本史B
書きこみ教科書 詳説日本史

2014年3月25日　第1版第1刷発行
2014年10月25日　第1版第3刷発行

編　者　塩田 一元　猪尾 和広　宇津木 大平　高橋 哲
発行者　野澤 伸平
印刷所　開成印刷株式会社
製本所　株式会社宮田製本所

発行所　株式会社　山川出版社
〒101-0047　東京都千代田区内神田1-13-13
電話　03-3293-8131（営業）　03-3293-8135（編集）
http://www.yamakawa.co.jp/
振替　00120-9-43993

装幀　菊地 信義

© 2014　Printed in Japan　　ISBN978-4-634-01043-7

●造本には十分注意しておりますが、万一、落丁・乱丁などがございましたら、小社営業部宛にお送りください。送料小社負担にてお取り替えいたします。
●定価はカバーに表示してあります。